U0677743

赤诚百年

——鞍山市第一中学治学之路

主　编　王中华　洪　洋　刘　佳
副主编　孙　宁　崔绍军　杨长东

东北大学出版社
·沈阳·

ⓒ 王中华 洪 洋 刘 佳 2023

图书在版编目（CIP）数据

赤诚百年：鞍山市第一中学治学之路 / 王中华，洪
洋，刘佳主编． — 沈阳：东北大学出版社，2023.9
ISBN 978-7-5517-3404-2

Ⅰ．①赤… Ⅱ．①王… ②洪… ③刘… Ⅲ．①中学教
育—教育研究 Ⅳ．①G632.0

中国国家版本馆 CIP 数据核字（2023）第 170295 号

出 版 者：东北大学出版社
　　　　　地址：沈阳市和平区文化路三号巷 11 号
　　　　　邮编：110819
　　　　　电话：024-83683655（总编室）　83687331（营销部）
　　　　　传真：024-83687332（总编室）　83680180（营销部）
　　　　　网址：http://www.neupress.com
　　　　　E-mail: neuph@neupress.com
印 刷 者：辽宁一诺广告印务有限公司
发 行 者：东北大学出版社
幅面尺寸：170 mm×240 mm
印 　 张：24.25
字 　 数：462千字
出版时间：2023年9月第1版
印刷时间：2023年9月第1次印刷
责任编辑：向 阳 潘佳宁
责任校对：杨 坤
封面设计：潘正一

ISBN 978-7-5517-3404-2　　　　　　　　定 价：100.00元

编委会

主　编：王中华　洪　洋　刘　佳

副主编：孙　宁　崔绍军　杨长东

编　委：冯　君　史立阳　吕　鑫

　　　　郝　旭　黎　明　刘欣瑞

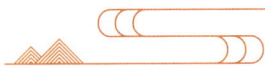

　　作为鞍山市历史最为悠久的一所学校，鞍山市第一中学自1923年创办，在教育之路上已经行进百年。她滥觞于严霜坚冰，于狂风骤雨中凤凰涅槃。在抗日战争结束后，众多优秀的教育者以建设"好的学校"为价值追求，从世界各地来到这里，播撒下智慧的种子；又有一批又一批的人才从这所"好的学校"走出，成为各个行业的栋梁之材，在国家建设中贡献力量。

　　好的学校要有正确的价值追求和育人目标。由培养"人格健全的中国人"，到培养"素质优良、发展个性、学有特长的学生"，再到培养"明礼立德，博智立学，健体立身，诚信立人，努力成为未来具有本土情怀和国际视野的拔尖创新人才"，鞍山市第一中学与中国的发展同频共振，以对教育事业的崇敬表达着对祖国的赤诚之心。

　　好的学校要有好的文化。文化是学校的灵魂，植根于学校发展历程中。百年岁月，沧桑峥嵘，鞍山市第一中学深厚积淀，形成了独特的学校文化与传统，即追求卓越、不断进取的学校精神，不甘平庸、卓而不群的学校性格，百折不挠、坚毅从容、蓬勃向上的学校气质。这种文化浸润在师生的校园生活中，逐渐发展为使筋骨强劲的精神之钙。

　　好的学校要有好的引领者。回望鞍山市第一中学百年历程，我们看到，鞍山一中在中国共产党的领导下，逐渐从迷悯坎坷中走出，坚定地为办好中国人自己的教育、中国人满意的教育而不懈努力；我们看到，鞍山一中在杰出教育者的带领下，敢于突破教育固有观念，用才智和心血为改革提供经验，用坚守与执着撑起教育的一方晴空；我们看到一批批鞍山一中学子，在老师的教导下，志存高远勇于拼搏，用智慧和锐气在各自领域闪耀光芒。一代代一中人，用使命与责任诠释对祖国的忠诚、对教育的热爱；一代代一中人，用拼搏与奋进诠释"追求卓越"的一中精神；一代代一中人在发展之路上执着前行，把时代特有的痕迹烙印在一中史册，薪火相传，激励后人。

当鞍山市第一中学站在一百年的历史节点，我国教育正向教育现代化大步前进，中国基础教育正由数量发展走向质量提升。身处这样重要的历史时刻，我们更要挖掘成果、总结经验，进一步探索人才培养的机制和方法，不断提高人才培养的专业化和精细化水平；我们更要忘记荣誉、戒除骄躁、铭记赤诚初心——立德树人，为培养"具有为国家、为人民服务的责任心，具有创新精神和实践能力，具有国际视野和国际交往能力"的人才踔厉奋发、勇毅前行。

编 者
2023年5月

目 录

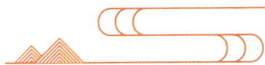

本

萌

蓄

拓

探

本

"本，木水之有本源。"

第一章　本：学校精神文化

　　学校精神文化，是指一所学校在一定的社会历史条件下，为谋求生存和发展，达成既定的教育目标，在长期的文化创造过程中积淀、整合、提炼出来的，反映学校广大师生员工共同的理想目标、精神信念、文化传统、学术风范和行为准则的价值观念体系和群体意识。

鞍山市第一中学主楼

学校精神文化不仅是一个学校本质、个性、精神面貌的集中体现，也是学校群体成员的的世界观、价值观、人伦观的总体表现。学校精神文化特点具体表现在办学理念、教风学风、校园人际关系等方面面，它虽是无形，却又无处不在，对学生成长能产生潜在而强烈的、持久而深远的影响，是一种深沉而强大的教育力量。

在长期的办学实践中，鞍山市第一中学逐步积淀了丰富的校园精神文化，并在教育教学工作中发挥了重大的作用。

1. 办学理念——以人为本，为每一名学生的可持续发展奠定基础

办学理念是一所学校办学、治校、育人的指导思想或思想观念，是来源于办学实践又作用于办学实践的理性认识和价值追求。是对"办什么样的学校""怎样办好学校""培养什么样的人才"的深层次思考的结晶，直接影响和决定办学主体的教育行为方式和价值取向，也直接影响和决定人才培养的基本走向。

"以人为本"：这是鞍山市第一中学多年坚持的办学核心思想，在今天具有两层含意：教学坚持以人为本、以学生为主体，重视教与学的协调发展，调动学生学习积极性和主动性；办学以人为本，以教师为依靠主体，充分发挥教师的积极性和创造性。

"为每一名学生的可持续发展奠定基础"：这是来源于办学实践又作用于办学实践的理性认识和价值追求。它回应了"以人为本"理念的召唤，体现了素质教育的要求，传承了学校文化；鞍山市第一中学牢固树立"以人为本"的管理理念，以关心人、培育人、尊重人、满足人的物质和精神需要为根本出发点，转变管理观念和行为，形成了"校本、人本、个性、开放"的管理思想，激发了全校师生员工积极向上的热情，从而调动了他们认真学习、踏实工作的积极性。

2. 办学目标——建设成为全国一流、国际知名的现代化中学，成为我国卓越后备人才的重要培养基地，成为全面实施素质教育的示范性学校

在学校的发展过程中，学校领导者不能满足学校能够生存下来的现状，要立足学校实际，清楚我们现在是什么样的学校，我们应该是什么样的学校，我们会有什么样的学校。要根据学校的发展规律，对学校的适应性进行审慎的思考，对学校的未来进行长远的思考，对学校的发展进行深入的思考。

"全国一流、国际知名的现代化中学"：学校将"全国一流"的内涵解读为，在综合办学水平方面确保辽宁前三位、东北地区前八位、全国前一百位，

形成一批与示范性高中地位相称的具有重大影响的标志性成果，在办学体制、师资培养、教学模式与组织、教学评价、课程开发、现代信息技术应用、师资培训以及国际部等方面要在国内形成示范效应，能给其他兄弟院校提供一定的经验借鉴，建成国内领先的创造性人才培养体系。"国际知名"就是要开展广泛的国际交流，具有一定的国际影响，与国外学校合作、交流的过程中代表中国示范性高中的整体水平，既展示鞍山市第一中学的办学特色，又从合作、交流中得到经验和启示，在双向互动中得到发展。

"卓越后备人才的重要培养基地"："卓越人才"就是具有国际竞争能力的高素质人才，鞍山市第一中学的使命就是要培养各行各业的后备领军人才，具体体现为"优秀+特长"的人才规格，即以优秀人才所必须具备的素质素养作为对学生的基本要求，在此基础上，积极发展学生的个性特长，培养具有显著优势的人才，实现"创全面发展之优"。

"全面实施素质教育的示范性学校"："示素质教育之范"是鞍山市第一中学长期的办学追求，作为一所实验性、示范性重点高中，鞍山市第一中学要积极参与到全市教育改革中，在教育思想与理念、学校管理改革、课程与教学、教育科研、师资队伍建设等方面发挥示范、带动作用。

3. 校训——礼健智诚

对于校训，孙立人先生最初的解读为：礼，就是规规矩矩做人；健，就是

鞍山市第一中学校训

健康；智，就是学问；诚，就是诚实。后来，鞍山一中优秀校友于吉红院士在原有内涵基础上，将校训精神概括为：明理立德，健体立身，博智立学，诚信立人。

4. 校风——勤奋、和谐、求实、创新

校风即"学校风气"或"学校氛围"，是由鞍山市第一中学领导和师生员工共同构建的学校心理、情感、文化氛围以及所形成的正式与非正式人际关系。

校风是校训的拓宽、延伸和具体化，其要素包括学校领导的工作作风、教师的教风、学生的学风以及学校积淀的传统文化精神、学术探索所形成的风气和氛围，集中体现了学校的办学理念、育人方针、学术追求和办学特色，是学校品位和格调的重要标志之一。良好的校风既是教育和管理的成果之一，又在教育和管理上具有特殊的作用，它有一股巨大的同化力、促进力和约束力，是一种精神力量和优良传统。

勤奋：勤奋是学校发展的基石，教师勤钻、勤教、勤导；学生勤读、勤思、勤练、勤耕不辍，从而奋发有为。

和谐：一中人追求人与环境的和谐，人与人的和谐，教与学的和谐；以"和"相处，以"和"育人，师生全面提高、和谐发展。

求实：就是实事求是，求真务实。真抓实管，注重实效，讲求实际，一切从实际出发，这是一中人的工作态度。

创新：指勇于进取，善于创造。一中人具有开拓创新的胆略和观念，既探索规律、追求真理，又敢于突破，奋斗不止。

5. 教风——尚德乐业　博学善教

教风即教师风范，是教师德与才的统一性表现，是教师整体素质的核心，是教师道德、才学、作风、素养、治教的集中反映。教风是校风的重要组成部分。从某种意义上讲，教风也是一所学校崇高的精神旗帜，它对学生可以起到熏陶、激励和潜移默化的教育作用。教风好，可以提高学校的知名度，可以提高学校的社会声誉和社会可信度。因此，教风可以说是一个学校生存和持续发展的不竭动力之源。

尚德：指崇尚高尚的道德和人文修养。"德高为范"使一中教师砥砺德行，锤炼自我，立德树人，培育德才兼备之人。

乐业：就是专心致力于教育事业并以之为乐，"热爱教育事业，忠诚教育

事业"是鞍山市第一中学教师不变的人生誓言。

博学：是指广泛学习，知识渊博。"学高为师"激励鞍山市第一中学教师严谨治学，博采众长，兼容并包；追求在教学中驾轻就熟、游刃有余。

善教：打好扎实的基础，激发学生兴趣，培养能力，使学生成为自我教育的主人，成为自主学习的主人。

6.学风——慎思笃行，立志成才

学风，一般泛指学校、学术界或一般学习方面的风气，这里专指一个学校集体形成的学习风尚，包括治学精神、治学态度和治学方法等。既指教师及其他工作人员读书、学习、研究的风气，又指学生学习、钻研、训练的风气，本书所讲专就学生学习风气而言。

学风对于学生而言，是他们行为规范和思想道德的集体表现，是学生在学习过程中所表现出来的精神风貌，有时也特指学生的学习态度和学习风气。学风既是一种学习氛围，同时又是一种群体行为，不但能使学生受到潜移默化的熏陶和感染，还能内化为一种向上的精神动力。在具有优良学风的环境里，学生的思想品德、价值观念、行为方式、意志情感等都会发生变化，并反过来对自己的成长成才和职业生涯发展产生深远的影响。

慎思：指学习中多想、多思、巧想、妙思，进而用科学的方法获取最佳的学习效果。

笃行：指忠实履行，勤于实践，使所学最终有所落实，做到学以致用，知行合一。

立志成才：立志成为高素质的现代人，即具有理性精神和科学态度，具有深切厚实的人文精神，具有广博深厚的文明教养，具有责任意识和能力。

7.校徽、校旗

校徽、校旗是一所学校的文化形象。校徽作为一种标志、一种有意味的形式，代表着学校的教育精神与理想；校旗也是一所学校的象征与标志。

鞍山市第一中学校徽由内外两个同心圆构成，外圈略粗、内圈略细，外圈上部为鞍山市第一中学英文校名"ANSHAN NO.1 HIGH SCHOOL"，下部为中文校名"鞍山一中"，校名中间嵌入"1923"字样，寓意鞍山市第一中学1923年建校。内圈背景为蓝色，中间是白色的变体行书的一横一竖，组

鞍山市第一中学校徽

合成"一中"，寓意深远。用艺术的活泼的方式和明艳的色彩凸显一中人极具活力和积极向上的心态。整个校徽为圆形，给人一种稳定且不失端正的感觉，体现了严肃与活泼共存，历史与创新同在。

鞍山市第一中学校旗

鞍山市第一中学校旗的底色为白色，由校徽和校名两部分组成，为上下结构，其中上部分为景泰蓝色镂空校徽图案，下部分"鞍山市第一中学"中文校名（郭沫若先生题写）和英文校名。白色有纯洁高雅之意，代表鞍山市第一中学和谐雅致的育人环境。

8. 校歌

校歌是反映一所学校精神风貌的重要标志，它集中体现了学校的教育理念、办学特色、优良传统，是学校优良校风及教风、学风的高度概括，是引领学校发展方向的精神宣言。它在激励学生成长、凝聚学校精神、推动校园文化建设等方面发挥着重要作用。

校歌犹如学校的精神图腾，与校徽、校训等相得益彰。优美的校歌在人的一生中会留下深刻而难忘的印象，它潜移默化的教育作用和洋溢美感的沁透作用将使人终身受益。

鞍山市第一中学的校歌名为：《走向辉煌》。

走 向 辉 煌

——鞍山一中校歌

齐晓阳 词
方湘雪 曲

注：2008年，中国一级作曲家石铁源对曲谱进行了修改。

《走向辉煌》歌词创作上破除常规、独辟蹊径，大胆避开对学校地理位置、校容校貌、师生关系、教学方向（主要指阶段性的、大致相同的口号）的描写，着力表现在校学生这一代人与历史、与现实、与未来及其与祖国、与学校的关系，从而表现鞍山市第一中学学子积极把握住黄金时代，勇敢地走向辉煌的精神风貌和内心世界。同时用优美的旋律、欢快的节奏表达出来。朝气蓬勃、寓意深长的校歌成为学校精神文化的重要载体，为凝聚人心和鼓励师生发挥了重要的作用。

9. 校史

校史即学校的历史，是对一所学校发展轨迹的真实记录，是一所学校兴建、发展、壮大的历史，是学校各方面工作成就浓缩的精华，是一本生动的对外宣言书。校史文化与校园精神文化的关系是部分与整体的关系。校史文化是校园精神文化的重要组成部分，与校园精神文化紧密联系，且又特色鲜明。

校史文化的内涵，一是体现以往学校成员的价值观念、道德观念、思想作风和工作作风；二是体现学校的创业奋斗史；三是体现警示后人的教训史。这种历史穿透力将使校史文化产生独特的感染力、凝聚力。

10. 校友

"今日我以学校为荣，明日学校以我为荣"，校友在各自岗位上的成就和水平也反映了一所学校在社会上的声望。校友的人格魅力、工作业绩与社会贡献，体现着母校的教育质量。校友在社会上赢得的声誉，代表着母校的形象，校友的社会赞誉度越高，母校的社会知名度也就越高。

鞍山市第一中学北京校友联谊活动

校友是弘扬母校优良传统、传承母校办学理念的精神资源，校友的评价和赞誉是母校最珍贵的精神财富。校友是校园精神的传播者，校友的社会阅历、创业历程与人生体验本身就是一部生动的教材，优秀校友对在校学生可以起到很好的示范和教育作用，可以激励在校学生刻苦学习并进一步激发他们对母校的热爱。校友的形象是学校"校园精神"的基础，直接影响学校的生存与发展，是现代学校精神的价值所在。校友与母校荣辱与共，校友的发展成长，验证了学校教育培养的成败；校友的言行影响着母校"校园精神"的传播，决定了母校在社会上的品牌影响力。

萌

"春雷起萌蛰，土壤日已疏。"

第二章 萌（1923—1949年）

鞍山市第一中学肇始于1923年开办的"鞍山中学堂"。1946年，著名抗日将领孙立人先生在"鞍山中学堂"的旧址上，创建"东北清华中学"。自创办起，学校秉承清华大学"自强不息，厚德载物"的育人方针，着力培养有能力建设中国的优秀人才。

1946年东北清华中学时期的校门

东北清华中学在创办之初，得到了清华大学的鼎力支持。时任清华大学校长的梅贻琦特意给《东北清华中学校报》题写了报名，并同意东北清华中学每年选拔2～3名优秀毕业生免考保送至清华大学。学校创办后，23岁的王伯惠被任命为校长。王伯惠先生17岁考入西南联大，后曾在中国远征军中任翻译。在他的主持下，一批当时刚刚从中国远征军退伍的西南联大毕业生来到东北清华中学任教。他们满怀着教育理想，以宽广的视野和丰富的学识，为学校发展奠定了良好基础。

新华中学校旗

　　1948年2月19日，鞍山市解放。在支援前线、恢复生产等工作非常繁忙的情况下，党和政府决定尽快建校办学。同年5月4日，"东北清华中学"与当时的"省立鞍山工科职业学校""省立鞍山女子中学""私立文化中学"合并，更名为"新华中学"，由辽南专署专员、鞍山市市长刘云鹤兼任校长。自此，学校教育开启了新的篇章。

第一节　风雨中的一方净土

　　"东北清华中学"创立之后，学校由七名清华校友组成学校董事会，学校管理完全按照校董事会规定的办校方针和教学计划进行，虽然当时政治环境还比较复杂，但学校能够保证独立办学，与地方政界毫无瓜葛，校园内无国民党和"三青团"组织的干扰（解放后经多次审查已证实），校风端正、秩序井然。

　　学校以承袭清华大学校风为追求，教师以严格认真的教学作风和学术自由精神开展教学，引导学生关注国事且致力于学术研究。当时学校教师大部分是西南联大、北平师范大学、燕京大学、西北大学、中国大学、辅仁大学、上海音专的毕业生，年龄都在二三十岁，他们对教育事业满怀理想，对学校工作全心全意倾注热情。

　　其中，王伯惠校长为西南联大土木系毕业，任代理校长时刚刚23岁。据其学生回忆，他讲话慢声细语，逻辑性极强，娓娓动听，让人忘倦；新中国成立后，王校长一直在辽宁省交通部门工作，是我国著名的公路专家；曾担任过省交通科研所总工程师、省公路学会理事长、"沈大"高速公路专家顾问组组长、清华大学沈阳同学会副会长、中国公路学会理事。

语文教师康伲先生，毕业于西南联大国文系，是闻一多先生高足。她讲授朱自清的散文、闻一多的诗歌，讲课亲切又深刻，既讲课文的精华又介绍作者的身世、高尚品格，深受学生欢迎。她在求学时期曾参加过反对国民党的学生运动，当时国民党政府对她一直追查到东北清华中学，后由王伯惠校长出面具保，终以"不予逮捕"作结。谭广德先生是驻校董事，同时担任英文教师，他是美国哥伦比亚大学经济学硕士，但文学素养很高，常常引用林语堂先生的文章进行教学，让学生印象深刻。

东北清华中学的校风和教学水平得到了省内外学生的认可，吸引了来自鞍山、沈阳、长春、北京（时称北平）等地的学生前来求学。开办第一年，学校设高中、初中各三个班，每班学生50人，共300人；第二年又招收高中、初中新生各150人，在校学生总计600人。

东北清华中学学生在校门前合影

1948年2月19日鞍山市解放，学校与市内三所学校（省立鞍山工科职业学校、省立鞍山女子中学、私立文化中学）合并更名为"新华中学"后，第一次面向工农兵敞开大门，共招收学生1400余名。学校设工科、文科、师范、初中四个部共28个班级。同年7月15日，由于战略需要，部分师生转移到海城、岫岩，部分师生留在学校本部。学校在组织转移时不忘运走了部分图书和仪器，到达转移地点后，教师马上编写临时教材，开始上课。留在鞍山的师生也仍然坚持上课，直到8月中旬，由于国民党军队骚扰到鞍钢北部一带才被迫停课。

1949年1月，新华中学学生代表出席省学代会留影

第二节　培育人格健全的中国人

学校创办人孙立人先生曾说："我虽未尝做过教员，但我却看出了今日一般毕业学生的通病，第一是做人的修养不够，他们在学校里痛斥贪官污吏，毕业以后，则同流合污，这就是志节不够坚定的表现；第二是做事的体力不够；第三是不求实学；第四是虚伪不诚。这是我们教育上的重大缺陷，一定要加以纠正。"

所以，学校在创办之初便确定以"礼健智诚"作为校训。孙立人先生在解读学校校训时曾说："礼，就是规规矩矩做人；健，就是健康；智，就是学问；诚，就是诚实。"

为实现培养具有健全人格的人才，学校实行导师制，每个学生可以根据自己的秉性爱好选择自己的导师，利用课余时间接受导师对自己学习、思想品德、立身行事的指导。

学校还特别重视在文体活动中培育健全人格。据校友回忆，东北清华中学传承清华大学注重体育的传统，每天下午会给学生充足的体育活动时间。学校还购置了各种球类、田径用器材。买不到高低杠，体育老师就画好图样，由木工自做使用。学校在春季会举办运动会，老师也与学生一起参与比赛项目，师生同场竞技，既有互助又有拼搏。这些体育运动增强了学生们的身体素质，也促进了他们积极乐观、阳光开朗性格的形成。

1947年东北清华中学春季运动会得奖者
左起：于博云、于秀臣、钟成学
（文汝芹同学提供）

当时东北清华中学每个周末还有文艺晚会。每逢周末，师生们集合到一起，各展所长，不但解了疲劳寂寞，还密切了师生之间、同学之间的感情。每逢中秋，学校还会组织"中秋赏月"活动。活动中老师们还会给学生讲解关于"月"的传说和诗文。如水皎洁的月色、月色可鉴的高尚品格、月色浓郁的家国情感成为学生们终生难忘的生命底色。

第三节　孕育革命思想的萌芽

东北清华中学的自由民主风气非常浓厚，学生在此读书期间便受到了进步思想的影响。如音乐课上，音乐老师会教给学生《黄水谣》《热血》等解放区流传过来的进步歌曲；校庆时，同学们还演唱了《黄河大合唱》；戏剧节时表演《雷雨》《万元钞票没人要》等抨击时弊的节目。当时，学校图书馆虽然面积不大，但藏书颇为丰富，不仅有中外名著、通俗读物、各种期刊，还有一些马列著作，当时很多同学都愿意"光顾"这块宝地，思想得到启蒙。

东北清华中学演出曹禺名剧《雷雨》演员合影（1947年初冬）

（文汝芹同学提供）

当时学校中还有一些老师是从事地下工作的共产党员，如舍监王珏老师。他会安慰一些害怕战争的同学，告诉他们八路军也是中国人，是能让中国人过上好日子的。还有尹良煦先生、姜兆龙先生、马庆善先生和廖国祥先生，他们都先后奔赴海城革命区参加革命。

东北清华中学中民主思想的传播对青年学子的成长产生了积极的影响，学校中陆续有大批青年走上革命道路。1948年2月19日，鞍山市获得解放。不久，一部分进步青年学生成立了民主青年联合会。他们不仅在学校积极宣传革命思想，还会在课余时间走上街头教唱革命歌曲。《跟着党走》《东北民主青年进行曲》……这些歌曲的词、曲都激励着青年的心，引导更多青年走上革命道路。

辽沈战役前期，国民党军队企图开辟辽阳、鞍山、营口的道路，从海上逃窜。在中国共产党负责人的动员下，百余名学生随党组织撤退，走上革命道路。这支队伍，既是工作队，又是宣传队。他们在撤退至海城时组建起"新华工作团",下乡参加抗旱救灾活动。到岫岩后,继续做支前工作。他们分组下乡,动员农民组织担架队、大车队上前线,协助解放军后勤部门运送物资到前线,组织精干力量同地方人民政府一道打击敌匪活动。他们随大部队夜里行军,白天宿在老乡家中。大家像八路军一样,执行"三大纪律八项注意",扫院子、挑水、帮助老乡干零活。他们离开鞍山时,由于情况紧急,只穿着单衣,带着简单的行装。后来,辽南专署及时发来棉衣和冬季用品。他们穿上崭新的黑棉袄棉裤,戴着黑色棉帽,心中感到无比荣耀。"黑棉袄"也成了这些学生的光荣称号。辽沈战役告捷,东北全境解放,鞍山最终回到人民手中,"黑棉袄"返回鞍山。不久,鞍山市委组织部从这些"黑棉袄"里挑选近二十人到市委干训班培训,解放军总政治部也挑选一批人随军南下,后来又有三十余人被挑选至各单位工作。鞍山的"黑棉袄"秀才兵在鞍山市解放后的重建工作中发挥了重要作用。

鞍山新华中学学生在岫岩校舍合影

蓄

"孕奇蓄秀当此地，郁然千载诗书城。"

第三章　蓄（1950—1978年）

　　1950年3月，学校正式定名为"鞍山市第一中学"，校长由鞍山市首任市长刘云鹤兼任，"鞍山市第一中学"校牌由郭沫若先生亲笔书写，沿用至今。

　　在国家教育政策的引领下，学校迅速完成了对旧中国教育制度的坚决改造，向工农兵敞开教育之门，保障了广大人民群众受教育的基本权利。

1949年，入团仪式大会留影

　　党的八大以后，新民主主义教育方针转成社会主义教育方针。1961年到1963年，党中央先后颁布了"高教六十条""中学五十条""小学四十条"，提出了大中小学教育的任务和培养目标，我国开始形成比较完整的国民教育体系。在此期间，学校从思政教育、教学法研究到活动育人、劳动教育都进行了尝试，积累了宝贵的经验。

当时，学校设语文、数学、物理、化学、生物、地理、历史、政治、俄语、体育10个教研组，教师大部分是大专院校毕业到一中工作的。64名教师中，大学毕业的就有30多名。学生设五个年级，初二、初三年级和高中三个年级，在校生1700名。学校贯彻德、智、体全面发展教育方针，着重培养全面发展的人才。

1969年，学校招小学毕业生入校，开始成为初高中不分的四年一贯制普通中学，学生毕业后直接下乡或分配到工厂。

1976年粉碎"四人帮"，"文化大革命"结束，学校工作又重新走上正轨。1978年辽宁省再次确定鞍山市第一中学为重点中学。

这段艰难的岁月中，学校始终坚守教育阵地，为国家培养了大批优秀人才。

第一节　激情燃烧的岁月

学校建设重新步入正轨后，学校始终非常重视时事教育，经常请市领导作政治报告，同学们的政治觉悟有了进一步提升，投身于国家建设的热情更加强烈。

在抗美援朝战争期间，鞍山市第一中学学生参军参战103人，其中有鞍山市第一中学毕业生成为空军军官，在朝鲜战场上英勇牺牲，为祖国献出了自己宝贵的生命。1950年，中共中央决定在大、中学校招收一批学生进入军事学校学习。当时，学校出现了"男儿志在沙场"的参军热潮。

1955年春天，学校决定创办《方向报》，以宣传党的过渡时期总路线为宗旨，以反映学校各方面教育工作为重点，力求融思想性、政治性、知识性、趣味性于一体。当时，在党的总方针、总路线的指引下，社会主义建设正阔步前进；学校充满蓬勃朝气，学生思想上进、学习刻苦，教育者严谨认真、兢兢业业。在这样的氛围中，《方向报》以严谨正确的政治方针、清新活泼的主题风格、鲜明生动的表现形式，在学生群体引起很大反响。1955年秋，《方向报》还承担了筹办宣传"第一个五年计划"大型展览会的任务，效果颇佳。

《方向报》全体工作人员合影

当时的鞍山市第一中学学生政治觉悟很高，每逢"五一国际劳动节""十一国庆节"及国家发生重大事件时，学生经常协助公安人员维持社会秩序。1962年9月末，学校承担起维护中心广场百万集会大军秩序的任务，各路大军按指定地点进入会场前，一中学生作为标兵站在指定位置。同年10月2日，学生们又负责协助维护国庆庆典秩序。活动中，学生们每天工作14小时以上，但他们始终保持谦逊有礼的态度，认认真真地完成了各项任务。他们在活动中展现出的素养让鞍山市民交口称赞。

1950年鞍山市国庆一周年大会时一中学生执勤

第二节　让更多民众接受专业的基础教育

　　1949年10月1日，中华人民共和国成立。毛泽东同志当天发布政府公告，确定中央人民政府委员会一致接受《中国人民政治协商会议共同纲领》为政府施政方针。这一纲领确立了"中华人民共和国的文化教育为新民主主义的，即民族的、科学的、大众的文化教育"的基本方针，并明确了"有计划有步骤地实行普及教育"等一系列重要政策导向。新中国坚决摧毁了半殖民地半封建社会的旧中国教育制度体系，迅速完成了对旧中国教育制度的"坚决改造"，向工农敞开教育之门，保障广大人民群众受教育的基本权利。

　　在党的领导下，学校由私立办学转变为公立办学，更多的鞍山青年学子可以接受专业的基础教育。新中国成立初期，学校招收学生1700名。1955年，学校改为三年制独立高中。六七十年代曾经改为初高中一贯制学校，1980年再次确定为辽宁省首批办好的重点中学。

　　鞍山市第一中学拥有一批具有丰富教学经验的著名教师。各位老师在讲台上的英姿和潇洒风度令学生记忆深刻。侯铎校长讲授化学时，左右开弓，板书刚劲有力；周谟老师讲课时总是胸有成竹、笑容可掬，十分风趣；董光秘老师上课从不拿讲稿，一派大将风度；杨凤声老师讲课时，总是侃侃而谈，耐人寻味；刘雨灵老师清楚而秀丽的黑板书法，很多同学为之倾倒；背头、卷发，蓝眼睛的马耘老师演奏的钢琴曲或高亢有力，或优美婉转，余味无穷；张子伟老师带领运动员进行训练时的身影；蒋德山老师上识天文，下知地理，国内国

1962年"三八"节女教师合影

外，风土人情，各种物产，了如指掌，生动的地理教学，如同把学生带到祖国各地的名山大川，送到世界各地旅游观光一样，同学们为之叫绝。

这些教师非常注重对教学法的钻研。1950年，学校学习苏联"凯洛夫教学法"，实行五分制和五段教学法，学校非常重视集体备课和课堂提问，使用记分册，加强对平时成绩的考核。1954年，教育部重申要贯彻全面发展的教育方针，并提出"教学工作是学校压倒一切工作的中心任务"的号召。在此背景下，学校结合自身办学特点，开展教学表演赛，发掘示范课引领教学。1960年，课堂教学提倡"少而精"，搞"启发式教学"，精讲多练。1963，开始执行国家教育部《全日制中学暂行工作条例》及"中学五十条"。学校为鼓励引导学生勤奋刻苦学习，设立了"学习优秀奖"，并颁发"金质奖章"和"银质奖章"。

第三节　教育与生产劳动相结合

1956年，以党的八大为标志，党领导全国人民有步骤地实现了从新民主主义到社会主义的转变。1957年以毛泽东同志为主要代表的中国共产党人指出，"我们的教育方针，应使受教育者在德育、智育、体育几方面都得到发展，成为有社会主义觉悟的有文化的劳动者"。1958年《中共中央、国务院关于教育工作的指示》指出，"党的教育工作方针，是教育为无产阶级的政治服务，教育与生产劳动相结合……教育的目的，是培养有社会主义觉悟的有文化的劳动者"。

在国家教育方针的引领下，辽宁省掀起开展生产技术课的热潮，在中学增设综合技术课，并给学校配备一些器材。鞍山市第一中学当时从省里分配到两台摩托车和一些机器；学校还向社会各方求援，收到不少机床零件。一些家长主动带领同学们调试设备。在他们的帮助下，学校建立起学生劳动实践基地，学生们学会了启动车床，并能切削一些简单的零件。在此基础上，学校办起了为教学服务的"实习工厂"，生产鼓风机。1959—1960年生产的产品曾在德国莱比锡博览会展出。1970年，成立校办"五七工厂"，生产半导体元器件（可控硅），给炼铁厂带料加工铸铁机小轮、筛片等产品。1977年，工厂改名为"鞍山市第一中学校办工厂"，生产水泵等产品。

除校办工厂外，学校还有一个校办农场。1958年，市政府拨给鞍山市第一中学一块校园地（原37中学校址），种谷子、高粱，饲养猪等家畜，以补助学生食堂。1959年，学习与小台子大队挂钩，利用分得的20多亩地，种高粱和地瓜供给学生食堂。1960—1961年，学校又与前峪大队挂钩，又种了40多亩地，还养了3头奶牛、100多头猪，建了3间休息室、3间牛棚、2排猪圈。1962年，

学生在教学工厂实习

市政府又拨给学校10余亩山地（营城子北山），教工投入三四千个劳动日，轮流值班，耕作10年，从10多亩扩大到40余亩。广大校职工辛勤耕耘，开荒种田，先后栽植了苹果、梨等果树，并在树间种了高粱、地瓜、大豆、玉米等作物，还饲养了猪、牛等家畜，修建了150余平方米的宿舍，安装了电灯。学生们边劳动边上课，一直持续到1981年。

20世纪60年代初，学校组织学生去宁远屯劳动

第四节　丰富多彩的校园生活

　　20世纪50年代初，鞍山市第一中学的文体生活是非常丰富多彩的。当时学校每周一第一节课举行全校周会。上午第二、三节课之间做间操，下午第六节课后进行全校文体活动，如篮球、排球、垒球、踢毽子、跳皮筋、集体舞。学生集体观念很强，热情也很高。

　　当时，鞍山市第一中学有文工团、歌咏队、腰鼓队、乐队、体育队，有一批文体活动骨干。每逢节日，在学校体育馆内都要举行各种演出，形式多种多样，有合唱、独唱、小歌剧、小话剧、大鼓书、山东快书、相声及管乐演奏。新中国成立之初，全市各单位的乐队屈指可数，而学校的乐队人数就达20人左右。每次在国旗、校旗的引导下，一中的乐队浩浩荡荡，威武壮观，走在师生队伍的最前面，边走边演奏《胜利进行曲》《骑兵进行曲》……行人不时投来羡慕和钦佩的目光。校文工团还经常参加市内各类文艺演出，有时还会去部队慰问演出。

　　鞍山市第一中学有音乐厅，内设钢琴一架。音乐考试时，学生们都要跟着钢琴试唱简谱，培养他们的识谱能力。最为轰动的是《黄河大合唱》的演出，男女混声演唱获得较好的成绩。演出结束后，大家饱餐了一顿，分享了校门前两排硕果累累的黄杏，学生们都非常开心，杏甜心也甜，师生的辛苦，终于换来了丰收。

　　在体育教师张子伟的指导下，学校体育运动的水平堪称鞍山市一流，当时一中球队是鞍山学生队中的一支强队，给全市球迷留下深刻印象。当年钟嵩山、钟宪卿叔侄俩的篮、排球技艺高超，配合默契，深

20世纪50年代，学生利用周末在街头演出文艺节目

得校内外体育爱好者的喜爱；师生女排队长高爱光，球艺精湛。他们三人均被选为市排球代表队队员，曾代表省队到北京参赛。一中男篮还常常与鞍山钢铁学院（现为辽宁科技大学）、鞍钢各厂矿男篮在球场上一决胜负。每逢比赛时观众人山人海，这是因为鞍山市第一中学的男篮队是市内体育竞技场上的一支劲旅，深受鞍山市民喜爱。

1964年田径运动会冠军

校友李恺婷回忆起在学校的时光，总是充满甜蜜、温馨、幸福的感觉。她是校女子排球队的队员之一，瘦小的二传手。练球是在中学校舍中为数不多的体育馆里，训练扑、蹲、滚、打。尽管她个人的力量是微小的，但一中女排的实力是顶呱呱的，曾获得市里女排比赛冠军。

学校师生关系融洽，学生在学习和生活中遇到困难时，老师总是热情关心并积极帮助解决。学生对老师十分尊敬，在教研室或校外见到老师都自觉行鞠躬礼，老师点头还礼。老师课堂上是严师，课下亲如家人。每逢节日学校都组织师生联欢，举行茶话会、舞会，"五四青年节"组织游千山等。

生活上，学校实行军事化管理，每个学生宿舍有两床相对着的大通铺，每个房间住10名左右学生。每天早晨起床做早操，每个寝室留下2人打扫卫生整理房间。摆放要求三条线：脸盆放在床下摆成一条线，被子叠成四方形摆成一条线，墙上挂包成一条线。

每逢寒暑假，学校很少留作业，学生们能得以充分地休息，住在学校附近的同学经常到学校玩。

20世纪50年代的校友常回忆说，那些年，在一中这片小小的土地上，确实成长起不少的优秀人才，他们在各自的工作岗位上都有建树。

第五节　教育的核心是"爱"

20世纪60年代是新中国成立后经济最困难的时期，在这样的艰苦条件下，学校、老师在生活、学习等方面对学生给予的真挚关怀成为学生战胜苦难的信心与力量。当时，学校住宿生有200人左右，学生伙食供量不足，鱼、蛋、肉很少分配到，蔬菜配给也不够，学生常常吃不饱。学校领导积极想办法，先从学校食堂管理入手，解决了管理上存在的问题；又创造出"增量法"的蒸饭办法；还发动全校学生到山上采集桑树叶子，掺到高粱面中做馍馍。校医经常给学生进行体检，发现皮肤浮肿的学生，立即发给他4斤黄豆用于补充营养。学校领导经常到食堂、宿舍视察学生的生活，发现问题及时解决。1961年61届学生应考前体力消耗很大，学校为了增强高三学生的体质，特别给每名高三学生中午加一盘菜。在物资极其匮乏的时期，学校的办学难度可想而知。

忆起母校的慈爱，当时的许多校友都会想起"校医妈妈"。"校医妈妈"叫刘兰志，20世纪50年代起在一中工作。当时，学生经常下乡劳动，每次下乡，刘校医都会随同。劳动中学生们受到外伤或出现腹泻、感冒等症状都可以得到及时诊治。在学校进行校舍基本建设时，大风扬起的水泥将一些学生的眼睛灼痛，刘校医就用药水给学生一一清洗眼睛，有时一直忙到深夜。

还有肖真士老师、孙世伟老师、张静兰老师……他们或幽默风趣，或朝气蓬勃，或亲切随和，但他们对学生都有着真挚的爱心，将校园作为田园，倾心浇灌，将学生视为秧苗，辛勤耕耘。

拓

"摧枯逾百战，拓地远三千。"

第四章 拓（1978—2011年）

1978年12月召开的党的十一届三中全会，实现了新中国成立以来党的历史上具有深远意义的伟大转折，开启了改革开放和社会主义现代化的伟大征程。改革开放新时期的教育改革和发展也翻开新的一页。进入新的历史时期，鞍山市第一中学励精图治创一流，踌躇满志谱新篇。

1980年，鞍山市第一中学被辽宁省人民政府授予"先进集体"荣誉称号

1978年，学校被确定为辽宁省重点中学；1980年，学校又被确定为辽宁省首批办好的重点中学。在此阶段，学校首先致力于建立一支高水平的教师队伍，一批毕业于北京大学、南开大学等名校的优秀毕业生被调往鞍山市第一中学。他们和原有的教师队伍很快融在一起，结成了一支闻名于省内外的业务能力强、教学水平高的队伍。他们努力探索，锐意改革，进行全方位、多层次探索。全国劳动模范、省特级教师、功勋教师李传成的中学物理"讨论式教学法"获得全国首届教育科学优秀成果二等奖，并被列为国家教委重点科研项目在全国推广，他作为代表在1986年中英两国教育新方法研讨会上发言交流；省特级教师、省先进教师周竞兰的课题"两个为主的教学原则的应用"在全国中学化学年会上答辩交流；体育教研组的"年段教学法"在"全国提高中小学体育教学效益研讨会"上做观摩表演。学校还形成了一套高效率的管理机制。自1984年起，学校先后出台和实施了"校长负责制""全员聘任制""结构工资制"，并在实践的基础上制定了"教研组长、备课组长工作职责""班主任工作条例""任课教师教学规范"等一系列的规章制度，鞍山市第一中学的管理工作走上了制度化、系统化、科学化的轨道。

1992年党的十四大报告提出，"我们必须把教育摆在优先发展的战略地位，努力提高全民族的思想道德和科学文化水平，这是实现我国现代化的根本大计。"1993年中共中央、国务院发布《中国教育改革和发展纲要》。1995年，科教兴国战略全面启动实施。在国家教育事业普遍迅速发展的大背景下，20世纪90年代的鞍山市第一中学在主动发展的改革道路上阔步前进，在一大批优秀教师的探索下，学校获得了长足发展，取得了辉煌的成绩。

鞍山市第一中学出台了"主动发展教育整体改革方案"，这一课题实验近四年，对培养学生"自我管理、自我教育、自我评价、自我调控"的自主意识及主动发展的精神取得明显的成效。"九五"期间，鞍山市第一中学又承担了辽宁省教育研究院整体规划中的一个重要科研课题——"城市高中办学模式的研究"，经过几年的实验、实践、研究，探索出一个时代性、开放性、选择性较强的办学模式，对城市高中发展有较现实的借鉴意义，被评为辽宁省优秀科研课题。"十五"期间主要是以"课程教材改革"为核心继续深化素质教育改革，鞍山市第一中学承担了3项国家级课题，6项省级课题，4项市级课题。学校确立了全新的教育理念——以学生发展为本，即倡导教育民主，关注教育公平；坚持德育为首，弘扬人格至上；培养创新精神，提高实践能力。在此理念的引领下，学校以爱国主义教育为主线，通过一系列的课程和活动深入开展以"人格建树"教育为中心的德育工作。1997年，学校积极参加全国百强校创建活动，提出要大力弘扬追求卓越的学校精神，坚定高举"创全面发展之优，示素质教育之范"的学校旗帜，努力将学校办成"高质量、有特色、国际性、现代化的国内一流、国际有影响"的名校。

全国精神文明建设工作

先进单位

中央精神文明建设指导委员会
一九九九年九月

1999年9月，鞍山市第一中学荣获"全国精神文明建设工作先进单位"荣誉称号

2000年以后，学校在课程建设方面进一步探索。开发地方课程、校本课程、实践类课程，并进行社区服务、社会实践活动、劳动技术教育及研究性学习。学校动员全校教师自愿结合，协作研究，用新编、改编、选编三种方式，开发校本课程教材，编辑出版31种基础性课程、丰富性课程、发展性课程的校本教材。这一阶段，学校在信息技术与课程整合研究方面取得突出成果。2000年在全省率先实现多媒体设备全部进班级，全体教师都能独立应用多媒体设备授课，计算机编程二维动画演示走向三维动画辅助教学，多媒体课件教学走向专题网站式网络教学，并申报了"信息技术与学科课程整合的理论与实践研究"的国家级课题，探索确立了讲授式、自主探究式和协作式三种整合教学模式，获得全国教育技术课题研究一等奖。并涌现出李强胜、齐次、杨静、邹海彬等一批教育技术应用骨干教师。截至2002年课件制作总数达959个，课程整合精品课总计121节，学校被评为全国现代教育技术实验学校。

世纪之交前后，国家先后启动"211工程"和"985工程"，实施高校扩招。鞍山市第一中学在自身教育教学管理全面提质的前提下，乘借国家教育事业蓬勃发展的东风，升学率不断提高。20世纪90年代末，重点大学升学率稳定在90%左右，省本升学率稳定在95%以上，市本以上升学率100%，600分以上高分段人数连续几年居全省之首，新世纪之初，居全省前三名。

2005年，鞍山市第一中学喜迁新校园。新校园占地13.1万平方米，建筑面积7万平方米，建有全国一流的建筑设施及校园网络。新校园同时设有生态馆，古生态馆，历史、地理专用教室，机器人实验室，电子阅览室，自主学习室等现代化教学设施，以及射击馆，乒乓球馆，篮、排球馆等运动场馆，为学生全面发展奠定了良好基础。学校确立了"建设省内领先、国内一流、国际知名的现代化中学，我国卓越后备人才的培养基地，全面实施素质教育和创新教育的示范性特色学校"的办学目标，向全国名校进军。

2011年李强胜老师指导吕廷博获亚洲物理奥林匹克竞赛金牌

第一节 走在时代前列的教育理念

改革开放以来，中国社会的发展日新月异，高中教育政策也几经调整。鞍山市第一中学始终在党的教育政策的引领下，保持对高中教育的本质与教育功能的深度思索，及时更新教育观念以审视当时的教育行为，进而更新教育教学管理模式。同时，也在这三十余年的探索中逐渐沉淀下了学校教职员工基本达成共识的教育理念。

一、"以人为本位"的教育价值观

教育的价值主要体现在两个方面：一是工具价值，即教育针对社会的需要，给学生一定的知识技能，使他们走向社会后能承担起社会赋予他们的职责，成为社会需要的合格的劳动者；二是本体价值，即注重人自身发展的需要，使人的先天禀赋与后天的教育影响相结合，挖掘和发挥人的身心潜能，从而达到身心全面和谐发展的目的。这两种价值并不矛盾，而是相辅相成、互相促进的。

鞍山市第一中学能够注意以教育的两方面价值审视教育，能够将学生真正视为"人"的存在，尊重他们的人权，塑造他们健全的人格，帮助他们形成积极向上的精神风貌和精神力量，开发他们的潜能，努力让他们获得学习的满足感、快乐感和成功感，并在此过程中促进他们对人生发展的思考，不断修正、确定有意义的人生目标并付诸实践。

二、"以素质为本位"的教育质量观

当时，国内一些学校教育质量观体现的是以知识为本位的，具体表现为"重理论轻实践、重课内轻课外、重知识轻能力"等系列问题。而当时的鞍山市第一中学便提出以素质为本位的教育质量观，在这一质量观念的引导下，学校一切教育活动都以培育和提高受教育者的各类素质为目的，创造条件，促使学生的思想道德素质、文化科学素质、劳动技能和身体心理素质得到全面发展。

鞍山市第一中学的领导与老师在教育观念上达成共识，即在素质本位总体框架中，思想道德素质是灵魂。从世界看，现代科学技术的高速发展给人类带来了空前优越的物质条件，同时也滋生了严重的道德问题——严重的个人主义、自私自利、缺乏社会责任感和团结共誉观念等。学校作为人才培育的场所，要为人才成长打好的第一个基础就是做人的基础，要培养学生献身祖国、献身科学、振兴民族的远大理想，以良好的行为规范在社会中学习和生活，学会与社会全体成员共同铸起新世纪的民族之魂。而且，心理素质是个人整体素质中的关键性素质，它是一个人社会化过程的内在动力，自信、自尊、自强、自立等良好心理素质对学生通过一个个人生关口具有重要的战略意义。同时，能力素质是反映素质水平的重点要素，学习能力、信息处理能力、交往能力、实践能力等是通往新世纪的重要保证，否则知识再多也难以适应社会发展的需要。

所以，鞍山市第一中学在教育过程中抓住受教育者的主体作用，尽可能地开发与利用学生的潜能，努力让学生既有合理的知识结构，又能实现综合能力的融会贯通，实现全面发展。

三、以创新为核心的教育目标观

改革开放之后，中国的经济发展日新月异，中国社会逐渐进入了变化速率加快的信息社会，科技创新成为保证我国在世界市场上具有竞争力的最主要因素。鞍山市第一中学教育者始终铭记，教育的使命决不仅要教会学生适应已知的今天，迎接未知的明天，还要肩负起培养社会主义建设事业的接班人的伟大重任。因此，在学校教育中注重培养学生的创新精神、创新意识和创新能力，变学生适应性发展为创造性发展，努力寻求现实教育与未来教育的接轨点。

在长期教改实践中，鞍山市第一中学成功地进行了"主动发展教育"探索，它的精髓就在于强调学生的个性解放、个性发展，突出过程与结果并重的学习过程和教学过程，促进了学生能力素质的培养与发展。积极提倡课堂讨论、辩论，提倡学生上讲台展示个性化观点，创造了学生自我发展的广阔空间。同时，以课堂主渠道为基点的创新教育扩展延伸到一切教育活动之中，使学生的认识能力、实践能力、交往共处能力、生存能力、适应能力与应变能力都得到培养。

第二节　党委监督、校长负责的"法制化""民主化"管理机制

鞍山市第一中学在学校探索发展的过程中非常注重强化党的领导，保证党组织的政治核心地位，让党组织发挥保证监督作用。鞍山市第一中学党委在深化改革、创建文明等工作中取得了显著成效。同时，在对学校管理对象、管理内容、管理原理和管理理念的清楚认知之下，逐渐完善了党委监督、校长负责的"法制化""民主化"管理机制。

1989年，刘树忠书记在鞍山市第一中学第六届第二次教工大会上讲话

一、发挥党委监督、党员带头作用

多年来，鞍山市第一中学党委成员始终遵照"团结稳定、勤奋务实、精通业务、开拓进取、廉洁高效"的班子建设目标来鞭策自己，在学籍管理、收自费生、推荐保送、引进教师、职称评聘、奖励晋级、住房分配等重大问题上认真执行纪委制定的"四不准、三遵守、七公开"的廉政制度，充分体现民主集中制的原则，以公正求稳定，以廉洁求权威。

在加强班子建设的同时，党委十分重视对党员的教育和管理。认真组织党员开展"双学"活动，通过"三会一课"、演讲报告、学习参观、知识竞赛等形式对党员进行党性、党风、党纪教育，建立了以目标管理为激励方式，以民主评议为约束形式的党员管理机制。每学期党员都要向党组织汇报自己的思想及工作情况，接受党内外的评议，开展争创"三先二优"活动。对于违纪或不达标的党员给予黄牌警告，通过各种方式对其进行批评、教育并限期改正。

在教育、教学、科研、管理工作中，干部认真执行"三深入""五必访"制度，及时掌握情况，认真搞好调控。班子成员能排除一切干扰，坚持听课。主抓教育教学的校长亲自上课、代课。每年年终班子成员都要向全校教职工进行述职，接受党内外的监督、检查和评议。党委还采取多种形式对全校师生进行形势政策教育，进行爱国主义、集体主义、社会主义和革命英雄主义教育。在舆论导向上，既讲复杂的国内外经济环境，又讲"一个确保、三个到位、五项改革"的大政方针；既讲邓小平的教育思想，又介绍国内外教改的最新动态。在工作中，既提出高标准的奋斗目标，又强调基本的岗位职责；既宣传那些高风亮节的知名教师，又宣传师生中那些可亲、可敬、可学的感人事迹。在教师中举办"树三观汇报演讲"，开展"师德杯"竞赛和争创"文明教师"等活动。在学生中开展"人格建树大讨论"和争创"十佳学生"等活动。通过共青团的"推优"工程，发展学生党员。将精神鼓励和物质鼓励有机地结合起来，努力缩小利益导向与价值导向的反差，创设一个既肯定个人正当利益又弘扬敬业精神的工作环境。同时抵制拜金主义、享乐主义及个人主义的错误倾向。

二、"法制化"管理机制

学校在不断总结办学经验的基础上，根据国家法律规定，构建了系统的学校规章制度体系，以实现学校在管理上的制度科学、程序正当、过程公开、责任明确。

（一）目标管理

学校建立起以学校总体目标为统领的三大目标体系。目标管理是一个组织系统，也是一个可控系统，因而也是实施自我管理的机制。有了目标，人人都在学校整体运行系统中设以定位，依据目标进行自我诊断、自我调控，进而对自己的工作进行调整、补救，最终达到自我完善、自我创新。

第一目标体系为学校总目标体系，由学生素质培养目标、教师素质提高目标、资源效益发挥目标组成，每项目标均由质的目标和量的目标共同合成。

第二目标体系为学生素质目标体系，由学生素质培养目标分解而成，分思想道德素质目标、文化科学素质目标、劳动技能素质目标、身体心理素质目标四项，每项目标均由三级目标组成，并配有考查和权重，作为对素质考核的参照体系。

第三目标体系为教学目标体系，由课程教学目标、学科教学目标、单元教学目标组成，作为教师教学、学生学习和质量检测的参照等。

针对上述三大目标体系，按条块分工，明确各部门、各岗位的工作目标，学校各项分段分块进行检查、分析、调控、评估，促进各项目标的如期达成。

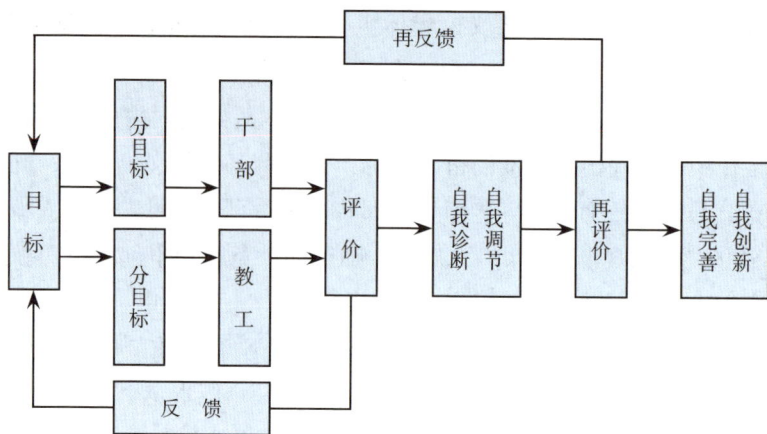

目标管理流程

（二）制度管理

完善学生管理制度、教师管理制度和学校资源管理制度，以科学的内容、民主的过程、规范的手段实施管理。

学生管理制度中包括"学生思想道德、行为规范管理制度""学生文化科学知识、技能和能力管理制度""学生劳动观点、习惯、技能管理制度""学生身体、心理健康管理制度"以及"学生自主管理制度"。其中，"学生自主管理制度"可再细化为"班干部轮换制""值日班长轮流制""班级学生会干部竞选制""学生干部民主评议制"等。

教师管理制度中包括"全员岗位聘任制度""岗位责任制度""考核评估制度""结构工资制度""奖励惩罚制度"和"教育教学常规管理制度"。各种制度的核心功能可概括为：

全员岗位聘任制度——按德、识、能、绩、责聘任上岗，不申不聘，评聘分离，待聘离任，解聘脱岗；

岗位责任制度——按任职条件、岗位任务，明确岗位责任、质量目标和工作量，以此评定履行岗位职责的优劣；

考核评估制度——按《任课岗位教师平时考核记实、评价制度实施细则》和《干部职员平时考核记实、评价制度实施细则》对教师考核评估；

结构工资制度——即结构工资奖金制，使技术的高低、劳动的强弱、质量的优劣、责任的大小、兼职的多少与结构工资奖金直接挂钩，实行多劳多得、优质优酬；

奖励惩罚制度——评上优秀工作者的同志，给予表彰奖励，向上浮动工资，成绩显著者破格评聘、晋级，评价较差者则给予"黄牌"警告，直至作出解聘处理；

教育教学常规管理制度——按教育教学常规对教师的教育教学工作作出检查、评估。

另外，还建立学校资源管理制度，如电教科有关制度、总务科有关制度和校办工厂有关制度，以制度约束行为，实现学校资源的规范化管理。

（三）民主化管理

民主管理是管理现代化的最突出特点，因而学校建立起一整套民主管理制度，发挥教职工主人翁责任感，把领导才干与群众智慧结合起来，让师生共同民主参与学校的管理和监督。通过校务委员会、教代会、学代会、行政例会、座谈会、研讨会、评议会等途径和方法，使校领导的决策更趋科学，并最终化为师生的自觉行动。

在民主决策中，首先积极依靠教代会参与有关问题的讨论、调研，听取他们的意见；然后运用民主集中制原则通过决策；最后，形成决议，组织实施。

在民主监督中，尊重工会、教代会的民主监督权，如：监督学校落实党的各项方针政策的情况；监督学校改革的方向；监督领导的作风，把领导的全部工作置于群众的监督之下，防止个人专断，以权谋私。

1991年鞍山市第一中学首届妇女委员会成立大会

第三节　三元式课程模式的建立

经过多年的改革实践，鞍山市第一中学探索出"优化学科课程、加强活动课程、开发环境课程"的三元式课程模式。

1993年3月，鞍山市第一中学启动教育教学整体改革实验，
周世淮副校长讲话确定10月为教改活动月

一、开发校本课程，优化学科课程体系

学科课程亦称分科课程，是以学科为中心设计的课程。由于知识是存在于学习者之外的客观规律，因此，要通过有条理的方式传递给学生。

在必修课程中，认真执行国家教育部颁布的中学课程设置计划，开全、开足全部必修课，无论是高考科目，还是不参与高考的科目，学校都一视同仁地注重教学过程管理、教学效果检测和评估考核。

在必修课程基础上，学校根据实际需要开设了两大类选修课，即必选类课程和任选类课程。其中，必选类课程包括心理健康课、学法指导课、文明修养课、择业指导课；任选类课程包括综合自然科学课、综合社会科学课、综合技术科学课、综合思维科学课和综合信息科学课。

（一）认真把握校本课程开发的目标

1. 课程目标

努力构建国家、地方、学校三级课程模式，强化办学特色，使校本课程更具合理性、科学性和适应性。

2. 学生目标

提高学生的综合素养，突出学生个性，挖掘学生潜能。丰富学生的自然、社会常识，培养实事求是的科学态度。培养学生的创新精神和实践能力。

3. 教师目标

培养教师为学生发展服务的教育意识。激发教师的教育潜能，积极参加学校课程开发的实验、研究。鼓励教师在科研中求发展，在科研中求创新，在科研中求成长。发挥教师在教育科研中的主人翁精神。

（二）遵循校本课程开发的基本原则

1. 兴趣性原则

强调以人为本的基本理念，要求教师应从学生的兴趣出发，尊重学生的需求，突出学生在教育中的主体地位。因此，在每学期的开学初对各年级学生进行调查，选出学生最感兴趣的研究课题，以此作为课程开发与实施的重要依据。

2. 综合性、合作性原则

新课程强调课程整合及课程的综合性育人功能，因此，校本课程在综合分析、筛选后形成的校本课程资源，要有利于鼓励学生多角度、多方面思考问题，促进学生综合素质的提高。

3. 实践性原则

注重改变以前学科偏重书本知识、结论性知识的状况，强调学生实践能力、创新精神的形成，重视学生在实践中获得积极情感体验，因此，开发和实验的课程要实现这一理念，让学生深入自然、社会，在实践中发现问题、提出问题、解决问题。

（三）因地制宜，建立有特色的校本课程体系

校本课程是由学校设计开发的新的课程，即学校在对本校学生的需求进行科学的评估，并充分考虑当地社区和学校课程资源的基础上，以学校和教师为主体，开发旨在发展学生个性特长的、多样的、可供学生选择的课程。通过校本课程开发的实践探索，我们感受到，校本课程就在我们身边。

多年来，鞍山市第一中学一直努力优化课程结构，为现代化人才提供富有特色的培育基和生长点，在探索中形成了"必修课、选修课、活动课"三大板块课程改革及若干重点学科课程改革模式，为校本课程的开发奠定了扎实的基础。

鞍山市第一中学每名教师根据自身特点，在低年级开发校本课程，内容涉及科技、艺术、体育、社会等各方面，类型包括教师指导型、竞赛型、兴趣型、特长型、提高型、讲座型和活动型。开设校本课程一般先由教师个人申报，经学校合理分析与评估确定后，充分利用学校现有场地及各类教室进行教学。学校为学生创设自主发展、自主活动的时间和空间，每天下午第四节课为学生自主发展时间，实验室、图书馆、微机房、运动场等所有课程资源向学生开放。这样，承担课程的教师人尽其才，学生各得其所，学校设施物尽其用。

为了积极探索和建设符合鞍山市第一中学校情的、满足学生发展需求的、能展示教师创造才能的校本课程，使之具有基础性、开放性、科学性、实用性，首先要提高广大干部、教师对开发校本课程的意义、目的的认识。要使大家认识到，如果说国家课程注重基础性和统一性，校本课程则关注独特性和差异性，在适应社会变化方面更加灵活，更加贴近学生的实际需要，从而能更有效地促进学生的发展。同时，校本课程的开发，是一个极具挑战性的问题，为教师提供了无限的表现与创造空间。要相信教师们不但能按教科书教课，而且能自己开发出学生喜欢的课来。这是一种压力，一种责任，一种渴望，一种成功。

事实上，教师参与课程开发，可以缩小课程开发者与实施者之间的距离，使课程计划更符合学校、教师、学生的实际。当然，教师参与课程开发的前提是能够比较好地理解和把握课程的本质。事实上，课程不仅是学生学习内容及其进程的总和，更是对学生学习经验和个性品质的改造；不仅是学生学习的"跑道"，更是学生"奔跑"的过程。能开发学生不同潜能、满足学生不同需要的课程必然是多种多样的，语文、数学、英语等只是其中的一种形态。课程应

是开放的、动态的、互动的、科学的，而不应是封闭的、静态的、单向的、经验的。现代课程观要求教师由单一的"消极接受者"变为"接受者与决策者兼而有之"；由被动的、不自觉的、隐性的课程开发者，变为主动的、自觉的、显性的课程开发者。教师要实现这一转变，就必须补上课程理论这一课。关于校本课程，教师要明确它是以学校为基础开发的课程，学校的所有成员（校长、教师、学生）以及学生家长和社区人士都可以参与校本课程的规划、设计、实施与评价；它既包括对国家课程和地方课程进行再加工与再创造，也包括学校自行设计的新课程；开发的目的是尽可能发挥每个学生的个性和特长，开发的理念是尊重学生个体的独特性和差异性，是学生本位而不是知识本位；由于它强调学生、教师、学校、社区的独特性和差异性，因而必然是开放的、民主的、动态的，且有多种形式；它应重视学生自身独立的生命价值，而不应过多地强调人的工具性价值。

鞍山市第一中学以新一轮课程改革为契机，集中进行校本课程的开发和研究，确立优化国家课程、开发学校课程的新的学校课程观，努力实现课程的优化和整合，全面实施素质教育。在"发展性学力"的培养中展现前瞻性。在对开发校本课程的意义、目的、方式已经有了认识的基础上，主要是从学科与综合的角度开设地方与学校选修课，力求课程目标由"关注知识"向"关注学生"转化，并努力把教师"逼"上校本课程研究的最前沿。充分考虑学生的需求，尊重学生的个性差异，列出"校本课程菜单"，供学生圈点、选择。为此，学校在学期初开展题为"学校应该设置哪些课程？""怎样开出学生喜欢的课来？"的问卷调查，人人参与课程建设，人人提交课程方案。大家提出了开设"研究性学习指导""陶艺欣赏与制作""心理健康指南""劳动技术与操作""科技发展史""资源与环境""成才修养""网上学习""阅读指导""理化实验""历史评述""中外文化比较""时事评说""生物技术与生物行为"等许多课程的意见。根据调查结果，学校提出校本课程的总体目标和课程框架，并成立了"校本课程开发研究委员会"，制定了《校本选修课程管理办法》，把教师的课程开发情况与考核挂钩，把学生的学习效果与学分联系。经过一段工作实践，鞍山市第一中学已初步形成与国家课程相整合的、对学校育人目标起支撑作用的、适应学校办学条件的、满足学生需求的校本课程结构，包括学科类、科学素养类、人文素养类、生活职业技能类、身心健康类等。同时，大力加强学校课程资源的建设和开发，包括设施建设：学校投资200万元建成了学科实验室和录播教室等专业教室；场地安排：学校投资改造了体育馆、科技馆的所有教室，设立了机器人，微机室，数学、物理等学科专用教室，专用美术、劳技教室等；当时鞍山市第一中学已经开发了许多校本课程供学生选修，具体见下表。

学科	名称
语文	科学家传记阅读
数学	趣味数学
英语	The Future Campus in your eyes（Facilities and Technology）
物理	生活中的物理
化学	难溶电解质溶解平衡在生产中的应用
生物	毒品的危害
政治	创新型国家战略
历史	科技人物
地理	地理视角读新闻
心理	人际交往技巧
信息	走进程序世界
通用	桥梁赏析
体育	体育与科技

鞍山市第一中学的校本课程开发是从无意识到有明确目标，从单个走向多元，从片面到全面系统形成自己的体系的过程。根据现在条件及学校特点，因地制宜认真发掘，充分利用，根据校本课程开发的基本原则，我们从以下四方面着手开发实施。

1. 人才资源方面的开发利用

鞍山市第一中学有一批非常优秀的人才，可利用他们的特长组织活动，直接实施有特色的校本教育。我们深刻认识到，人才是校本与课程的富矿，他们本身就是很好的课程，学生们从他们身上可以学到很多东西。然后通过组织活动，进行实地考察教育。

2. 硬件资源的开发利用

利用美丽的校园进行美的熏陶与感染，组织学生建设校园、保护校园、欣赏校园、描写校园，让学生们爱校园，发展与母校的情感，培养责任心。充分利用图书馆进行阅读，利用校史展览馆进行教育，利用国旗下的讲话进行爱国主义教育，行为规范、品质道德教育，利用校园展示栏、展示牌、标语等进行各项专题教育，充分利用这些固定的"硬件"永久性地对学生进行影响与教育。

3. 加强校本培训

课程资源的极大丰富是开发校本课程的有利条件，但是要想使任何一个课程资源都能发挥它的最大功能，教师先进的教育观、教学观、课程观、学生观的确定更是发挥课程资源最大功能的关键所在。为此，学校通过两个方面加强校本培训：一是聘请课程专家对教师进行课程理论的培训，让教师初步掌握课程的一些基本原理，明确课程目标、课程内容、课程实施、课程常识、课程探究等基本理论，为课程开发提供理论依据；二是由学校骨干教师对其他教师进行专业知识培训，不断拓宽其知识面，重新构建教师的知识结构，为课程的开发提供知识和智力上的支持。

4. 内容简介，学生选择

校本课程的开设能否正式走向课堂，凡是开设的校本课程都要向全体学生介绍所要开设课程的主要内容、目的、授课方式等，让学生根据教师的介绍自主选择。学生参与校本课程的选择，既体现了以学生为本、尊重学生主体地位的先进教育理念，又给教师适当增加了开课的压力，促使教师认真开发校本课程，不断提高校本课程开发、实施的质量。

(四) 校本课程评价

校本课程的评价，是校长和教师对本校开发的课程进行质量分析和监控的过程，也是学校对校本课程进行跟踪管理的过程。只有采取行之有效的评价策略，才能在评价的基础上进行反思，总结经验和教训，不断调整、丰富和完善校本课程，真正使校本课程促进本校学生的发展。

校本课程的评价，应该以学校课程资源为基点，以开发与实施过程为主线，以学生发展为目的。既要评价校本课程开发的程序和内容，又要评价教师和学生在课程实施过程中的行为和体验，还要评价校本课程作为教育信息载体在学校产生的作用。这就要求，对校本课程的开发与实施进行全方位的评价。这里所说的校本课程内容，是指校本课程开发与实施的整个过程的内容。可以表述为：校情—主题—方案—实施—效果。

1. 校情

校情也就是学校的实际情况。这是校本课程开发的基础，也是校本课程评价的起点。对校本课程进行评价时，就要对学校的校情加以重新审视。对学校的外部、内部环境，课程资源、学校的物资装备技术条件，学校的传统和办学特色，校风、教风、学风，以及学校发展的目标和规划等，进行分析和定位。将对校情的分析和评估，作为评价校本课程目标主题的依据。

2. 主题

主题指校本课程开发所选用的题目。校本课程的根本目标是为了学生的发展，利用哪种内容促进本校学生的发展，就需要选择校本课程的主题。例如，有的以"生活英语"作为校本课程的主题，有的以"电子科技制作"作为校本课程的主题，等等。校本课程的主题规定着校本课程开发的取向，是需要重点评价的。只有明确了校本课程的目标主题，才能在以学生发展为本的思想指导下，设计行之有效的校本课程方案。

3. 方案

方案即预设的校本课程"蓝图"。主要包括课程纲要，以及围绕课程纲要设计的教学活动、教学过程与教学方法。值得指出的是，校本课程方案的评价，是整个评价过程的关键性环节。因为课程纲要具体地指向了教学活动，指向了校本课程的实施过程和目的。评价课程方案时，要在新课程理念的指导下，从三个维度进行整合性评价。既要分析课程方案中的知识和能力，又要分析教学过程和方法的设计，还要评价课程方案是如何体现情感、态度和价值观的。总之，只有能够促进本校学生发展的校本课程方案，才能有效地实施。

4. 实施

实施是指校本课程的执行和落实，也就是教学活动情况。这一环节的重要性也是不言而喻的，它是将校本课程设计的"蓝图"运用于现实教学行为的过程。只有课程方案得到实施，才能实现学生发展的潜能向现实素质生成的转化。评价校本课程的实施，可以从以下三个方面入手。一是对照课程方案，评价落实的程度。也就是说，校本课程方案是否落在了实处，落实在教学活动之中。哪些地方落实得好，哪些地方落实得不好，存在什么问题，应该怎样改进。二是关注校本课程实施的过程，尤其是教师和学生在教学过程中的行为。

这就要评价教师与学生的教与学交流活动，是否既体现了校本课程的预成性，又体现了生成性。三是评价校本课程实施的手段和方法。教学过程的手段和方法也是极为重要的，它关系到教学活动能否顺利进行。因此，通过评价，提出改进教学方法的措施，有利于提高教学效果。

5. 效果

效果，即通过校本课程实施所达到的成效和结果。效果的评价较之于其他方面的评价更为复杂。这是因为育人的效果不同于工业生产的效果，难以用量化的统计数字来完成。主要原因是课程本身有显性的知识和能力，也有隐性的知识和能力。表现在学生身上的效果，也有显性和隐性之分。显性的表现是容易判断的，隐性的潜质则是难以评价的。这就要求评价者把显性的评价和隐性的评价结合起来，把量化评价和质性评价结合起来。尤其要关注将评价的视角从效果的表现形式转向效果的内容，从师生的行为表现转向主体的内心体验。从而去触摸和诊断学生在掌握知识、提高能力的同时，得到个性发展的脉搏。因此，校本课程效果的评价，必须高度重视评价的主体——教师和学生的发展。

（1）教师评价。教师是校本课程的开发者与实施者，也是校本课程的管理者与评价者。所以，教师评价，一方面是学校对教师进行校本课程开发与实施的评价；另一方面，也是教师对校本课程的开发与实施的自我反思性评价。学校对教师的评价，应该指向教师开发与实施校本课程的教育理念和能力、教学手段和方法，以及由此达成的教学效果。教师的自我评价，应该是对自己的教育思想、教学方法、教学过程和效果进行的反思。通过评价与反思，促进教师的业务水平进一步提高。

（2）学生评价。学生是校本课程实施的参与者，也是教学过程的直接感受者。所以，学生评价，既指教师对学生的评价，又指学生对课程和教师的评价。教师对学生的评价，可以从学生对校本课程的参与度、学生在教学过程中的行为表现来进行。例如，某一门选修课，学生都不愿意参加，或者虽然参加了却没有积极性。那么，这样的课程是显然不受欢迎的。值得强调的是，学生是学习的主人，他们最有权利对校本课程的建构和教师的教学行为进行评价。作为学校和教师，应该充分重视学生对课程和教师的评价。学校可以设计一些调查问卷，让学生对课程和教师进行评价，以便获取第一手评价资料，进而调整和改进工作。

6.校本课程评价的策略

校本课程的评价，对教学工作起着重要的导向和质量监控作用。要使这一作用得到应有的发挥，必须树立新的理念，转变评价的功能。从过去以传授知识为主的课程评价功能，转向人的发展。让评价为学生的发展服务，而不是学生的发展为评价服务。这就启发我们，进行校本课程的评价就是要考查学生的认知水平、实践能力、创新意识和个性心理品质等方面的整体发展。为此，必须采取多元化、多样化、综合化的评价策略。

（1）评价的多元化。校本课程评价的多元化，既指评价主体的多元化，又指评价指标的多元化。评价主体的多元化，就是改变过去以管理者为主的单一评价主体的状况，实现课程评价的民主化。将评价作为由教师、学生、学校管理者以及学生家长共同参与的分析与评估的过程。从而促进教师、学生、管理者主动参与，自我反思、自我教育，主动接纳和认同评价结果，自觉改进工作和学习过程中的行为，实现自我发展。

评价指标的多元化，是指从过分关注学生学业成绩的评价，转向对学生多方面素质的评价。也就是说，要评价学生发展的方方面面，而不是某一方面。从学生的学习态度到学习水平，从创新精神到实践能力，从知识观到价值观、人生观等。还要考查不同的学生，在不同方面的不同发展。承认和尊重学生发展的差异性和独特性，促进他们的个性化发展。

（2）评价的多样化。评价的多样化，是说在进行校本课程评价时，从过分强调量化评价逐步转向对质性的分析与把握，把量化评价和质性评价结合起来。学生的发展是生动、活泼、富有个性的，单纯以量化的评价描述人的发展，是简单而浮浅、呆板而僵化的。这就要求我们更加关注质性评价，以全面、真实、深入地再现评价对象发展的特点。因此，校本课程的评价应该采取多样化的方法，尤其是对学生的评价，采取各种不同的方法。既要有行为观察，又要有成长记录；既要有表层的作业，又要有深层的学习日记。使定性评价与定量评价相结合，更清晰、更准确地反映教师和学生的发展事实，为校本课程开发和管理工作的改进，提供可资借鉴的科学依据。

（3）评价的综合化。这里所说的综合性评价，有以下两层含义。一层含义是评价校本课程要充分考虑学生、教师、学校和课程诸方面的综合因素，多方面采集和收集信息，进行分析和综合，总结经验，找出差距，提出补充方案。另一层含义是将形成性评价和终结性评价结合起来，用综合分析的方法对校本课程的开发与实施进行评估。特别要重视发展过程的形成性评价，为终结性评价奠定基础、提供依据，使终结性评价具有客观性和说服力，进而提出改进工作的思路和计划，作为下一阶段教学活动的起点。这样一个循环往复的过程，既是校本课程开发与实施的不断完善的过程，也是评价改革不断深化和发展的过程。

（五）校本课程开发与实施的效果

1. 打破了校本课程的神秘感

不少教师把校本课程看得很神秘，其实，许多学校已开设的选修课、活动课就具有校本课程的性质，只是学校和教师对校本课程开发还处于无意识状态罢了。也就是说，许多学校往往有校本课程之"实"，而无校本课程之"名"。校本课程是开放的、多种多样的。如研究型课程、自愿报名开设的体育选修课（乒乓球、篮球等）、学科竞赛课等其实都是校本课程。可以说，学校里的课程都有校本课程的成分。因此可以说，校本课程就在我们身边，它并不神秘，也不是高不可攀的。

2. 消除开发校本课程影响升学率的担心

近年来，高考试题命题正在向能力化、素质化、个性化、综合化的方向发展，各学科考试更体现了这一点，而校本课程开发的目标和方向正是发挥学生的个性和特长，提高学生的综合素质。

3. 教师在校本课程开发中得到了培养、锻炼和提高

教师参与课程开发的目的是使学校课程更加适合学生的需要，最大限度地促进学生发展，但就教师本身而言是确立教师即研究者的信念，也是在课程开发的实践过程中促进自身的专业发展。所以教师参与课程开发不仅是编制出一系列的课程文本，更重要的是参与课程开发过程本身。

从校本课程开发角度而言，为了有效地推进新一轮的基础教育课程改革，教师必须具备课程意识，形成相应的课程观念。这些观念包括以下几个方面。① 课程制度观。国家只制定各学科的课程标准，对课程进行宏观控制。教材则趋向多样化，学校可以选择任何经国家认定准予发行的教科书，这样就要求教师树立统一性与多样性相结合的课程制度观。② 课程价值观。在教育实践中，我国的课程价值取向基本上有两种情况：一是以对升学是否有用来衡量课程的价值；二是过早专门化与职业化，以是否满足当前社会的需要来衡量课程的价值。这些是课程设计时必须考虑的，但课程的最重要的价值在于提升个人

的幸福感，也就是说要考虑课程是否满足了学生的需求。教育毕竟是一种造就人的事业，人是教育的出发点，所以课程的开发必须以人的发展为其逻辑起点。③ 课程类型观。教师和学生在一定程度上可以开设和选择自己感兴趣的课程。这样就为学校特色的形成，学生不同兴趣、个性和特长的发挥留下了空间。④ 课程开发观。教师在学校认可的前提下要自己确定开设什么课，这门课的教学目标是什么，具体的教学内容有哪些，如何呈现这些内容，教学效果如何评价，等等。如此就必须改变自己单一的教授者、课程的消费者的角色，而要把自己定位为既是教授者同时在一程度上又是课程的开发者。与此同时，教师的课程知识得到积累，课程开发能力得到提高，即将约束在单个学科中的教师的专业特性扩大到学校教育的主体；将与课程有关的决策重点从原先的"上意下达"的方式转变为教师之间的"讨论"方式；教师既是教学的实践者同时又是课程的开发者和研究者，因而大大增强了教师研究的意识和能力。

二、开展研究性学习活动，强化综合实践类课程

研究性学习是以学生的自主性、探索性学习为基础，从学生生活中选择感兴趣的真实问题，主要以个人或小组合作的方式进行，通过亲身实践获取直接经验，有助于养成科学精神和科学态度，有助于掌握基本科学方法，有助于提高综合运用所学知识解决实际问题的能力。

通用技术体验课程

（一）开展研究性学习的五个阶段

开展研究性学习活动包括确定课题、制订计划、搜集资料、总结整理、交流评价五个阶段。

阶段一：确定课题。

研究性学习的课题必须是学生提出的，或由学生在教师指导下自主提出。教师可以通过问卷调查、实地考察、创设情境、捕捉时机等方式引导学生确定研究的范围和主题。课题必须要以学生的现实生活为来源，最好是那些对学生自身、家庭、学校以及所在社区具有实际意义的课题。课题必须是可研究的，必须符合研究的框架要求，如为什么要研究、研究什么、怎样研究以及研究的结果会是什么等。

阶段二：制订计划。

课题确定后，研究小组就应着手制订具体的、可行的、有效的研究计划。研究计划中要明确研究的目标，选择搜集资料的方法和工具，同时还要明确学生小组的分工。

阶段三：搜集资料。

根据计划中的规定，各成员承担自己的职责，通过图书馆行动、上网查询、参观访问、实验操作等多种途径和渠道广泛搜集资料，并做好记录。

阶段四：总结整理。

"研究"是个体头脑中的知识与具体的现场经验不断解构、融合、重组的过程。在这一阶段，学生要整理、分析所搜集的资料，不断验证自己对研究问题的假设。最后综述资料的观点，提出自己的认识和见解。

阶段五：交流评价。

学生可以通过研究论文、模型作品、主题演讲、小品表演、辩论赛等多种方式发表自己的研究成果，教师要引导学生把成果的分享过程看作学生发现自我、欣赏他人的过程，而不是带有功利目的的表演。在成果分享后，教师要组织学生通过研讨、写作等方式反思自己的研究历程，综合评价学生的研究活动。

（二）研究性学习中教师的职责

1. 选题环节

对学生初选的课题进行指导，从课题的可行性、研究方法和研究价值等角度帮助学生判断所选题目是否合适，指出题目存在的问题，常见的问题如题目太大、目标不明确、研究条件不具备等。

2. 指导细节

为指导的课题制定初步的研究计划和指导方案；帮助审查学生的开题报告；记录研究过程的指导内容：每个指导的课题，指导教师至少有5次以上的指导活动记录；辅导学生完成研究论文：根据研学组统一要求格式（见研学网），指导教师重点从论文内容上把关；评价小组各成员在课题过程中的表现：在课题组的每个成员的"研究性学习指导手册"的指导教师评价栏填写。

3. 督查责任

指导教师应时常关注所带课题的进展，督促学生按时完成每个环节的任务，对出现的特殊情况应及时和研究性学习教研组及该生所在的班级沟通联系。

（三）研究性学习的评价

评价是研究性学习过程中的重要环节，为使研究性学习评价更为科学规范，学校将研究性学习纳入课程，以课程评价标准来评价学生研究性学习活动。评价的内容与方式充分关注学习态度，重视学习的过程与方法，重视交流与合作，重视动手实践。

1. 研究型课程评价的一般原则

研究性学习强调学习的过程，强调对知识技能的应用，强调学生亲身参与探索性实践活动并获得感悟和体验。因此，要采用形成性评价的方式，重视对过程的评价和在过程中的评价。学生在学习过程中的自我评价和自我改进，使评价成为学生学会实践和反思、发现自我、欣赏别人的过程；同时，要强调评价的激励性，鼓励学生发挥自己的个性特长，施展自己的才能，努力形成激励广大学生积极进取、勇于创新的氛围。

研究型课程的评价中应当贯彻如下的原则。

（1）主体性原则。主体性原则可以说是当代教育评价最主要的原则之一。这一原则要求在研究型课程评价中应该注意以下几个方面。

① 学生既是研究型课程评价的客体，又是研究型课程评价的主体。因为说到底，研究型课程是为培养学生的创新精神和实践能力而设计的，它的价值

是否得到实现或者如何更好地实现，只有通过对学生各方面所发生的变化进行评价后才能得出；但同时，正因为研究型课程的目标是指向学生的，只有学生才能最真实地评价它的内容、它的实施过程是否满足了他们的需要，因此，在研究型课程评价中要充分重视学生对研究型课程的评价和学生的自我评价。

② 主体性原则还表现为评价者与被评价者的一种新型的平等关系。在他评的过程中，一定要充分调动被评价者的积极性和参与性，评价过程也应该是评价者与被评价者"共同构建心理"的过程。

③ 主体的本质属性是主体的客观性和主体的目的性。所谓主体的客观性是指主体本身的需要是由客观社会发展的需要决定的，即主体的需要是客观的；而同时，主体的活动是有目的的，是一种主观能动性的表现。为此，坚持评价的主体性原则就是要尽可能在研究型课程的评价中做到主客观的高度统一。

（2）探究性原则。探究性是研究型课程的特性之一，在对研究型课程的评价中，同样也要贯彻探究性的原则。

① 在评价过程中，既要注重预先设计的研究型课程的目标，又要时刻关注在实施过程中可能出现的各种情况，并随时探究修正目标措施。

② 不能以机械固定的模式来评价研究型课程，它应该体现出探究性。

③ 在评价中采用多主体、多途径的评价手段，尽可能做到收集评价信息的全面性。

（3）过程性原则。研究本身就是一种过程。在评价研究型课程中要贯彻过程性原则。

① 评价应贯穿研究型课程实施前、实施中和实施后的全过程。

② 应该让学生参与评价的全过程，同时，评价也要贯穿学生研究性学习的全过程。

③ 相对于总结性评价而言，研究型课程的评价更注重过程性、形成性的评价。

（4）发展性原则。发展性原则是当代教育评价的主要原则，在研究型课程评价中发展性原则尤其重要。所谓发展性原则是指评价所要达到的目的，不仅仅是教育目的本身，更重要的是为了促进学生的发展，评价应该围绕学生的身心发展而展开。发展性原则要求如下。

① 一切以育人为本。在评价中要突出学生的主体地位。

② 注重评价的发展功能。一般地说，评价具有评比、激励、导向、发展等多种功能。研究型课程的评价则要突出评价的发展的功能，在这里，评价的

目的不是为了证明，而是为了改进。

③注重评价的肯定性。如果要给研究型课程目标的三个方面（认知、情感、动作技能）以一定的权重分配的话，情感目标应当是权重最大的目标之一，从很大程度上说，研究型课程就是为了培养诸如学生的兴趣、态度、创新精神等非智力因素而开设的课程。因为"发展诸如兴趣、愿望、态度、鉴赏、价值观、义务感或志愿感、意志力等特征，是教育上最重要的理想之一"。（应俊峰，《研究型课程》）

2. 研究性学习评价的特点

（1）评价主体的多元化。评价者可以是教师或教师小组，可以是学生或学生小组，可以是家长，也可以是与开展项目内容相关的企业、社区或有关部门，等等。如果有的成果参加评奖或在报刊上公开发表，则意味着专业工作者和媒体也扮演了评价者的角色。

（2）评价内容的丰富性和灵活性。研究性学习评价的内容通常涉及以下几个方面。

一是参与研究性学习活动的态度。这可以通过学生在活动过程中的表现来判断，如是否认真参加每一次课题组活动，是否认真努力地完成自己所承担的任务，是否做好资料积累和分析处理工作，是否主动提出研究和工作设想、建议，能否与他人合作，是否采纳他人的意见，等等。

二是在研究性学习活动中所获得的体验情况。这主要通过学生的自我陈述以及小组讨论记录、活动开展过程的记录等来反映，也可以通过行为表现和学习的结果反映出来。

三是学习和研究的方法、技能掌握情况。要对学生在研究性学习活动各个环节中掌握和运用有关方法、技能的水平进行评价，如查阅和筛选资料，对资料归类和统计分析，使用新技术，对研究结果的表达与交流等。

四是学生创新精神和实践能力的发展情况。要抽查学生在一项研究活动中从发现和提出问题、分析问题到解决问题的全过程所显示出的探究精神和能力，也要通过活动前后的比较和几次活动的比较来评价其发展状态。

五是学生的学习结果。研究性学习结果的形式多样，可以是一篇研究论文、一份调查报告、一件模型、一块展板、一场主体演讲、一次口头报告、一本研究笔记，也可以是一项活动设计的方案。教师需要灵活掌握评价标准。

（3）评价方法、手段的多样性。研究性学习的评价可以采取教师评价与学生的自评、互评相结合，对小组的评价与对组内个人的评价相结合，对书面材料的评价与对学生口头报告、活动、展示的评价相结合，定性评价与定量评价相结合、以定性评价为主等做法。（指南）

3. 研究性学习评价的实施

（1）评价要贯穿研究性学习的全过程。操作时可以重点从三个环节，即开题评价、中期评价和结题评价着手。

开题评价要关注学生发现问题、提出问题、提出解决问题设想的意识和能力，促使学生以积极的态度进入解决问题的过程中。

中期评价主要是检查研究计划的实施情况，研究中资料积累情况，以及研究过程中遇到的问题、困难和解决问题、克服困难的情况等。对评价结果要及时反馈，对于在研究中学生自己难以解决的问题，要通过教师指点、学生小组内部讨论、学生小组间交流、寻求校外帮助等方式予以解决。

结题评价注意对学生参与研究性学习全过程的情况、体验情况、资料累积情况、结题情况、研究结果及成果展示方式等进行评价。

（2）评价的具体方案可以由指导教师提出，也可以在师生协商的基础上提出。鼓励由学生小组自己设计评价方案，对自己的研究情况加以评价，充分发挥评价的教育功能。

（3）研究性学习评价既要考虑学生参与活动、达成研究性学习目标的一般情况，又要关注学生在某一些方面的特别收获，顾及学生的个别差异。要使认真参加研究性学习活动的学生普遍获得成功的体验，也要让研究上卓有成效的少数优秀学生脱颖而出。研究性学习的评价既要着眼于对整个小组的评价，又要关注到学生个体在课题研究中所承担的角色、发挥的具体作用及进步的幅度。

（4）研究型课程评价的过程。一般意义上的课程评价是对课程方案、内容或者教材的评价，而由于研究型课程是一种特殊的课程形态，因此，我们对研究型课程的评价，也必须结合研究型课程的实施过程来进行。对研究型课程的实施过程进行评价，应该是评价的主要内容。

对研究型课程的评价过程可以分为三个部分。

① 实施前的评价。严格来说，研究型课程实施前的评价，应当有多种因素评价，例如，社会背景分析、学校历史现状分析、学生情况分析、教师实施研究型课程的能力分析等。但因为有些评价和分析在学校的其他课程中也会出

现，所以实施研究型课程前的课程评价工作主要范围为：一是判断和确定研究型课程在整个学校课程中的位置，以便合理地、有效地利用学校、社会的教育资源，发挥学校课程的整体功能；二是对研究型课程内容的评价依据主要是研究型课程的内容是否有利于学生研究性学习能力的提高，是否有利于学生创新精神和实践能力的培养，学生的已有基础是否能适应这种研究型课程，教师是否认同这一研究型课程，是否有开设这一研究型课程的能力或者指导学生进行研究性学习的能力，等等；三是检查开设研究型课程的必要的有效制度是否建立。

② 实施中的评价。在具体开始实施研究型课程后，评价作为一项反馈及时的改进工具，应当介入到实施过程的各个方面。但是由于学校评价的多方面性，不可能面面俱到，不过有几项工作是必须要做的。

a. 学生参加研究型课程学习的初始状态调查。这是一项极其重要的工作，因为研究型课程的最终价值是否能够得到实现，只有在比较之后才能得到体现。学生初始状态的评价可以借助目标分类学的三个领域——认知、情感、动作技能，结合研究型课程开设的主要目的，分成三个方面来调查：

认知领域：主要了解学生原来关于研究性学习的知识基础——是否懂得调查研究、撰写调查报告、如何搞小发明小创造的知识。

情感领域：主要包括学生原有的科学精神和科学态度，以及团队合作精神、意志力、进取心等非智力因素。

动作技能领域：主要是指学生独立思考、独立完成任务的能力，人际交往的能力，收集分析信息的能力和实践动手操作能力等方面。有条件的话，为了进一步认识研究型课程的衍生价值，以决定以后是否推广这一课程，我们也可以进行学校开设研究型课程前的总体情况调查、教师教学能力现状调查，以备实施后做进一步的对比分析，发掘研究型课程的衍生价值。

b. 学生研究性学习过程评价。开设研究型课程的过程，实质上也就是为学生创造研究性学习情境的过程，我们开设研究型课程的目的是直接指向学生的，所以在过程评价中，我们必须注重对学生研究性学习的过程进行评价，要随时关心学生针对研究型课程所展开的研究性学习的进程，关心他们在这一过程中做了些什么事情，取得了哪些进展、有什么困难，需要什么帮助，课程是否需要作出适当的调整，等等。

作为过程评价中的一个重要方面，我们应该重点做好对指导教师指导工作的评价工作。因为，对中学生来说，探索性、研究性的学习，是学生的初步尝试，如果离开了教师的指导，很可能增加学生的学业负担以及心理负担，造成负面影响。这项工作主要包括检查教师的指导是否到位，教师在实施这一课程中是否较好地协调了与其他部门、其他学科的关系，等等。

③实施后的评价。实施后的评价，是对上述初始状态评价方面的再评价，尤其要对学生参与课题研究或项目设计的全过程的活动情况、体验科学研究的情况、结题报告的质量，以及研究成果的展示方式等进行全面科学的评价。将此结果与实施过程中有关初始状态评价的信息进行对比，就可以得出学生的变化情况，看其变化是否是我们开设研究型课程所预期的，有无非预期效应产生，新一轮的试验要做哪些调整。特别要注意评价既要考虑学生参与研究性活动时达到研究目标的状态，又要关注学生在某些方面的特别收获，还要顾及学生个别差异，侧重看学生通过研究型课程的实施是否超越了自我，超越了昨天，在整体素质上的提高程度，等等。

三、挖掘潜在课程，丰富课程资源

从课程范畴来看，学校课程可分为显性课程和潜在课程，显性课程是指学科课程和活动课程，即课程计划中所正式规定的课程。而潜在课程，或称隐性课程是指不在课程规划中反映，不是通过正式的课程和教学来实施，而是通过无处不在、无时不有的物质情境、文化情境、人际情境对学生身心发展（包括知识、情感、信息、意志、行为、价值观等）产生潜移默化的影响，从而促进或者干扰教育目标的实现的课程。

经过多年的努力，鞍山市第一中学不断充实、丰富了"教科书"的内容，使其成为多侧面、全方位对学生施加影响和教育的潜在课程体系，潜在课程体系中主要有五类课程。

（一）环境渗透课

环境是育人的重要要素，学校环境和班级环境尤为重要，它们对于社会来说是个"小社会""微型社会"，而对于学生来说，就是个"大社会"，具有"润物无声"的作用。

学校本着科学、合理、审美、教育四性和谐统一的原则加强学校和班级的环境建设。在整体规划上，突出文明、健康、现代、超前；在校园管理上，注重自然、优美、整洁环境的创设和保持。一中以自己独特的建筑设计、分割有序的运动场地、美化绿化的自然景色、清洁宜人的学习环境，以及赫然醒目的校训、校风、教风、学风等营造了高雅的育人氛围，让学生在其中净化心灵、改善心态、陶冶情操、强化文明意识。

（二）文化氛围引导课

针对多元社会文化对学生的影响，学校没有采取消极的堵截措施，而是组织灵活多样的活动加以积极引导，活动大体可分为自我教育性活动、自我管理性活动和自我发展性活动。

自我教育性活动，如围绕某一问题，组织学生有针对性地论证说理，达到对正确思想的认同；开展有利于激发向上心理的比赛、竞赛、评比、表奖等活动，引导学生学习先进、鞭策自我、奋发向上；结合具体问题组织座谈或其他形式的活动，形成正确舆论影响学生。

自我管理性活动，如让学生分担卫生责任区、卫生监督岗、公益劳动任务分配、值周检查组等，使学生成为学校卫生、教学秩序的管理者和维护者，在参与学校管理活动中受到熏陶和训练。

自我发展性活动，如采取让学生感兴趣的各类文娱、体育、社交等活动来满足学生的文化心理需求，抵制不良文化的侵蚀，调动挖掘自身潜力的积极性，促进健康情感的回归。鞍山市第一中学的校刊《骏风》、校报《学苑》、校园广播、文化长廊、班级园地，以及各类兴趣小组的活动，各种专题的科技、艺术讲座等都给学生提供了追求崇高、追求真知、追求成人成才的广阔天地。

从这个"文化氛围引导课"来看，活动课与潜在课有相互转化的交叉现象，例如校刊、校报，艺术展品等是学生亲自动手创作的产物，作为过程，可以视为活动课内容，而作为成果，即转化为潜在课程。这里所说的潜在课程是一种校园文化形态和氛围，从此项意义上说，凡对学生有暗示、感染、熏陶作用的非教学化的活动都有潜在课程的功能。它是一种氛围、一种风气，而氛围和风气也是由人和物、人与人的关系、人的活动等方面构成的。因此，在教育中可以不单纯强调某项活动内容，而是强调活动所形成的风气，这也是渗透在教学活动之中、渗透在学生学习活动之中的潜在课程。

（三）制度规范课

学校建立健全规章制度，用以约束规范学生的思想行为，也是一种潜在课程。规定、条例的制定、完善和执行，对学生养成良好的习惯、锤炼健全人格具有指导作用。

为此，学校制定了《鞍山市第一中学学生须知》，内容包括：

◆ 校风、学风、教风；

◆ 学校简介；

◆ 校歌；

◆ 中学生守则；

◆ 鞍山市第一中学人才培养目标；

◆ 辽宁省中小学生礼仪规范；

◆ 鞍山市第一中学学生日常行为规范；

◆ 鞍山市第一中学学生干部管理条例；

◆ 操作评定等级标准；

◆ 评优项目、条件及名额分配；

◆ 团支部、团干部、团员评优名额分配及条件；

◆ 鞍山市第一中学学籍管理制度；

◆ 鞍山市第一中学休学制度；

◆ 鞍山市第一中学考试规则；

◆ 关于处理违纪学生的规定；

◆ 鞍山市第一中学十佳学生条件；

◆ 近期学生日常行为规范要点。

此外，学校的图书馆、阅览室、实验室、语音室等学习、活动场所的专项规则，各项竞赛、比赛的规则等都使学生在长期的规范中形成习惯，进而成为文明守纪的社会公民。

（四）人际影响课

学校中的一切人都是教育因素，那么，人与人的关系就是不可忽略的潜在影响要素，学校十分注重师生之间、学生之间的关系。每个人都有独立人格，应当受到尊重，因此，要营造人人平等、民主宽松的育人环境和愉快和谐的人际关系氛围，尤其要强调关心学习落后的学生。

学校把良好的人际环境理解为：尊师爱生的良好风气、严谨刻苦的学风与教风、文明礼貌的道德风尚、团结一致的理想信念，让学习落后的学生能消除压抑，乐学爱学，有奋发向上的良好心态。对班级来说，要有互相关心、互相爱护、互相负责的风气，师生关系要融洽，班集体对每个学生都有凝聚力和融合力。把班级建设成学生的精神家园，让每个学生都有自己满意的角色和位置，都有强烈的归属感和责任感。总之，人际环境作为学校中的精神文化，是增强学校凝聚力，发挥隐性教育功能，感染学生情感并使之完善发展的最有效途径。

（五）社会环境课

社会环境课主要是融洽学校与社会各界的关系，建立学校与社会双向服务、相互支持的格局，优化社会教育环境；融洽学校与学生家长的关系，优化家庭育人环境。

综上所述，在三元课程结构中，学科课程、活动课程、环境课程既相互独立又相互联系，形成一个有机整体。它们依存、交织，充分体现了课程的综合性，促进了课程大系统的整体优化，产生课程"1+1>2"的效益。

第四节　促进学生主动发展的教学模式

传统的教学，学校教学目标体系基本上是以知识传授为中心，按教学进度的形式制定的。现代教学观认为，教学的本质是师生间的一种特殊交往。其特殊性表现在，教育教学活动是师生交往的桥梁和主要形式。在师生交往中，必须坚持平等的交往原则，同时，教师又是"平等中的首席"，在交往中起主导和示范作用。"为了每一名学生的发展"是新课程的最高宗旨和核心理念。教师必须更新观念，转变自己的角色行为，从知识的传授者转变为学生学习的组织者、引导者和合作者。教师必须把学生视为"发展的人""有个性的人""有独立意义的人"。

在教学实践中，鞍山市第一中学认为，传统的教学模式对于培养学生的创新精神、实践能力缺乏针对性、有效性。因此，在实际操作中，倡导采用促进学生主动发展的教学模式。

主动发展教学模式是根据学生自自身发展特点和需求，尽可能为学生提供主动、自主、创造性学习习的时间、空间和机会，使学生充分发挥主观能动作用，实现综合素质和谐发展的教学策略。

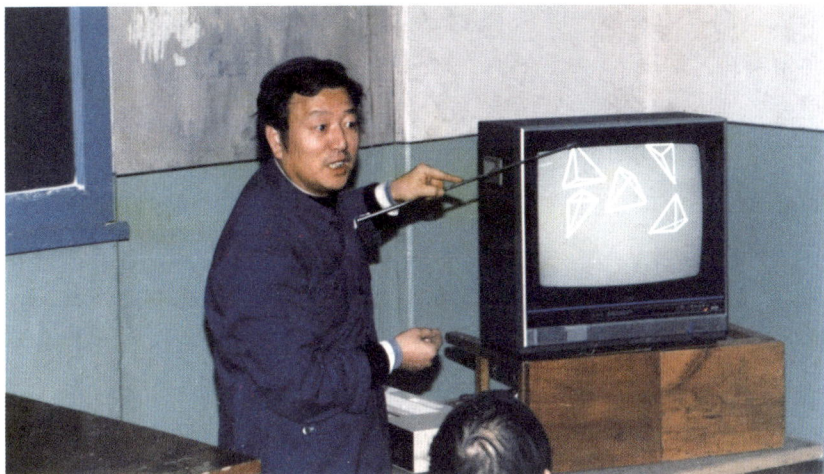

1988年12月，刘训湖老师利用计算机上几何探讨课

一、体现平等的教学原则

在师生交往过程中，我们要求教师必须在平等的原则下，具体做到如下几个方面。

（1）理解学生。走进学生的心海，洞悉学生的喜怒哀乐，了解学生的兴趣爱好，适应学生活跃的思维和变化的情绪，站在学生的角度看待学生的需求和期待。在学生的学习和生活出现困难时及时送上精神和物质的援助。

（2）尊重学生。尊重学生的人格尊严，对学生满腔热忱地给予鼓励和肯定，对学生充满信心，让学生拥有学习的主动权，给他们自主选择学习内容、学习方法、自我安排学习时机的机会。使教师和学生互教互学，形成真正的"学习共同体"。

（3）宽容学生。善于倾听学生的不同意见，课堂上允许学生出错并鼓励、帮助学生改正错误。对学习有困难的学生不歧视、不厌弃，诲人不倦、耐心帮助、期待进步。

二、"六为""四度"操作策略

在促进学生主动发展这个教学模式中，学校总结了"六为""四度"的操作策略，"六为"是：以教师为主导、以学生为主体、以训练为主线、以思维为核心、以能力为目标、以育人为目的，这是课堂教学的总体策略。"六为"要具体落实在"四度"。

第一，导入新课要"强力度"。即利用学生接触新课时，新旧知识之间的矛盾制造学生认知结构中的认知冲突，引导学生积极主动地揭示矛盾，主动自主地寻求解决矛盾的途径和方法，以此培养学生创造性思维的主动性、积极性。

第二，学习新知要"参与度"。学习新知是课堂教学的中心环节，是课堂教学中培养思维能力和发展求知能力的主要契机。因此，在这一环节中强调教师必须坚持自主教育观，把发挥学生的主体性作为施教的前提，认识到"创造性与个性有着密切的联系，只有充分发挥个性，才能培养创造性能力"。给学生以自由，使学生自主地最大限度地参与探究新知的活动。在学习新知的这一环节中提倡创设阶梯式问题情境，即在新旧知识的衔接处设计有一定思维力度的台阶式铺垫，让学生的认知沿着教师设计的阶梯拾级而上，这样既符合学生的认知心理，又能有效地引导学生的思维向纵深发展。同时，还可以创设发散式问题情境，即以某一知识点为中心，引导学生从不同角度、不同方向展开联想，从而深化学生思维的广阔性、敏捷性。在这个环节中要求教师多采取有利于训练发散思维和求异思维的归纳式教学模式，因为发散思维与求异思维表现于外在的行为，即代表了个人的创造性。尽量少采用以训练聚合思维与求同思维为主的单一的演绎式教学模式，因为其不利于创造性思维的发展。

第三，巩固练习要"多角度"。巩固练习环节是课堂教学的重要组成部分，强调教师设计课堂练习在抓准教学难点、重点、疑点的基础上，要创设"变异式"问题情境，即在教学中有意改变习题结构搭配，使题目的精髓渗透到其他题目中去，强化变式训练。有意培养学生灵活运用知识的求异思维和发散思维的能力，即强化学生创造性思维能力的培养。

第四，课堂总结要"高浓度"。每节课结束前的短短几分钟，教师对整堂课的主要内容要高度浓缩，抓住本质，以提高思维能力培养为目的，提纲挈领地归纳概括，给学生以精要、深刻的印象，本身就是对学生逻辑思维能力的培养。

三、师生教学互动，促使学生主动探究

新课程强调，教学过程是"师生交往，共同发展的互动过程"，要求教师

1988年12月，李传成老师在上物理探讨课

在教学过程中处理好传授知识与培养能力的关系，促使学生主动地、富有个性地学习，这就要求师生间开展教学互动。而所谓教学互动，就是把教学过程看作一个动态发展着的教与学相统一的交互影响的过程，就是把教学活动看作师生之间进行的一种生命与生命的交往、沟通的过程。为了能有效地开展师生教学互动，我们对教师作了如下要求。

（1）开展课前预习活动。新课程强调课前的预习。预习本身就是一种自主探究。任课教师课前组织学生开展有效的预习活动，采用多种形式布置预习提纲或预习练习，督促学生预习，并在课前或课堂上作适当的检查。

（2）设置学习目标。根据课程标准、教学内容和学生实际状况确立每堂课的学习目标，目标要具体、明确、有层次、可操作，既要有知识、能力目标，又要有情感、态度、价值观目标。学习目标可在预习提纲中呈示。

（3）创设情境并设问。围绕学习目标创设具体、生动、形象的教学情境，采用多种手段和形式（小黑板、现代教育技术、实物、图示等）呈现教学情境，激发学生思考、探究的兴趣和热情。

同时，设置有层次、能促使学生探究的问题，设问应具体指向教学目标的达成。

（4）诱思探究。启发、组织学生开展合作、探究、自主性学习活动。坚持组织学生开展小组合作学习。教师提问学生在10人次以上。教师讲授总时间控制在20分钟以内，学生思考、探究时间不少于15分钟。

（5）归纳检测。对所讨论、探究的问题，教师要作适当归纳小结，也可让学生自己来归纳。每堂课至少预留5分钟时间让学生进行课堂即时检测，及时反馈，了解学生的课堂掌握情况。

每堂课必须留5分钟时间让学生回顾、总结、反思、提问。

第五节 "三级三项"教学质量评价模式

一、"三级三项"教学质量评价模式的内涵

"三级三项"教学质量评价模式是鞍山市第一中学依据民主性、科学性的原则，经过多年的探索与修正而形成的对于教师教学质量评价的方式。

"三级"是指参与评价的范围，包括全体学生、全体教师和学校领导。

"三项"是指评价的内容，包括：教学活动，指教师除课堂教学外的各项教学活动，如集备、教研、听课等；教程，指教师课堂教学的实施过程；教学效果，指教师所教班级的成绩提高幅度、优生率、差生率以及教学改革的成绩等。

二、评价方法

（一）教学活动评价

从教研、集备、会议参与，教案，听课，学生评价等几个方面进行考核。满分40分，各情况视具体情节扣分，最后得出该项总分。

（二）教学过程评价

学生评价：学期末，首先由学生对任课教师的教学进行评价，这个评价包括六个不同的方面，六项各占不同的权重，通过计算得出一个数值，然后对学校各位教师的得分进行排序，如下所示。

19××—19××学年第×学期各子项总得分情况表

教师编号：×××× 教师姓名：××××
单位名称：×××× 课程名称：××××

指标名称	权重	指标得分
1.知识准确性	0.10	
2.组织教学	0.10	
3.教学能力	0.10	
4.教学方法	0.10	
5.负责精神	0.10	
6.综合评价	0.50	

19××—19××学年第×学期课堂教学质量评估得分总表（全校排序）

编号	姓名	评估总得分	评估学生总数	班级名称	班级评估分	班级评估人数
……	……	……	……	……	……	……
……	……	……	……	……	……	……

同行评价：由本教研组教师评价，根据教师在组内得票数与投票总数的百分比，将该项评价得分分为三等，不同等级赋予不同的分数。

学校评价：在各项评价结束后，通过总分排出总的名次，再由学校从学校角度，从各不同部门作出综合评价。

（三）教学效果

学生的考试成绩，是师生教学活动的主要反馈信息和评价依据。但是，学生考试试卷得分很大程度上也受到试题的难度、区分度及试卷本身的信度、效度、满分值等因素的制约，因此，不同学科的卷面得分没有直接可比性。这样，就很难依据学生的考试分数对教师的教学效果进行科学的评价。由此，把学生考试的卷面分换算成T标准分，才具有可比性和可加性。教学效果评价由两部分构成，分别是T标准分和T分提高。具体做法如下。

T标准分：以物理为例，通过考试，我们获得某一班级的物理成绩，然后将成绩转化成T标准分，T标准分的平均分即为该班级的物理T标准分，将任课教师的所有班级的T标准分计算出来，相加求平均，这个分即为该教师的T标准分。依据这样的原则，计算出全校任课教师的T标准分，全校排序，根据T标准分的数值和名次，分成三等，并赋予不同的分数。

T分提高：为了鼓励进步，此评价模式中还设计了T分提高，即用当次考试的T标准分的数值和名次与上一次的T标准分的数值和名次作比较，从而求出T分提高，并也对数值进行排序，同样分成三等，赋予不同的分数。

两项相加得出教学效果总分。

由以上得出的教学活动分、教学过程得分、教学效果得分再根据不同的权重计算出总分，然后排序，根据总分及名次，分出前30%、中间60%、后10%三等。

具体见下例：

19××—19××学年度第×学期教师考核评估表

姓名	组别	年级	教学活动		教学过程		教学效果		总分	名次
			教学活动	学生评价	学生评价	同行评价	T分名次	T分提高		

得到总分后，再由学校作出最后的评价，并以此为根据，与奖励机制挂钩，纳入月运行奖，学期末计算出的月运行奖金在下一学期逐月发放。

同时，学校还根据教师个人的教学情况统计出各备课组教学得分和教研组教学得分，参照学校其他部门作出备课组评价、教研组评价，基于评价计算成绩，分出等第，同样与奖励机制挂钩。

第六节　以"人格建树"为目标的德育教育

德育教育是学校教育过程中的主导因素，它影响着学生作为社会人的一面，可以影响他们的人格导向和未来在社会群体中的价值。大量事实证明，一个人的卓越成就离不开人格因素的直接参与，真正的人才首先应是人格健全的人。因此，学校教育的最大功能在于塑造具有自主意识和自主作用的独立人格的"人"，而不是塑造只会认知不会做人的所谓"人才"。

因此，鞍山市第一中学将人格教育作为学校教育的最重要方面，力图通过人格教育对学生的世界观、人生观、价值观和道德判断能力与道德行为能力进行正确指导与培养，使社会公德标准和高尚情操得到学生的认同并被内化。

经过对本校学生普遍的心理状态的研究，学校将"人格建树"教育渗透在学校活动的各个领域，根据活动的性质、辐射范围大体可归纳为六大方面，即以爱国情怀塑造人格、以榜样教育示范人格、以实践活动磨炼人格、以行为规范养成人格、以课程设置完善人格、以校园文化陶冶人格。

一、以爱国情怀塑造人格

鞍山市第一中学把爱国主义教育作为人格塑造的主线，在校园生活中充分利用爱国主义教育资源培养学生的爱国主义情感。

1990年12月，学校团委举行纪念一二·九运动演讲会

升旗仪式是对学生进行爱国主义教育最直接、最具体的方式，每次升旗全校师生都高度重视，学生在国旗下的讲话，篇篇凝聚着爱国家、爱集体的炽热情感。重要节庆、纪念日蕴藏着丰富的德育资源，学校利用重大革命节日开展系列教育活动，如在"七一""十一"举行系列庆祝活动，通过征文、演讲等形式增强学生"自尊、自信、自强"的民族精神；在五四运动、一二·九运动纪念日中，通过演讲、文艺汇演等形式引导学生畅想未来、树立理想、坚定信

念。围绕重大历史事件，激发学生的民族自豪感和民族进取精神。比如，为了迎接香港、澳门回归，开展"迎回归、爱祖国"的教育；为庆祝中国"申奥"成功和中国加入世界贸易组织，学校召开了以展望"二十一世纪的中国"为主题的主题班会，对学生进行深刻的爱国主义教育。

纪念五四运动诗歌朗诵会

二、榜样教育示范人格

爱因斯坦曾说："只有伟大的纯洁的人物榜样，才能引导我们具有高尚的思想和行为。"榜样的现实性让我们知道理想人格是可望又可及的具体概念，通过具体的理想人格形象来教化和影响学生的人格发展。

榜样人物有三大类。

（1）领袖人物——毛泽东、周恩来、邓小平等领袖，不仅建立了卓越的历史功勋，而且有高尚的人格魅力，应成为学生的人格认同方向。

（2）英雄模范、先进分子以及报刊报道的典型人物。如："背着父亲上学的孩子"、"垃圾楼上的女孩"、"全国十佳少年姚欣""当代雷锋郭明义"……他们自强不息、艰苦奋斗的人格力量对学生是一种深深的打动。

（3）学生中的模范人物。如："一棵小白杨"-95.6班的学生、共产党员崔旭龙，以及每年评选的"十佳学生"，他们应成为生活在同学们周围的鲜活标杆。

　　"十佳学生"是鞍山市第一中学学生在校内可获得的最高荣誉，被表彰的"十佳学生"披红戴花，领导颁奖，全校瞩目。其推选办法是以培养目标为标准，要求"全面发展，学有所长"，在对每位候选人写出带有大幅照片的、统一规格的事迹介绍后，由全校学生投票，评选票确定人选。这样的选举过程，成为对"培养目标"的现身说法，又是对学生民主意识的教育和民主权利的尊重。

　　榜样是学生效仿的楷模，进取的方向，不可忽视的榜样群体是广大教师。我们努力建设一支优秀的教师队伍，形成一个有理想、有事业心、有高尚师德、善解人意、宽以待人、谦虚谨慎的教师群体，构成学校的精神支柱，在日复一日的师生共处中潜移默化地示范人格魅力，成为一种无声的榜样力量。

三、实践活动磨炼人格

　　鞍山市第一中学常年定期开展各种大型教育活动，如每学期两次的主题班会，每年秋季的体育节，教师节前的艺术节，五月四日的篝火晚会，每年五月的社会实践，入校新生的军训，参观飞机场和导弹基地活动，按部就班，井然有序，形成惯例，常年坚持。

　　这些活动使学生受到爱国主义、集体主义教育，理想前途、艰苦奋斗教育和国防教育，活动的组织实施以及交流、讨论、思考和内化过程，更有其不可低估的教育价值，这些过程，成为培养独立能力，展示个性特长，组建优秀集体的极好机会。

　　在此期间，学校以马风镇作为学农基地，雷讯团、导弹团、飞机场作为学军基地，北京国际旅行社作为城市考查基地。基地的建立，使学校有力地借助了社会力量的教育作用，保证了学校社会实践活动的顺利开展。

四、以行为规范养成人格

　　学校德育工作中，传授知识是基础，培养能力是关键，提高觉悟是核心，指导行动是归宿。青年学生的德育水平体现在日常的一言一行、一举一动中，反之，良好的习惯性的行为也会促进良好品格的形成。

　　在德育管理中，鞍山市第一中学明确管理原则是"诚于严格，贵在坚持"。学校常规管理的指导思想是"严""新""高""实"。"严"指严而有格，严而有度，严而有法，严在细处，严在实处，严在当处；"新"指有创新；"高"指

1992年5月举行的"德育法规"知识竞赛

高标准，高起点，高规格；"实"指不唯上，不唯书，要唯实。在学校管理的原则和思想指导下，学校常规管理形成了良好的局面。

以课间操为例，间操要求全员出席、服装统一、排面整齐、动作划一。只要天气允许，间操从不间断，由于平时要求严格，学生形成了良好习惯。无论何种层次的检查，都不做特殊训练，学生在间操活动中既受到集体主义的教育，又得到运动美的熏陶，达到了以操益德、以操辅智、以操审美、以操健体的教育目的。当时，鞍山市第一中学在全国大课间现场会的表演中荣获表演奖和组织奖；鞍山市第一中学的课间操被誉为"东北第一操"。

五、以课程设置完善人格

课堂教学是"人格建树"教育的主渠道。在各科教学中，学校要求全体教师强化德育渗透意识，坚持寓人格教育于学科教学之中。要求教师挖掘每堂课的德育因素并通过组织教学，生动活泼地向学生进行德育渗透，真正做到让学生在每一堂课都受到思想教育。如坚持发挥语文、外语、政、史、地等人文学科对学生健全人格的培育功能；在传授数、理、化、生等自然科学知识的同时，进行辩证唯物主义教育，帮助学生养成科学的世界观；开设心理健康教育课，以加强心理健康教育为手段，塑造学生的健全人格。

鞍山市第一中学把对学生的心理健康教育作为德育工作的一个突破口。心理课中，分阶段、分层次、有针对性地制定教育目标，确定教育内容，心理课深受学生喜欢。而且，学校还建设了专用心理活动室、心理咨询室、心理训练室、教师心理咨询室，共150平方米左右。另外，为心理教师单独购买了PⅡ微机一台，购买了专用心理咨询及测试软件，并启用专用咨询热线，建立了心理信箱，定期解答学生中有普遍性的心理问题，心理咨询室成为学生们解决心理问题的习惯去所，虽然事先预约，心理咨询老师还是应接不暇，这个现象，从一个侧面表现了学生们自我意识的增强和对心理健康的新的认识和需求。

为顺应社会发展的需求，学校又开展了"综合实践类课程"，即研究性学习，研究性学习是以科学精神、科学态度和科学方法为指导，以学生为主体，以提出问题、解决问题为主线，以学生小组合作为主要形式，在科学研究和准科学研究实践中进行的学习活动。这种研究性学习深受学生欢迎，参与率100%，每个年级的研究课题有140多个。研究性学习不仅激发了学生的兴趣，而且通过学生对学科知识的综合运用（如环保、大气污染等问题），对社会热点、难点问题的调查、分析与研究（如城建，企业、农业发展，生态平衡等问题），培养了学生的创新精神、合作精神和团队意识，增强了学生的社会责任感和使命感，让学生在研究过程中学会学习，学会做人，学会做事，学会共处，充分尊重了学生的主体地位，从而促进了学生全面素质的提高，丰富了学生的道德情感与道德体验。

1989年，鞍山市第一中学合唱队参加团省委"班班有歌声"活动

同时，在趣味性、知识性、创造性、主动参与性和手脑并用性五大原则指导下，学校还开设了知识类、技能类和艺体类三大类活动课。如：数理化竞赛、中英文打字、计算机操作以及新闻采编、演讲与口才、写作、书法、绘

画、摄影、合唱、舞蹈、体育训练等。这些活动对于发展学生个性，增强竞争意识、协作意识起到了极大的推动作用。

鞍山市第一中学学生担任全国第三届中学生运动会仪仗队受阅时的情景

六、以校园文化陶冶人格

校园文化环境对学生的情感态度、价值观等有重要的影响。鞍山市第一中学非常重视校园文化环境建设。如：板报、橱窗、广播等的内容可使学生在潜移默化中感受文化；整洁优美的校风校貌，可使学生在心理上感到舒适、安全；绿化、美化、净化校园能陶冶性情，激发灵感，促进学生更好地热爱学校、热爱生活。学生自己创办了《学苑报》《英语报》《骏风》杂志等刊物，学生自己主持校园电视台节目，为学校创设了良好的文化氛围。

为适应网络时代的发展，学校还建立了一中校园网，通过校园网络文化，丰富学校的文化生活，鞍山市第一中学于2003年在互联网上申请空间注册了鞍山市第一中学网站（www.asyz.net）。网站由专业教师指导，其余全部由学生网络小组负责日常维护和更新。网站开设了一中德育专栏、社会热点讨论专题、一中简介、教工之家、班级介绍、课外活动、校友联络、BBS社区等栏目，其中BBS社区尤其深受学生欢迎，他们在这里了解一中的辉煌历史，展望一中的美好未来，结交朋友，交流学习心得，以文会友，讨论问题，向老师远程访问进行心理咨询等。利用网络信息技术将德育内容隐含在现代科技信息之中，把中学德育从平面推向立体，从静态变为动态，网络文化有力地促进了校园文化的建设和发展，成为学校德育工作中不可分割的部分。

此外，为了进一步加强学校文化建设，校图书馆与语文组共同组织假期系列读书活动并开设阅览课，吸引了大批学生。掀起了读书、知书、爱书的热潮，形成了校园的又一道风景。

第七节　教师队伍建设的"三大工程"

在学校发展的过程中，学校领导以大教育观的视角，站在可持续发展的战略高度，意识到教师发展是学校发展的核心，建设一支具有坚定的政治方向、崇高的敬业精神、高尚的师德修养、扎实的专业知识、娴熟的职业技能、精湛的教研能力、良好的心理素质、健康的身体素质的结构合理、相对稳定的高素质的教师队伍至关重要。

1992年，校领导与当选鞍山劳动模范的陈连第和梁士慧老师合影

为此，校领导根据教师专业发展的普遍规律，结合对学校教师年龄结构的分析，实施了"传业""推优""起步"三大工程。

一、"三大工程"内容

"三大工程"以选苗子、结对子、压担子、结果子、让位子为方针，使各年龄段教师发展目标明确、所担责任明确，并且彼此互助、成为一体。

传业工程：选拔学识渊博，德高望重，省、市内知名的已退休教师，由他们负责带徒弟（每人负责1～2人）、评成果（著作、教案、论文），以实现老教师的教育教学经验得到传承、增值。

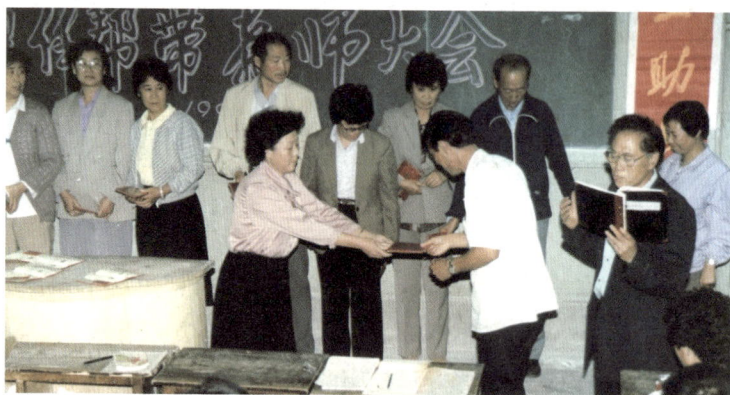

1992年，姜秀岚校长在鞍山市第一中学聘任帮带教师大会上颁发聘书

推优工程：中年教师已积累了较丰富的教育教学经验，且年富力强，有创新超前意识，多已成为学校的中坚。学校将不失时机为他们创造条件，产生名师效应，使他们成为市内乃至省内的学科带头人。

起步工程：新教师是跨世纪的一代，是鞍山市第一中学的希望和未来，学校加大投入，下大力气，不断出台新举措，规范培养制度，完善培养内容，引进竞争机制，打好起步这一奠基工程。这一工程学校作了具体规划，制定了具体方针，组织了具体活动。

1993年5月，校科研室组织青年教师座谈会，一起研究如何提高教育教学业务水平

二、"起步工程"的"一二三六"发展标准

（一）一年适应

1. 教学基本功

要求板书规范整洁，教态从容自然、亲切，语言表达准确简洁。

2. 工作责任心

要求青年教师努力做到提高学生学习的兴趣，调动学生积极思维，了解学生的学习心理，掌握他们的心理需求，教学注重层次性，全面提高教学质量。

3. 端正教学思想

要求教学中体现以教师为主导，以学生为主体，培养学生创新精神和实践能力，以知识为载体，以培养能力为目标。

（二）二年合格

（1）有意识地在教学中落实学科素质教育思想。

（2）开始高考动态分析，试题研究，能够基本把握高考命题方向。

（3）进行学科基础知识的归纳，挖掘教材的典型课例。

（4）尝试参与教学改革，总结教学方法的成功经验。

（5）掌握运用计算机手段辅助教学，能编制教学软件，运用计算机进行管理。

（三）三年胜任

要求青年教师具备独立处理教材的能力；能承担个别课节的主讲；具备独立命制练习题、期中期末考题的能力；能上一节好课，说一节好课，具备参加教学大赛的能力；具有一定的教学总结能力，包括课堂教学的归纳总结以及每学期至少写一篇教育教学方面的论文；具备进入高三教学的能力；在班主任工作方面要达到基本胜任。

（四）六年成为骨干教师

骨干教师要能独当一面，有较丰富的教学经验、较高的教育教学理论水平，

初步形成自己的教学风格，能承担备课组长工作，成为一名优秀的班主任。

三、"起步工程"的"五个一"活动

1. 上一次公开课

这是青年教师展示自己的一个窗口。学校每年都组织青年教师参加教学竞赛。学校范围内的大赛由具有五年以内教龄的青年教师自愿报名参加，教研组把关，选出一名教师代表教研组参赛。省内协作体、东北三省四校青年教师教学大赛由学校把关确定人选。还有省、市各学科教研会组织的各类教学竞赛活动，学校都支持青年教师积极参加，在公开课比赛中打磨教学能力。

2. 组织或参加一次主题班会

班主任是教师中的特殊群体，是班集体的教育者、组织者和领导者。20世纪90年代末，学校5年以内教龄教师57人，其中有26人承担班主任工作。由大批青年教师担任班主任工作，这是学校有意识地压担子，希望青年教师在班主任工作中积累经验，促进青年教师会管理、会带班，逐渐由管理型向育人型转化。学校还以主题班会作为观测青年教师成长的一个窗口，通过主题班会呈现的内容了解青年教师在班级管理方面的理念和成长。

3. 获得一个计算机证书

素质教育这一现代化教育要有现代化设备，提高教学质量，要有现代化手段。20世纪90年代初期，鞍山市第一中学电教设备便已进入课堂，可是对于计算机等教学设备，绝大部分中老年教师不会操作。因此，学校首先从青年教师抓起，从1994年开始每年寒暑假组织青年教师学习，要求电化教学普及率要达到100%，要求青年教师会打字，会应用DOS或WINDOWS操作系统完成一些简单的课件制作，1～2年内获得上级主管部门承认的计算机合格证书。

4. 读一本教育教学理论书籍

教育科学研究对于教育教学改革具有导航性，掌握现代教育理论，把握教学规律，在教书育人中能更多地掌握和运用教育学和心理学的理论知识，可以提高教学艺术，培养学生学习积极性和创造能力。所以，学校要求每名青年教师一学期读一本教育教学理论书籍，写出读书心得体会，形成文章由科研室存档。

5.写一篇论文，在校级以上刊物发表，或在校级以上活动中交流

教育科研活动和教师的教育教学活动目的是统一的。教师只有把教育活动作为自己研究的对象，才能创造性地完成教育工作。学校要求教师坚持教学科研并重，做到以教学带动科研，以科研促进教学，形成教学与科研的良性循环，在教学与研究的过程中，不断吸收教育理论界的新鲜空气，把自己的教育实践和学术活动融入时代发展的潮流中。学校校刊为青年教师设一个专栏，每期都有青年教师的论文发表。层次高、学术价值大的文章由学校向市级以上的学会、教研会推荐。

第八节　实施科研兴校战略

鞍山市第一中学校领导很早就意识到了教育科研的重要意义。他们认为，没有实践的理论如无根之木，不会长久；没有理论的实践如无舵之舟，会迷失方向。改革呼唤理论，实践需要科学。我国教育发展的历史证明，每当原有教育理论不能解释或解决教育实践中的问题时，教育就呼唤科学研究来突破这些未知的领域，而每一项新的重大教育理论的出现，都会引导教育改革，推动教育发展。显然，教育科研源于实践，高于实践，服务实践，指导实践。由"应试教育"向素质教育的转轨是一场深刻的变革，会遇到许多理论和实践的问题，为解决这些问题，保证素质教育的顺利实施，必须加强教育科研，进行科学决策。因此，教育科研是教育改革和发展的迫切需要和必然趋势。

而且，教育科研是造就研究型教师队伍的最有效途径。在教师队伍中，有四个类型的教师：一是随意型，工作缺乏计划性和责任心，占极少数；二是经验型，占大多数；三是理论型，他们不满足于原有经验，肯于学习理论，并用以指导工作，但由于他们往往处于被动接受理论的状态，通常对别人的科研成果照搬照抄、生吞活剥，而不善于发现规律，追求真知；四是研究型教师，他们把自己的本职工作当作研究对象，把散乱的教育现象看作一个有规律的动态结构，善于在理论与实践的结合上探求未知的东西，验证假说，试图揭示事物的因果关系，发现由因果链形成的理论框架。第四类教师思想活跃，改革意识强烈，加上总在研究状态下工作，其自身的素质越来越好。

素质教育要求学校要培养和造就一大批研究型教师，而走进研究型教师队伍的最佳途径就是进行教育科研。在基础教育领域，科研并不是神秘且高不可攀的工作，只要树立了"科研先导"的观念，开发自身潜力，都可以做到"立足现实搞科研，上升理论去实践"。

所以，20世纪80年代初期，鞍山市第一中学就开始了教育科研工作。学校成立了教育科研室，"坚定科研兴校的办学思路，坚定教师是科研的主力军"成为领导班子的共识。

在实践中，通过"领导垂范，培养骨干，形成群体"等三个层次的建设使教育科研队伍初具规模，采取"学习到位、组织到位、政策到位、课题到位"等四项措施为教育科研工作提供保证，经历"苦学理论，强化科研意识；积极实践，增强科研能力；认真积累，提高科研技术"等三个阶段使教育科研步入正轨，实施"单项研究、系列研究、综合研究"等三种模式使教育科研课题实验取得丰硕成果。

一、加强教育科研的基本建设

为确保教育科研的先导地位，学校采取了以下措施。

（一）组织建设

由教学副校长主管教育科研，科研室设主任一人，科研员二人，各教研组均设置专门管理科研的副组长。

（二）机构建设

设置专门科研机构——教育科研室，其职能是：制订科研工作规划、指导科研选题立项、组织开题论证、调控实验过程、验收研究结果、推广经验等。

同时，为提高干部、教师的理论水平，科研室定期举办科研讲座，定期编辑出版《教研信息》，传播现代教育思想，传递科研动态，促进全校科研工作的开展。

（三）经费投入

学校于1998年一次性投入百万元，重建了科研室，使科研室与心理健康教育中心形成一体，占地面积达300平方米。学校又不断添置了全套现代化科研设备、办公物品、图书资料等，为科研工作的开展奠定了雄厚的物质基础。

（四）制度保证

（1）学习制度，如定期召开各种专题的研讨会、交流会等。

（2）课题管理条例，如立题、操作、检测、验收等具体规定。

（3）奖励制度。

二、科研队伍建设

1. 领导垂范

学校领导首先统一认识，勇于实践，做学校教育科研的带头人。当时，学校领导班子每周二定期组织一起学习现代教育教学理论。他们经常以"不会搞科研的校长不是好校长，不重视科研兴校的领导不是好领导"自勉，带头学习，向教育家位移，以身垂范来带动教师搞科研。

周世淮副校长带头著书立说，他撰写多篇文章用来指导学校的教学科研实践。其中，1997年撰写的《创"全面发展"之优，示"素质教育"之范》一文在辽宁省、市、县、区教委主任培训班上做大会发言交流，并登载在《普教研究》《上海教育》《中国教育学术文存》等省、市、国家级出版物上，还在同年辽宁省教育思想大讨论活动中获一等奖。1998年撰写的《以课堂教学为主渠道，增强创新意识，培养创新精神，发展创新能力》一文在辽宁省教育科研工作经验交流会上发言，引起强烈反响，《国家基础教育动态》《光明日报》等都纷纷约稿转登。

2. 培养科研骨干

为了培养一支科研骨干队伍，学校每年寒暑假都举办中层以上干部学习班和教研组长、党支部委员学习班，学习教育教学理论，多次聘请省、市教科院领导到校作专题讲座，还曾组织中层以上干部到省内外知名学校参观学习，展开调研，提高认识，使之成为学校教育科研的骨干队伍。

随着学习的深入，广大教师对教改的认识不断提高，随之产生了参加改革实验的热情。学校先后以特级教师李传成、周竞兰、侯桂云、何洪卫老师为核心，形成了一支教改的骨干队伍，带动鞍山一中的广大教师锐意改革，奋力拼搏，不断掀起改革的热潮。

3. 全员发动，形成科研群体

学校开展教育科研的主体是教师群体。教师是教育科研全过程的直接参与者，也是科研成果向实践回归的主体。也就是说，科学的教育行政决策，只有依靠有科研意识和能力的教师群体才能得以贯彻实施。为了形成这个科研群体，学校提出"不会搞科研的教师是不合格的教师"的口号，号召教师不当教书匠，向教育家方向位移。

为与更多教师达成思想共识，学校每年都会邀请国内知名教育家为全体教师作学术报告。学校定期集中组织教师学习教育教学理论，以科研促教研。一是实施"课题带动"战略，以课题研究带动教育教学改革；二是以教研组为科研基地，发挥教研组群体优势和集体智慧；三是积极开展支持教师参加各级各类学术会议和教学研究；四是建立激励、奖励机制，鼓励教师总结科研成果，著书立说，以科研创品牌、出名师。

三、以"课题"作为科研的抓手

经过十几年的科研实践，学校领导体会到，搞教育科研的好方法是抓住"课题"这个关键，广大干部教师在实践中找课题，使课题研究与工作密切联系，产生了一大批优秀成果。

"七五"期间，在"百花齐放、百家争鸣"思想的指导下，各科教学方法改革实验课题层出不穷，以"物理讨论式教学法"为代表的一批科研成果享誉省内外。

"八五"期间，学校抓住了整体改革实验契机，确立了"主动发展教育"研究课题，并分解为德育、智育、体育三个系列的子课题研究，探索出各系列的素质教育模式，对今天实施以"创新教育为核心的素质教育"具有特别重大的价值和实践意义。

"九五"期间，科研室发挥理论指导的功能，在全校范围内掀起素质教育理论大学习、大讨论的热潮，然后制定了鞍山市第一中学全面实施素质教育的"一三四三"方案，在一个目标"两全三高创一流"的指引下，全面启动"课程结构改革""学科素质教育""主动发展教育整体改革"等三大工程，在全校范围内积极推进素质教育。

到"十五""十一五"时，学校在"学生心理健康研究""信息技术与课程整合"两大领域取得突出成绩。基本实现了国家级、省级、市级均有课题立项研究，形成了全校教师均参与课题研究的浓郁的教研氛围。

第九节　对"魔灯平台"的实践研究

　　进入21世纪后，信息技术发展速度越来越迅猛，知识在增长、条件在改变，教师不可能凭着多年前掌握的知识年复一年地重复着过去的话题，教师的"专业知识""实践性知识"都必须更新。信息技术的发展要求教师要主动、自觉地学习新的技术知识和技能，形成新的结合了技术的教学方法及教学理念，对自己的教学实践产生新的认识，探究对课程内容和资源的新的更深入的理解。

　　鞍山市第一中学对信息技术的开发利用是十分重视的。在20世纪90年代，学校就购置了计算机设备，并建设了计算机室，学校教师开始尝试运用课件、个人网页、校园网站等方式进行信息技术与课程教学的整合。但是对于一线教师来说，要把新课程理念转化为实践行为，实际操作中遇到很多困难，尤其是缺乏高效的、系统的平台。

1992年，鞍山市第一中学学生在计算机室学习计算机的使用

　　2006年8月29日，在信息时代研究型教师高级研修班上，上海师范大学黎加厚教授为鞍山市第一中学教师带来了一个全新的教学平台——魔灯。从此，学校开始了全国中小学范围内首家魔灯平台的实践应用。在黎加厚教授及其研究生况亮的帮助下，学校建立了第一个魔灯信息化课程——鞍山市第一中学魔灯网络课程。在全国中小学范围内率先点燃"魔灯之火"。

魔灯（Moodle）的全称是"面向对象的模块化动态学习环境"，是当时世界上最流行的课程管理系统（CMS）之一。Moodle主要功能大致分为网站管理、学习管理和课程管理三大部分，其中课程管理中有灵活、丰富的课程活动：论坛、测验、资源、投票、问卷调查、作业、聊天室、博客等。其开放的理念使得全世界的教师都可以轻易地参与到系统的设计开发中。

魔灯的模块化动态学习环境可以让教师轻轻松松成为信息化课程的设计者。

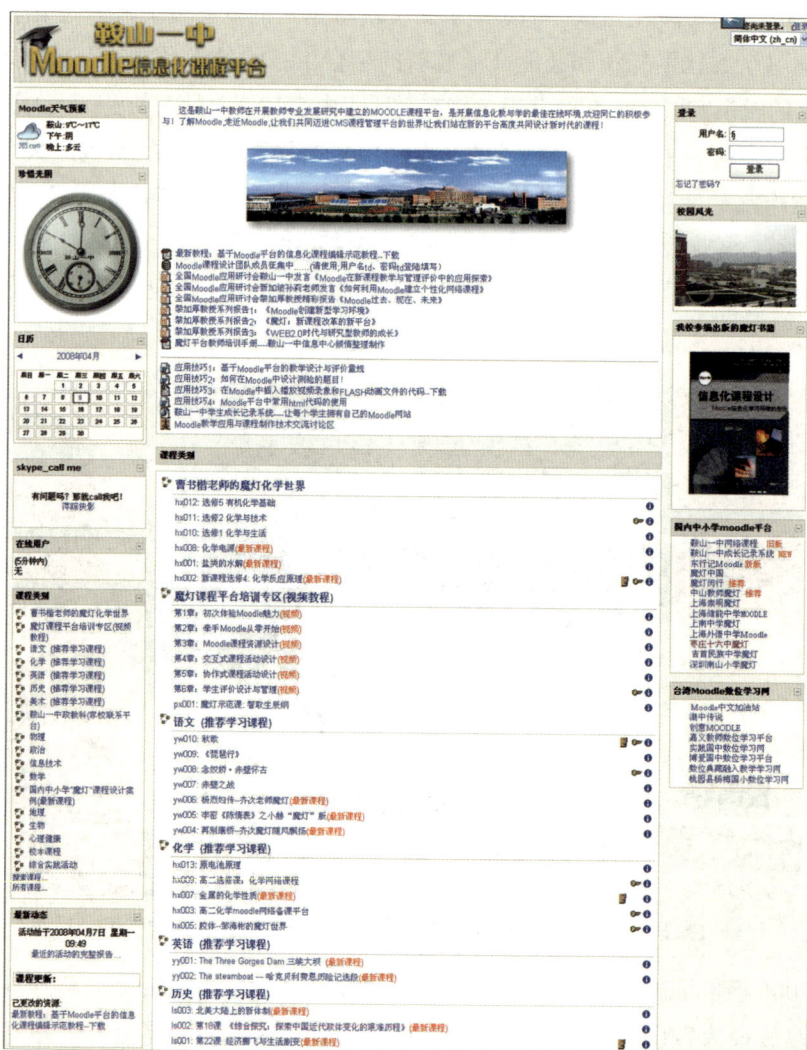

鞍山市第一中学Moodle信息化课程平台

在魔灯平台引进之前，教师们在新课程改革中虽然已经获得不少信息化教学的经验和心得，取得了一定的成果，但都没有取得突破性进展。魔灯平台则为教师们提供了推动课程整合研究进一步发展的理想平台。在魔灯环境中，教师要转变教学观念，从给学生呈现教学内容转变为学生提供学习资源，提供学习的路线图。教师的角色转变为指导学生利用资源进行探究学习的导师。可以说，教师利用魔灯进行课程设计的过程，就是深入体验新课程改革的教育理念的过程。

对于魔灯平台的应用和推广，学校领导给予了高度重视。周惠欣校长亲自领导参与课程改革和魔灯平台的规划和培训，并且要求学校各管理部门负责人和骨干教师全部参加，深入探讨魔灯平台的各项功能。在管理部门负责人与骨干教师掌握技术之后，负责指导大家将其应用在日常教学与管理工作中。校领导的研究热情极大地提升了学校教师研究团队的凝聚力与活力，使魔灯平台迅速在校内广泛应用。

2008年，鞍山市第一中学冯君老师在辽宁省高中信息技术现场会介绍
鞍山市第一中学Moodle教学改革经验

一、结合新课程的要求与德育管理需要，建立学生成长记录系统和家校联系平台，魔灯平台促进常规管理网络化、电子化

信息化时代，新课程改革和学校管理更多需要信息技术解决发展中的难

题，魔灯平台的网站管理功能便于教师建立功能强大的互动性网站，使学校的日常教学与管理工作更加细致、系统。

例如，新课程改革要求每个学生要有详细的成长记录，按照以往的技术条件，这只能形成一个类似作文的记录册；而在魔灯平台上，学生每人可以制作个人网站，这并不需要学生掌握复杂的动态网站制作技术，所以更具有可操作性。

此外，学校政教科也利用魔灯平台建立起家校联系平台，以此作为促进家长与学校沟通的渠道和纽带。

二、典型课例作示范，让教师身临其境体验"魔灯"魅力，推动魔灯平台教学应用

鞍山市第一中学在引入建立魔灯课程平台后，组织骨干教师和特色教师积极利用魔灯平台进行教学设计，并在学校教学公开课上进行教学展示，让全体教师了解体验魔灯平台教学。

由于魔灯平台具有强大的课程管理功能和学习管理功能，教师可以通过魔灯平台创建自己的信息化课程。经过一段时间的实践研究，学校重点实验了三种魔灯课程教学方式。

1. 计算机室集体教学方式

这种教学方式与学校尝试过的课堂集中网络授课的方式有相似之处，但又有很多不同。魔灯的课程资源呈现方式和教学活动设计，无不令人耳目一新。过去想到做不到或难做到的教学活动，如论坛、测验题、考试、投票等；或者过去从没想到的教学方式，如互动评价、数据库等，在魔灯平台设计的课程平台中都能轻松实现。教师只要提供好学习的路线图和资源，并加以引导，学生就能根据自己的需要和能力水平去自主完成学习任务和测评。可以说，魔灯平台的引入成为课程整合研究的突破口，取得了意想不到的效果。

2. 教师/学生单机学习/训练方式，即教室单机讲授教学

教师设计建立好魔灯课程后，在教室登录魔灯平台投影授课，向学生展示相关教学资源与信息，如图片、视频、动画等。操作时可以像幻灯片教学课件使用一样简单。还可以把教学内容保存在网络上供学生课后查看复习使用。这些教学内容也逐渐积累成为学校信息化网络课程资源。

3. 电子阅览室及远程网络学习方式，即数字化学习

学生通过校内外网络登录魔灯课程平台，根据课程设置学习路线，搜索自主学习课程提供的信息资源；参与教学活动和课程资源建设，如聊天、讨论区、WIKI共笔、投票、词汇表、数据库建设等；可以参加课程测验和作业；学习者之间还可以开展作品与学习成果的互动评价；还可以得到课程教师的在线评价与辅导。

三、推出魔灯平台培训视频教程，使常规线下培训与魔灯平台在线学习相结合，打破时空限制，打造了自学、交流、协作的新培训模式

为了更有效地推广魔灯平台的应用，开辟新的培训方式，解决教师因教学任务重而难以大规模、长时间集中培训的问题，学校信息中心教师在熟练掌握魔灯平台的功能后，结合自己的学习体会，制作了魔灯平台培训视频课程，并放置在鞍山市第一中学魔灯网络课程上，供学校教师和全国喜欢魔灯平台的教师在线学习。这一做法使学校的常规培训与网络化在线学习结合起来，提高了魔灯平台推广应用的速度。

2008年3月，由中国教育技术协会主办的全国首届"基于Moodle的信息化课程设计与应用"研讨会在上海市闵行区召开。鞍山市第一中学周惠欣校长应邀在大会上作《Moodle在新课程教学与公理评价中的应用探索》经验交流，上海师大黎加厚教授为周校长的发言作了精彩点评，鞍山市第一中学对于魔灯平台的实践研究成果得到了与会专家的赞许。

第十节 校园文化建设

校园文化是位于学校教育大系统中教育环境层面的一个子系统，它是办学目标、道德意识、社团文化诸方面的总和。它与学校外部的社会、家庭文化共同构成学校实施教育工作的社会基础，是学校整体模式现代化中不可忽视的重要部分。可以说，校园文化是校园精神的体现，有什么样的校园精神，就有什么样的校园文化。

校园文化中主要的两大要素是有形的显性文化和无形的隐性文化，前者包括由学校精神风貌所物化的建筑风格、校园景观、校内设施等物质文化。后者包括：① 学校传统、校风、教风、学风、人际关系、集体舆论、心理氛围等构成的观念形态；② 由规章、制度、条例、守则及学校长期形成的习俗、准则等构成的规范形态。

教育环境理论认为，学校环境是教育教学活动得以运转的条件依托，环境具有暗示、启迪、熏陶等育人机制，能以有形或无形的力量渗透到教育的各环节，对学生的人格发展、品德结构、心理品质以及社会化过程产生深刻影响。在优化的校园文化中，舒适、整洁无处不在，文明、友善无时不有，它潜移默化地向师生传递着真善美的信息，陶冶和净化着人的心灵，其教育效果往往是说教所难以达到的。

而且，校园文化除具有熏陶性特点外，还有指向性、激励性特点。

指向性——用经过选择的文化规范渗透于学生心理，用先进的有别于社会文化的观念形态影响学生思想，让学生接受符合教育方针要求的道德信念和行为规范。

激励性——多层次、多角度、多种方法赞扬表扬学生，能使学生的性格、情感、行为等方面发生与教育者的期待相一致的变化。这无疑是培养人才的有效途径。

基于对校园文化的上述理解，鞍山市第一中学在校园文化建设上投入了巨大的精力，从主导思想到规划设计都瞄准"一流"，要让鞍山市第一中学的办学目标"两全三高创一流"在文化建设上得到充分体现。

一、一流的物质文化

从百余米的黑色铁艺透视围墙（建于鞍山市第一中学老校区）望去，郭沫若亲笔提写的"鞍山市第一中学"的校名熠熠生辉，正门屏风上醒目地镌刻着四字学校精神——追求卓越，每个字都那样凝重而有力，每时每刻都在呼唤一中人奋发意志，激励一中人的一流意识。无论做人还是做事，要做就做得最好，永远追求卓越。

甬路、草坪、花卉、楼宇……不仅有色彩的呼应，而且有造型的协同，给人无限美感。教学主楼与综合楼一体相连，宏伟壮观，红顶白墙，亮丽辉煌。艺术馆、体育馆、游泳馆、实验楼，错落有致，韵味相通，呈半圆形环抱操场。每座建筑都有独特的个性：T字形的综合楼强调了与主楼、实验楼的过渡与衔接，三幢楼比肩参差、相拥而伴，艺术、体育、游泳三馆则中间高、两侧低，线条柔和，犹如展翅翱翔的大雁。大修之后的风雨操场宽敞平整，与各球类运动场地既合理分割，又融为整体，操场中绿树成行，地无露土，置身其中，备感惬意。

室外设有大方整齐的宣传橱窗，那里展示着"十佳"学生的先进事迹、特长生的创作精品、好人好事的表扬信件……主楼正厅，两侧排挂着庄严的国旗、国徽、国歌、校风、校歌，充分展示出学府的风采。每层楼的走廊，都可以看到一幅幅伟人和科学巨匠的肖像或名人名言，闪烁着人文的魅力。在公共场所，墙壁语言文明高雅：走廊里有"请慢步轻声"，实验室里有"请节约药品"，卫生间里有"水是生命之源"，咨询室里有"我们每个人都需要安慰"……它们以细致入微的提醒达到了此处无声胜有声的教育效果。

人无我有，人有我优，本着创优示范的原则，学校投入大量资金用于计算机网络建设，当时，鞍山市第一中学的信息化程度达到了国内一流水平。2002年，学校筹建了200多平方米的独具风格的"校史展厅"，它是鞍山市第一中学1923年至2003年峥嵘岁月的浓缩，是数以万计师生心血的结晶。展厅里的每一部分都是一部奋发图强的历史写照。"生机盎然竞校园""满怀激情忆往昔""励精图治创一流""桃李芬芳沁五洲""踌躇满志迎未来"，五大标题下所展示的精美画卷表现了一中硕果累累的昨天、风华正茂的今天和灿烂辉煌的明天。每个观展厅都使学生受到深刻的教育，"今天我以学校为荣，明天学校以我为荣"，自豪感、荣誉感、责任感油然而生。

在一流的物质文化环境中生活和学习，学生的身心获得愉悦和享受，他们在文化环境与心灵感悟的对话中，升华人生理想，提高生活品位，陶冶道德情操。

二、一流的制度文化

制度不仅仅是规程、准则的代名词，还同时承载着文化和精神价值。制度是约束人的，制度文化则是激励人去追求美好的东西，培养人的现代民主意识和团队精神。

民主意识的培养是制度文化的重要价值取向，它体现在自上而下的各项制度之中。从党委的"党风建设十项规定"到教师、学生的各类评优、比赛规则，都充分体现着人的主体性，而主体性来自浓厚的民主氛围。讲真话、讲实话，为学校负责，已成为一中人的行为准则，成为完善自我、超越自我的动力源泉。可以说，制度已经超越了制度本身，形成了鞍山市第一中学文化上的认同。

学校的主体是人，其产品也是人，在这里，主体和产品是高度统一的，所以鞍山市第一中学人文精神即尊重人、关心人的气氛应是制度的核心，管理学生尤其如此。

例如，学校进行一年一度的"十佳"学生评选活动，每次活动都办得正规而严肃，做到时间充分、公开公正、程序完整。基本做法如下：

（1）各班学生采用无记名投票方式选出本班"十佳"学生候选人，将事迹材料上报有关部门；

（2）经层层审议确定候选人20名；

（3）印发候选人事迹材料交全校学生讨论、审议；

（4）全校学生投票，选举产生"十佳"学生10人。

这项活动历时一个月，活动的规则及过程所产生的教育效果远远超过了评选结果本身，争先进学先进在鞍山一中蔚然成风，民主精神得到培养。

团队精神的培养是制度文化的又一重要价值取向，也是鞍山一中制度文化的又一鲜明特点。在教师队伍建设中，制度明文规定把备课组、教研组作为考核的基本单位，相关奖罚措施也落实在组。以此为出发点，学校每年组织一次教学汇报表演课和示范竞赛课，每位参赛教师都是代表所在教研组，因而体现的是全组的实力和水平。学校举行的文娱、体育以及学科竞赛，也都强调集体观念和团队精神，使大家懂得分工协作，为集体争光。运动会上的集体综合奖的竞争力甚至超过竞技项目奖，每个人被置身在综合素质比赛之中，自觉意识到自己是团队的一员，因而积极维护团队利益，无私奉献，涌现出许多团结合作的感人事迹。

三、一流的精神文化

学校的精神文化是校园文化的精髓，其有认识成分，如学校的群体构成和个人对教育目的、教育过程、教育规律的认识；有情感成分，学校成员对学校、师生的依恋、认同、热爱，对所在学校的责任感、归属感，是积极情感的典型表现；有价值成分，如学校共同推崇的价值取向；也有理想成分，如校训、校歌中表达的目标。这些因素的相互作用，构成学校独特的校园文化风格。在所有学生活动中，学校都会突出精神文化建设。

1990年，鞍山市第一中学运动会开幕式

五四篝火晚会——每年5月4日举行，学校师生全员参加，学生们以文艺表演的形式回顾革命历史，讴歌前辈的英雄业绩，从而认清自己的社会责任，激发为民族进步和国家昌盛而奋斗的理想。

元旦联欢会——通常都是学生自己策划、主持，节目大都是自编、自导、自演，显示了学生的个性特长和创造精神。

开学典礼——是学校最精心策划的庆典，既有上一学期的累累硕果，又有新学期的任务要求，场面隆重而热烈，总会给学生别开生面的印象和向着新的目标奋进的鼓舞。

读书活动——每年的寒暑假举办。具体做法是由图书馆、语文组联合组成读书指导组，向学生推荐优秀书目，组织学生对热点书、名著、人物传记进行书评，开展大讨论。几年来，学校以"中国人可以说不""人格的魅力""初识诸子百家"等为主题进行专题讨论，学生们各抒己见。自愿参加读书活动的学生人数达万余人次，查阅资料5万余册，不仅掀起了一个读书、知书、爱书的热潮，而且在书的海洋中怡情养性、陶冶情操、健全人格、完善理想，增强了对社会的责任感和对人类的使命感。

四、一流的社团文化

早在20世纪80年代，学校就创办了兴趣小组，涉及文体及其他学科，发展至90年代后期，有的兴趣小组已演变为特色活动社团。

骏风文学社——该社隶属于学校团委，由各年级的文学爱好者自愿报名组成，其宗旨是培养学生的写作能力，发展学生的文学特长。文学社设辅导教师一名、社长一名。分诗歌、散文、小说、作文、杂文五组，各设组长一名。文学社的活动时间固定在每周二下午第三节活动课时间。除组织正常作品交流、创作讨论、写作讲座等活动外，还负责社刊《骏风》杂志的编辑工作。

《骏风》杂志由学生担任主编，指导教师任责编，并指导、帮助统筹策划，把关定向，由学生独立开展工作，充分发挥学生的组织力、协调力和创造力。文学社骨干成员还会参与组织假期读书活动，社员作品也多次在各级别的征文比赛中获奖。文学社首任社长陈凯同学在当年的"全国中学生新概念作文大赛"中一路过关斩将，最后在上海总决赛中赢得一等奖，同时被清华大学中文系特招录取。

《学苑》报记者团——《学苑》报是鞍山市第一中学学生办的一份综合性报纸，月刊，内部发行，《学苑》报设指导教师一名，编委、记者若干名，来自各个年级。由小编辑、小记者组成的记者团对当月校内大事进行报导，同时也留出一定版面刊发学生的优秀文学作品。在指导教师和编辑同学的努力下，《学苑》报在当时拥有大量读者，影响颇大。

SUPER NEW——这是在英语教师指导下由学生办的一份全英文报纸。全部文章均出自学生之手。其宗旨是培养学生英文写作能力，为学生的外语学习开辟一个新的园地，报纸套彩印刷，图文并茂，文章短小精悍，风格多样，深受学生欢迎。

合唱团——近百人组成，所有演员均由各班级严格选拔产生。为了提高水平，学校聘请专业教师指导和训练，还特约鞍山市歌舞团谷东平老师作为家庭教师，定期指导授课，协助排练。校合唱团在市内外都很有影响，其演出实况曾在中国教育电视台播出，获得好评。

电视演播团——这个社团是在鞍山市第一中学多媒体演示中心初具规模后组织成立的。其彩编、演播人员全部由学生组成，他们定期制作校园新闻及各类专题节目，不仅拓宽了校园信息传播渠道，培养了一批特长学生，其中一些优秀者已被北京广播学院等高等院校录取。

五、一流的校风

多年的实践使学校确立了自己的校风、教风、学风，它营造了一种浓浓的氛围，把每个一中人推到"争创一流"的大环境之中。

1993年，鞍山市第一中学70周年校庆

多少年来，鞍山市第一中学就充满着这样一种风气，那就是追求高标准，追求一流，追求卓越，这种风气是广大干部、师生共同创建的。它是立校之本，它给予每名鞍山一中教师和学生的是信心和勇气，使大家同心同德，同舟共济，真心实干。少一分自我，多一分协作；少一分浮躁，多一分求实；少一分依赖，多一分主动。主动进取，主动发展，开创美好的未来。

"探，远取之也。"

第五章　探（2012—2023年）

　　自2012年党的十八大以来，以习近平同志为核心的党中央更加高度重视教育事业，对全面深化教育改革、全面推进依法治教、教育更好服务全面建成小康社会、加强教育系统党建，相继提出多方位要求；在考试招生制度、提高基础教育质量、加强教师队伍建设等方面统筹深化改革。

　　2018年党中央召开新时代首次全国教育大会，习近平总书记对教育和学习提出新的更高的要求，强调教育是国之大计、党之大计，必须加强党对教育工作的全面领导，坚持立德树人，围绕党的教育方针，既坚持一脉相承，又根据新时代新要求作出重要拓展，要求培养德智体美劳全面发展的社会主义建设者和接班人，重申加快推进教育现代化、建设教育强国、办好人民满意教育的总体要求。

　　在此阶段，鞍山市第一中学以国家教育理念为引领，以国家教育政策为指导，按照优质、特色、内涵发展的需求，坚持"以学生发展为本，为学生可持续发展和终身幸福奠定基础"的教育理念，确立了"明礼立德，博智立学，健体立身，诚信立人，努力成为未来具有本土情怀和国际视野的拔尖创新人才"的育人目标。全校教职工同心协力，集约优势资源，建构课程体系；探索生涯教育，助力学生发展；推进选课走班，创新选课模式。教师培训、学科建设、智慧校园等多点支撑，合力推进课程改革，坚持不断提升教育品质，努力开创了鞍山市第一中学发展新局面。

第一节　以党建领航学校跨越式发展

鞍山市第一中学党委全面贯彻党的教育方针，扎根鞍山大地，矢志高中教育，以提升质量为核心，强化治理，深化改革，把学校建设成为全国一流研究型卓越高中，以优异的成绩向党的二十大和建校100周年献礼。

校党委组织全体党员赴锦州红色基地开展主题党日活动

一、抓品牌，探新路，为学校发展提供坚强政治保证

面对服务鞍山经济社会发展和人民群众对优质教育的需求，以及高中教育改革的需要，校党委确立了力争到2030年"建成全国一流研究型卓越高中"的奋斗目标。编制《鞍山市第一中学"十四五"发展规划》，辐射带动高中教育质量提升，服务鞍山全面振兴全方位振兴。学校强化优势勇于突破，笃定坚毅圆梦前行。

（一）"一二三四"党建领航工程

一个核心：校党委总揽全局，是协调各方的领导核心。

二个载体：党建工作品牌——让党徽闪耀，一支部一特色。

三促一带：党建促校风、教风、学风，带团建。

四个机制：党建+思政联动，党建+教学共振，党建+科研创新，党建+德育育人机制。实现党的领导、行政与教学管理统一，搭建学校—教研组—年部三级联动，激活基层党建的"神经末梢"，全面构建以高质量党建引领高质量发展新格局。

（二）党支部品牌建设

各支部结合学科特点，形成党建品牌。语文支部，杏坛先锋；数学支部，嘉树先锋；外语支部，义务奉献；理科一党支部，洞达事理学育共进；理科二党支部，实验先锋；机关党支部，"互联网+服务先锋"；文科支部，苔花支部。

（三）形式多样的党员活动

组织党员参观家乡企业迈格钠磁动力、"易鞍码"和辽宁希思腾科信息技术有限公司，传承奋斗精神；召开"七一"党员大会，表扬先进，统一思想。利用中国精神谱系长廊，传承红色基因；组织通过鞍山市第一中学第十届科技节、学习党的二十大报告知识竞赛、"学习二十大·翰墨书豪情"师生美术作品展、"青春心向党·颂歌赞盛会"线上歌手大赛、欢度国庆歌舞表演、学习二十大精神主题班会、庆祝共青团成立百年、邀请公益人士朱振峰来校讲座、收看习近平主席新年贺词等系列活动，凝聚青年力量；作为鞍山市第一中学最多思政教师的党支部——文科党支部举行了线上党员学习暨《钢铁意志》首映礼观影感受分享活动。开设国情党史、初心讲坛、明德讲堂，与学习强国、党建云平台互为补充，拓展党员在线教育渠道。掌握意识形态主导权，建立会商研判和风险防控机制。落实"我为群众办实事"要求，推出我和校长面对面、校领导接待日、党员为学生义务答疑和填报志愿、协调解决教工子女入托入学、为教工提供半成食品、改善师生饮水条件等。

开展红色经典诵读、诗词作品创作大赛、硬笔书法展示、读书分享会、文艺汇演、美术作品展、我与建党百年标识合影活动。校领导和思政教师上"创新铸就辉煌"思政课，书记带头讲党课，开展"述往知来·赓续使命""品家书顾初心"党史教育课。建立思想政治和舆论引导新媒体矩阵，形成思政课、德育、教学"三大渠道"协同配合的育人体系。

2019年，"不忘初心 牢记使命"主题教育启动

面向未来，鞍山市第一中学党委将高举党建之旗，砥砺奋进逐梦前行，校党委将以学校"十四五"发展规划为行动指南，不断擘画鞍山市第一中学的美好明天。

二、抓发展，明方向，党建业务双融合双促进

学校党委坚定与新时代同向同行、党建与业务工作同频共振，从组织架构完善到高层次人才引领，从思政育人到党建与业务双融双促，探索出一条较为成功的高中党建工作"鞍山市第一中学路径"。以党建带动学科建设，依托"青蓝工作室"和"名师工作室"，以三省四校公开课、省内十二校科研交流，组织教学研讨课、德育活动展示课等，增进全体教师对新课程改革理念的理解，以课题研究为纽带，形成"专业发展共同体"。以校本课程图谱建设与"三生高效课堂"建设作为核心工作，深入课堂调查研究。修订校本课程图谱，完善课程目标、内容、评价方法。将一线教学、管理与课题研究相结合，深入挖掘"三生高效课堂"要素，形成表征明确，可评价、可执行的"三生高效课堂"建设办法。

学校领导联系专家人才。实施"人才倍增计划"，引进博士3人，北大本科、中科院大学硕士1人。实施教师发展计划、名师工程、青蓝工程。先后有十余名党员成立名师工作室，百余名党员被评为名师、学科带头人。建立教职工荣誉制度，举办荣休仪式和新师入职仪式。

搭建学校、教研组、年部三级联动，党委、支部和党小组组织完备的架构体系，构建起党的领导纵到底横到边、全覆盖的工作格局，激活党建"神经末梢"。推进"双带头人"制度，以党建带动学科建设。开展支部评星定级，3个支部被评为市、局级先进。开发四大系列课程，完善"行政班分层编班、教学班半开放"新高考教学组织方式和"行政班与教学班相结合、班主任与导师并行"的管理模式。在因为新型冠状病毒感染疫情开展线上教学期间，学校党委统筹安排，保证学生听课质量，引导教师多批勤批，让学生真正动起来，落实所讲内容。坚持"间周练"，坚持每日听评课制度，关注学生上课状态，促进交流和提高。线上教学期间，学校7个支部145名党员教师利用自习答疑时间线上义务答疑3000余人次。一中几十名党员和百名学子在全城静默时积极投身到社区志愿者服务中去，师生同心协力，为全市打赢疫情防控战贡献力量。

强化优势勇于突破，笃定坚毅圆梦前行。学校以校园建设为载体，建造"一水池一雕塑两平台四长廊"文化景观，安装礼堂中央空调，对砖面外墙进行改造和保温处理，消除安全隐患；新建东门停车场，实现人车分流，确保校园内交通安全；建设"口袋广场"，扩建校史馆，树立校史纪念碑，建设开放式图书馆和开放式阅读区；改善学生住宿条件，安装淋浴设施和烟感报警设备，更新床铺桌椅。建成全省首间VR创新实验室，针对理、化、生、史、地五大学科引入VR/AR和3D技术，开展课程创新教学，建成东北首间中小学人工智能实验室，提升学生科技创新力。

面向未来，校党委将坚持锐意改革，积极推动教学革新，继续创新"党建+教学""党建+科研""党建+业务""党建+校园建设"模式，打造具有浓厚文化氛围的现代化中学。

三、抓德育，促育人，打造新型思政育人体系

百年一中一路披荆斩棘，一代代一中人秉持"礼健智诚"的校训，坚持"追求卓越"的精神，成为活跃在祖国各条战线上的精英骨干。学校团委获评

全国五四团委、全国青少年维权岗、辽宁省五四红旗团委、鞍山市学校系统"红旗团委"等荣誉。党委坚持用习近平新时代中国特色社会主义思想持续深化对青年的思想政治引领，推动党史、团史学习教育常态化、长效化，以"请党放心　强国有我""青春心向党　建功新时代""学习二十大　永远跟党走　奋进新征程"主题教育实践为主线，把握学雷锋纪念日、清明节、五四青年节、九一八事变纪念日、国家公祭日等重要时间节点，结合当下时事政治热点事件，探索"线上+线下"结合模式，多样化地开展主题团日、班团会、团课、读书分享会等活动百余场，参与人数5000余人次。"党的二十大精神"主题线上知识竞赛活动、"学习党的二十大　争做新时代有为青年"主题班团会更是将学习宣传党的二十大精神的氛围推向高潮，25届16班"青春美少年奋斗正当时"主题团会在全省部分重点中学协作体研讨会上作为示范团会广受好评。

团校揭牌仪式

精心打造青年品牌宣传矩阵，持续发挥学校微信公众平台等校园媒体作用，发出青年最强音。举办"讲好红色故事，传承红色基因"网络宣讲活动、"青春心向党——诗朗诵"、庆祝建党100周年学生优秀诗歌作品展、"北京冬奥会，一起向未来"主题书画征文展、"老师我想对您说……"手写信展、"高考加油"手抄报展、纪念一二·九运动书画作品展、"庆祝建团100周年"主题书画展、"百年校庆"主题书画展，拍摄《我和我的祖国》《致吾辈》等视频作品6个，收集原创诗歌64首、原创手写信70封、朗诵60篇、歌曲24首、主题征文96篇、手抄报288张、书画剪纸等作品210个。校园广播大课间不间断，宣传展板定期更新，让党的声音最广泛地直达青年。

2022年入团仪式

"最闪耀的青春是到党和人民最需要的地方去。"新冠疫情期间，青年教师王立冉留守学校成为临时团支部书记。青年教师团支部18名教师，13人曾承担学校班主任、1人担任物理学科竞赛辅导员，成立青年教师义务辅导站，为学生提供学业与心理上的双重帮助，并在学校"七一"表彰大会上表演节目《万疆》，献礼建党百年，在国庆前夕录制《美丽中国》MV为祖国庆生，展现出鞍山市第一中学青年教师有信念、肯奋斗、讲奉献的良好风貌。

党旗所指就是团旗所向，鞍山市第一中学青年师生积极做科学防疫的践行者、做防控规定的遵守者、做乐观向上的奋斗者、做共克时艰的奉献者。利用云团课、云团日、云咏诵等多样形式，学习党的二十大精神、宣传抗疫事迹，从会议精神中汲取智慧，从防控事迹中学习先进，凝聚感恩奋进的精神力量。校团委组织"青春心向党　颂歌赞盛会"线上歌手大赛、"社团百花开云端"、"居家劳动成果展"等活动，充实学生课余生活，为校园文化注入新的活力。制作发布的视频"鞍山市第一中学抗疫特别版MV"、《爱心传递——为防疫工作者比心》被鞍山教育、鞍山全媒等平台转载报道，向社会展现了一中师生共抗疫情的决心和向上的精神风貌。青年师生在工作学习之余积极投身疫情防控，践行"奉献、友爱、互助、进步"的志愿服务精神。心理教师魏佳，为全市中小学生录制《居家学习智慧锦囊十二计》等课程3节，无偿提供24小时心理辅导，累计解决百余例亲子关系、备考焦虑等问题，受到广大师生和家长一致好评，被评为2022年"争做争创新时代辽宁优秀青年志愿者"。

鞍山市第一中学现有注册志愿者1700余人，郭明义爱心团队（鞍山市第一中学分队）等志愿者团队5支，组织年度累计服务5000余人次，在义务辅导、科普宣传、净化环境、社区服务、活动服务、敬老助残等方面为社会输送服务时长上万小时。

面向未来，鞍山市第一中学将从青年师生特点出发，引领青春航向、凝聚青春力量、倾听青春声音、展现青春活力，将鞍山市第一中学青年师生队伍打造成站得住、立得稳、靠得住的党的助手和后备军。

鞍山市第一中学志愿者团队

党的二十大擘画了全面建设社会主义现代化国家的宏伟蓝图，明确了新时代新征程党和国家事业发展的目标任务。鞍山市第一中学全校师生将更加紧密地团结在以习近平同志为核心的党中央周围，深入学习贯彻习近平新时代中国特色社会主义思想，自觉以实现中华民族伟大复兴为己任，厚植家国情怀、涵养进取品格，以奋斗姿态激扬青春，不负时代，不负韶华，为全面建设社会主义现代化国家、全面推进中华民族伟大复兴而团结奋斗！

第二节　新高考背景下的班型重构、课程优化

为了进一步落实《国务院关于深化考试招生制度改革的实施意见》，迎接2018年辽宁省高考综合改革，借鉴先进省市高考综合改革经验，依据《辽宁

省深化考试招生制度改革实施方案》《辽宁省普通高中学业水平考试实施办法》《辽宁省普通高中学生综合素质评价实施办法》，结合学校实际，鞍山市第一中学在班级构成、课程设置方面进行了全面调整。

一、指导思想

努力提高办学质量，培养学生关键能力，促进学生个性发展，进一步提升学生综合素质，为学生终身发展奠定基础，为国家培养优秀人才，促进学校多样化、特色化发展，创建学校品牌。

二、基本原则

人本性原则。以学生发展为本，尊重学生身心发展规律，遵循教育规律，促进学生健康发展。

选择性原则。推进分层选课走班，构建多层次、多元化、可选择的课程体系和自主选择课程制度，为学生自主学习、个性发展创造条件。

发展性原则。注重基础知识、基本能力和核心价值观教学，为全体学生可持续发展奠定坚实基础。促进学校优质多样化发展，满足不同潜质学生的发展需要。

科学性原则。加强组织领导，制定相关管理方案，完善各项制度，创新体制机制。

可操作性原则。符合国家教育改革方向，结合学校办学特色，具有较强的师资队伍、良好的学生生源。

三、组织实施

1. 构建课程体系

课程是育人的关键。转变育人模式，首先应优化课程结构，提高课程质量。

（1）保证必修课程、选修性必修课程有效实施。根据国家普通高中课程方案，课程类别调整为必修课程、选修性必修课程和选修课程。在保证共同基础的前提下，为不同发展方向的学生提供有选择的课程。必修课程，为学生全面发展设置的课程，全修全考，严格按国家要求设置课程加以实施；选修性必修课程，为学生个性发展和升学考试设置；选修选课，满足学生个性发展。

（2）确保选修课程足量开设。选修课程由学校根据实际情况统筹规划开设，学生自主选择修习，可以学而不考或学而备考，为学生就业和高校自主招生提供参考。

选修课开设的指导思想：以核心素养框架为指导，以培养学生思想品质与学习品质为核心指向，满足学生多样化发展的需要。学校以培养学生核心素养为核心，围绕主干学科分层分类开发、开设四类选修课程，构建必修和选修有机融合的学科课程体系，梳理与整合学科知识体系。

选修课程体系：构建开放型选修课程体系，充分利用社会资源，加强与高校、中等职业学校、科研机构、社会机构及行业企业的合作，积极开发选修课程，引进国内外精品课程；充分利用现代教育技术，开发网络选修课程，建立开放型选修课程体系。

学校选择面向全体学生全面发展和个性发展、针对创新拔尖人才培养的双向轨道，学校课程体系围绕轨道做强，以学科为基准完善校本选修课程，指引学生专业和职业选择。

根据学校科技创新特色，遵循教育规律，开发了一批围绕科技发展进步的校本课程，依据学校文化积淀，将进一步开发以人文社科为主题的校本课程。科学安排课时与教学进度，构建满足学生个性发展、体现鲜明学校特色的课程体系。

选修课程的构成：明确必修课程基础性知识要求，适当增加大学选修课程和奥赛基础知识课程，形成必修课程与选修课程结构合理、层次递进的课程格局，满足学生不同的学习需求。将综合实践活动列入选修课程，将研究性学习渗透于各学科必修课程教学与选修课程教学中，将专题教育列入必修课程。

选修课程的种类：选修课程分为知识拓展、职业技能、兴趣特长、社会实践等四类。①知识拓展类选修课程包括必修拓展课程、大学初级课程、学科发展前沿课程、学科研究性学习、科技节活动课程等，旨在让学生形成更为厚实的知识基础。②职业技能类选修课程包括生活技能、职业技术、地方经济技术等课程，旨在提高学生的动手能力，掌握一定的生活技能、职业技术，培养学生的专业倾向。③兴趣特长类选修课程包括体育、艺术、健康教育、休闲生活、知识应用等课程，旨在激发学生潜能，提高综合素质。④社会实践类选修课程包括调查探究活动、社会实践活动、社团活动、校园文化活动等课程，旨在引导学生关注社会，培养学生的实践能力、科学人文素养和社会责任感。

选修课程的教学安排：在高一高二开设校本课程，每周一节，纳入课表。目前共开课36门，同时已经完成17门教材的编写，并印刷成书。

选修课程的实施与评价：校本选修课程的开设，首先每学年由教师填表申报，项目包括课程名称、课程内容、课时安排、课时内容、考核评价方式、教室场地器材需求、学生人数和知识层次等；然后由校课程委员会审核确定，向学生公示选修，按照选修人数编班开课，无人选则取消开课，其目的是促使教师开发开设适合学生知识层次、学生喜爱的校本课程。教材的设计一是体现以学生为本的教学理念；二是体现课堂教学的开放性，采用互动、合作交流的教学方式；三是体现教学的趣味性，拓展学生的知识视野，有利于学生自主学习，培养学生兴趣爱好和特长；四是体现实用性，有利于教师的教学，教材可循环使用，有利于教师备课上课。

每年对授课的教师进行评价，并评选出优秀选修课程。

2. 选课指导

新课程改革要求体现出对学生主体意识和主体发展需求的满足。学生由于其自身的局限，选课过程中往往会出现盲目性，表现为随意性大、杂乱和零散的倾向。因此，学校成立选课领导办公室和选课指导委员会，为学生精准选课提供帮助和支持。

选课走班培训

（1）选课动因分析。① 学生的个性特征，包括学生的性格、兴趣爱好、特长与潜能及学生发展意向（如未来职业倾向、学生短期目标等）。② 学生的教育背景，包括学生的学业成绩、知识结构、成长记录。③ 家庭影响，学生家长对子女的期望。④ 社会背景、社会发展状况和趋势，如就业现状、未来人才需求等；高校招生动向。⑤ 学校实际，包括学校的硬件、师资优势、人文环境、地域特点等。

（2）选课指导原则。① 以学生为本的原则。导师的角色主要是"导"，在指导过程中，以学生为主体，充分尊重学生学习意愿，不包办代替，不强加自己的主观愿望。② 因材指导原则。导师依据学生的兴趣爱好、学业成绩、成长记录、特长与潜能等对学生进行有针对性的指导，不能千篇一律。③ 科学性原则。导师提供的建议必须有一定的依据，比如以学生的兴趣爱好、学业成绩等个人因素和学校实际、就业状况、高校招生动向等内外因素。

（3）协调课程关系。① 学术课程与职业课程的关系。既考虑学术课程在整个课程结构中的比例，又能照顾到职业选择和生涯方面课程的分量，为学生未来的职业定向提供支持。② 必修课与选修课的关系。注意选修课的开设时间和开设方式，使选修课在课程内容、结构和教学方法方面与必修课保持相应的连续性，体现出它们之间的互补。③ 学校开课与学生选课之间的关系。学校首先调查学生选课的意向，然后作出选课指导。但是如果受到各种因素的限制，学校所开课程不一定能够完全满足学生选课的愿望，要事先向学生作出说明。

3. 创新教学方式

（1）改进教学方式。学校坚持以人为本，遵循教育规律，规范办学行为，改革教学方式。严格控制教学进度和难度，关注学生学习过程，优化课堂教学模式，推进轻负高质，提升课堂教学品质。鼓励学校和教师进行教学方式改革的探索，形成个性化的教学风格。

（2）基础性课程，采用原理性教学方法。根据学生学习基础、志趣和爱好，探索适应不同学生特点的教学方式，倡导启发式、探究式、讨论式、参与式教学，加强现代教育技术与课堂教学的有机融合，鼓励教师寻求多样化的教学改革，探索有利于促进学生独立思考、自由探索、勇于创新的课堂教学模式，培养学生的创新精神和质疑能力。推进学科作业整合，建设优质高效的校本作业，科学减轻学生负担。

（3）反馈性课程，采用技术性教学方法，综合运用讲授法、谈话法、演示法、参观法、实验法、练习法、讨论法、读书指导法、实习作业法等，加强反馈，巩固认知。

（4）实践性课程，采用操作性教学方法，加强实验教学和综合实践活动，组织开展丰富多彩的研究性学习、社会实践、社区服务和社团活动，建设一批高端创新实验室和社会实践大课堂资源基地，培养学生的社会责任感、创新精神和实践能力。

4. 聚焦课堂教学

课堂教学深刻影响着个体生命的质量，课堂教学是实施新课程的基础和关键，是课程改革的瓶颈。课堂教学以知识为载体，以思维能力培养为核心，实现以学为主的"学堂"模式。充分体现生活性、发展性、生命性三性合一。生活性体现对学生的现实关怀，使课堂教学充满生活气息；发展性体现对学生的未来关怀，让课堂教学以人的发展为本；生命性体现对学生的终极关怀，使课堂教学充满生命气息。

（1）一中的课堂教学流程再造。

努力实现一个理念：从演绎法走向归纳法、从灌输走向对话的设计理念。

准确把握两个重点：重视基础的夯实，拓宽知识的视野。

重点关注三个维度：关注学生的思维品质，关注学生的创新意识，关注学生的学习习惯。

（2）课堂教学流程的五个指向。

指向如何学会知识，如何解决问题，提出多少问题，形成哪些创新，付诸哪些实践。

指向"让学生完成自己所能完成的，创造自己所能创造的"，教师努力帮助学生自己去完成、去创造，学生努力让自己完成更多，创造更多。

指向"助生自助"，教师的角色是通过引导、启发、组织、示范等方式，成为学生学的"帮助者"。

指向系统协动，不是简单地将时间进行分割，并进行相应的任务分工，而是紧紧围绕教学目标，在师生共同商定的基础上动态形成时间的分配。

指向程序保障，在关注学生自主探究的基础上，为学生的合作学习提供程序保障。

5. 实行分层走班

分层走班教学就是在现有的教学条件下，尊重不同学生个体差异，在不打破原有固定行政班的前提下，按照学生在某学科上认知水平、能力水平、学习兴趣和学习潜能等方面的差异，将学生分成若干层次，有针对性地实施教学策略，充分发挥不同学生的优势，调动学生学习的主动性，使学生得到最大发展和进步的一种教学策略。

2019届学生初次使用电子班牌查询选课走班信息

"选课走班"体现了学校对学生差异的尊重和主动适应，是对"因材施教"教育原则的有效落实，反映了学校教育价值观的转变。另外，"选课走班"从"补短式"的教育转向了"扬长式"的教育，鼓励学生按照自己的优势发展，有利于拔尖创新人才的发现和培养。

指导选课的原则：辅导与规划相结合，学校与家长相互配合，课程设置与教师任用相互配套，做到先学习后选课。

选课依据：优势学科，兴趣爱好，专业领域，就业方向

稳妥推进必修课程的分层选课走班。高一年级以必修为主，适当合理分层教学，以行政班为主教学，适当分层走班。

1学年2学期4学段，将创新实验班分成一个层次，保证分层走班课程的深度；普通班数学和物理两个学科，四个行政班组成一个"走班"单元，进行排课和"分层"教学。

实施"选课走班"是实现"选择"的有力助手。高二上学期局部走班，下学期完全走班。

学考和选考按相应时间具体安排，学校指导学生选课，合理分流，按选课编教学班，进行切块走班。

6. 加强生涯指导

生涯指导已成为学校必须积极面对并主动承担的教育任务，需要学校将"指导"的理念和方法引入到学校工作体系，从课程目标、内容设计、结构类型等方面入手，主动构建符合本校学生实际的高中阶段生涯指导课程体系和实施模式，并积极引导，提升家庭参与学生生涯规划指导的能力与水平，形成工作合力。

学校成立生涯规划指导中心，培养专职生涯指导教师，全面推行成长导师制，开设生涯指导课程、日常个别指导课程、职业体验活动课程等，学生应逐步明确自己的选择，鼓励学生个性化学习。

学校建立和实施普通高中学生发展指导制度，加强人生规划教育，鼓励学生根据兴趣特长和人生规划，制订个人修习计划。

学校要建立选课指导制度，加强选课走班管理，允许学生跨班级、跨年级选课，参加社团活动，尤其是假期，允许学生到高校、中等职业学校、科研机构、社会机构及行业企业修习选修课程。

学生能够正确评估自己的学术兴趣与专长，能根据自己的学习特点与兴趣特长选择恰当的学习科目，合理规划学业发展，能够制定阶段性目标等。

学生应关注、了解、收集社会职业发展相关信息的能力，学会思考自己的职业志向与职业理想，能够对自身职业道路进行初步规划等；有确立符合实际的个人发展目标的能力，能初步评估实现该目标所需要的条件及需要考虑的各类要素，有制定个人发展的中长期规划以及在特定情况下作出决断的能力等。

四、评价机制

建立多元评价体制。学校根据培养目标和人才培养多样化的需要，健全教师评价机制，加强教师对促进学生个性发展方面的工作考察评价。改革学生评价标准，充分发挥综合素质评价在促进学生的公民素养、学习能力、交流合作、运动健康、审美情趣等多方面发展中的作用，创新激励机制，做好学生成长记录，用实证性材料真实、全面地反映学生高中学习生活。

采用综合评价、专项评价与发展性评价等多种评价方法，实现内部评价与外部评价相结合，形成学校办学特色。

综合素质评价的要求，客观记录，真实反映，了解内容，突出特色，常态实施，关注过程，遵照程序，强化管理。

五、保障机制

（一）组织保障

1. 加强组织领导

成立领导小组和由专家组成的项目指导团队，深入调研，准确把握学校教育发展的基本状况和存在的突出问题，结合学校实际，确定近期目标，分解年度任务，制订实施推动学校三年行动计划。各部门要积极主动参与各项工作，认真落实行动计划。

2. 强化政策支持

建设现代学校制度，探索有利于学校特色发展的实践模式和成功经验，扩大学校在办学模式、育人方式、资源配置、人事管理、合作办学等方面的自主权，让学校能够根据自身的历史文化、生源特点、师资等状况，自主选择不同的发展模式。学校要争取经费，加大经费投入，针对多样化发展的要求，重点支持学校在课程建设、教师发展、质量提升、教学与实验设施等方面的建设，确保推动学校发展。

3. 加强队伍建设

教师是教育改革的第一战略资源。学校根据课程设置、特色发展的需要，有针对性地招聘、选用优秀人才进入教师队伍，合理配置教师资源；聘用高等学校、科研院所、职业学校和社会组织等专业人士担任兼职教师，为多样化教育教学配备数量充足、素质优良、结构合理的学科教学团队。加强对各级领导干部和教师的培训，提高校级领导课程领导力和教师执教力。尊重学生主体地位，建立健全学生评教制度，体现教学相长。建立一支专兼结合的学生发展指导教师队伍，加强学生选课、生涯规划的指导。加强班主任队伍建设，构建班主任工作激励机制，推进班主任工作改革创新。完善教师培训制度，努力为引进专长教师提供宽松的政策环境。全面实施教师队伍建设"青蓝工程""飞鹰工程""名师工程"，打造一批市内外有影响力的教师与协同创新团队。

4. 推进资源建设

加快教育信息化建设，推进智慧教育。建立学校教育教学信息化资源平台，为教师教学和学生学习提供便利，为学生的个性学习提供丰富资源。要组织征集或开发一批高质量的选修课程，提供给学校和学生自主选用。搭建网络"慕课"平台，开发建设一批微课程教学资源。推广校园网络师生即时提问解答系统。

做好学校规划布局，新建、改建学校要按特色示范学校要求建设教学场地，配置教学设施，为课改提供足够数量的与选课分层走班教学相配套的专用教室。充分利用博物馆、科研院校、现代企业、社区、职业学校、综合实践基地等自然人文社会资源，大力推进社会实践大课堂建设，培养高中学生的兴趣爱好和实践动手能力。

5. 加强督查指导

各级领导干部要加强学校多样化发展的工作调研，深入基层了解工作情况，及时帮助解决学校改革发展中遇到的困难和问题，研究制定推进学校多样化特色化发展的配套政策。教科研室要加强科研指导和行动研究，对工作及时进行过程指导和提供专业咨询，提高工作的实效性。

（二）管理保障

1. 新高考教务管理平台

开发平板应用软件，实现明晰、快捷、全网式的数据化走班管理模式。

为了确保新高考下"选课走班"的顺利实施，目前学校设计完成一套基于新高考的软硬件一体化智慧校园平台，现已完成投入试运行。该套智慧校园平台的建成将完美实现以下新高考教务管理功能。

（1）"六选三"选课数据采集。学生根据个人成绩爱好特长等可以在"物理、化学、生物、历史、地理、政治"中，自主选择任意三门作为自己高考科目。学生通过个人中心提交选科意向，学校通过教务平台掌握学生选科结果，为后期学校进行排课、教学班划分、安排教师资源和教室资源、学生走班考勤提供指导数据。

（2）"分部分层分类走班"教学班管理。在行政班基础上，围绕新高考下选考、学考科目为主线，以适应走班管理要求而建立的虚拟班级概念。

（3）课程管理系统。按照新高考的要求，将语数外定义为"必修课"，"六选三"的三门科目定义为"选考课"，剩余未选课程定义为"学考课"，为每一位学生打造"一人一课表"课程体系。

（4）选修课、校本课抢课系统。实现学校对选修课、校本课程的一体化管理，包括课程申报、学校审核、学生通过个人中心抢课、学校统一安排时间点，并借助电子班牌实现课程发布。

（5）体育艺术课抢课系统。实现了全年级学生对艺术类、体育类课程的自主选课抢课管理，包括艺术类、体育类课程设置以及学生通过个人中心选课抢课。

（6）教室智能终端——电子班牌。智慧教室可视化电子班牌管理系统是基于互联网技术，集智慧教学、学生考勤、信息发布及学生互动于一体的智慧校园建设的有效组成部分；是以班级信息展示和出勤管理为主体的一款集射频卡技术、语音技术、触摸屏技术、后台管理软件技术为一体的综合信息发布系统。

主要功能包括班容班貌、通知公告、新闻信息、个人互动中心、请假、报修、实时课程发布、上课考勤、自习点名、作业收交等。

（7）实时课程发布及走班考勤系统。根据教学管理排课计划制定课程安排，将课程信息实时发布到学校各教室智能终端（电子班牌）上，课程信息包括课程名称、上课时间、任课教师、教室位置、课程上课人数等，在规定时间显示选课信息，并自动切换课程信息。学生可根据课程信息进行刷卡考勤，能彻底解决当前走班制管理混乱的问题，形成外松内紧的状态，提高学生的自我约束能力，对违纪的学生严加处罚。

（8）考务管理系统。在新高考体系下针对学校各门课程的考试时间以及考试场地进行统一安排的考务管理系统。排考系统主要分为：数据库初始化、自动排考、手动排考、考场安排、排考查询、监考教师安排六个部分。通过排考管理，电子班牌瞬间变身考试的考场门牌，方便快捷。

2. 自主学习平台

为方便"选课走班"教学学生课前课后温习、复习选课学科知识点内容，针对性答疑解惑，学校建立了鞍山市第一中学慕课平台、优课云平台和数字图书馆。慕课平台开发了10余门必修选修课程系列微视频，搭建寒暑假课程专栏、复习专题栏目；优课云平台汇聚了近300节名师公开课；数字图书馆收藏20余万册电子书，为学生提供了丰富的在线资源和自主学习平台，更和移动终端与微信配合使用，扫扫二维码就可以瞬间找到自己想要的学习资源。

3. 重构学校管理体系

（1）机构重组。迎接新高考改革，不单是课程、教学管理和德育管理发生改变，更要使学校的机构以课程为核心运行，要适合于新高考改革各项工作的推进与协调处理，原有的行政管理体系需要进一步扁平化、更具专业化、更加流程化和协同化。

（2）加强教师课程领导力和执行力。研究高中与大学专业课程知识融合与衔接教学，提高课程教学执行力，指导教师开发学科系列课程、提升学科课程领导力，创建学科特色课程群，为学生走班选修教学提供更多选择项。

（3）改革教师评价方式。在学校原有"三级三项评价"和"绩效工资"方案基础上研究制定"走班教学"背景下多元化评价激励方案，多劳多得，优劳多得。

（4）合理调配和增加教学资源配置与建设。根据"选课走班"教学管理规划与测算教师、教室的配置和数量，同时为各教学班配置电子储物柜，方便学生走班储物，配置收交作业的储物柜，以便及时批改和发放作业。

总之，学校应以形成多样化发展格局为目标，以创新培养模式为重点，以建设多样化课程为载体，以课堂教学改革为抓手，进一步推进学校科技创新特色的发展，促进学校办学水平和教育质量的提高。普通高中课程改革是一项系统工程，不可能一蹴而就，既要坚定课程改革的决心和信心，又要积极稳妥，循序渐进，分步到位。

第三节　聚焦优化教学方式的改革探索

2013年，教育部启动了普通高中课程修订工作。本次修订深入总结21世纪以来我国普通高中课程改革的宝贵经验，充分借鉴国际课程改革的优秀成果，努力将普通高中课程方案和课程标准修订成既符合我国实际情况，又具有国际视野的纲领性教学文件，构建具有中国特色的普通高中课程体系。

2014年，《国务院关于深化考试招生制度改革的实施意见》出台，对加强高考内容改革顶层设计提出要求。2017年起，国家教育部先后颁布了各学科新课程标准。2018年9月，辽宁省高一新生开始学习部编本新教材，正式进入新课改高考模式。

　　新一轮"新课程、新高考"等教育改革浪潮引发了一系列连锁反应，给学校教学和管理等方面的领导力提出了极高的要求。面对机遇与挑战，鞍山市第一中学总结以往经验，反思存在的不足，在组织教学方面突破传统教学模式，进行了多方面探索。

一、以"课改十五条"推动课堂再造行动

　　2018年11月，全校教职工在学校领导的引领下，开启了针对教学现状的反思、讨论活动。各教研组经过多次教研活动的集体研讨，更加深化了对"学为中心"理念的理解，更加明确在新课程理念下，要注重引导学生发现问题，启发学生提出问题，培养学生分析问题、解决问题的能力。在此基础上，各学科教师总结出本学科教学中存在的问题及整改措施。学校课程科在汇总各教研组的反思后，总结提炼出指导全校进行课堂再造的"课改十五条"。

2019年，语文教师尹虹结合"课改十五条"理念上教学研讨课，备课组长张新丽组织研讨

（一）"学为中心"内涵

（1）从学生的知识基础出发，向学生的学科体系建构发力；

（2）从学生的认知心理出发，向学生的深度真实学习发力；

（3）从学生的已有经验出发，向学生的最近发展区发力；

（4）从学生的思维能力出发，向学生发展的核心素养发力；

（5）从学生的教育背景出发，向学生的充分最优发展发力。

（二）"学为中心、以学生发展为本"的课堂教学模式

（1）基于学的教学设计（教师角色的转变）；

（2）适于学的教学情境（学生地位的转变）；

（3）用于学的教学活动（教学方式的转变）；

（4）利于学的教学氛围（师生关系的转变）；

（5）为了学的教学评价（学习方式的转变）。

（三）教学价值观

以学生发展为本，以学生为主体，以学生的学为中心。

（四）质量评价观

以核心素养培育为旨归，以学论教，从学生的情绪状态、注意状态、参与状态、交往状态、思维状态、生成状态六个方面进行评价。

2020年7月，数学组王华老师上教学研讨课

（五）课改十五条

第一条：教师讲得多，学生学得少。教师习惯一言堂，学生主体作用发挥

不充分。

（1）问题表现：教师习惯于自己的教，通过满堂灌的讲授方式完成教学任务，不关注学生的学，学生不能充分参与，缺乏体验，缺少思考，对学习内容掌握不好，学习效果差。

（2）应对策略：基于"学为中心"开展教学。

（3）改进措施。

① 利用教研和集备认真学习、充分讨论"学为中心""深度学习"相关理论；② 开展"学为中心"的课堂教学研究，在课堂做到三讲三不讲，三讲，即讲核心的问题，讲学生思路和方法，讲知识缺陷和易混易错知识，三不讲，即学生会了的不讲，学生能自学会的不讲，讲了学生也不会的不讲；③ 加强常态化组内听评课实践研讨，对于个别教师做耐心细致的思想工作，促使其转变教学观念；更多走进他的课堂，督促其转变。

第二条：教师问得多，学生问得少。课堂提问缺乏激发性和启发性，不能激发学生学习兴趣，也不能启发学生思维。

（1）问题表现：课堂上习惯于群问群答，甚至不提问；问题只是形式，缺乏思维深度，既不能启发学生思考，也不能激发学生的学习兴趣。

（2）应对策略：加强有效性提问的研究。

（3）改进措施。

① 加强组内集备深度和针对性，一起研究挖掘有价值的问题；② 教师多钻研教材，多做习题，多批改总结，从学生学习的视角出发，提炼出本质的、重点的、易错的、易混的等有价值的问题；③ 教师备课时要做好梯次递进的问题设计。

第三条：教师领做试题多，学生研习教材少。教材利用度不高，教学过程脱离教材，另搞一套。

（1）问题表现：教师教学过程中没有充分利用教材，没有组织、引导学生认真学习教材，领悟教材，急于组织学生专注于试题演练，导致学生无法真正理解知识的发生发展过程，基础不牢，影响学生综合能力和知识自我建构能力的形成与提升。

（2）应对策略：加强对教材的教学应用研究。

（3）改进措施。

① 强化对教材的深刻理解，明确教材、教师的教材、教学的教材三重含义；② 通过组内教研，让教师认识到教材的使用和深度挖掘的重要性；③ 通

过学科展示课研究教材的正确使用方法。

第四条：进度推进多，复习强化少。不注意知识体系建立，重点知识反复强化不够。

（1）问题表现：忽视学生模仿、理解、贯通、运用的学习过程，不重视反复，不注意强化重点知识和关键知识。

（2）应对策略：重视学生的知识自我建构和创新运用。

（3）改进措施。

① 教研和集备中，集体学习艾宾浩斯遗忘曲线和深度学习相关知识；② 组织组内示范课，共同学习研讨；③ 统一要求课堂教学复习强化步骤，统一编写复习强化学案和习题。

第五条：教学随意性大，环节严谨性少。教学随意性较大，课堂教学环节不完整。

（1）问题表现：教师对教学环节执行不严格，复习旧知、导入新课、新知学习、训练检测、课堂小结、布置作业等诸环节常有缺失；教学随意性大，经常无法完成预设教学任务，讲到哪里就在哪里结束。

（2）应对策略：控制教学节奏，提高教学效率。

（3）改进措施。

① 明确教学诸环节对教学的重要性，在课堂教学中做到：优化流程、控制节奏、提升效率；② 充分研究学情，依据学情制订教学计划和学案（教案）中的学习活动设计，切实注重教学目标的实现效果；③ 管理上严格要求，常态化监督落实，听评课时把落实教学环节完整情况、查教案时把教学反思执行情况作为两项重要评价指标。

第六条：知识识记多，小测反馈少。利用课堂小测反馈学习情况的意识不足。

（1）问题表现：教师缺乏对课堂小测正确认识，不懂得课堂小测是教学现场反馈的一种重要形式；课堂上没有安排小测；小测的时机不对；小测的针对性不强；小测缺少分层设计。

（2）应对策略：有针对性地分层设计。

（3）改进措施。

① 集备时对课堂小测做重点研究和认真布置；② 通过组内公开课示范如何拟制和进行课堂小测；③ 把恰当有效地进行课堂小测作为常规检查的一项内容，对课堂小测使用效果突出的教师进行表扬。

第七条：口头讲解和复述多，规范要求和示范少。口头讲解多，缺乏对标准示范板书和解析步骤的严格要求。

（1）问题表现：对于主观表达的严谨思考和规范书写，教师没有示范，也没有明确指导和严格要求，导致学生没有形成规范意识和习惯；日常教学中，缺乏规范板演和学生演练；作业批改时，没有对规范书写等特别强调。

（2）应对策略：加强规范意识要求、培养和指导。

（3）改进措施。

① 集备中做好统一研究，开展常态性听评课，对学科规范进行具体要求和检查，对执行不到位的教师责令整改；② 日常作业和校内检测，对不规范现象酌情扣分；③ 总结表扬规范好的同学，公开展示其作品。

第八条：教师作业布置多，学生融会完成少。教师作业布置适切性、针对性、层次性、批改质量差。

（1）问题表现：教师布置的作业量大，但是质量并不高，缺少针对性，缺少典型题；教师的作业来自教辅材料，缺少删减组合；作业来自自己的题库，缺少针对学情的变化；作业批改不及时，或者批改质量不高。

（2）应对策略：注意重难点，关注细节，分层设计，面向全体。

（3）改进措施。

① 集备中把作业作为教学的重要一环加强研究，研究分析学情和教学内容，制订合适的作业；精选试题，精留作业，用作业评价学习效果，并统筹兼顾控制作业的量和质，两者兼善；② 建立作业母题库，随学情不同增减变化；③ 加强对作业批改的检查，并利用教师会及时反馈给教师。

第九条：课堂讲授多，板书书写少。充分利用板书呈现学习要点的意识不足。

（1）问题表现：课堂教学随意，缺乏板书；有板书的，或者不合要求（如缺少标题、重要结论），或者书写不规范，或者没有呈现教学重点内容和学习思路。

（2）应对策略：提高板书重要性认识，提升板书质量。

（3）改进措施。

① 把板书设计作为集备的一项重要研究内容，把在教案和课堂教学中呈现板书内容作为教学常规检查的重要内容之一；② 组织板书规范的教师上示范观摩课；③ 组织包含板书设计书写内容在内的教师素质比赛。

第十条：拖堂现象多，效率意识少。备课不充分，课堂效率差，经常性拖堂。

（1）问题表现：下课铃声响起，教师没有结束授课；提前上课；私自加课。

（2）应对策略：强化时间观念，提高教学效率。

（3）改进措施。

① 集备时精研备课，提高备课质量，依据学情和教学内容、课程标准做好教学计划；② 提高教学效率，有效把控课堂生成；③ 加强常规检查，组织班级成员认真填写课堂记录，及时反馈拖堂现象；对经常拖堂的教师进行谈话。

第十一条：单向传授多，情感交流少。教师更关注知识传授，缺乏和谐共生、民主尊重的情感交流。

（1）问题表现：教师只顾自己讲授，忽视学生的感受；上课时，不能走入学生中间，只把自己固定在讲台上；与学生对话时，话语和评价缺少爱心投入；授课语言生硬，缺少情感变化。

（2）应对策略：多用同理心，换位思考。

（3）改进措施。

① 把自己看作共同学习者，多和学生互动；一定要走入学生中间，生动自然地融入学生之中；② 多用同理心，换位思考学生喜欢怎样的授课方式、交流方式和授课语言；授课时，多关注学生的情绪变化；③ 加强语言训练，培养自己的幽默感。

第十二条：注重讲解多，关注教学礼仪少。课堂礼仪缺失，教育氛围不够，影响教学秩序和学习质量。

（1）问题表现：上课没有师生问候致意，下课没有师生再见告别；课上没有礼仪要求，缺少对注意力不集中同学的提醒；很多情况下，规范严谨的教育氛围营造不够。

（2）应对策略：加强对课堂教学礼仪重要性的理解。

（3）改进措施。

① 教研活动时，组织教师学习、研究相关内容，提高对课堂教学的深刻认识；② 把课堂教学礼仪执行情况作为常态化检查的一项内容；③ 组织相关主题的专家讲座和分享交流会。

第十三条：课堂随意演示多，多媒体合理运用少。缺少合理运用多媒体提高教学效率的意识。

（1）问题表现：经常性不使用多媒体；过度使用多媒体，用多媒体代替板书；多媒体内容呈现与教学需要不吻合。

（2）应对策略：明确目的，突出重点，用在要处和当处。

（3）改进措施。

① 组织研讨，如何正确使用多媒体；研究多媒体和板书结合运用策略；② 开展无媒体的裸课和媒体教学的对比研究；③ 恰当使用媒体工具，控制媒体呈现数量，注意媒体和教学内容的完美统一。

第十四条：备教师如何教多，备学生如何学少。教师集备更关注教法，研究学生学习不足。

（1）问题表现：集备时大量的时间用来划进度、定教案；对教学的研究重在备教师的教而忽视学生的学，特别是对学情、学法的准备明显不足。

（2）应对策略：认真落实学生的主体地位。

（3）改进措施。

① 集备时钻研教材、搜集信息、分析学生学习情况，做实导学案的"导"、教学目标预设、教学方法与学习方法设计、学习检测、作业布置等工作；② 在集备的基础上，教师个人坚持认真备课、备自己的课，认真备好课堂生成的可能情况及应对策略，课前认真复案。

第十五条：集备形式多，研究学习少。集备流于形式，教师缺少合作研究和相互学习。

（1）问题表现：个别教师不愿与同事交流，集备不认真；不愿意向他人学习，各自为战；组内教师没有形成合力，无法利用集备攻克教学重难点问题；无法实现资源共享、智慧共享，个人思维局限性扩大，影响学科教学效果。

（2）应对策略：积极组建学习共同体。

（3）改进措施。

① 强化集备共识，统一思想，让每一位教师在集体内受益；② 领导、年部深入备课组参与集备，及时发现问题，表扬合作意愿突出的教师，与个别教师谈话，做思想工作；③ 加强集备检查。

二、课堂提优活动——"三生高效课堂"

要成为品质一流的研究型高中，教育变革必将由内而外，以内驱之力驱除形式的虚无，直抵变革的核心。而这核心的变革，首先应该撬动的就是课堂。在以"课改十五条"推动的课堂再造活动基础上，鞍山市第一中学开始发起以打造"三生高效课堂"为目标的课堂提优活动，目前尚处于研究阶段。

"三生高效课堂"是一种思想、一种境界、一种追求，是以促进学生生命发展为本，关注学生生活经验，尊重学生成长需要，遵循学科学习与学科教育规律，师生共建的、生态的，一定时间内实现教学效益最大化的课堂。鞍山市第一中学认为，追求课堂的高效率，必须建立在尊重学生、以生为本的前提下的高效率。但不能否定教师的引导作用，不放弃单位时间内的效益追求。

用生本高效课堂这种思想、理念追求推动课堂变革，以变革的课堂促成学习方式、师生关系的转变，在转变中实现学校"起点高、要求严、基础厚、能力强、素质好、后劲足"的教学特色，从而实现探索"确定有价值的知识"到研究"教与学的高效互动互鉴"，再到追寻"知识、生活与生命的深刻共鸣"。

2022年9月，孙宁副校长在教研组长工作会中部署工作

（一）"三生高效课堂"内涵

三生，即生本、生动、生成。具体可表述为"任务驱动，以生为本；教学过程，师生互动；评价引导，培育生成"。

高效：注重时间成本，强化课程设计，以学生学习为中心，控制学习时间、学习内容，实行多元评价，注重课程内容的选择和教学组织方式的确立。

（二）课堂教学结构要素

课堂教学以学生学习与发展为核心，围绕目标理念、内容选择、进程设计、方式策略、反思评价五个基本要素展开。

目标理念要从"知识点"、"三维目标"转到"四基四能"。教师课堂教学要从关注知识体系转向关注学生学习成长，从学科中心转向学生中心，从应试和知识本位转向注重提高素质、育人为本转型。

内容设计与选择要基于培养学生的核心素养。关注学科知识的整合，关注学生生活经验的积累，关注与现实生活的联系，关注为学生提供更多的自主选择的学习机会。比如：

◆ 从抽象化到情境化；

◆ 从零散化到结构化；

◆ 从小步骤分解到完整问题解决；

◆ 从验证式到探索式……

课堂教学的进程设计要关注学生的主动参与，让学生在观察、操作、讨论、质疑、探究中，在情感的体验中学习知识、完善人格。从教师系统讲授为唯一方式，到学生自主、合作的学习探究，关注学生学习过程中问题意识和创造性思维品质的培养。

课堂教学方式策略要关注生命自觉，主动生成为核心，重建学生的学习方式，形成有助于促进核心素养发展的学习方式。比如：

◆ （跨）学科主题学习；

◆ 项目式学习活动；

◆ 深度学习；

◆ ……

教学反思评价：不但关注终结性评价，还要注重过程性评价（互动性、多元性、动态性），用评价引导反思。

（三）教学实施新思路

首先，"三生高效课堂"本质特征可以概括为"活动—实践性"、"交往—社会性"、"文化—价值性"三个维度。学生的发展只有在师生的各种关系与活动的交互作用中才能实现。因此，思考学生发展问题应以"关系"与"活动"为框架。

2023年，化学组教师何丽在开放周活动中以"三生高效课堂"理念为引导开展教学研讨课

其次，"三生高效课堂"要体现学生主体发展，也就是教学设计与策略的实施、教学内容的选择、有效教学的水平评估以及学习方式的变革等都要以学生为中心。

（四）行动目标

（1）教师教学理念有效转变。从旧的"三中心"（教师中心、课本中心、课堂中心）转向新的"三为本"（以学生为本、以能力发展为本、以组织学生自主活动为本）。

（2）教材价值得到充分展示。教师对教材的解读要符合"课标性"，对教材的使用要着眼于人的培养。同时配合新教材的教学需要，大力提升素材性课程资源的开发与利用效度。

（3）以问题为载体的教学设计贯穿教学全过程。使学生在设问和释问的活动中萌生自主学习的动机和欲望，养成自主学习的习惯。

（4）学生个性化发展充分落实。从授课、作业批改、复习检测等环节，制定个性化学习方案，更好地教育学生。

（5）科学的评价体系有效实施。充分挖掘形成性评价优势，以评价促成长，帮助学生在学习过程中全面提升核心素养，同时也促进教师教育教学专业成长。

（6）教学常规有效改善。强化集备达成共识，统一思想，让每一位教师在集体中受益；增进同事业务交流，组建学习共同体。

（五）行动措施

1. 常规课探索

对"三生高效课堂"的探索要落实到真实教学中。课程教学科负责做好常规课听评课计划，选拔骨干教师组建听评课小组。听评课教师在评课过程中着重以"三生高效课堂"理念为导向进行评课，发掘亮点，总结特点；对没有体现"三生高效课堂"理念，但亦达到良好教学效果的行为要予以肯定。

2. 公开课研讨

在校内研讨课、"开放周"、协作校公开课活动中，各教研组要用心选拔优秀课例，在试讲阶段以"三生高效课堂"理念为指导，反复打磨；公开课后结合协作校优秀课例及专家指导意见进行反思，沉淀经验，思考优化策略。

2023年，政治组田晶晶老师组织学生模拟政协社团提案活动

3. 科研保障

倡导教师挖掘"三生高效课堂"理念，指导教师打磨优秀课例，发表论文、立项课题，以课题研究促进教学改革。

学校管理部门负责总结经验，提炼成果，构建"三生高效课堂"的基本模式。

三、"线上+线下"教学模式

2020—2022年新型冠状病毒感染疫情爆发期间，鞍山市第一中学按照省市有关部门和文件的要求，积极行动，制定了《鞍山市第一中学"线上教学"工作预案》、《鞍山市第一中学线上教学要求》等制度与要求，利用"两平台、两评价"，并根据线上教学的学情，提出"小步慢走、及时巩固"的教学策略，确保了线上教学与线下教学同质同效。

（一）制度端提前部署，搭建平台开展工作

鞍山市第一中学学校领导始终保持高度的政治敏锐性和高度的责任心，对上级部门的要求及时落实，对学校工作全面督查督导，及时修改和调整学校工作方案。全体中层干部、教案组长、班主任、全体科任教师、信息中心工作人员各司其职。教研组长负责本学科线上教学计划制订和教学落实，收集本学科教学相关信息，对接任课教师的资源发布、备课教案和授课反馈活动，及时督

导检查本学科教师的线上授课情况。班主任负责本班"线上教学"的全面工作，了解本班学生和家长的实施落实情况，协调安排本班科任教师教学，及时上报本班相关数据材料。信息中心负责"线上教学"的技术支持，以及后台的数据统计。科任教师负责本学科教学工作，配合、协助班主任做好本班线上教学的管理工作。

2024届年部召开线上班主任会

在统一内容、统一进度、统一目标的原则下，提出线上教学的具体要求。① 所有课节都是直播课。在授课的过程中，要求学生打开摄像头，以便教师及时关注学生的上课状态；询问学生未开启摄像头的原因。建议有条件的教师开启自己的摄像头，拉近师生距离。② 严格落实教学常规。按照线上教学时间和课表准时上课；不迟到、早退；遵守课堂礼仪，注重仪表仪态、言谈举止，着装得体；遵守课堂教学规范，认真组织教学，注重课堂互动和交流；关爱学生，不讽刺责骂学生。③ 集体备课按时线上进行。通过集体备课，做到"三统一"，统一进度、统一内容、统一作业；精简教学内容，把必须讲的讲透（难点最好有回放）；精选试题，提高训练质量；及时批改，把握学生学习中出现的问题，让自己的课堂更有效率。④ 班主任关注学生上课状态。落实迟到早退学生的行为原因；关心生病孩子的身体状况和学习中遇到的困难；了解本班学生的作业情况，落实学生学困的原因；关注学生的心理健康，关注学生出现的过激言行，及时与家长沟通反馈。⑤ 各年部主任和年部干事落实每天的常规检查。年部正常查课，检查集体备课，检查学生自习情况，学生晚课学习状态。发现问题，及时上报，及时处理。

在学校的部署和要求下，年级、班主任、任课教师都积极响应，迅速行动。年级由年部搭建"两平台"。一方面汇总教师、学生的基础数据，利用"七天网络"搭建阅卷平台，为学生作业的上交、教师作业的批阅和检查、三个年级的"间周测"提供平台支持。另一方面年部建立"线上"查课平台，以便及时了解每一节课教师的授课情况和学生的课堂表现，及时反馈，积极上报，为领导小组的决策提供基础数据。班主任迅速组建班级的线上教学群、科任群、家长群等联络组，方便与学生、科任教师、家长的沟通。学科教师在各备课组长的领导下，迅速准备线上教学资源、电子版试题和试卷等，以适应"线上教学"的网络传输的需要。家长也立即行动，为学生的"线上学习"提供基本的硬件条件。

在全面细致的部署和全体领导、教师的共同努力下，保证了鞍山市第一中学线上教学的有序、高质量的开展。

（二）学生端严格要求，力求还原真实的在校课堂

每班建立专属的"班级网络教室"，与正常在学校授课一样，学生从早自习到晚自习一直都在此教室，并利用技术手段实现了与在校时间同步的上、下课铃声，保证了每日教学活动的正常开展。

班主任认真负责，白天及时关注"班级网络教室"的学生出席情况、学生听课情况、学生的作业完成情况之外，还充分利用课间、午休、晚自习前的时间做每日班级总结，提出发现的问题，并对学生进行指导。每晚班主任还在

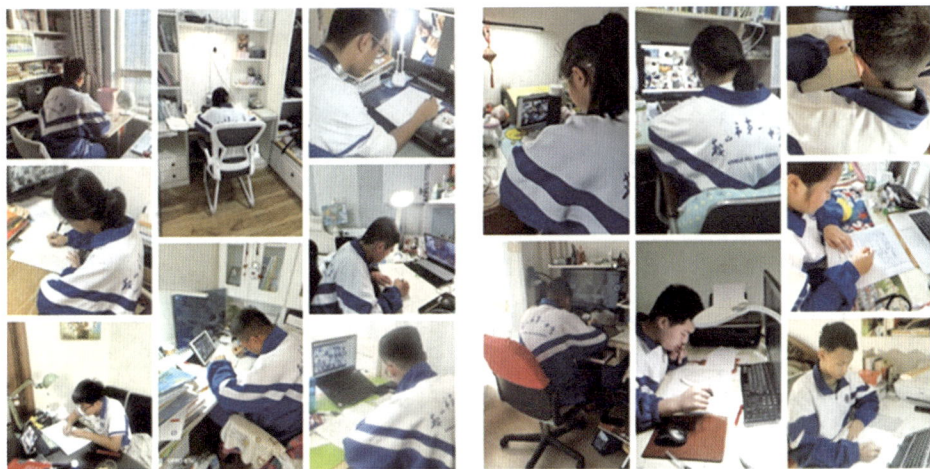

学生在"班级网络教室"自习

"班级网络教室"里，利用远程摄像头监督学生的晚自习情况，保证了学生晚自习的学习效率和学习时间。

年部实行了每日每节课查课制度。利用建立的多人协作检查表，由年部的管理人员每节课进行班级网络教室的巡查。巡查内容包括上课教师、教师上课情况、出席人数、未开摄像头人数、未开摄像头学生姓名及其他等几部分组成。详细记录每一节课教师和学生的情况。同时，也会及时地把班主任每天反馈的学生特殊情况记录在其中，全面了解年级学生情况。并于第二天向年级的全体班主任反馈前一天的检查结果，由班主任督促学生改正问题。

充分利用线上的阅卷平台，保证学生作业的及时上交和批改以及间周测的顺利进行。同时年级及时反馈成绩，让学生及时了解近期的学习情况，以便作出及时调整。

学生活动也从线下转移到线上。在校党委的领导和政治组全力的配合下，高一年级组织了以"学习党的二十大报告，一中学子展风华"为主题的知识竞赛，被"文明鞍山"公众号和"鞍山全媒"公众号进行报道。让学生在学习学科知识之外，德智体美劳"五育并举"，不断提升学生的综合素质。

（三）教师端合理安排，保证学研一体稳步进行

各班级班主任建立班级科任群，及时在群内沟通，协调班级教学。学科组利用线上集体备课，根据学情及时调整教学进度和教学难度，让学校的教学有条不紊地进行。

基于"线上教学"的具体学情，按照学校"小步慢走、及时巩固"的教学策略，教师在教学中也作出调整。在课堂教学中，更多的关注学生的线上听课状态、更多的进行课堂提问、更多关注学生的学习效果、更多的关注学生作业上交和完成的情况等。让学生在线上教学的课堂中学会、学懂，提升了线上教学的教学效果。

高一年级和高二年级召开了线上班主任工作会议，及时与班主任沟通，协商解决发现的一系列问题。针对青年教师，学校召开线上专题教学培训会。课程科、科研室、学校领导全力配合。从课前、课中、课后全流程对青年教师作指导。孙宁副校长从责任和担当的角度、王中华校长从经验和素养的角度对青年教师提出了期望和要求，督促青年教师尽快成长。

充分利用网络资源。高三年级联合心理组开展了线上学习心理辅导；高一年级利用网络便利进行了学生选课的初步统计等。

青蓝工作室开展线上教学研讨活动

　　网络的优势在于能突破地域、时间的限制。这也让一中的教师们线上听课、交流更加方便。教师常态化线上听课的做法为：每天早上7点，由教务科进行抽签，决定当天的听课表，并转发给学校领导与全体教师。听课后线上填写听课反馈，由三个年部汇总后发给授课教师。虽然线上听课没有面对面的评课环节，但利用填写的听课反馈能让每一位听课教师都能对所听的课有独立的评价，让教师们的交流更加直接和高效，同时让一中教师对于教学的研究不因疫情影响而止步。

第四节　促进学生"五力提升"的德育教育

　　为了培养方向正确、知识扎实、素质全面、人格健全的创新人才，为了全面贯彻党的教育方针，坚持立德树人，鞍山市第一中学围绕"礼健智诚"，以全面提升学生核心素养为目标，以培养学生的创新精神和实践能力为重点，以德育实践活动为载体，以家庭、学校、社会三位一体的教育网络为保证，着力构建全覆盖、多途径、常态化的德育工作体系，提升学校办学品质，促进全体学生全面和谐发展，落实德智体美劳"五育并举"，促进"五力"提升教育，加强对学生理想信念、爱国主义、品德修养、奋斗精神品质的引导。

2022年9月秋季运动会开幕式

一、德育教育的培养目标

1. 学校德育模式

鞍山市第一中学坚持"以学生发展为本，为学生未来发展奠基"的办学理念，以"立德树人、守矩创新、家国情怀、和谐发展"为主线，探索形成了"爱国情怀塑造人格、行为规范养成人格、课程设置完善人格、校园文化陶冶人格"的德育模式。鞍山市第一中学注重尊重学生个性，积极构建多元成长平台，引导学生自主发展，努力塑造具有领袖气质的复合型人才。

2. 学校阶段的德育目标

学校的德育教育主要目标可以针对不同年级具体表述如下。

（1）高一年级对学生进行习惯教育：尊重规则，规范个人行为；认真做事，养成良好习惯。

（2）高二年级对学生进行责任教育：尊重自己，学会自主学习；勇敢担当，诚实守信做事。

（3）高三年级对学生进行理想教育：坚持不懈，不断挑战自我；明理立志，真情建设国家。

3. 学校德育教育坚持把握三个教育规律

把握学生身心发展规律，尊重学生的年龄特点、认知偏好、个性化表达。

把握教育教学规律，提升办学水平，改善教育方法，提高教学质量，推进科学高效的学校教育。

把握社会发展规律，促进学生理想与社会需求相衔接。

4. 学校德育教育要坚持三个教育观念

坚持科学的教育观，把促进学生的身心健康发展、适应社会需要作为衡量教育质量的根本标准，关注人的健康成长，回归教育本源。

坚持科学的教学观，把传递学科思想、培育学生核心素养作为教学的根本任务，根据学生年龄特点和学习要求，分学段系统深化课程和教学改革。

坚持科学的评价观，把促进教育教学质量提升、学生全面发展作为教育评价的不变宗旨。

二、鞍山市第一中学德育教育工作途径

学校在继承人格建树教育基础上积极开展"五力提升"教育系列活动，这是学校新时期的人格完善教育。培育学生的核心素养，是对人格完善教育起点、途径、目标的综合概括。为此学校继续推动"三大平台"建设和"六位一体"教育措施的完善。

1. 人格完善教育的"五力提升"教育内容

（1）适应力，即学习素养、合作素养、媒介与信息素养、文化的理解与传承。

（2）责任力，即责任心的树立、责任感的增强。

（3）意志力，即意志的自觉性、意志的果断性、意志的坚韧性、意志的自制力。

（4）创新力，即创新的意识、创新的能力、创新的人格。

（5）幸福力，即健康的身体、积极的心态、关心的意识、持久的爱好。

2. 人格完善教育的"三大平台"建设

学校将继续积极完善"德育养成教育平台、生本教育平台、综合实践教育平台"三大平台的建设。

德育养成教育平台：围绕"礼健智诚"的校训，进行人格完善教育。将学校学生发展指导课、年部的学生日常行为管理转化为道德养成教育，引导学生注重道德的养成，在日常行为规范中完善提升学生的人格。

生本教育平台：学校基于学生会、学生自主管理委员会和社团等学生组织实现学生自我管理，并引导学生组织开展和广泛参与各类校园艺术、体育和文化宣传活动，锻炼组织能力和创新能力，培养协作理念和意识。从而建立基于学生道德体验课程体系，通过课程的实施，促进学生道德体验，通过体验形成道德情感，达到"知""情"的统一，增强德育有效性。

综合实践教育平台：通过综合实践课程和社会实践体系，推动学生的道德行为提升，用"践行"促进道德发展。

3. 人格完善教育的"六位一体"教育措施的完善

"六位一体"教育措施的完善，就是要落实落细落小社会主义核心价值观教育；努力强化德育活动创新，提高教师育人能力，培育学生核心素养，就是人格完善教育的目的。"六位一体"包括德育课程、德育队伍、仪式教育、网络德育、家长学校、德育科研。

（1）完善德育课程建设。学校围绕"校本德育课程体系的构建""学生个性专长的培养""社会资源的引入"这三个关键环节继续努力完善德育课程的建设。以学校的办学理念和培养目标为纲，使学校的课程设计纲举目张，为学生提供丰富的学习课程，让每个学生都能选择适合自己发展的课程；积极构建符合鞍山市第一中学文化精神和学生自身特点的个性化课程体系，使之成为践行学校"自主发展"理念的最重要的载体；遵循基于建构"生本、生动、生成"的"三生"高效课堂的课程开发三原则，着力研发由五大板块构成的学校特色课程体系：

学科延伸课程——延伸、拓展学科知识的课程群；

专题聚焦课程——如生命教育、公民教育等德育专题课程群；

生涯规划课程——规划学生未来发展等课程群；

兴趣爱好课程——如社团活动、各类兴趣小组等课程群；

自主发展课程——由学生参与设计的个性化课程群。

学校积极探讨新形势下德育工作的特点，进一步创新学校德育工作，形成"立德树人"的德育课程体系，并以德育课程为载体，有力激活学生的内驱力和道德需求，从他律到自律，从自律到自育，有效促进学生"品德内化"，切实提高学生自主发展的能力，使学生逐步达到人格自我发展、自我完善的境界。

（2）加强德育队伍建设。首先，学校的重要任务是德育队伍的稳定和扩大，使教师愿意、乐意置身于德育教育活动中，使德育活动成为广大教师幸福感的源泉之一。学校要以师德建设为切入点，有针对性、有计划地开展德育队伍培训活动；学校要以常规德育管理为主，提高德育管理水平和创新能力；学校要积极与有关部门沟通协调，在法制教育、心理教育、社会实践等方面为学校提供校外教育资源。学校为班主任工作提供指导和支持，使全体教师牢固树立人人都是德育工作者的理念，要提高教师的人文素养，引导教师注重对学生的人文关怀。

其次，积极开展感动校园的"十佳班主任"评选活动，培育德育典型，并从布置、评选、宣传等方面使其规范化。广泛宣传教师中爱岗敬业、安心乐业、爱生如子、业务精湛的良好风尚。

鞍山市第一中学首届十佳班主任表彰大会

最后，充分发挥课堂教学渗透德育这一重要阵地的作用，将中小学德育内容细化落实到各学科课程的教学目标之中，融入渗透到教育教学全过程，使教育教学真正的统一。对课堂礼仪明确要求，并促进学生落实；围绕课程目标联系学生生活实际，挖掘课程思想内涵，充分利用时政媒体资源，精心设计教学内容，优化教学方法，发展学生道德认知，注重学生的情感体验和道德实践；

将德育内容细化落实到各学科课程的教学目标之中，融入渗透到教育教学全过程。

（3）规范仪式教育的内容。仪式是依据一定的文化传统将具有象征意义的行为集中起来的特定操演，由场域、程序、道义和体验等构成。仪式之于人的教育功能集中体现在仪式所产生的仪式感。没有仪式感，生命就不庄严，内心也不宁静。学校增强对仪式教育的宣传，可以使教师和学生明确仪式的内涵和作用。

学校积极进行仪式感的渲染和营造，发挥仪式在文化传承、价值塑造和政治认同中的特殊作用。学校将继续完善"庆典仪式"强化学生对中华文化的认同与自信；学校完善系列纪念仪式，将政治信仰教育的信息能够有效地附着其上。仪式教育可以通过特定的形象化情境，将抽象的价值观变得可见、可听、可触，帮助学生真正从情感上实现价值认同，并且内化为自己的价值观念。

（4）深化网络德育的功能。学校德育工作为学生树立先进的思想理念、正确的价值取向、积极的精神风貌，不仅关系到校园里，更关系到校园外。学校将充分利用学校信息化建设的设施，通过宣传德育内涵和富有德育元素的传统文化和学校活动，引导学生积极向上、主动发展。

学校建立专题小组，负责收集整理德育资源，在学校网站上开辟德育专栏；学校继续巩固学生德育宣传小组建设，本着有宣传、有布置、有检查、有反馈的工作程序开展工作，让学生在实践中把道德认知自觉地转化为道德行为。

（5）推进校内外合力育人（家长学校）。家校合力育人面临的主要任务是家长学校的开设与课程的设置。学校全体教师要进一步提高指导家庭教育的意识和能力，大力提倡建立学习型家庭，通过各种形式的家校联系，进行分层分类的指导，帮助家长树立正确的教育观念，掌握科学的教育方法。

学校要主动联系、充分利用社会力量，有效整合德育资源，营造全社会合力育人的良好氛围。将祭扫鞍山烈士陵园、参观鞍钢博物馆、驻鞍空一师一日行等重要社会实践活动制度化、课程化；通过了解"鞍钢宪法"的历史发展，增强对国家领导人、广大人民的创新精神和创新实践能力的认识，提升学生"知历史、爱家乡"的深厚情感，形成学校、家庭、社会教育互相渗透、整体协调的育人格局。

2023年4月，2025届学生参观鞍钢博物馆

（6）加强德育科研工作。积极组织力量深入研究德育的新形势、新情况，不断探索中小学德育工作新思路、新措施，构建初高中、高中各年级、大学志愿选择的纵向衔接，德育目标、内容等分层递进，德育活动与学科教学相互联动，学校教育、家庭教育和社会教育横向贯通的学校德育工作体系并开展项目研究。积极推动研究成果在学校教育活动中的落实，为学校德育的系统性、前瞻性和创造性提供方向。

三、学校德育评价重点工作

学校积极推动德育评价的多元化，增强教师、学生的责任感；学校将重点研究德育的过程性评价，督促学生综合素养的落地。

1. 抓班级常规管理考评与考核

（1）落实班主任例会制度、学生会值日制度，从到校情况、晨读、课间操、课堂秩序、午休、安全、卫生等几个方面进行督查，每周进行一次流动红旗评比，利用每周一政教总结时间公布评比结果，并纳入班级目标管理考核。

（2）学校建立德育工作台账，认真填好德育活动记录，每月不定期对学生仪表、班团活动课、班会课开展情况进行检查，结果纳入班级评估。

（3）完善班级目标管理考评，积极推动同行评价的开展和落实。班级实行量化管理，把每日常规检查与临时抽查结合起来，进行客观评价。

（4）搞好每学期的优秀班集体评选。学生发展指导科和年部从班级日常管理、参加学校文体活动及班级学期文化课成绩情况等三大方面进行考核和考评。

2. 抓学生个体综合素质考评与考核

认真学习分析《中小学德育工作指南》和《中学生守则》，结合学校德育实际，将"中国学生发展核心素养的基本要点"量化、细化，对"文化基础、自主发展、社会参与"三大部分，"人文底蕴、科学精神，学会学习、健康生活，责任担当、实践创新"六大方面以及"十八个基本点"赋予一定的分值，学期末对学生的综合素质进行考核和评价，根据学生所得不同的分值，将学生分为"优秀""良好""及格""不及格"四个等级，规定只有"优秀""良好"等级才可参与评优评先。考评"不及格"的学生，不得享受学校和国家的一切资助及奖励。

四、完善保障机制

1. 加强组织领导

从"培养什么人、如何培养人"的高度，谋划育人的发展战略，学校要建立党组织主导、校长负责、群团组织参与、家庭社会联动的德育工作机制。学校党组织要充分发挥政治核心作用，切实加强对学校德育工作的领导，把握正确方向，推动解决重要问题。校长要亲自抓德育工作，规划、部署、推动学校德育工作落到实处。学校要完善党建带团建机制，加强共青团建设，在学校德育工作中发挥共青团的思想性、先进性、自主性、实践性优势。

2. 加强队伍建设

学校要建立全员德育的机制，重视德育队伍人员培养选拔，优化德育队伍结构，建立激励和保障机制，调动德育队伍人员工作积极性和创造性。要有计划地培训学校党组织书记、校长、德育干部、班主任、各科教师和中学团干部，组织他们学习党的教育方针、德育理论，提高德育工作专业化水平，通过"班主任微课堂"活动，促进教师专业化培养。

3. 加强统筹协作

加大社会资源的配置力度，提高使用效益，营造学生健康成长的良好环境。新闻媒体要坚持正确舆论导向，积极宣传教育改革发展的成绩、德育工作的成效、德育工作者的贡献，营造良好氛围。

4. 加强督导评价

学校要认真开展学生的品德评价，纳入综合素质评价体系，建立学生综合素质档案，做好学生成长记录，反映学生成长实际状况。

5. 加强条件保障

各级教育行政部门和学校要进一步改善学校办学条件，落实国家对德育工作的各项要求，不断加大经费的投入，建立德育工作专项经费，积极支持重大活动、队伍培训、设施建设等教科研活动的有效开展。

6. 加强科学研究

学校要组织力量开展中小学德育工作研究，探索新时期德育工作特点和规律，创新德育工作的途径和方法，定期总结交流研究成果，学习借鉴先进经验和做法，增强德育工作的科学性、系统性和实效性。

五、强化立德树人，培养社会主义建设者、接班人

落实德智体美劳"五育并举"，促进"五力"提升教育，加强学生理想信念、爱国主义、品德修养、奋斗精神品质的引导。

1. 凝聚社团力量，推动党史学习教育深入人心

（1）党史学习教育"声"入人心。鞍山市第一中学社团以唱叙史，以歌传情，创新形式，用歌舞重温党史，行动见证初心。雅韵钢琴社为营造校园中的爱国氛围，在学校正厅弹奏《黄河大合唱》《没有共产党就没有新中国》等红色歌曲，唱响时代主旋律，在国庆节还进行了为期一周、不同版本的《我和我的祖国》单曲循环演奏活动。合唱社在正高级音乐教师王洪娜的指导下，利用业余时间练习了《向往》《灯火里的中国》《爱的箴言》等曲目，并在鞍山市教育系统师生同唱党歌活动、师生新年联欢会中奉献了精彩表演，把对祖国的感恩之情和美好祝愿用歌声传递出来。Star社团以爱党爱国为主题进行了各类文艺会演，社员们团结同心，刻苦排练，着力弘扬红色文化，打造精彩的校园文娱节目。在校团委组织下完成了一系列以爱国主义为核心的宣传及会演，包括

国庆节前夕《我和我的祖国》快闪、元旦《不忘初心》会演、奥运《一起向未来》歌舞等，相关视频一经发布，师生家长纷纷转载，取得了非常好的社会反响。

（2）党史学习教育"写"入人心。恰逢建党百年之际，文学类社团学苑社进行了《学苑报》的发行，以红色精神为依托，以党史为信念，进行了相关创作。在北京冬奥会期间组织"一起向未来"主题征文活动，让学生深刻体悟到冬奥的成功举办离不开祖国的繁荣富强，离不开中国共产党锲而不舍的奋斗。在"青春心向党，奋斗新征程"诗歌作品展中，社员们创作诗歌50余首，优秀作品内容紧扣党史、新中国史、改革开放史、社会主义发展史以及身边的优秀共产党员、抗疫英雄先进事迹等歌颂了中国共产党成立以来领导全国各族人民在革命、建设和改革进程中所取得的伟大成就，充分抒发了对党、祖国、人民的忠诚热爱。作品创作角度各异，体裁各具特色，既体现了学生深厚的文学素养，又表达出敬党爱国的思想情怀，凸显出当代青年学生的责任和担当，优秀作品在学校展出并收录于《鞍山市第一中学思想政治教育暨党史学习教育成果汇编》。

在学校正厅举办的庆祝建党100周年美术作品展、纪念一二·九运动书画展是书画社的特色活动，社员们用手中的笔、心中的情，从不同的角度，抒发了对党的热爱，歌颂了党的伟大成就，以崭新的风貌为建党100周年献礼。

（3）党史学习教育"讲"入人心。为庆祝建党100周年，鞍山市第一中学创办初心社，思政教师为指导教师，以"提高政治觉悟，实现思想进步"为创社口号，开展理论研究性学习5场，以普及党史知识，学习习近平新时代中国特色社会主义思想为主要活动内容，充分发挥理论学习骨干的引领作用和学习理论类社团的带头作用。

广播社结合党史学习教育，创设了"党史诵读"栏目，内容包括《中国共产党简史》、《党的十九届六中全会公报》原文、红色诗歌朗诵等，结合国际、国内的时事播报，营造浓厚的党史学习氛围，引导广大师生学史爱党、学史爱国。

戏剧社在一二·九运动纪念日，开展了知识科普活动，用戏剧的形式部分还原了一二·九运动时青年学生的爱国热情，学生身临其境地去感受革命前辈艰苦斗争、不怕牺牲的革命情怀。此外，戏剧社还观看了《红色特工》《瞿秋白》等红色戏剧作品片段，并选择了体现中华民族团结奋斗的作品《杜鹃山》和表现共产党员伟大精神的作品《北平无战事》进行排演。积极探索通过情景

2021年6月24日，鞍山市第一中学党委联合鞍山雷锋（集报）红色文化收藏馆、鞍山孙凯家庭藏书报馆，举办百年党史书报藏品展览活动，图为校友孙凯在做讲解

演绎的方式，来深挖精神内涵，讲述党史故事，拓展社团教育功能。

（4）党史学习教育凝聚人心。功崇惟志，业广惟勤。爱心志愿者协会通过"校内+校外"模式开展多项志愿服务活动，充分发挥与校外各志愿服务点的紧密联络作用，将党史学习融入到常态化开展的青年志愿服务中去。每一位社员都以真诚优质的服务、乐于奉献的爱心、勇挑重任的担当、友好开放的胸怀和饱满自信的精神状态，展现鞍山市第一中学学子的优秀素质和良好形象，传达了"奉献、友爱、互助、进步"的青年志愿者精神，用实际行动践行雷锋精神，让自己的青春在社会实践中闪光。

乒乓球社以"铸造强壮体魄，展现国球雄风，为强国蓄力"为主题开展友谊赛；棋社秉持长征精神，从对弈中深刻体会耐心和坚持，从棋道中品味人生的百变多难；历史研习社以"提升学生历史知识水平，弘扬中华民族优秀文化"为宗旨，利用文物模型资源，开展历史研讨探究活动；Superview社团以"紧跟党的步伐，培养对外交流能力"这一理念举办2023届英语狂欢节等。自党史学习教育开展以来，学校各社团开展了主题鲜明的社团活动，团结带领学生在丰富多彩的社团文化活动中传承红色基因和优良革命传统，凝聚起为实现中华民族伟大复兴而努力奋斗的强大正能量。

鞍山市第一中学注重发挥社团在学生思想政治教育中的积极作用，以"社团+思政"为工作思路，发挥学生社团的育人功能，唱响党史学习主旋律，促进党史学习入耳入脑入心，推动党史学习教育走深走实。峥嵘过去已经彪炳史册，璀璨当下正在不断延伸，光明未来需要踏实开拓。通过丰富多样的主题实践活动，让学生铭记光辉历史，赓续精神血脉，以奋斗为笔，不负韶华，书写出最壮美的青春篇章。

2. 充分发挥德育、教学、心理等多渠道和资源作用，开展学生发展指导

开设普通高中学生发展指导选修课或专题讲座，通过知识讲座、先进事迹报告、情境模拟、案例研讨、心理训练等多种形式，面向全体学生开设理想、心理、学业、生活和生涯等方面的选修课和专题讲座，促进学生掌握有关发展的知识和技能。

建立发展指导室，开展团体辅导和个别咨询，对在理想、心理、学业、生活和生涯等方面出现困扰的学生给邓及时指导，减少困扰及其对学生的不良影响。

对于个别有严重心理问题的学生，能够及时识别并转介到校外专业机构接受辅导。

开展学生理想、心理、学业、生活和生涯等方面测量与评估，为学生建立发展成长档案，了解学生在理想、心理、学业、生活和生涯等方面的现状、发展及存在的问题，增强发展指导的针对性。

高三学生户外减压活动

建立学校危机监控和干预体系，在校园危机事件发生后及时开展心理辅导或咨询工作，在危机事件结束后，对学生、教师、家长的心理状况加以评估，给予后续指导。

建立学校家庭共同开展学生指导渠道，学校指导家长了解学生发展指导工作的宗旨、目标和开展情况，帮助家长了解子女的成长和发展情况，为有需求的家长提供发展指导意见，协助他们解决子女在发展过程中的特殊需要。

充分发挥社会资源的教育作用，通过社区服务、参观访问、实践探究活动、举办社区活动等途径和方法，利用社区资源开展学生指导工作，利用爱国主义教育基地、博物馆、科技馆、企业等丰富学生发展指导工作的方式。

做好学生权益维护和困难帮扶工作，关注校园弱势群体，关注普遍性利益诉求。重视学生意见建议，搭建学校与学生沟通的桥梁，解答学生在学习和生活中遇到的困难和问题，通过听心声、纳建议、促发展，进一步诠释"以学生发展为本，为学生可持续发展和终身幸福奠定基础"的教育理念，开展"我与校长面对面"活动，促进学生参与学校民主管理，服务学生成长。

3. 推进实施"一条主线，两大板块，三个层次，多种途径"学生生涯发展教育模式

学校从来不是和社会相脱离的，随着社会市场化、全球化的发展趋势，学校的育人标准发生很大的转变，教育的"四大支柱"——学会认知、学会做事、学会共同生活、学会生存逐渐被人们接受。因而关注生涯教育、关注学生未来是当前教育改革中不可回避的课题。

瑞士著名教育家裴斯泰洛齐曾说："高中课堂决定着一个民族的未来。"高中，是个体成长的关键阶段，是学生个性才能显露、选择人生发展道路的关键时期。"生涯"一词指的是从事某种事业或活动的生活，含有职业之意。著名的生涯发展研究者舒伯认为，生涯是生活中各种事件的演进方向和历程，它统合了人一生的各种职业和生活的角色，由此表现出个人独特的自我发展形态。生涯教育是教师引导学生学会自我认知、了解社会职业生活，进而思考人生、生活与工作意义的教育活动。

当前，国内生涯教育正处于一个健康发展的曲线之上。从发展趋势来看，大多数家庭都注重孩子的教育，生涯规划、生涯教育已经是各级学校绕不开的一个重要课题。

鞍山市第一中学秉承"礼健智诚"校训，积极倡导创造性学习，注重学法指导，开展有效教学，拓展校本教学，学校办学水平和学生综合能力得到稳步

提升，教育质量和高考成绩一直稳居全省前列。

鞍山市第一中学立足学生终身发展，积极创新人才培养模式，搭建多元成长平台，实现学生自主发展、个性发展和全面发展。引导学生成立自治委员会实现自我管理，鼓励创建学生社团30余个，创办校刊10余种，参加人数近千人。锻炼学生组织能力和创新能力，培养协作理念。鞍山市第一中学注重发展学生学科特长、创新精神以及实践能力的培养，积极开展学生竞赛，且成绩显著。

多年的教育教学过程中，鞍山市第一中学在学生发展指导工作方面取得了一些经验，比如成立了种类纷繁的社团组织，让学生在活动中体会自我管理、约束等能力，模联、联欢会等大型活动，让学生加强了社交等能力。

鞍山市第一中学为了顺应社会发展和学生个体发展需求，对高中生进行生涯发展指导，有效地引导学生健康成长，实现以下目标：促使学生增强学习动机，改善学习方法，提高学习能力；培养学生健康生活、生涯规划的意识和能力；预防学生在理想、心理、学业、生活和生涯等方面出现问题和困扰；培养学生在遇到相关问题和困扰时的求助意识，减少其对学生发展的不利影响，从而为顺利升入更高一级学校深造提供服务。

鞍山市第一中学全面推进师生自主发展，努力把"为每一位学生创造自主发展的无限空间"的教育理念化为具体教育行为，围绕"高一学会适应，高二不断超越，高三成就自我"这一主线，分层次确立各年级指导重点，即高一"立志成才"教育和学业生涯规划指导，高二理想教育和生活生涯规划指导，高三"三观"教育和职业生涯指导。

分多种途径具体实施生涯教育，包括重点建设生涯指导课程、关注学科教学中渗透生涯发展指导、大力发展生涯发展团体活动、重视生涯发展个别咨询、注重学生的生涯体验、加强教师研修建设生涯方面的重点课题。

首先，鞍山市第一中学重点建设生涯发展指导课程。生涯发展指导课程分为必修类课程和选修类课程。必修类课程结合高中三个年级的不同特点，分别开展以职业生涯认知、职业生涯探索和职业生涯选择等为主题的有关生涯发展的基础性讲座，要求学生必须参加。同时通过高中生心理健康教育课程，引导帮助学生更好地了解自身的兴趣、能力、价值观与个性，获得更高的自我认知，形成对教育、职业等合理的认识。选修类课程从自我探索、学业规划与职业规划三方面对学生进行生涯发展教育，由学生根据自身需要选择性参加。

其次，关注学科教学中渗透生涯发展指导。通过对学科教师的培训，引导其发掘学科教材中涉及的生涯发展相关事例，选择合适切入角度，因材施教，或利用教材中显性的名人职业发展经历，或挖掘教材背后隐含的名人成功之路，分析成功生涯所需要素。一学年中的课堂教学设计，至少有一次与生涯发展内容挂钩。如此，可以利用学科专业特点，丰富学生职业知识，同时可以借由对比前人，反观自身，思考个人的认识坐标，从而提升生涯规划能力。

再次，大力发展生涯发展团体活动。团体活动具体在年级主题活动、班级主题活动中。在班级主题活动中，高一围绕"自我规划，储蓄成功"大主题，自行确定生涯发展团体指导的主题班团会，引导学生明智地选科，进行有效地学业规划；高二围绕"坚持我的选择"大主题，开展主题班团会，坚定学生的学习信心；高三围绕"高三学业"、"大学-专业-职业抉择"两个中心，开展班团会活动。

同时，重视生涯发展个别咨询。针对学生个体，开展关于自我认知、职业认知、生涯定向、生涯抉择、教育认知等方面的心理辅导，为学生排忧解难，解除内心的困惑。鞍山市第一中学心理咨询室拥有专业的生涯指导教师，两名教师都多次参加生涯指导培训，拥有丰富的生涯指导经验。学校还配备了专门的教室，为学生个体的个别咨询做了充足的人员、物质准备。

另外，学校还特别注重学生的生涯体验。学校组织开展一系列社会实践活动，通过生涯人物访谈、职业见习、志愿者活动、参观军旅等形式，帮助学生亲身体验社会的人和事，认识自我，明确自我需求，加深对社会的认识，体味学习的重要性，进一步帮助他们明确自己的人生目标。

最后，学校提出要加强教师研修，努力促成家校合作。通过报刊、讲座、研修课程等促进教师对生涯发展的认识，进一步提高指导学生进行职业生涯规划的能力。同时通过家长学校开展一系列活动，获得家长的理解与支持。学校还积极进行生涯指导方向的课题研究及成效反馈。以教育科研促进培养和提高全体师生的生涯规划的意识和能力。依托学校科研室强大的教研能力，学校成立了一个课题组成为生涯规划的核心团队，其中组长为校级领导，课题开展学生生涯规划相关的教育科研活动。教育科研活动拟包括形成有特色的系统化的生涯发展指导校本课程体系；形成生涯发展团体活动方案；编制生涯发展个别咨询案例集；学生生涯规划状况的跟踪调查。

总之，构建鞍山市第一中学特色的生涯规划不是一蹴而就的，是需要时间来检验的，是需要经历一个过程的，所以我们应该坚持这样的理念：培养学生珍爱生命、健康生活的意识；促进学生养成健康的生活习惯与兴趣爱好；培养学生的安全意识并掌握生存技能；培养学生生涯发展规划的意识和能力；帮助学生了解自己的兴趣、能力倾向、个性特点与生涯发展的关系；帮助学生了解大学专业信息与社会职业需求，合理规划升学与就业目标；促进学生掌握步入下一阶段生活、学习、工作所必需的技能；有效减少学生在生活与生涯方面的困惑。

4. 加强德育队伍建设，提升德育教师师德水平

构建由学校德育领导小组、思政课教师、班主任、科任教师、心理教师、社会辅导教师构成的立体德育队伍，全方位实现全员育人；年级例会时，本年级内部德育名师做讲座或者年级内部经验交流；外聘专家做全校班主任培训会。从细微管理入手，以点带面，加强师风建设和教师素养培养，建设一支"师德高尚、理念先进"的德育团队。

5. 完善德育精品活动体系，积聚学生发展动能

深入贯彻全国学联二十七大精神，切实履行全国学联委员会成员职责，团结带领广大一中学子勇于创新创造，矢志艰苦奋斗。广泛开展主题鲜明、积极向上、参与性强、寓教于乐的校园德育活动和文体活动，以升旗仪式、运动会、联欢会、美术展、"校长杯"篮足排比赛、社团文化节、成人礼、毕业典礼、离校仪式等学生活动为依托，丰富校园文化生活，打造育人第二课堂，形成一系列有品牌效应的德育活动。推动学生志愿服务制度化、日常化、便利化开展。广泛开展学雷锋系列活动，将志愿服务作为班级团支部基本职能。助力完善"五力提升"体系，为学生的综合素质提高创造氛围、提供服务，为学生品德发展蓄能。

6. 推动劳动教育改革，构建新型劳育体系

基于"形态—模组—价值"开发新时代中学劳动教育课程体系，在课程目标、内容体系、实施方式及劳动评价等方面进行策划实施，弘扬劳动精神，充分发挥劳动综合育人功能。通过军训、志愿者社团、日常值日工作、扫雪等义务劳动，引导学生树立正确的劳动观念，融合信息技术和通用技术课程、科技校本课程等新技术支持下的现代劳动课程教学，学会信息时代必需的劳动技能，使学生学会辛勤劳动、诚实劳动、创造性劳动，全面提高学生劳动素养。

鞍山市第一中学新生军训

7. 推动学生组织改革，培育先进学生组织

以校团委、学生会、学生社团联合会为纽带，优化学生组织架构，增强联系服务的覆盖面、有效性，更好地发挥党联系青年学生的桥梁纽带作用。推进学习型团组织和学习型团干部队伍建设，深化团支部"活力提升"工程。明确基层团支部职能，坚持开展主题团日活动，加强业余党校团校建设。加强学生会建设，修订学生会章程，提升学生会在学生中公信度与影响力。加快学生社团联合会建设，使学生社团向规范化、专业化、精品化发展。每年召开小型学代会，两年召开一次大型学代会，倾听学生代表心声，助力学生全面发展。规范学生组织日常管理，从严推进学生骨干作风建设，定期召开学生组织专题培训、评优，完善学生组织管理制度。打造一支信念坚定、品学兼优、朝气蓬勃、心系同学的学生干部队伍，引领全体学生发展。

8. 加强特色活动开发，拓展德育平台，完善全面育人

为搭建学校与学生沟通的桥梁，解答学生在学习和生活中遇到的困难和问题，通过听心声、纳建议、促发展，进一步诠释"以学生发展为本，为学生可持续发展和终身幸福奠定基础"的教育理念，学校组织开展"我与校长面对面"活动，学生就学校教育教学、课程建设、德育工作、学生活动、后勤服务、理想信念等方面提出问题和建议，校长给予解答，此项活动可以搭建学校与学生直接沟通、共谋发展的平台，为学生提供建言献策和参与民主管理的机会，实现学生自身和学校的共同发展。为学校和学生之间架起了一座沟通的桥梁，进一步丰富校园文化，推动和谐校园建设。

学生与校长面对面活动

为了进一步加强班主任团队建设，丰富班主任工作经验，提高班级管理水平，促进学生健康成长，学校开展"班主任微课堂"系列活动，从班级细微日常管理入手，以问题为导向，有事例，有视角，有理论，有实践，指导性、实用性强，以班主任引领班主任，打造一支有温度、有思想、有能力、有智慧的高素质班主任队伍，拓展德育平台开发，完善全面育人体系。

第五节　科技教育特色建设的探索与实践

自2012年被确定为首批特色高中实验学校以来，鞍山市第一中学立足学校发展实际，遵照评审专家组的反馈意见和要求，遵循学校"以学生发展为本，为学生的未来发展和终身幸福奠定基础"的办学理念，坚持"明理立德、博智立学、健体立身、诚信立人，努力成为未来具有本土情怀和国际视野的拔尖创新人才"的育人目标，积极开展学校特色建设的实践探索，广大教师积极配合，全体学生主动参与，以"一核、二化、四融合、五重点"的特色发展策略，摸索出一条以科技教育为特色的示范性高中办学新路。学校科技教育全面实施，科技活动屡创佳绩，科技特色日益明显，实现了"科技教育有特色、教师教学有特点、学生发展有特长"的科技特色定位，更使学校的内涵发展走上了稳定持久的快车道。

近几年来，学校学生在学科奥林匹克竞赛、青少年科技创新大赛、机器人大赛、登峰杯挑战赛、中小学生电脑制作活动、航模比赛等赛事活动中不断取得优异成绩，并获得多项发明专利；近三年来，鞍山市第一中学毕业生国际国内升学成绩连创新高，各项指标均位居全省前列，50余人被美国哥伦比亚大学、康奈尔大学、纽约大学，英国剑桥大学，加拿大多伦多大学，法国里昂大学，澳大利亚悉尼大学和新加坡南洋理工大学等多所国际名校录取，30余人考入清华大学和北京大学，文理科综合一本率达到95%，300余人获得高校自主招生优惠政策。

学校被北京大学确定为首批"中学校长实名推荐制"学校，被清华大学确定为自主选拔"新百年领军计划"推荐资质学校，被中国人民大学、复旦大学和同济大学确定为"中学校长直荐学生资格"中学，同时被中国科技大学和华中科技大学等40余所知名大学确定为"优质生源基地"和"创新人才培养基地"。学校先后被评为全国教育系统先进集体、全国精神文明先进单位、教育部"中小学课外文体活动工程"示范校、全国教育信息化试点学校、全国科技创新学校、全国心理健康教育示范校、辽宁省科研兴校百强校、辽宁省科技教育特色实验学校、辽宁省数字化建设典型学校、辽宁省校园文化建设品牌学校、辽宁省物理教学实践基地和鞍山市科技创新基地等荣誉称号。

一、明确学校发展思路，确立科技教育特色

习近平总书记曾强调指出："发展是第一要务，人才是第一资源，创新是第一动力。"聚焦创新人才的培养、为拔尖创新人才培养打好基础是基础教育的重要任务。

20世纪90年代，鞍山市第一中学明确提出以生为本的教育理念，催生了"讨论式教学法"等一批教育改革成果；进入本世纪，学校进一步提出"为学生的未来发展和终身幸福奠定基础"的办学理念，积极开展创新人才的培养；2012年，鞍山市第一中学被确定为辽宁省科技教育特色实验学校，开始尝试以科技教育为主渠道，培养面向未来的创造性人才。

近年来，伴随着新高考改革、新课程改革的实施以及学生核心素养培育的提出。我们对学校科技教育特色建设进行了认真的分析和思考，新高考改革强调发展和尊重学生特长，增加学生学习自主选择权；新课程改革强调改革课程体系，改善学生学习方式，培养批判精神和创新能力；核心素养培育强调培养学生解决复杂问题和适应不可预测情境的知识、能力、品格和态度，关心学生

综合全面发展和终身发展。这三者的实质都是以学生发展为本，这种核心立意迫切需要学校走更加深化的特色发展和内涵发展之路，作为优质传统名校而言尤其如此。着眼于相对于粗放发展的精细发展、相对于模仿发展的创新发展，以相对于同质发展的特色发展为抓手无疑是实现学校内涵发展长远目标的有效途径。

正是基于优良的学校文化传统和不断的探索实践，着眼学校的长远发展和未来社会对人才培养的需要，鞍山市第一中学确立了以科技教育为特色的内涵式发展道路，明确提出"以学生发展为本，为学生可持续发展和终身幸福奠定基础，努力把学生培养成为未来具有本土情怀和国际视野的拔尖创新人才"的办学理念来统领特色创建工作，如今，这一内涵式发展理念已经演绎成一种精神力量、一种文化信仰、一种目标追求，贯穿于学校的各项工作中，浸润到一中人的头脑里，并内化成共同的价值取向和发展愿景。

在科技教育特色的建设过程中，鞍山市第一中学提倡"两个结合"原则，即普及与提高结合，集中与分散结合；坚持"两手抓"，即一手抓课程和活动建设，一手抓保障实施。一是两个结合：根据学生不同的学力基础和思维品质，开展有针对性的分层施教。学生群体有差异，课程设置随之发生变化；学生发展需求有不同，施教组织形式也不同。以普及教学涵盖全体学生，以提高教学针对特长学生；以集中教学重点培养通识学力，以分散教学重点发展创新能力。"两个结合"有效地解决了一般与特殊的关系，既关注了全体学生的共同发展需要，又关注优长学生的特殊发展需求。二是"两手抓"：在课程建设方面，积极推进学校特色的课程化建设和科技活动的课程化实施，构建基于科技特色的课程体系，创造基于科技特色的多样化的课堂形态。在保障实施方面，学校成立分层把关的组织机构，组建能力突出的教师团队，完善各种监督激励机制，投入专门的保障资金。两条腿走路，使学校的科技教育特色建设有章可循，有力可施，有绩可为。

二、建构特色发展策略，点面结合整体优化

学校特色的形成是一个长期而艰巨的系统工程。为推进学校的科技教育特色建设和长远发展，鞍山市第一中学在近几年的实践探索中，提出了"一核、二化、四融合、五重点"的学校科技教育特色建设策略，明确发展目标，创造良好环境，形成课程体系，实现有效融合，抓好重点工作，坚持常态运行，营

造浓郁的科技教育氛围，做到点面结合，整体优化。

（一）"一核"即坚持"以学生发展为本"的科技教育特色建设核心思路

未来社会发展是以经济和科技为基础的综合国力的竞争，但归根结底是人才的竞争，而人才竞争的基础是教育。鞍山市第一中学提出"以学生发展为本，为学生的未来发展和终身幸福奠定基础"的办学理念，并把科技教育作为学校的办学特色，就是希望通过科技教育特色建设在学校的教育教学中真正地、充分地落实学生的主体地位，发掘学生的兴趣爱好和个性特长，培养学生的科学素养和创新能力。激发学生的科学思维，逐步获得终身发展的能力，为学生未来的可持续发展奠定坚实基础，让鞍山市第一中学成为未来优秀人才成长的摇篮。

（二）"二化"即坚持科技教育特色全员化、常态化

1. 科技教育全员化

（1）所有教师都参与到科技教育中来。特色创建需要与之相适应的教师队伍，鞍山市第一中学在科技教育特色创建中，通过课堂教学模式改革、校本选修教学、研究性学习指导、科研立项和组织科技节活动等工作，采取各种途径，把全体教职工引导到科技教育中来。一方面提高教师科技素养，培养科学态度和科研精神，掌握科学方法，提升实践创新能力；另一方面培养教师科技教育意识，推进科技教育行动，不仅是科技知识的传授者，更应成为科学思维的启蒙者、科技活动的组织者、探索创新的引领者。

（2）所有学生都受到科技教育的熏陶。要让所有学生都接受科技教育的熏陶，全面提高学生素质，就必须着力于学生科技知识的普及、科学精神和科学技能的培养、创新习惯的养成，把科技教育带入课堂，带进活动，带到学生的课余生活中，关注每一个学生科技素养的普及与提高。同时学校注重普及基础上的提高，成立科技创新实验班和科技兴趣小组、科技社团，以学生科技创新精英团队引领全体学生的充分、最优发展。

2. 科技教育常态化

（1）规范规划科技教育活动。学校科技教育活动的实施稳定规范，具有计划性，纳入学校年度工作计划，纳入教师学科教学目标。

（2）分层实施科技教育活动。学校开展多层次的科技教育活动，让每个学生都能参与到科技教育活动中，既有面向全体的科技普及型活动和科技社团，也有面向特长学生的Steam科技竞赛活动，还有面向少数拔尖学生的学科奥林匹克竞赛等高端科教活动。

（3）定期开展校园科技节。学校每年10月举行校园科技节活动。高一学生全体参与，科技主题项目比赛多达18种。有操作性、竞赛性项目、评选性项目和展示性项目，科技节活动计划周详、方案翔实，包括启动大会、专家讲座、比赛活动和总结表彰大会，科技节至今已历时六届，已经成为鞍山市第一中学的科技教育文化品牌，受到社会的广泛关注和在校学生的喜爱。制度化的科技节为学校进一步普及科技教育，营造学校科技氛围，提升学生创新能力，发现和培养具有优秀科研品质和科研能力的学生发挥了重要的作用。

（三）"四融合"即实现科技教育与人文教育、学科教学、科技活动和研究性学习的有效融合

1. 科技教育与人文教育融合，培育学生核心素养

学校在通过教育教学主渠道开展科技教育特色建设过程中，注重用人文教育作学生人生底色，用科技特色助学生未来发展。以实现对学生人文底蕴、科学精神、学会学习、健康生活、责任担当和实践创新等核心素养的培育，促进学生逐步形成适应个人终身发展和社会发展需要的必备品格和关键能力，进而实现综合全面发展和终身发展。

同时，学校积极营造文化阵地促进学生科技教育与人文教育的有效融合，让学校科技文化的办学理念和教育内容展示和渗透到校园的每个区域。走在一中校园，无论是校训石上"礼健智诚"的题刻，主楼和科技馆大厅的科学与百年科技浮雕，教学楼走廊的科技系列展板，班级教室的科普板报，科技馆走廊的学校校史和优秀校友展墙，还是校园树木上的二维码铭牌，抑或是教学楼前后的卓越广场和哲学花园文学花园、食堂门前的时间广场，学校都精心细致布置，力争让校园的每一处都彰显出学校的人文氛围，蕴含丰富的人文精神，让学校的建筑风格与科技特色办学理念相得益彰。

2. 科技教育与学科教学融合，促进学生科技思维发展

学科教学是学校教育教学活动的主阵地，要全面培养学生的科技创新思维、创新精神和创新能力，就必须建立科技教育与课堂教学相融合的新模式。

（1）以科技特色为主线，进行国家课程校本化建设。学校强调四个调适：一是调适教学思想，使教师从关注自己的教转变为关注学生的学，积极营造思维发展场，促进学生创新思维发展；二是调适教学内容，使学生知识建构和科技思维发展同步进行，倡导现场生成，提升学生科技思维品质；三是调适教学方法，注重学生的思维发展和学习主动行为，教学方法因学而变，随时而化。四是调适教学评价，以学生的学习质量来评价教师教学，建立多元评价体系，开展增值性评价。学校每年举办教学开放周和教学公开课交流活动，推进以生为本的课堂教学模式改革，取得很好的效果。

（2）以科技特色为导向，建立新的课堂形态。积极实行"高结构设计、低结构实施"的智慧课堂教学模式，强调用科技教育思想建立新的课堂教学形态，在课堂教学中突出探索过程，强化活动体验，重视问题解决。从学科特点出发，潜移默化地培养学生的想象能力、逻辑推理能力、归纳总结能力等创造性思维。经过近年的实践与研究，鞍山市第一中学探索和总结出多种类型的科技教育课堂教学形态，如思维技能课、创造技法课和创造活动课、观察课、实践课等，有效激发了学生的创新意识和创新思维，培养学生正确运用思维方法，发展思维能力和协作探究能力，取得了非常好的教学效果。

（3）以科技特色为切入点，落实课堂教学中的科技素养渗透。文科类教学重在让学生了解科学史实和进行科学表述，教师通过教学向学生介绍科技发展史和有杰出贡献的科学家，科技发明在国防、工农业和日常生活中的运用，培养学生科技兴趣和爱国热情，学习科学家独立思考和勇于创造的精神，如语文组开发了校本课程《科学家故事中的人文精神》一书；理科类课程本身重在科学方法和科学素养的渗透，教师突破现有教材框架，把前人探索科学真理的过程设计还原给学生，让学生体验科学发现过程，掌握科学研究方法，培养学生的创新意识和创造精神。

3. 科技教育与科技活动融合，拓展学校科技教育途径

科技活动是实施科技教育的有效载体和重要途径，有利于实现科技特色教育的规范化、常态化开展。

（1）开展研修实践活动。组织学生参观鞍钢博物馆、科普展览，观看科教片，参观驻鞍空一师、导弹部队、鞍钢工厂、辽宁科大工程技术中心和森远、荣信等高新企业，到北京开展清北研学活动，到海城九龙川自然保护区开展社会实践等活动。

（2）开展科技竞赛活动。组织指导学生参加青少年科技创新大赛、机器人竞赛、登峰杯学术科技创新大赛、模拟飞行赛、网络安全赛、学生创客大赛、财经素养大赛等科技赛事活动。通过比赛活动让学生亲自获取知识、经验、方法和感悟，把学习活动与对科技的情感、兴趣等心理因素有机地结合起来。

赵禹诺同学（左一）参加2018年卡耐基梅隆大学飞跃项目FRC耐力赛获得全美冠军

（3）鼓励开展科技社团活动。在校团委指导下，学生自发组建40多个社团和兴趣小组，其中科技兴趣小组和学生科技社团10余个，如BETA推理社、信息技术联盟、摄影社、经天纬地地理社、历史社、手工社、魔方社和机器人小组、航模小组、心理小组等，都是学校成员人数多、关注度高、成绩出色的优秀社团。学校机器人小组曾获得机器人世界杯舞蹈比赛金奖和多次国内大

机器人小组

奖，BETA推理社的《CS》报纸和"科技探索之寻宝"活动深受学生欢迎，吸引众多学生阅读和参与。

（4）创立校园科技节活动。创立科技活动是推动学校科技教育向纵深发展的有效途径。鞍山市第一中学每年10月举行校园科技节，学生全员参与。发展至今，学生的科技创新水平逐年提升，木质桥梁模型、汽车模拟驾驶、手工肥皂、生物模型、联动装置、模拟飞行、创客机器人表演、纸牌叠罗汉、科技英语演讲、科幻小说创作等一项项科技含量极高的发明创造和作品，全方位展现了鞍山市第一中学学子的无尽创意和卓越科技才华。学校的"'创意创新创造'科技节活动方案"被评为省科技创新大赛科技活动一等奖。

2022年9月，数学组教师在评选立体几何手工作品

2023届学生参加水火箭大赛

2020年10月，手工肥皂制作大赛

（5）参加高校科学营和自招学科营活动。组织选拔学生参加中国科协和国家教育部组织的高校科学营，如北京大学、南开大学、中山大学、大连理工大学、东北大学等"985工程"高校组织的高校科学营和选拔培养拔尖创新人才的学科夏令营等活动，为学生创造更多的交流提高和创新实践的机会。

（6）开展志愿者服务活动。鞍山市第一中学志愿者协会拥有学生科技教育志愿者上百人，他们积极参加2017国际机器人奥运会、省青少年科技创新大赛等赛事的会务和大会翻译等志愿服务活动，充分展现了鞍山市第一中学学子的科技素养和青春风采，获得一致好评。

4. 科技教育与研究性学习融合，培养学生科学探究能力

研究性学习是科技教育最具特色的学习方式。鞍山市第一中学开展研究性学习十余年来，师生全员参与，学校每年安排固定课时开展研究性学习，注重在普及基础上教给学生开展科学研究的基本方法。

在学校的组织下，学生自选课题，自由组合，自选指导教师，通过集体讨论和切磋，建立假设，设计解决问题的方案，收集、分析和利用信息，展开调查研究，进行实践验证，得出结论并进行成果交流展示。学生的研究性学习选题涉及面广，涵盖社会科学、历史、文学、艺术、社会尤其是科技类课题等各个方面，学校每年开展研究性学习优秀成果展示活动，为学生搭建研究性学习成果展示交流的平台。

很多学生的研究性学习成果得到了专家的关注和普遍好评，被选送参加全国、省、市青少年科技创新大赛和申报发明专利获奖。如"物联网在鞍山兰温室控制中的应用技术研究报告""煤气和电烧水的煤耗计算方法与节能减排的

研究""薄膜防臭地漏""治疗矮小症 APP 程序"创新项目获全国青少年科技创新大赛银奖和铜奖。学校城市规划设计小组《浅谈城市纵向空间的新型发展》和交通纵横小组《鞍山市公共交通的改良方案》两个研究报告获得科技实践活动银奖和铜奖。

通过研究性学习，学生们不仅做了大量的课题研究和跨学科的知识整合，更重要的是从中学到了严谨的科学态度和科学方法，打牢了科学思维的基础，提升了创新精神和实践能力。

（四）"五重点"即重点抓好科技特色基于创建中的五项具体工作

1. 抓基地建设，搭建特色发展的平台

学校特色的建设需要相对稳定的实验场所，离不开相对固化的科技教育基地的建设。

（1）校内科普教育基地日臻完善。为了使科技教育真正"特"起来，学校自 2005 年搬入新校区起重点打造以学校科技馆为核心的科普教育基地。经过多年建设发展，科技馆现建筑面积达 1.3 万平方米，设备总投资 600 多万元，内设生态馆、古生物馆、理化生实验室、学科拓展创新实验室、机器人实验室、电子阅览室、天文台、互动科技展厅和校史展室等。学校陆续建设了理化生数字化实验室、数字化地理教室、通用技术教室、科技活动室、录播教室等科技专用教室。2012 年，学校建设特色实验室和专业教室 8 间，包括汽车教学模型、模拟驾驶室、航模实验室、通用技术操作室、机器人实验室和 3D 打印实验室，进一步完善了科技教学设施的配置，满足了学生科技课程学习的需要。

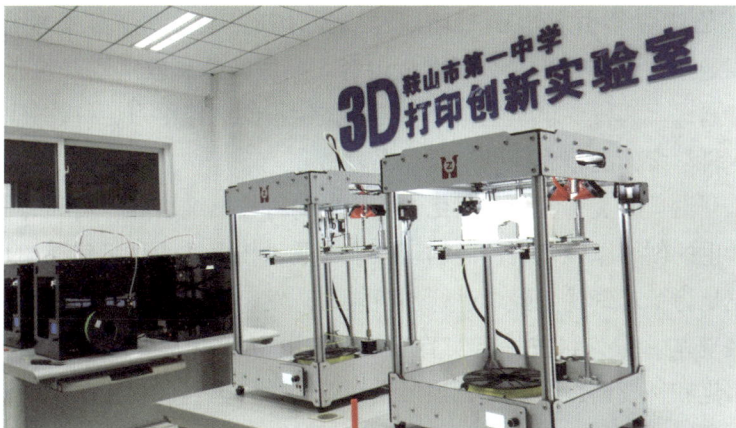

3D 打印实验室

学校科技馆除供全校师生参观和实习实践外，还接待了烈士山小学和高新区实验学校等中小学生来校参观和考察，收到了很好的教育效果和社会效应，充分发挥了鞍山市第一中学科普教育的示范辐射作用，被鞍山市科协命名为"科普教育示范基地"和"城市学校少年宫"。

（2）校外科普基地初成网络。为了有效整合利用地域优势和社会资源，走科技教育联动道路，学校注重与高校、科研院所、社区和高新企业建立友好合作关系，开辟可供学生参观、考察、调查和实践研究的校外科普教育基地。如辽宁科技大学工程技术中心等科技创新实验基地；驻鞍空一师、机械化师、导弹团等军事科技知识实践基地；海城市析木镇、九龙川自然保护区等农业实践基地；鞍山钢铁集团、鞍钢博物馆等工业科技教育基地。校外科普教育基地的建设，开阔了学生的视野，拓展了学生的活动场所，丰富了科技教育的形式。

2. 抓课程体系建设，让科技教育落到实处

学校办学特色的凸显，需要与之相适应的课程的设置。学校大力开发科技校本课程，完善以校为本的凸显科技教育特色的课程体系。

（1）开发科技类校本课程，引导学生自主选修。学校科技特色的凸显，除了学科课程教学的融合外，鞍山市第一中学还开发了两批次科技类校本选修课程。内容涵盖自然科学、社会科学、学科拓展、人文艺术、职业技能五大类40余门专业课程，第一次开发包括"中学生天文""动感数学""现代生物技术""用几何画板学物理""文献信息检索"和"网页制作"等。2016年进行第二次校本课程开发，包括"神奇的原子核世界""生命科学初探""生活中的化学材料""汽车模拟驾驶""微电影制作""航模制作"和"看电影学英语"等。尤其是2017年引入"3D打印课程"和2018年首创"人工智能课程"教学。学校通过网络选课平台公示课程内容、授课教师、教室地点和选修人数，学生自主选课。学校要求学生全部参与科技课程的选修学习，科技类课程的开设为学生科学素养的培养提供了课程保障。

（2）开设学科奥赛课程，强化资优学生的科技思维培养。奥赛能够有效促进资优学生的创新思维发展，而创新思维正是科技思维的高级呈现。开设奥赛课程，正是为了对资优生提早进行创新能力开发，激发其科研创新兴趣，为其长远发展奠基。作为科技特色实验学校，鞍山市第一中学2017年专门成立学科奥林匹克和科技创新办公室，顶层设计五大学科奥赛课程体系，选派优秀教师参与奥赛培训，选拔优秀学生组建学科奥赛兴趣小组。通过学科奥赛的学

习，学生的科技思维和创新意识得到了极大的提升，一大批学生通过奥赛成绩和奥赛的训练升入海内外名校，实现了资优学生的超常培养、优质培养，使鞍山市第一中学科技教育屡创佳绩，科技特色日益彰显。

（3）设计创新实验班课程，实现科技思维的高端培养。组建科技创新实验班，是学校对资优学生进行集中培养的积极尝试。针对科技创新实验班，学校从管理融合、师资融合和课程融合三个方面进行顶层设计，设计了丰富多彩的体现科技特色的课程体系。创新班课程具体包括学科基础课程、专业必修课程、通识必修课程、限定选修课程和综合实践课程五大类。学科基础课程指语文、数学、英语、物理、化学、生物、政治、历史、地理九科课程，课程目的是要求通过课程开设完成初高中课程的有效过渡衔接。专业必修课程包括科技类课程和实验类课程。科技类课程包括创客、单片机、编程、创造力培养等；实验类课程包括理化学科实验、科技实验、学科研究性学习等课程。通识必修课程包括外语、中文的阅读与写作、听力与演讲、文学史、古诗文、历史、思政、国学、戏剧、文学欣赏、音乐欣赏、学法指导等人文类课程和政史哲类微型课程、讲座等。限定选修课程指数学、物理、化学、生物、信息五大学科竞赛，创新班同学每人选择一门学科竞赛课程进行深入学习。综合实践课程包括研学旅行、生涯规划、模联等社团在内的实践类课程，立足于让学生走出去，感悟社会与生活。截至现在，创新班已入校两届，从培养效果来看，学生潜质得到充分挖掘，考试成绩、奥赛成绩、综合素养等均明显优于其他班级同学。

（4）开发MOOC（慕课），推动学生开展在线学习。2015年鞍山市第一中学选择开源软件自主搭建"鞍山市第一中学慕课平台"上线运行，目前注册教师12人，开发免费课程18门。其中语文组、化学组开设了大学先修系列课程"中国古代文学"和"大学初级化学"，线上提供在线视频课程、阶段作业和学业结业论文，学生可以根据时间自由安排学习计划，在规定时间完成课程学习并提交作品接受教师考评。信息技术组针对学业水平考试开设"信息技术基础""多媒体技术""数据库管理"三门慕课，教师结合考纲和备考进程录制大量知识点微课和应用软件操作示范视频供学生自主学习，深受欢迎，慕课平台自适应移动设备浏览使用，方便学生自定义自主复习和课后巩固。

3. 抓师资培养，为特色创建提供师资保障

（1）建立职责清晰的科技教育管理团队。学校校长亲自负责学校科技教育工作，以高远的站位引领并发展学校的科技教育特色。学校建立科技教育领导

管理网络，领导小组成员明确职责和目标，办公室、课程教学科、学生发展指导科、团委、教育科研室、信息中心、后勤保障科等各部门制订计划分工协作，保证科技教育在鞍山市第一中学顺利开展，带动学校科技教育工作整体上层次。学校先后被评为全国科技创新优秀学校、辽宁省科技教育示范学校、鞍山市科普教育示范基地，并出版30万字专著《启航——鞍山市第一中学创新人才培养的实践与探索》，在全省推广。

（2）打造高素质专业化的科技教育教师团队。科技教育办学特色与专业化科技教育师资力量息息相关。学校实施"名师工程"，组建"骨干教师合作研修室"和"青蓝工作室"，采用"分层培养"和"分步实施"相结合的策略，鼓励学科教师每人至少能开设一门选修课，至少能参与一项课外活动或研究性学习的辅导，积极参与学科竞赛、科技比赛、机器人小组、科技兴趣小组、创造发明小组的辅导，鼓励教师参与科技类校本教材的编写，参与科技教育实施与学校特色创建相关课题的研究。同时聘请国内外专家学者来校为教师做学术报告，并与从事科技创新教育工作的教师结成帮教对子，以有效提高教师的科技素养和科技教育专业化水平，全力造就一支会研究、有特色、高素质的科技教育骨干教师队伍。

（3）建立稳定的科技教育校外科技辅导员团队。作为省内名校和科技教育示范学校，学校与清华大学等40余所国内知名大学签署"优质生源基地"，每年联络和邀请一批教授和专家定期到校开展科技专题讲座和科技辅导活动，如西北大学教授讲授的"航空发动机原理"、西北农林科大教授讲授的"显微镜下的微妙的生物世界"；先后邀请中国科学院院士周炳琨、水立方设计者之一白智平、神舟飞船副总设计师胡军、航天测控系统总师孙翔等优秀校友和蛟龙号设计者刘开周等科技专家到校为学生作励志报告和科技讲座；省市科协组织科技进校园活动，邀请到全国科普专家孙心若老师、傅前哨教授以及省内优秀科技教育名师龚鹏到校开设科普讲座；学校还邀请市青少年机器人协会王宝钢秘书长、宏源自动化公司顾问王春岩教授、鞍山汇智公司刘文智经理等科技行业精英为鞍山市第一中学客座教师，邀请他们来校为师生做科技成果转化与产品生产的报告。因此，学校科技工作不是局限于学校层面，而是把视角打开，使师生能放眼社会，进而提高科技教育活动的层次。

4. 抓环境建设，营造良好科技教育氛围

（1）积极取得教育行政部门的有力支持。鞍山市教育局鼓励全市高中学校办出特色，办好特色学校，打造特色品牌，并将特色学校建设与发展纳入全市教育工作规划和年度计划工作中，印发了《鞍山市推进普通高中特色学校建设工作意见》，同时在发展特色学校方面提供方向引领、政策支持、发展资金、教学设备方面的保障。

（2）完善学校科技教育考核评价奖励机制。科技教育特色的建立离不开与之匹配的制度措施，更离不开强有力的领导与管理。为确保科技创新教育和学生科技创新活动健康有序地深入开展，学校实行科技教育层级化管理。领导层面，学校成立科技创新教育指导小组，校长任组长，直接指挥学校科技创新教育工作；组织层面，在全市率先成立奥林匹克和科技创新办公室、教育科研室和科技创新教研室，分部门、分组负责科技教育具体工作；实施层面，教师全员参与，负责科技教学活动的具体实施。同时，学校制定了科技教育管理制度和绩效奖励制度。设立科技教育专项发展资金，制定学科竞赛奖励制度和科技竞赛教师励制度等。另外将教师科技教育成果纳入教师职称评优赋分方案中，加强学校科技教育持续规范发展。

（3）加强经费投入和硬件建设，优化科技教育环境设施。2012年投资200万配备班班通交互式电子白板；2014年投资200万特色建设专项资金建设理化生数字化实验室、数字化地理教室、通用技术教室、科技活动室、录播教室等科技专用教室；2016年投资20万开发科技校本课程；2017年投资170万建设慧校园软硬件一体化平台和桌面云微机室推进学校特色环境建设；2018年市

VR教室

教育局继续投资125万建设新高考"选科走班"信息化管理平台和无线网络,同时投入大量资金保障特色教师的访学培训交流活动,以及"校园科技节"等特色活动的开展,并对创新人才培养卓越教师进行奖励,充足的资金投入为学校科技教育的深入开展和提升提供了强有力支撑。

(4)以课题研究促进特色发展,推动科技教育高位发展。学校积极组织开展科技课题研究,以教育科研引领学校特色发展,以课题研究引领学校特色纵深发展,促进学校科技教育更上一层楼。六年来,学校共承担了"新高考智慧校园支撑下的走班教学管理模式研究""基于STEM教育的普通高中技术课程体系设计与构建研究""信息技术环境下的校园文化建设研究""基于云服务的数字化校园建设与应用研究""基于MOOC慕课网络平台的学生自主学习方式研究""基于Moodle平台的高中语文创新阅读教学研究"等国家省市级课题10余项,力求从理论的角度来审视学校特色创建的出发点、立足点,从实践探索的角度来优化学校的课程改革、资源整合和环境建设。以此探索科技教育特色创建的新规律、寻找新方法、总结新经验,保证学校科技教育工作向系统化、标准化、课程化发展。

5. 抓交流合作,开阔视野创生智慧

特色创建需要加强校际、学校与社区、友好学校间的交流与合作,以开阔的视野创建特色,提升特色创建的高度。

一方面大力加强协作体兄弟学校之间的交流与合作。研究"基于核心素养培育的课堂教学模式""新高考改革下的选科走班教学管理"和"生本建设的思考与实践",举办"科技教育特色课堂"教学研讨活动,提升课堂教学效率和学生学习效果,助力学生成人成才。另一方面积极参加国家和省际层面的高峰论坛。通过研讨、学习新课程、新高考、学生培养和特色创建的经验,不断丰富学校科技教育创建的实践探索和发展内涵,同时通过举办一年一度的鞍山市第一中学教育教学开放周活动,与省内外同行交流分享学校科技教育建设成果,互相学习,共同成长。

三、坚持科技教育,特色鲜明成绩显著

自2012年起,学校明确坚持以科技教育特色强校,校园科技氛围浓厚,科技教育理念深入人心,科技教育特色活动闻名省内外,取得了优异成绩和丰

硕成果。

（一）学校的科技教育特色日益彰显，影响不断扩大

学校科技教育办学经验得到同行肯定。在全国重点中学协作体和东北三省十二校科研协作体会议上，作了题为"打造科技教育特色，推进课堂教学改革"的主题发言；在鞍山市校长培训班上，作了题为"展科技教育特色，育未来创新人才"的专题报告，均受到一致好评。在2017年辽宁省高考改革培训大会鞍山市第一中学所作"基于新高考的智慧校园走班选课教学管理模式"、在辽宁省学生发展高峰论坛上鞍山市第一中学所作"新高考背景下的学生生涯规划教育"、在辽宁省信息技术教育年会上鞍山市第一中学所作"从 Moodle 到慕课的网络教学应用"等发言获得广泛好评。同时，鞍山市第一中学科技教育成果还在《中国信息化周报》《辽宁教研》《鞍山教育》《鞍山日报》等刊物上进行了发表和报道，学校学科奥林匹克竞赛教练和科技创新大赛教练等一批科技骨干教师获得省市级荣誉表彰，受到社会各界和学生家长的一致赞誉。学校先后被评为全国科技创新学校、全国教育信息化试点学校、辽宁省科技创新学校、辽宁省科技教育特色实验学校、辽宁省数字化建设典型校、辽宁省校园文化建设品牌学校、辽宁省物理教学实践基地和鞍山市科技创新人才基地。

（二）学校的科技教育成效日益显著，成果不断涌现

学校涌现出一批校园科技之星，先后有306余名优秀学子凭借科技方面的优异成绩升入名校就读，其中吕廷博同学夺得物理奥赛亚洲金牌，校机器人小组夺得 RoboCup 机器人世界杯赛金奖。在全国物理、数学和生物竞赛中，鞍山市第一中学共获得全国金牌5块、银牌19块、铜牌14块，95人获得省一等奖；在全国青少年科技创新大赛中，鞍山市第一中学获得全国银奖4人，铜奖8人，省一等奖73人、省二等奖36人，省三等奖32人，市级奖260余人，大学专项奖17人，专利发明奖项百余人；机器人比赛9人获得国际奖项，获得全国亚军4人，季军4人，全国一等奖12人，全国二、三等奖7人，省一等奖12人，二等奖20余人；登峰杯比赛8人获得全国一等奖，4人获得全国二等奖，9人获得全国三等奖，15人获得省级奖项；在电脑作品制作、航模、创客、探月、网络安全等科技类比赛中，2人获得全国奖项，6人获得省一等奖；每年有20余名学生获得实用新型专利证书；在自制教（玩）具比赛中，5人获得省一等奖，7人获得省二等奖，68人获得市级奖项。学校每年10月举行盛大的校园科

技节活动，18项科技主题竞赛活动吸引近千名师生积极参加。

成绩属于过去，奋斗赢得未来。面对已经开始的新高考改革和新课程改革，在新的历史方位上，鞍山市第一中学将以科技教育特色作为新的起点，继续坚持"以学生发展为本，为学生可持续发展和终身幸福奠定基础，努力把学生培养成为未来具有本土情怀和国际视野的拔尖创新人才"的办学观念和育人目标，坚持推进"一核、二化、四融合、五重点"的科技教育发展策略，大力加强学校优质、特色、内涵建设，全面提升办学品质，让科技教育深入人心，实现"学校发展有特色、教师教学有特点、学生发展有特长"，真正让学生获得充分全面发展和最优特长发展，努力把学校建设成为"素质教育"的示范校、"科技育人"的特色校、"内涵发展"的样板校。

第六节　以学术成长为核心的教师专业成长

教师是新课程改革理念的直接应用者，是新型学生发展的重要引导者。新一轮课程改革要取得成功，关键是教师的角色必须转换，教师的教学观念、教学方式必须有根本性的改变。而教师角色的重新建构的支持源泉就是教师的专业发展。

2012年以来，由于信息技术的发展，学生获取知识的途径大大拓展，学生的学习方式也由以往较为单一的模式变得多样，因此教师在专业技能方面也要有多方面改变，如教育理念、教育方式、专业知识储备、综合知识储备、师生关系认知等。在多年的教育教学经历中，鞍山市第一中学教师基本具有了成熟的价值认知、丰富的教育教学经验和丰厚的专业知识，但是，面对新的教育环境，对于如何能够适应新的教育需求鞍山市第一中学有了进一步思考，明确要以学术成长作为教师专业成长的核心任务。

一、推动教师团队高层次专业发展

发展目标：创建具有鞍山市第一中学特色的教师专业发展和科研发展培养机制，营造自主、合作、开放、互动的学校学术氛围、文化氛围和教研氛围；依据学校"十四五"阶段研究型卓越高中的发展目标，在教师专业发展方面要使教师分梯队、明专长，逐步成长为学术型教师。

作为学术型教师，要做到教育理念先进、教学能力高超、学术能力强劲。学科教学领域中，体现在课程开发、教学实施、课程评价和学科知识等方面；班主任工作中，体现在学生心理分析、班级常规管理、活动规划设计、家校沟通等方面。

分梯队，是指根据教师工作年限，明确不同发展阶段教师的成长目标。具体为教龄1～5年教师为学习型教师，教龄6～10年教师为反思型教师，教龄11～20年教师为研究型教师，教龄20年以上教师为专家型教师。

明专长，是指教师在经历学习型教师和反思型教师阶段之后，可以根据本人的工作特长，选择学科教学或班主任作为自己下一阶段的主要研究路径，鼓励成为双路径研究型教师、专家型教师，也认可成长为单一路径的研究型教师、专家型教师。

1. 明确各阶段教师发展目标

学习型教师，入职一年内的教师，发展目标是学科教学方面，学会分析教材，初步了解学生，初步掌握科学的教学方法和有效的教学技能；入职2～5年的教师，发展目标是能够系统把握学科知识体系，深入了解学生身心规律，全面掌握科学的教育方法和教学技能。

反思型教师，发展目标是能够科学地分析和优化组合学科知识体系，能够动态地理解学生身心特点，能够熟练地运用科学的教育方法和教学技能。

研究型教师，发展目标是教学方面，能够以教学实践为基础，以教学研究为手段，最终达至教学学术的成长，初步形成教学风格，学术成果初步显现；班主任工作方面，能够以教育实践为基础，以教育研究为手段，最终达至教育管理学术的成长，初步形成管理风格，学术成果初步显现。

专家型教师，发展目标是开展教育教学研究，通过总结反思教育教学经验、思想和风格，努力使之系统化，在研究领域形成优秀成果，对学校教育教学理念传承起到积极作用，在地区形成一定教育影响力。

2. 明确各阶段教师评价标准

对全体教师在常规教学、班主任工作、校本培训、课例（班会）展示、科研论文、课题立项等六方面确定评价标准。

评价方向	常规教学	班主任工作	校本培训	课例（班会）展示	科研论文	课题立项
学习型教师	掌握规范 练习技能 独立工作	掌握规范 练习技能 独立工作	岗前培训 岗上培训 区域交流	新教师汇报课 新教师基本功大赛 校内班会展示	学习积累 形成问题意识，尝试撰写论文	了解课题研究
反思型教师	突出重点 稳定成熟	初具风格 稳定成熟	校本培训 跨区域交流	展示课	掌握研究方法，在校刊、《鞍山教育》发表论文	参与课题研究
研究型教师	问题意识 理论学习 持续研究	问题意识 理论学习 持续研究	学术培训 跨区域交流	研究课	在省级期刊发表论文	主持市级课题
专家型教师	批判思维 理论阐述 自我总结	批判思维 理论阐述 自我总结	学术培训 引领示范	精品示范课	核心期刊发表论文 出版专著	主持省级课题，参与或主持国家级课题

3. 形成分层次校本教研

根据学术型教师的定位和学校教师专业发展的阶段划分，制定包括常规性教研、提高性教研、引领性教研的三层次教研管理思想，以追求教研工作的品质、深度以及影响度的提升。

常规性教研包括保证常规教学顺利开展和坚持教师队伍培养的常规机制运行两个目标，即立足于学校学科教学常规工作开展的教研活动，既包括备课研究、各级课程及教材的研讨，也包括学校每学期规定的各级教学研究活动。

提高性教研立足于地方学科发展平台，通过系统教研活动的设计、发展学科的内涵、形成学科的特色，以提高教师教学水平的一种教研形式。提高性教研目标：一是通过教研活动设计与开展提高学科在全省全市的影响，丰富学科的内涵；二是锤炼教师队伍，提高教师专业发展水平。提高性教研中，教学过程、自我反思及教学改进是研究活动的主体模式，文本性教学设计、教学叙事或研究论文是教研活动的主要成果。

引领性教研也可称为专题性教研，旨在通过对部分能够引发教学创造的专题研究，或设计体现学校发展需求的主题教研活动引领学科发展，甚至对全省乃至全国的教研活动起示范作用，引发同行的思考与互动研究。引领性教研目标：一是教研活动的设计一定是为了突破在教学经历中遇到的难点和关键性问题；二是能够促进学校、学科和教师在教学领域的创新性思考，开创教学研究的新局面。

4. 进一步构建有利于教师专业化发展培训体系

对学习型教师和反思型教师，采取集中培训形式，提供更多观摩名师、听取专家报告的机会。依托青蓝工作室开展关于教学、教育、信息等方面的教育教学基本技能培训，组织新教师汇报课、青年教师教学基本功大赛等活动。

对研究型教师，在培训的内容与方式上注重教师个体的学科性和差异性，实行分类培训，创造进入高校进行理论学习的机会，促进学术研究能力的提升。

对专家型教师，以"名师工作室"为核心，注重理论研修、经验提炼，形成更多具有专业影响力的研究成果，并能把成果应用于实践，帮带有为的青年教师。

5. 进一步搭建有利于教师专业化发展的交流平台

对于学习型教师和反思型教师，主要依托青蓝工作室，进一步落实青蓝工作室管理制度，引导青年教师加强业务知识和技能的学习，通过师徒结对、工作室培训、交流研讨、比赛演练等活动促进教师达成发展目标。

对于研究型教师，主要依托课题组形成研究团队，促进研究型教师能够突出重点研究问题，以问题为纽带形成专业发展共同体，相互促进，以论文撰写、课例研究、案例研究、课题研究等形式促进教师达成发展目标。

对于专家型教师，主要依托名师工作室，进一步落实名师工作室管理制度，为专家型教师发展争取资金支持、交流机会，促进研究成果推广。

二、完善培训机制，为教师专业发展奠基

所谓教师的培训机制，就是有关教师进修提高的制度以及它们之间相互关系的运行方式。对教师的培训通常是指由于社会和学科知识等方面的发展，现任教师应该进一步接受有关学科知识更新、业务素质提高等方面的再教育，不

断"充电"，以更好地胜任教学工作。"需要不断地学习进修"是专业化的重要指标之一。

就学校的教师专业发展而言，必须充分考虑与校本科研的有效结合。"校本教研"不仅仅是一种认识、研究方法和实践活动，更是学校和教师存在的基本方式和特征，是一种"唤醒"、一种"体验"，是一种"视界融合"和"对话文化"。它必须来源于学校内需，在学校中切实开展，其一切行为和可以预期的结果都是为了学校和教师的切身发展。

为了让全体教师能够对"校本科研"有更加真切地认识，打破教师心中已存的科研神秘论，鞍山市第一中学主要通过专家引领、同伴互助和校本研修等方式，组织全体教师进行培训和学习。

1. 专家引领

专家引领主要是指各层次的专业研究人员的介入。就其形式而言，主要有学术专题报告、理论学习辅导讲座、通识与专题培训、教学现场指导以及教学专业咨询（座谈）等，每一种形式都有其特定的功用，有助于达到特定目的。从某种意义而言，起步阶段的专业引领更为重要。因为校本教研下的教师专业发展更是在一定理论指导下的实践性研究，缺少先进理念的引领，就可能困于经验总结水平上的反复，甚至导致形式化、平庸化。

魏书生专题报告会

几年来，学校分别从北师大、华东师大、东北师大等强势师范院校邀请来相关的专家和学者，通过专题报告、座谈等形式，引领广大教师的思想认识。

他们的报告，高屋建瓴地指出目前教育中存在的问题，并建设性地给出解决手段和途径，使全校教师充分认识到了自己角色和观念转变的必然性和迫切性，引发了全校教师的读书潮。

校领导也充分利用学期初等相对充裕的时间，组织全校教师学习，这种培训不但注重从理论层面精心培训，更注重结合自己外出学习的经验和体会开展时事宣讲，从而使更多的教师逐渐认识和接受教师专业发展的概念和相关理念。

2. 同伴互助

同伴互助是指科研室和教务科每学期都针对教师已有的校本科研和教师专业发展的认识有意识、有目的地下发学习材料。针对核心问题，教研组组织教师学习研讨，充分发挥集体的智慧，相互促进，共同提高。围绕教师业务素质提升这个核心，学校先后印发了《如何认识校本科研》《校本科研和课堂教学的关系》《一堂好课的标准》《如何写课后反思》《如何围绕教学开展教学叙事》《教师专业化发展与教师自我评价》《教学反思与教师专业发展》等相关学习材料，利用每周的教研活动时间，由教研组长带领全组教师学习讨论。学校领导也按照事先安排下到各教研组。

在研讨中，学校还充分开发出沙龙的活动形式。教育教学沙龙共分三个板块，分别是教学沙龙、教育沙龙、学生沙龙，由教务科、科研室、政教科、团委分别牵头组织。活动中，先后设定了"如何提高课堂效率""体验式德育""我心目中的好老师"等主题，教育沙龙还特别安排了典型班会。活动不仅引起了全校教师的重视，还吸引了市教育局、进修学院和其他兄弟学校极大关注。

2019 年，刘羽佳、王赫男、魏新、刘洋老师分享读书心得

3. 校本研修

"校本研修"强调教师的自我发展，但这并不意味着就一定是个人单纯行为，更不能成为一种形式，它最终的落脚点必须是具体的行动。这是教师专业发展的重心之所在。

鞍山市第一中学依据学校和教师实际，重点开展了一系列活动。

（1）针对新教师，开展系列培训。鞍山市第一中学的新教师是指3年教龄以下的年轻教师。培训按照三个系列同时展开，共30多项内容。

组织教龄不满1年的教师进行常规教学系列培训。内容包括：如何备课、板书的艺术、如何确立教学目标、导语设计的艺术、提问的艺术、教学的八大原则、（概念课）习题课处理技巧、教学语言的选择与运用（如何纯粹自己的教学语言）、课堂交流的艺术、驾驭课堂的艺术、如何确立自己的教学风格、如何做一名受学生欢迎的优秀的中学教师等。

组织教龄1~2年的教师进行常规教育系列和信息技术系列培训。内容包括：如何管理班级日常事物，如何组建使用班级干部队伍，如何同学优生，学困生交流，如何处理突发事件，如何与家长打交道，如何协调班级内外各种关系，如何充分发挥班集体的作用，如何处理学校规定与班级个性的关系，如何做一名学生喜欢的优秀的班主任，如何进行Flash制作，如何开展信息技术与课程整合等。

组织教龄3年的教师进行教学理念和教学改革系列培训。内容包括：一堂

新教师拜师仪式

好课的标准、课堂结构研究、如何提高教学效率、如何命题、如何培养和提升自己的教学理念、学习策略研究、如何作好教育科研、如何进行校本科研、素质教育与创新教育、名师成长之路等。

（2）针对骨干教师，开展多种形式的培训。骨干教师是学校教育教学工作的主力军和中坚力量，也是名师的后备人才。抓好骨干教师，是开展教师培训的重中之重。学校的骨干教师培训主要围绕教学和科研两方面深入开展。

教学方面，学校给骨干教师提供经常性的课堂展示舞台。每学年学校都会组织一定形式的观摩课，给骨干教师提供舞台，让骨干教师就此展开自评与互评。在实战中打磨骨干教师的"战斗力"。

总之，在新课程改革背景下，学校更加明确校本培训不仅是新课改的迫切要求，也是教师自身发展的需要。但要注意的是"教""研"并重，教师培训工作力求"研、教、发展"三位一体。"研"的前提是自己明白，才能传授得入神入境，立足于课堂，立足于学校的现实，立足于教师的本身。要根据自己在教学中、课堂上所遇到的问题来进行研究，找出解决问题的办法，并在不断的实践中一步一步地使其完善，并把研究成果应用到课堂教学中去，这才是校本科研的实效性价值所在。在此基础上促成的教师专业发展，才能更有生命力。

三、以课题研究为载体，引领教师学术成长

教育要发展，科研要先行。教育科研在教育发展中具有前瞻性和先导性的特点，是学校教育的制高点。从学校发展角度，教育科研水平的高低是衡量一所学校发展进程的重要标准。对于追求卓越的鞍山市第一中学而言，围绕课堂教学开展有效的教育科研活动，营造良好的研究氛围，构建科学的科研工作体系，对于教师的学术成长有着至关重要的作用。

发展目标：十四五期间，鞍山市第一中学力争以国家教育改革方向为引导，立足校本实际问题，以有效的教育科研方式，带动教师共同探索新知识、新理念、新思想，实践新技能、新方法、新手段，助力学校发展。

1. 加强教育科研管理

将科研管理作为学校的一项重要工作，构建出清晰的科研管理思路，使学校科研管理工作做到"目标明确，团结协作，责任到人，共同发展"。

其中，目标明确是指教师需要对自己日常工作的表现进行反思，反馈教育

教学中存在的问题，为选择教学课题提供依据；学校领导结合现阶段的实际发展情况和对学校发展的前瞻性思考，合理地确定课题方向，筛选出符合学校发展的特色化课题；同时，加大对人力、物力的整理和分析，提升课题研究效果及研究质量。

在课题研究中，融入网络化管理模式，提升学校管理工作效果及管理质量。将学校大课题分成二层级管理。其中，主管校长作为一级管理责任人主持学校大课题，科研主任负责与子课题负责人沟通协调，归纳总结；子课题主持人作为二级管理责任人，将学校大课题分解为小课题，立足校本真实问题开展细化的、具体的研究。各岗位明确自身的责任，做好工作分工，为学校的发展贡献力量。

2. 落实科研保障机制

对应教师发展阶段中科研能力考查标准，对教师进行合格性评价和奖励性评价，纳入教师工作评价、职称评聘以及专业技能评优，依据学校实际情况适当加以奖励。

课题组在开展研究过程中，学校领导随时督促、定期听取汇报，对课题组开展研究所切实需要的设备、学习机会等，经学校领导论证、依据学校实际情况，积极予以支持。

3. 优化师资队伍建设

以培养学术型教师为目标，为学习型教师、反思型教师、研究型教师、专家型教师引领各阶段发展方向，明确发展要求，加强发展监管。

其中，在具体要求中，体现对校本问题的始终关注、科研能力的逐级提升：从学习积累到形成问题意识、尝试撰写论文，再到掌握论文研究方法；论文发表层级由校刊到地区刊物再到省级以上刊物；课题研究由参与到主持，由市级到省级以上课题。

总之，通过细化对不同阶段教师的发展要求，提升教师的业务能力和学术研究能力，通过各层级的教育教学研究，进而促进教师的学术成长。

第七节 最美校园：打造全环境育人生态圈

一、打造校园的硬件环境，为立德树人提供物质基础

生活的质量影响教育的质量和成长的质量。更加安全、有温度、有品质的校园环境时时处处提升着学生的幸福感，促进学生身心健康的发展，同时是对于学生最直接的健康生活、安全责任的示范教育。

1. 通过校园环境安全性的提升保障学生健康发展

校园环境安全是学生健康成长的重要保障。不断关注和提升学校环境安全，以确保学生在学习和生活中得到最好的保障。

（1）保证运动安全的措施和教育。注重体育设施的安全性。操场跑道、足球场草坪和看台都是学生进行体育锻炼和课外活动的重要场所，校园环境建设要确保这些设施经过严格检验和维护。定期进行操场和草坪的修剪和清理，确保表面平整、无障碍物和安全标识清晰，对于看台，采用固定座位和防滑措施，确保观众的安全。

2022年，足球场人造草坪完成翻新

注重体育设施的更新和改进。随着科技的发展和体育设施的升级，不断引进新型、更安全、更舒适的体育设施，以满足学生的需求。例如，引进了新型的人造草皮，以提供更平整、更安全的足球场地，还对运动场地的灯光、声响等设施进行升级和改造，为学生的体育锻炼和比赛提供更好的环境和设备。

（2）保证交通安全的措施和教育。采取交通安全措施。学校门口设有专门的人车分流区域，为学生和家长提供安全通道。我们还为学生配备安全帽和警示服，提醒过往车辆注意行人，保证学生安全地穿越马路。此外，我们也积极倡导学生使用校园公共交通工具，降低交通事故的风险。

建立校园交通安全联合执法机制，积极与当地交警部门合作，对违法行为进行及时处置。同时，在学校周围设置交通标志和警示牌，提醒司机注意减速慢行，确保行车安全。通过这些措施，我们有效地提高了学生的交通安全意识，减少了交通事故的发生率，为学生的安全出行保驾护航。

（3）保证食品安全的措施和教育。学校食堂实行"菜单制"，菜单经专业管理师审核、批准后方可供应。同时，我们还定期组织食品安全培训，确保学校食堂的工作人员具备安全、卫生的食品加工知识和操作技能。此外，我们严格执行食品采购流程，对所有采购的食品进行检验和质量监控，确保学生们食用的食品健康安全。我们也在学校餐厅内设置了食品安全宣传牌，提醒学生注意食品安全问题，同时定期开展食品安全教育活动，提高学生和家长的食品安全意识。通过这些措施，我们大大提高了学生的食品安全保障水平，使他们更加注重食堂的食品安全和营养健康。加强了对食品烹饪和营养搭配的管理，确保学生能够获得充足和均衡的营养。

2. 通过校园环境舒适性的提升保障学生健康发展

第一，通过在教室内安装风扇，在礼堂安装空调，增添墙体保温层等措施来保证学生的舒适度和健康发展。

第二，安装直饮水设施。在学校内设置了直饮机，提供干净、卫生、安全的饮用水。对直饮机进行定期的检查和维护，确保其水质的安全和健康。

第三，注重宿舍环境的舒适性。宿舍是学生学习和休息的重要场所，为了保证学生的健康和安全，对宿舍进行全面的装修和设施更新。安装了热水器等必要设施，并加强了对卫生和消毒的管理。

第四，注重学校基础设施的维护和升级。学校基础设施的安全和稳定是保障学生健康发展的重要前提。如增加校园照明设施、改善校园网络环境等，提高学生的学习和生活质量。

第五，推广节能环保理念：通过开展节能环保宣传教育活动，提高学生的环保意识，促进节约能源，减少能源消耗。

二、打造校园的软件环境为立德树人注入人文内涵

美丽的校园是立德树人的重要载体。通过打造高质量的美丽校园，创设绿色的自然之美、整洁的文明之美和艺术的人文之美的有机结合的校园环境，以达到高层次的育人效果。

校训长廊（一）

1. 打造绿色校园，用自然之美育人

打造美丽校园，让学生在绿色、清新、舒适的环境中学习和生活。在这个过程中，我们注重利用自然之美育人。

第一，充分利用了楼间空间，建设了主楼前、教学楼中间等多个"口袋广场"，这些"口袋广场"将迷你空间与高度利用率相结合，将功能设计与美学设计相结合，将公共设施属性与不同具体需求相结合，置身其中，绿植鲜花高低掩映、流水喷泉活力灵动、文化长廊静谧优美，给师生紧张的教学生活提供

了一种沉浸式、交互式的放松身心和交往互动的空间。

第二，注重校园绿化。大力推广绿植种植，并在校园内各处种植各种树木和花卉，打造出一个生机勃勃的绿色校园。在校园内划分出绿化带和休闲区，让学生在学习之余可以享受到大自然的美好。

第三，注重废弃物的处理。鼓励学生和员工实行垃圾分类，将废纸、塑料制品等可回收物品进行回收，将生活垃圾进行妥善处理。同时，注重垃圾分类知识的宣传和教育，提高全校师生的环保意识。

第四，注重节约能源。采用LED节能灯具，并设置定时开关，节约能源，降低环境污染。在校园内设置太阳能光伏发电设备，利用太阳能发电，减少能源消耗。

第五，注重生态文明建设。定期组织师生参加志愿活动，如植树造林、环境保护等，提高学生的环保意识和责任感，让学生们养成爱护环境的习惯。

打造美丽校园，让学生在这里能够感受到自然之美，增强环保意识，培养环保习惯，实现可持续发展。

2. 打造文明校园，用人文精神育人

建设美丽校园不仅仅是美化校园环境，更重要的是打造一种良好的校园文化氛围，用人文精神育人。

百年一中雕塑

第一，在规划和设计阶段，注重文化元素的融入。深入了解学校历史和文化背景，将其体现在建筑和雕塑设计中，使得学校的文化内涵得到展示和传承。新生入校等重要契机，组织学生参观和学习校园内的建筑和雕塑，通过亲身体验和讲解，让学生了解其文化内涵和价值。同时，在校园文化节和各种活动中，也会将这些建筑和雕塑作为重要的文化元素和背景，让学生在活动中感受到学校文化的独特魅力。

第二，树立文明校园的理念，积极营造文明的校园氛围。在校园中设置了文明倡议牌和校规校纪的宣传标语，通过不断的宣传教育，让学生们懂得自律和守法的重要性，自觉维护校园秩序。同时，加强对学生的监督和管理，鼓励学生自觉遵守校规校纪，树立起文明、规矩、守纪的意识。

第三，注重营造人文关怀的校园氛围，让学生在学习和生活中感受到温暖和关怀。通过开展志愿服务、走访慰问等活动，积极关心学生的身心健康，引导他们树立正确的人生观、价值观。还在校园内设置了阅读角、艺术展示区等文化设施，营造出浓厚的文化氛围，让学生在艺术和文学的熏陶下更好地成长。

建设美丽校园不仅仅是美化校园环境，更要注重营造一种良好的校园文化氛围，打造人文精神，让学生在这里感受到浓厚的文化氛围和人文关怀，真正做到用人文精神育人。

3. 打造艺术校园，用艺术作品育人

打造一个充满艺术氛围的校园，培养学生的审美力，激发学生的创造力。

第一，在校园中设立艺术角，提供绘画、书法、雕塑等艺术设施和器材，并举办各种艺术比赛和展览，鼓励师生参与艺术创作。注重艺术教育的培养，将艺术课程纳入课程体系中，让师生能够在日常教育中接触到各种艺术形式。

第二，展示学生的艺术作品。学校内设立了艺术长廊和艺术墙，在校庆、开学典礼，联欢会等校园活动中展示学生的书画、摄影等艺术作品，给学生创造机会展示才华，激发其创造力和自信心。

第三，注重在校园中营造艺术氛围。学校内设有钢琴室和音乐教室，供师生自由使用，教学楼大厅放置钢琴，学生可以在课间进行钢琴演奏、歌唱等活动。邀请各种艺术团体到校园中进行演出等，让学生接触到更多优秀的艺术作品和表演，丰富他们的文化生活和视野。

三、打造交互式的校园环境为立德树人提供精神气质

校园环境既是空间又是时间，校园环境应该既有历史的积淀又有现代前沿，既有独自探索的专注又有交流分享的碰撞，打造交互式的校园环境为学生提供更广阔空间和多发展的可能。

1. 展校史传校风

第一，建设校史馆展示学校历史的沿革和发展历程，呈现学校的文化积淀和办学理念。校史馆不仅展示了学校的过去，更重要的是让师生们深入了解学校的文化底蕴，感受学校的精神风貌。

第二，定期举办校史讲座，邀请学校资深教师、历史学家等人士讲述学校历史和发展，介绍学校创办背景、办学思路、校园文化等方面内容，让师生们更好地了解信任学校。

第三，举行优秀校友座谈会，邀请曾经在学校学习和工作过的优秀校友回到母校，分享他们的成长经历和所学所感。校友们通过自己的亲身经历，向学生展示学校的优秀校风和人才培养理念。让学生树立"今日我以学校为荣，明日学校以我为荣"的自信心和自豪感。

2. 品书香闻道义

努力为学校营造一个浓厚的文化氛围，让学生们在浸润书香中茁壮成长。其中，建设开放式阅读区是非常重要的一环。

第一，打造一些适合阅读的场所，提供安静、明亮、舒适的阅读场所。如图书馆里的阅览室和教学楼内半开放式阅读区，室外可供阅读的长廊、阅读角。

第二，丰富阅读资源。阅读区的书籍类型多样化，不仅有教科书、课外读物等学术类书籍，还有小说、诗歌等文学类书籍。此外，鼓励学生和教师们捐赠自己的书籍，为阅读区增添更多的书香味道。

第三，定期举办阅读活动。例如组织阅读分享会、读书会等，让学生和教师们分享自己的阅读体验和感受。邀请一些知名作家、学者来学校讲座、访谈等活动，营造浓厚的读书氛围。在这样一个书香气息浓郁的环境中，学生势必更加热爱阅读，愿意深入思考、探究，从而培养出更加全面的素质和人文精神。

3. 智慧场馆大舞台

打造智慧场馆大舞台，为学生提供更加全面、多元化的教学和发展空间。

第一，在室内运动场的建设中，为不同运动项目提供合适的场地和设施，如排球场、羽毛球场、舞蹈室等，并且配备专业的器材和保障措施，保证学生在运动中的安全和舒适。在室外运动场的建设中，注重为不同运动项目提供合适的场地和设施，如足球场、篮球场、网球场等，并且在场地的设计和施工上坚持环保、节能的理念，同时也考虑了运动场的观赏性和美观性，让学生在运动中享受到自然之美。

第二，注重为不同学科提供合适的实验室和设施，如物理实验室、化学实验室、生物实验室等，并且配备专业的实验器材和保障措施，保证科学性学生在实验中的安全。同时为学生提供机器人制作、模拟驾驶等高科技体验，让学生在科技馆中感受到科技的魅力和创新的精神。

第三，注重为不同艺术类学科提供合适的表演场地和设施，如音乐厅、剧场等，并且配备专业的音响和灯光设备，让学生在表演中有更好的发挥和展示空间。同时鼓励学生参与各类文艺比赛和演出活动，不断提升自己的艺术素养和才能。

第四，注重为不同学术交流提供先进的报告厅设施，包括电子屏幕、投影仪等，并且注重为学生提供多样化的使用场景和场次。服务各类学术报告、文艺演出、比赛晋级汇报等活动，与其他学校、企事业单位进行交流合作，开展多种形式的文化交流活动，使报告厅成为学生展示自己、提升综合素质的平台。我们还注重报告厅的设施维护和管理，加强保洁、设备维修等工作，确保学生在使用报告厅时有一个良好的环境和体验。通过这些措施，我们希望打造一个具有先进设备、丰富活动、高效管理的报告厅，让学生在此获得更多的成长与锻炼。

鞍山市第一中学实现教育教学质量的不断跃升，百年校史是底气、优良学风是核心、正确三观是引领。校园环境是学校精神气质的凝华，也是教书育人的依托。高质量、有温度、前瞻性的校园环境建设体现了党和政府对教育的关心，寄托着鞍山人民对教育的期盼，极大提升了学校的办学实力。以校园环境建设为载体，凝聚共识，形成合力，立德树人。

华

"荷叶生幽渚，芳华信在兹。"

第六章 华：校园中的芳华岁月

鞍山东北清华中学创办情况

/ 原东北清华中学校长　王伯惠 /

　　我于 1939 年秋在昆明入西南联大土木系念书。入学那几年，正值抗日战争和第二次世界大战期间。1943 年底，为配合盟军反攻，国民党政府决定 1944 年度大学毕业生全部征调从军当翻译。1944 年 2 月，我和土木系、电机系、机械系各 5 名同学共 15 人，应当时驻印军新三十八师之征，同乘一架机赴印缅军中当翻译。当时的新 38 师师长孙立人为清华学堂 1923 级老校友，后留美学军事的，在抗日战争中功勋卓著，尤以 1942 年第一次缅战仁安羌之役解救被日军围困的英军 7000 余人而蜚声中外，曾受当时的盟国英国颁发的帝国勋章和美国颁发的半功勋章。1945 年 5 月，滇缅公路胜利打通，军队奉命调回国反攻南宁一线，这时孙立人已升任新一军军长。不久日寇投降，军队进驻广州受降。1946 年 4 月，调来东北，我也随军到东北。五六月间，孙立人先生看到原鞍山中学堂校址保存较好，就想效仿重庆、贵阳、成都、长沙等地清华校友，在东北创办一所东北清华中学。当即邀集几位清华校友组成董事会，孙任董事长，董事除孙外还有：贾幼慧（清华 1925 留美学习历史，时任新一军副军长）、夏彦儒（清华 1923 留美学习机械工程，回国后曾于东北大学任教，时任军务处长）、高惜冰（清华 1923 留美学习纺织，时任国民党安东省主席）、李维果（清华校友）、何永佶（清华留美学习政治，时任军中高参，编写英文印缅战史）。董事会组成后，即用董事会名义在东北并通过北平、上海、美国等地清华同学会为学校募集资金，同时派我随同一个工兵排到鞍山测绘校址，上报立案。这时抗战胜利，部队正在酝酿复员，我们一批从军同学征调二年期满，也都要复员并获批准。接着，该校已被当时的省政府同意办理，孙立人就让我们一批从军退伍的同学去鞍山教书。由我代理校长，关品枢任事务主任。8月初，我和关品枢、张世斌、戴祖德、王德硕、周明道几位从军退伍校友便去鞍山筹办东北清华中学。我又到北平招聘文科教师，正好这时西南联大北返，我聘请了一批由昆明刚回北平的1946级同学杨德新（物理系）、关德操（中文系）、王大刚（历史系）、杜精南（地理系）、李文彦（历史系），到鞍山学校任教，以后来任教的联大和清华同学还有康倪（中文系）、李栎琴、夏静君（外语系）等。学校于10月开学。寒假中我受孙立人嘱托去北平清华大学向梅贻琦校长汇报东北清华中学开创情况，请予指示。1947年暑假（这时孙立人已调离东北去南京和台湾），我又曾回北平清华拜见梅校长一次，汇报一年来办学情况，并提出将来选拔优秀毕业生2～3名免考保送上清华大学事宜，也得到梅校长初步同意。

当时孙立人办这所学校还有另一层想法。1946年春正值抗战胜利初期，国民党部队正在酝酿复员，孙立人的打算是如果复员就去鞍山办学校，他认为鞍山相当于美国的钢都匹兹堡，将来发展必然很大，想把那所学校逐步扩大成为像美国MIT（麻省理工学院）那样一所大学，因此一开始就申请了很大一片土地作校址。以后由于形势变化，孙立人于1947年5月即调离东北，这个设想当然也就作罢。

东北清华中学开办第一年共有高、初中各三班，每班学生50人，共300人。第二年又招新生高、初中各三班150人，共600人。1948年2月鞍山解放后，学校改名为新华中学，由当时的辽南专署专员刘云鹤兼任校长，原来教师绝大部分留校任教，学生也已全部返校就学，这些学生以后几皆继续升学深造，在祖国的社会主义建设中，在全国各地各种岗位上起到了骨干的作用，一些同学还去美国和中国的港台。现在在鞍山还组织有原东北清华中学校友联谊会，不定期出刊通讯，交流信息，相互砥砺。

走上革命之路

/ 中共辽宁省委党校原副校长　李　哲 /

　　鞍山新华中学（现市一中）是一座有着光荣革命传统的学校。在东北解放战争大决战的前夕，涌现出一支"黑棉袄"队伍。1948年2月19日鞍山解放不久，这里的一批学生响应党的号召，毅然离家，跟党撤退到当时的后方——岫岩。他们经受战争环境的洗礼和艰苦生活的考验，在革命大家庭里锻炼成长。辽沈战役胜利，东北全境解放，他们从岫岩返回鞍山，便纷纷地走上了新的工作岗位或随军南下。还有的留校发挥骨干作用。事隔45年，如今回顾这段历史，感慨万千，激动不已。当年这批求进步的热血青年如今大都年近花甲了。他们大半生的革命实践证明，对党的信念和对人民的热爱不改初衷！

　　鞍山在解放之前，遭致敌伪严重破坏，百业凋零，社会混乱，工人失业，学生失学，人民挣扎在饥饿之中，许多青年学生浪迹街头，惆怅苦闷，前途暗淡，理想渺茫。2月19日，鞍山解放，钢城回到人民手中，给青年学生带来了光明和希望。在战争环境和一切为支援前线的繁忙工作中，党和人民政府决定成立新华中学，由专员刘云鹤兼任校长，建校招生，青年学生陆续入学，五四青年节正式入学。入校学生约1800人，学校分南北两部，南部为高中班，北部为初中班。当时主要是上政治课和开些文化课，向师生宣传解放战争形势和政策，进行革命的启蒙教育。

　　走上革命之路。辽沈战役前夕，国民党军队企图开辟辽阳、鞍山、营口的道路，从海上逃窜。我军主力集中辽西一带。遵照上级战略部署，决定新华中学随辽南一专署撤离鞍山到后方岫岩。我们动员学校师生跟党撤退，讲清战争形势，指出光明的前景。可是，当时许多青年学生由于受传统观念的束缚和被敌特分子谣言的迷惑，以及受家庭的约束，徘徊于十字路口，有的持观望和"守安"态度，不肯离开鞍山，跟随党撤退的只有百余人。这百余人之中，有的是钢铁工人的子女，有的出身于贫下中农，有的虽出身于剥削阶级家庭却很快接受了革命真理，他们具备了投身革命的觉悟，他们曾目睹过国民党腐败堕落的行为，从而冲破了传统观念的束缚，看到了社会发展前景，看到了共产党、解放军救国救民的成绩，摆脱了思想顾虑，毅然离家随党撤退，走上了革命之路。1948年夏秋之际，先后两次从鞍山撤出。第一次7月16日，徒步到海城。在海城约20天，鞍山较平静，便领队伍返鞍回校复课。不几日，国民党军队猛攻鞍山，我们又第二次撤退。那天下午，撤退人员每人分带两块玉米饼子仓促上路，撤到唐家房子天已黑了。我们在唐家房子住了下来。原想待鞍山战势平静下来，再把队伍带回学校。不料，刚进南长甸，就听立山、沙河一带枪声大作，战况紧急，于是我们前队变后队，连夜急行奔海城。到汤岗子才通过我军第一道防线。

我们这支师生队伍，年龄大的五十多岁，年龄小的才十三四岁。男男女女一夜不断地喊着"向前传，加速度"。许多人边走边睡，有的不小心滑进路沟里才醒来。天亮后过了南台，地上有匪特干扰，上空有敌机扫射。这支连乏带困的队伍把生死置之度外，加速前进。清晨八时，到了海城东南园子。在这里稍事休息和整顿，过了中秋节，队伍分批陆续到了岫岩。

既是工作队又是宣传队。革命队伍中增添的这支新军，他们有文化，擅宣传，需要革命的实际锻炼。第一次撤退时在海城曾组建起新华工作团，下乡参加抗旱救灾活动。这回到了岫岩，继续以新华工作团的名义，做支前工作。分组下乡，动员农民组织担架队、大车队上前线，协助解放军后勤部门运送物资到前线，组织精干力量同地方人民政府一道打击敌匪活动。大家到岫岩镇街头宣传解放战争形势，同当地群众一起扭大秧歌，同唱"解放区的天是明朗的天，解放区的人民好喜欢，人民政府爱人民啊，党的恩情说不完啊，呀呼嗨……"等革命歌曲。济南解放，赶排节目，到街头演活报剧，办墙报，宣传群众。组织上把这支师生队伍当成了党的工作队和宣传队。由于解放战争进展迅猛，我们在岫岩比预料的时间要短得多，总共才四个月，但新华工作团的活动却给当地群众留下了深刻的印迹。

经受艰苦生活的磨炼，坚定了革命意志。从鞍山撤出的这支师生队伍，多是白面书生，大都没有经过艰苦环境的锻炼。由于情况紧急，走得仓促，只穿身单衣和背着床小被，没带什么东西。多数人是第一次离家出走，想家不待说了。夜行军，不少人脚上打血泡，到驻地用热水烫脚挑泡，钻心痛。每宿下，轮流站岗放哨，青年学生第一次持枪夜里放哨，难免害怕。每日吃的玉米窝窝头和小米粥，好时能喝上白菜、萝卜汤，有时一块大咸菜就窝窝头。每逢星期六改善一次伙食，大家当年节过。在岫岩县女中住的长条板铺，一个挨一个，很挤。夜里行军，白天住下，宿在老乡家。大家像老八路一样，执行"三大纪律八项注意"，扫院子，挑水，帮助老乡干零活。

每次出发前。借老乡的东西登门退还道谢，损坏老乡的东西按价赔偿致歉。下乡工作，跋山涉水，吃派饭，积极完成任务。在这样的艰苦环境中生活、学习、工作，锻炼和考验了人们的革命意志。

领导的关怀和体贴温暖了师生的心。在海城东南园子过中秋节，辽南专署派车专程送来了过节的物资，肉、鱼、面齐全。海城县人民政府送来不少梨和苹果，每人分发两块月饼。专署领导杨克冰大姐来看望大家，到每个人睡铺前问冷问暖。她说："欢迎你们这些秀才参加革命！"马副市长给作形势报告。在岫岩时传来国民党军队侵占鞍山的消息，使人们心情低沉了，刘云鹤校长来到我们驻地了解入冬的准备情况。他讲了辽沈战役进展情况和全国解放战争的大好形势，鼓舞大家振作士气，使我们这支队伍转忧为喜，唱歌、扭秧歌、锣鼓喧天。入冬，天气渐渐冷了，辽南专署及时发来棉衣和冬季用品。大家穿上崭新的黑棉袄棉裤，戴上黑色棉帽，高兴得无不欢欣雀跃，相互拥抱说笑，感激组织的关怀和体贴。这就是新华中学"黑棉袄"的来历。

情如手足的同志关系。这些离开家和家乡的师生，踏上革命征途，从师生到兄长，从同学到同志，命运联结在一起，共同的理想追求，在同一事业上进取，同庆解放战争节节胜利，共盼鞍山早日第二次解放。大家同步行军，日夜吃住在一起，一道工作，学习，互相体贴，互相关照，亲如兄弟姐妹，男同志衣服破了，女同志帮助补上，女同志打水费力，男同志帮助打水。谁病了，大家轮流看护照顾。在海城中秋节过后不久，张兴国老师患病去世，大家揪心难过，撤到岫岩开追悼会时，许多人悲痛得泣不成声。"胜利的前夜，何处秋深，在战斗的行列里你离开了我们。为革命为人民，你……"

在岫岩，组织两次安排高中生到安东（现丹东）、哈尔滨入高校深造。他们走时，师生热情欢送，祝愿他们成为建设新中国的栋梁之材。在这个革命大家庭里培育了人们互助友爱和患难与共的崇高美德。

辽沈战役告捷，东北全境解放，鞍山最终回到人民手中。这批"黑棉袄"，从岫岩返鞍建校复课。当时，支援前线工作很繁忙，刚解放的鞍山百业待举，巩固新政权，到处需要干部。返鞍不久，市委组织部来人从这些"黑棉袄"里挑选近20人到市委干训班培训，之后投身地方工作。解放军总政治部要人又选走一批随军南下，陆陆续续抽调到鞍山各单位工作的不下30人，他们成为建设新鞍山的骨干力量。留在学校的也当干部使用，在校做学生工作和参加学生的伙食管理。同时，还经常参加社会工作，如上街宣传献交器材，恢复鞍钢生产。参加反动党团登记工作，清查户口，组织收公粮，到税务局参加对工商户清仓点库，到鞍钢开展筹建青年团活动。"黑棉袄"返校后仍然享受供给制，吃住在学校。

鞍山"黑棉袄"这段历史，是鞍山青年学生的光荣。市第一中学继承了新华中学的光荣的革命传统，多年来，为全国的高等院校培养和输送了大批人才。希望一中发扬光荣的革命传统，为社会主义现代化建设培育出更多的人才！

难忘的一九四八年

/校友　胡秀华/

1948年7月16日，我和近百名同学一起，跟学校随中国人民解放军自鞍山辗转海城后，向岫岩撤退，把我们组成"新华工作团"，搞宣传和发动群众，组织战勤支援前线。至今整整四十五年过去了，人也老了，许多事情已经淡忘，而撤退中的一些场面却记忆犹新，难以忘怀。大旱年我们撤退那年。赶上了几十年少见的辽南大旱，后来有的老乡回忆说："你说呀，那1948年旱的呀……"我们撤退正是七月高温季节，真是火上浇油，海城东南一带的乡间土路都旱成了粉面状。我们几个干脆光脚走，脚插在又热又细的土面中，真是别有一番滋味，好像踩在刚炒好的炒面上。海城东南园子老乡栽的大葱，葱叶像蒙了一层霜，很难看到一丝绿意。老乡喝稀的，吃菜叶都困难，而我们餐餐都吃高粱面大饼子，以保证这些食欲旺盛的青年人尽量吃得好、吃得饱，这可真难坏了办伙人。

滚马岭

从海城向东南到岫岩，约有50多公里。从地势上看，是步步升高到孤山一带就进入千山山脉的低谷。海城县与岫岩县之间是千山山脉的脊梁通过，丘陵起伏，道路险峻。我们乘坐的汽车经过崎岖的盘山路，路狭窄得令人有些窒息之感。进入岫岩县界的滚马岭，是两县公路的最高点，约500米；盘山、路窄、陡峭，司机精神高度集中，汽车缓缓前进，稍有急慢，就会滚到岭下。滚马岭的名称，顾其名而知其意。据当地老乡说，过去的马车，常有滚下山谷的。我们真是望而生畏。过了滚马岭，就逐渐缓缓而下。突然前面出现了开阔、坦荡的小盆地。噢！岫岩到了！当我们进驻县立中学大院时，大家欢呼一路平安！

秧歌队

工作团到哪里，秧歌队就出现在哪里。大鼓一响，震撼了偏僻的山乡，围观的老乡越来越多。一次，一位老大娘看见我们化了妆的秧歌队员，激动地说："哪里来的这么多美女。"可见秧歌队影响之大，吸引力有多强。我们的秧歌队也就趁势围圈打场，欢快地扭起来了。这样搞宣传，老乡极易接受。在这个大圈里，我们工作团还做形势演讲教育群众。杨德宝等同学还演过活报剧《抢金店》，袁禾芳、金宝瑞还演过《夸女婿》。正像剧中的老汉（金饰）说："老汉活了八十八，还从来没见过妇女在大街上夸女婿。"

壁　报

工作团到哪里，就在哪里办起了壁报。我还记得，由孙玉科等同学主持的壁报组，动员大家写壁报。有一次，还把两篇文章用墨笔大字工整地抄写在几张大白纸上，可惜刚贴在揭示板上两天，就被撕掉了。这说明情况紧张了，还有坏人捣蛋破坏我们的工作。

组织战勤

还记得我们工作团承办小组，配合岫岩县政府下农村组织战勤，支援辽沈战役。夜间查岗放哨小组，由东光老师带队，成员有刘素荣、徐东林和我，还有两位男同学记不住的。有一天正赶上夜里头，我们几个到村外荒地巡逻，走着走着，突然前面出现一块光亮，大家精神骤然紧张起来。仔细一看，光亮还在走动！经过认真观察，原来是鬼火（磷火）！一场虚惊，再往前看，远处山坡上滚动的鬼火更多了。因为乱坟岗子多，又加天大旱，磷火极轻，稍有微风，那些光亮便在那里滚动不停，真是奇观！

称　呼

还记得一件可笑的小事。我们这支队伍遵循八路军"三大纪律八项注意"

的优良作风，每到一个住处，首先是打扫庭院、挑满水缸，更注意对老乡的态度和称呼。见到男的叫大爷，见到女的叫大娘，有一次，这家人口多，我们一位男同学见到一位妇女就叫大娘，后来又从上屋走出一位老妇，他仍称大娘。一天，这位老妇说话了："同志呀！告诉你们，方才过去的那个，是我的儿媳妇，我们是两辈。"弄得我们那位男"黑棉袄"很不好意思。

（写作时间：1993年3月）

母校散忆

/ 1953届校友　刘庆楠 /

自我1947年夏考入东北清华中学初中一年起，至1953年夏于鞍山市第一中学高中毕业止，我在母校整整生活了6年，即我的中学时代全部是在母校度过的。

"清中"9月1日开学，越年1月中旬放寒假，半年的学习生活，散记如下。

寄宿。三个人一个寝室。

师资。学校聘请的老师都是抗战时期国内各大学（西南联大、北平师大、燕京大学、西北大学、中国大学、辅仁大学、上海音专等）的毕业生。

导师制。每个同学可根据自己的秉性爱好、心中偶像等因子，选择某某老师做自己的导师，利用自习、课余、节假日，或个人或集体，去接受导师对自己学习、思想品德，乃至立身行事的指导。我当时选择付春霖先生为导师。

校训。"清中"校训"礼健智诚"是董事长孙立人先生制定的。在各科作业封面上都印有此四个字，意在让你时时记住，规范你的行为。

校庆。1947年10月12日，是东北清华中学成立一周年纪念日。学校举行了隆重的纪念活动，并邀请了学生家长参加。会上宣读了孙立人董事长从南京发来的贺电，然后是文艺演出。

文艺活动。当时东北清华中学周末晚会至今令人难忘。每逢周末，师生们集合到一起，各展所长，不但解了疲劳寂寞，还密切了师生、同学的感情。一到周末，也常放映电影，多次放映有关第二次世界大战的美国片子，刚学英语的我们看不懂，只能当哑剧看，老师们大都能看懂。

中秋赏月。是年中秋节，学校举行赏月晚会。首先在三楼东北侧大礼堂集合。每人带一包食品，各随己便。然后开会。由王伯惠校长讲《月到中秋分外明》，由历史老师沈嘉润讲《嫦娥奔月》，会场上不时响起阵阵掌声、笑声。之后，大家鱼贯走向主席台，各取一包食品。拿回来的几乎都不是自己送去的，大家觉得很新颖有趣，其乐融融。最后，便是大家登上三楼顶上赏月。是夜皓月当空，人人"举头望明月"，凉风阵阵袭来。每个人的此刻情思，当是各不相同的吧？至今思忖。

几位师长。

王伯惠校长，时任清华中学代理校长，年仅23岁。王校长给同学们的印象极深，高高的身材，留着小平头，戴着银丝近视眼镜，毫无架子。他讲话慢声细语，逻辑性极强，娓娓动听，让你忘倦。新中国成立后，王校长一直在辽宁省交通部门工作，是我国著名的公路专家。曾担任过省交通科研所总工程师、省公路学会理事长、"沈大"高速公路专家顾问组组长、清华大学沈阳同学会副会长、中国公路学会理事。离休后，仍席不暇暖应邀去高等院校讲课，带研究生，去全国各地参加重大工程决策与审定。

王珏先生，王老师是我们初一的舍监。稍瘦的中等身材，面容端正白皙，口齿流利，反应快，属快人快语型。1947年深冬时节，市东郊制高点"铁架山"驻有国民党五十二军二十五师的一个营。每到夜晚，经常枪声大作。一天夜里，枪声又密又近，特别吓人。我们初一级宿舍地处市区东南角，紧接田畴，空旷而荒凉，越发使我们害怕。这时，王老师便把全体同学集合起来，讲道："八路军是我们中国人，你们怕什么？如果进来了，你们跟我走！不要害怕，回去好好睡觉吧！"一番话的确起到了安定剂的作用。大家都口不言而心想：王老师一定是八路军"地下"。以后得知，王老师的确是从事地下工作的。新中国成立后一直在沈阳市总工会从事工运工作。

康俔先生，毕业于西南联大国文系，是闻一多先生高足。离休前是辽宁师范大学中文系教授，中文系主任。当时任我们班的"公民"课。上课时她并不认真讲课，而是用较多时间和同学谈话。介绍昆明四季如春时说："冬天穿一件像我这样的毛衣便可。"1947年10月初。海城曾一度被我军解放。海城同学回来讲述情况，康老师面带笑容地听着。她原在国立锦州大学先修班任教，曾参加过反对国民党的学潮，烧了学校的房子。国民党一直追查此案，于1947

年底追查到"清中"，由王伯惠校长出面具保。国民党侦办部门也考虑到，到孙立人创办的学校捕人，非同小可，终以"不予逮捕"作结。

尹良煦先生，他面孔黑红，穿兰布长衫，梳着背头，戴近视眼镜，颇有教育家的风度。因不满国民党的统治，他在鞍山解放前夕，1948年2月2日偕师母、幼子与国文老师姜兆龙（民主同盟盟员）先生及初二同学马庆善（四千卫校高级教师，已离休）、瘳国祥（丹东市轻工研究所工程师，已离休）奔赴海城解放区参加革命。鞍山解放后回到鞍山，一直在教育战线工作，曾任市教育局党组副书记，副局长，已离休。

1948年2月19日，鞍山获得解放。不久，党首先团结一批进步青年学生，如：李哲、易永华、李久劲、刘毅善、李润春、刘素荣、胡秀华等，成立了民主青年联合会。先由青联出面组织青年学生在今实验学校上课，名为"功课补习班"，约有250人参加。至今记得，在今鞍山第一百货商店处，当时有个日本人留下的绿瓷砖二楼，经常由易永华（辽东学院艺术系学生）在门前教唱革命歌曲。这些歌曲的词、曲都无比激动着青年的心，引导学生走向革命。

> 你是灯塔，照耀着黎明前的海洋！
> 你是舵手，掌握着航行的方向！
> 年轻的中国共产党，
> 你就是核心，你就是力量。
> 我们永远跟着你走，
> 人类一定解放！
>
> ——《跟着党走》

> 我们是东北的青年，
> 站在建国的最前线。
> 面对着辽阔的海洋，
> 背伏着黑水长白山。
> 我们的意志像钢铁，
> 我们的热情是火焰。
> 为了建设自由幸福的新中国，
> 我们永远挺向前！
>
> ——《东北民主青年进行曲》

到4月，党决定成立一所中学，定名为鞍山市新华中学，也是鞍山唯一一所中学，男女合校。所以鞍山市解放前市内的几所中学（省立鞍山工科学校、省立鞍山初级女子中学、私立鞍山文化中学、私立东北清华中学）的学生纷纷报名投考，我也重新报考初一。笔试仍然是国文、算术、常识。录取榜贴在母校的大烟筒上，须仰视环看。我名列初一第五名，故被委任为初一·二班班长。当时初一共招六个班，故还有己班。我们被分配到北校（今钢校）上课。

新华中学校长由市长刘云鹤兼任，主持校务的为副校长俞质明。刘云鹤，辽阳人。原为东北中学学生，后去延安参加革命。当时任辽南专署专员。俞质明，南方人，是位老革命。当时也只有三十多岁。随身有警卫人员。他中等个，瘦身材，皮肤黄白，说着能听懂的南方话，是位知识分子。不久前，我看到一份史料，俞质明1946年1月14日出任过中共辽宁一地委机关报《辽河新报》社长。

开学典礼于5月4日青年节在南校举行。在锅炉房平台上竖挂着两条标语。右侧是"实事求是"，左侧是"追求真理"。这无疑是学校办学的指导思想。

我们初一的课程，仍有英语，这使大家很惊奇。这是无言地告诉大家：共产党是要文化的，也是要和世界打交道的。我们心里暗自高兴，共产党是伟大的。

正当我们进入平静地学习时，被围困在沈阳的国民党军队拟作最后挣扎，想从营口海上逃走，鞍山是必经之路。为了战略上的需要，我党指示，鞍山作战略上让路，新华中学随我党撤向后方。7月15日由俞副校长做了动员报告。指出，转移是暂时的，不久就会回来。愿意到后方的可以去，但我们绝不强迫。不愿转移者，我们绝不歧视，请大家放心。第二天早晨，转移的百余名师生，背着简单的行装，于南校操场集合。然后，途经前三家峪、鸡王屯、解家堡子、南台，直抵海城新立屯和东南园子住下。学校在此停留期间，边学习，边参加工作，成立了鞍山"新华工作团"。须说明的是，留在鞍山的师生，仍坚持上课。只是到了8月中旬以后，国民党军队骚扰到鞍钢北部一带，才停止上课。

转移到海城的师生，由于形势趋于紧张，于9月二十四五日奉命向岫岩撤退。9月末到达岫岩城，住进伪满女中校址处。此间，俞副校长患病，党从大连调陈宝书接任副校长。10月后，山城岫岩冷得更早些。这时，辽南一专署送来一批黑色棉装，每人分了一套，还有一顶黑色棉帽。回到鞍山后，被大家尊称为"黑棉袄"，也是他们光荣历史的代名词。

东北全境解放后，根据党的指示，师生们怀着胜利喜悦的心情，于11月10日步行回到鞍山。

新华工作团同学回鞍不久，中共鞍山市委为了培养干部，于11月份，由市委组织部部长孟亚人到校向"黑棉袄"做动员报告，号召他们参干。于是有20名"黑棉袄"参加了市委干训班学习。两个月后，他们被分配到鞍钢、各区、妇联、青联等单位工作。还有十几名"黑棉袄"被抽调到中央军委机要班学习。

读初二时（1949年），有两位老师，由于他们讲课各有特色，很能吸引学生，愿援笔记于此。

教我们初二·五班的化学老师王世章先生（海城八里人），笑口常开，从不申斥学生，最为学生爱戴。他讲课也极有风趣，善比喻。如讲水分子 H_2O 时，他说："H"好比男孩，"O"好比女孩，爱在一起。逗得哄堂大笑。讲磷（P）元素时，他引人入胜地说："渔民的孩子比农民的孩子聪明，道理何在呢？原因是渔民的孩子常吃鱼，鱼里含磷多，磷补脑子，所以人聪明。希望你们回家让父母多买些鱼吃。"王老师仍健在，已89岁了，真是"乐者寿"。

戚剑波老师，盖县人。当时仅23岁。他讲中国近代史（鸦片战争、太平天国运动），课背得滚瓜烂熟，滔滔不绝，极受学生欢迎。

1949年秋，新华中学来了一批资深教员。他们是已从教的大学毕业生。华北解放之后，他们又考入华北人民革命大学，接受革命教育。来到鞍山共有10名。记得有侯铎、李德英、姜孝进、龙德林、贾克等先生。他们都30多岁，朝气蓬勃，干劲十足。

我曾听过侯铎先生在阶梯教室讲的化学课，内容是"苯"（C_6H_6）。侯先生讲课有板有眼，不零乱，声音悦耳。左右手都能板书，从不挡学生视线。侯先生是山东人，1943年毕业于西北大学化学系。1952年任一中副校长，是当时鞍山市人民政府12名委员之一。侯校长性格安静，不苟言笑，但接触过他的人，都知道他是位极平易近人的人，毫无架子。1958年曾被错划为右派，平反后，任市教育局副局长。曾任市人大常委兼文教办副主任，市民进委，市政协常委。

1950年3月新华中学改名为鞍山市第一中学，副校长仍为陈宝书。陈校长，鞍山宁远屯人，伪满时任马驿屯小学校长。东北光复后，我党于1945年9月进入鞍山，是年底，鞍山市成立参议会，他被选为副参议长。陈校长，大高个儿，有旷达不羁的性格，属才子佳人。讲话时颇有风采，手常飞舞。他写得一手好字，当时的"鞍山市第一中学"校牌就是由他写的。字如其人，潇洒蹁跹，似毛主席字。挂的位置即今校牌处，是紫檀色木板，阴文涂翠绿色。

1950年底，由于抗美援朝的需要，中央决定在大中学校招收一批学生，进入军事学校学习。一中被确定为招生学校之一。招生方式，自愿报名，组织审查。当时叫"参军参干"。当时学校出现了"男儿志在沙场"的热潮，记得有一名同学还写了血书，贴在大楼南门里面的右侧。我们初二·五班参军的有张华一、金万志、谷安波、李香魁，还有一名忘其姓名，共计5人。全校共参军参干103人。

当年（1951年春），我们升入高中时没有经过考试，有初中毕业证即可。

在我执笔写此文时，我算了一下，在母校6年，哺育过我的老师近50位，恕我在这里不一一敬列他们的尊名了。但他们的音容举止、谆谆教诲的情景仍历历在目。师恩难忘！

光阴荏苒，四十年前母校一学子，而今已是退休居家一老者。有位哲人说："忆往，是老年人的职业。"我很欣赏这句话。我愿用我这支笨拙的笔，忆母校如上。母校永远在我心中！

（写作时间：1993年9月）

回顾过去　寄语未来

/鞍山市第一中学原副校长　侯　铎/

侯铎，山东人，1952年任鞍山市第一中学副校长，是当时鞍山市人民政府12名委员之一。

鞍山市第一中学是一所历史较久、人才荟萃、设备颇为完善的学校。它不仅在鞍山教育阵地占有重要位置，而且在20世纪50年代，它就与大连一中、沈阳二中等校被称为辽宁省的重点高中。1951年，东北人民政府教育部原计划将现在的一中校舍改建为标准校舍，后因东北人民政府不久即撤销，遂未能实现。我在一中担任领导工作和教学工作，断断续续近二十年，所以我和一中及一中校友特别是一些老校友的感情都很深。尽管现在一中已有很大的改观，但每当我偶尔到学校时，总是难免产生一些怀旧的思绪。

我开始到一中工作是在1958年2月，担任副校长。当时学校已逐步走向正轨，因为在这之前，学校主要是为新中国成立初期的政治服务，如上街宣传、选送干部以及征集抗美援朝志愿军等。那时无论什么任务，一中同学们都能积极完成。还记得1951年，市政府各局急需补充一批干部，要在学校应届初三毕业生中选拔，曾经有六十多名同学响应号召，服从政府的需要，被分配到各局的工作岗位。以后这批同学都成为各局的骨干力量。

记得在1954年前后，中央教育部重申了要贯彻全面发展教育方针的指示，并提出"教学工作是学校压倒一切工作的中心任务"的号召。当时学校采取了几项措施：① 强调备课的重要性，为了使教师掌握教材的系统性，实行单元备课；② 思想教育是每科教师的职责，思想教育很重要的一条途径是寓于课堂教学之中；③ 讲求教学原则，加强课堂教学的计划性；④ 考核学生成绩要平时考查与学期考试相结合。当时学习教育理论主要是以苏联出版的《凯洛夫教育学》为主。虽说该书的某些观点和做法已经受到批判，但在那个时期它对于教师改进教学曾产生过较大的影响。

1955年辽宁省又掀起向苏联学习开展生产技术课的热潮。学校曾向社会各方求援，收到不少机床零件，但实际是一批废钢烂铁。后来承1959级同学王智的家长王国璋同志的主动帮助，为学校调来车、钳、铆、电、焊各工种的工人同志。他们经过一个多月的紧张工作，居然把一堆废料安装成十一台完整的车床和一台刨床。地点就在原来的大音乐教室（现在的工厂院内）。竣工之日，对全体工人师傅举行了答谢大会。从此同学们有了劳动实习的基地，他们学会了启动车床，并能切削一些简单的零件。但好景不长，1962年上级忽然决定把这批车床拨给了鞍山职业学校。

一中师生到东山坡植树和校运动会每年都要举行。一中学生干部的工作能力很强。当时学校有二百多名学生住宿，纪律和卫生状况都较好。记得有一次，粮库在烈士山下马路上晾晒了大批苞米。一天早晨忽然阴云密布，眼看大雨即将来临，学生干部向学校请示志愿帮助工人收拾苞米，以免损失。即刻一千多名同学全部出动，在很短时间内将苞米装袋盖好，使国家粮食没有遭到暴风雨的损害。

这些点点滴滴的五十年代的往事，有的已经遗忘，有的还记忆犹新。不过几十年来在一中这片小小的土地上，确实成长起不少的优秀人才，他们在各自的工作岗位都有建树。应该说，这主要是党的培养，但对一名教育耕耘者来说，学生的成才，即是无比的欣慰。

如今在校的一中同学们，将肩负着建设中国特色社会主义的重任。在当前改革开放向纵深发展的过程中，要突破一些思想认识上的"误区"，要继承鞍山市第一中学学生的光荣传统：热爱中国共产党，热爱社会主义祖国；加强品德和体质的锻炼；讲求学习方法，广泛地吸取知识充实自己。无论什么时候，都要保持中国人的骨气。一定要一个年级胜过一个年级，要能不断地为鞍山市第一中学校史添写光辉新页。这是我作为一名老校友，或许也是更多的老校友们的殷切期望。

（写作时间：1993年9月）

我记忆中的鞍山市第一中学

/ 1952届校友　刘　淼 /

多年从事给排水设计工作，担任过大型项目设计负责人，多次获奖。后从事教育情报及东北设计院工程承包公司管理工作。并获得"吉林省桥牌荣誉大师"称号。

1950年春，我随家由上海到鞍山，当时我只有15岁，正赶上鞍山市第一中学招收新生。鞍山市第一中学是全市仅有的一所完全中学。我被录取到文科班。由于学制变革，半年后，我便就读于高一·二班。因没有高中二年级和三年级，我们便是学校的最高年级了。当时鞍山市市长刘云鹤兼任校长。他经常到学校来。我记得他当年30多岁，身体健壮，喜欢体育运动，经常看见他在球场上参加篮球比赛。接任他任校长的是柳枫和侯铎。

当时学校师资力量雄厚，环境优美，教学设施齐备，在全国也是堪称一流的。不仅有明亮宽敞的教室、理化实验室、音乐教室，还有室内体育馆及宽敞的运动场。音乐教室位于教学楼的外面，是一幢独立的建筑物，室内置有台式大钢琴及各种中西乐器。学校设有学生宿舍及食堂。全校拥有一批具有丰富教学经验的著名教师。如侯铎、周谟、杨凤声、刘雨灵、宋延英和张子伟等。还从南方招聘了一些优秀教师，如：董光珌、胡乃荣、何永祥等。周谟老师的物理课、杨凤声老师的三角课、刘雨灵老师的语文课、宋延英老师的历史课、董光珌老师的代数课、胡乃荣老师的化学课都受到学生们的欢迎。他们教学认真、一丝不苟，板书水平很高。至今给我留下深刻印象。

学校每周一第一节课举行全校周会。全体师生参加，唱国歌，校长讲话后各班按次序进教室上课。上午二、三节课之间作间操。下午第六节课后进行全校文体活动：打篮球、打排球、打垒球、踢毽、跳猴筋跳、集体舞。学生集体观念很强，热情很高。

学校非常重视形势教育。经常请市领导作政治报告。这对学生思想品德教育的提高十分有益。师生关系融洽，学生在学习和生活中遇到困难，老师都给予关心并积极帮助解决。学生对老师十分尊敬。到教研室或在校外见到老师都自觉行鞠躬礼，老师点头还礼。

1950年末，全国开展了轰轰烈烈的抗美援朝运动。鞍山市第一中学学生积极响应政府号召，绝大多数同学报名参军。有几十名男女同学被批准入伍，同学们都非常羡慕他们。我熟悉的同学有张发云、李震等。后来听说他们都成为空军军官。有几个同学在抗美援朝中英勇牺牲，为祖国献出了自己宝贵的生命。

那时的学生政治热情很高，每逢"五一""十一"及国家发生重大事件时，同学们都高举国旗、校旗及领袖画像，列队上街游行或集会。学生中有一些党员，如：邓国栋、刁迺琦、孙发隆、叶树声等，都在团总支和学生会中任职。他们在各项活动中都走在同学们的前边。团组织多次派我深入街道向居民宣传国内外形势、抗美援朝运动及党和政府有关政策。在宣传中提高了我的组织能力和表达能力。这些为自己后来走向社会，在大庭广众之中演讲打下了基础。

20世纪50年代初，鞍山市第一中学的文体生活是非常丰富多彩的。校内有文工团、歌咏队、腰鼓队、乐队、体育队。有一批文体活动骨干。每逢节日在校内体育馆举行各种演出，形式多种多样，有合唱、独唱、小歌剧、小话剧、大鼓书、山东快书、快板、相声及管乐演奏。我是乐队队员之一，吹奏巴斯和长号。每次演出会开始第一个节目便是管弦乐合奏。虽然水平不高，但博得老师、同学的欢迎。新中国成立之初，全市各单位的乐队屈指可数，而一中的乐队达20人左右。每次游行在国旗、校旗的引导下浩浩荡荡，威武壮观，走在师生队伍的最前面，边走边演奏"胜利进行曲""骑兵进行曲"……行人不时投来羡慕和钦佩的眼光。校文工团还经常参加市内各类文艺演出，有时去部队慰问演出。印象最深的一次是在胜利广场露天演出，校歌咏队由李华同学指挥，我担任领唱，听众有几千人之多。当时演出的曲目大都是歌唱新中国诞生及抗美援朝歌曲，也演唱延安时代的歌曲。一中还选派了10多名队员去鞍山电台教唱"每周一歌"，并曾由我教唱约一年之久。我创作的一首歌还被选为"每周一歌"，至今回忆起来仍觉很有意义。

在体育教师张子伟的指导下，学校体育运动的水平堪称全市一流，给全市球迷留下深刻印象。记得我们年级的钟嵩山、钟宪卿叔侄俩的篮、排球技艺高超，配合默契，深得校内外体育爱好者的喜爱。

高爱光是女排队长，球艺精湛。他们三人均被选为市排球代表队队员，还曾代表省队到北京参赛。一中男篮还常与鞍山高职（现为钢院）、鞍钢各厂矿球队在球场上一决雌雄。每逢比赛观众人山人海，这是因为鞍山市第一中学的男篮是市内体育竞技场上一支劲旅，深受鞍山市民喜爱。

每逢寒暑假，学校很少留作业，学生们能得以充分的休息，住在学校附近的同学经常到学校玩，有时打打扑克，流行玩法是"打百分"。老师们打桥牌。我从董光玡先生那里学会了打桥牌，此后几十年对这个项目保持浓厚的兴趣。20世纪70年代后期，我多次率领吉林省队参加全国比赛，并在吉林省、东北及全国桥牌比赛中担任裁判长。1990年，我获得"吉林省桥牌荣誉大师"称号，这当然要感谢母校一中的培养。

1952年7月，母校借鞍山二中礼堂为新中国成立后第一届高中毕业生举行了隆重的毕业典礼。本届毕业生除选留部分学生留作教师外，全部考取全国各大专院校。我先后在北京外语学院及哈尔滨工业大学学习，1960年毕业后分配到中国市政工程东北设计院，现为院工程承包公司秘书长、高级工程师。

时光如流水，一晃儿四十年过去了。天真烂漫的高中学习生活记忆犹新，历历在目。如今已临近花甲之年，如果说个人在工作上取得一点成绩的话，可以说与母校一中的教育、培养是分不开的。

（写作时间：1993年9月）

一中男篮大胜专业队

/ 体育教师　张子伟 /

1953年8月，正是池塘蛙鼓、柳梢蝉鸣的盛夏季节，东北有名专业篮球队——东北公安纵队男子篮球队来到鞍山，这个队的队员是由全东北公安部队中层层选拔上来久经沙场的篮坛宿将。他们在沈阳听说志愿军男子篮球队来到鞍钢参观、转道大连去北京比赛的消息，特地从沈阳来到鞍山，想和志愿军队作一场友谊比赛。由于消息来得迟，他们抵鞍时，志愿军队已去大连，有些扫兴。当时鞍山公安二团王团长说："你们别白来一趟，可以和一中队比赛一场。"公安领队说："和中学生比赛恐怕没有什么意思吧！"王团长说："可别小看他们，他们多次战胜鞍钢队，队员大部分是鞍山市代表队成员，不一定像你们想象的那样啊！"后经二团出面邀请，一中同意奉陪。

第二天晚饭后，在鞍山市篮球比赛场（现在的烈士山小学南面灯光球场）展开了一场激烈的角逐。开场时，东北公安队队长，主力核心没有上场，觉得用不着全力以赴。中圈跳球后，公安队获球攻入前场，投篮未中，一中队抢篮能手张福俊抢到篮板球，一记长传给疾驰前场的左锋金宝瑞，他左角跳投，首开记录。第二个回合，公安队攻进中场，被一中号称"膏药"的付洪谋把球断下，又是一记快传；飞奔左角的金宝瑞，单手一捞，球到手中，双脚跳投，球干净利落地落入网中。第三个回合，还是张福俊拖篮长传左角，金宝瑞跳投中的。场上比分6比0。

一中队采用的第一套战术是：快攻左翼，先声夺人。公安队被这迅雷不及掩耳的快攻打得阵脚大乱，急速叫停；战斗经验丰富的队长披挂上阵，又换上了一个抢篮能手，企图和一中拼抢篮板球阻止一中的快攻。这个抢篮手身高1.83米，跳起单手超过篮圈30厘米。当时我国的篮球打法还没有高大中锋篮下进攻，所以各队没有多少大个儿，1.80米以上的队员就是高个儿。经过两分多钟的比赛，已经摸清一中的战术是快速推进，主攻左翼。队长一上场，就加强了左翼防守，猛拼前场篮板球。但是出乎他们的意料，一中已改用第二套战术，猛攻右翼。张福俊身高体重，挡住公安队的抢篮能手，让中锋张德多抢下篮板球，长传给右前锋杜承贤。他的绝招是：快速前进接球跑篮得分。他距篮5米就投球，极不易防。

第五个回合，后卫付洪谋得球再传给右锋杜承贤，又来一个跑动中5米入筐。这时场上比分10比0。一中士气大振。老牌公安队有些慌乱；他们绝没想到：翻江倒海的老水手，会在小河沟翻船。这时球赛已进行5分20秒，公安队不得已，二次叫停，研究了一中的打法，决定用两个大个儿拼抢篮板球，用三个人联防一中两个前锋。公安队这一招儿很奏效，连连得分，到13分钟时，场上比分24比20，一中队只领先4分了。

一中第一次叫停，改用第三套战术，进攻变慢，两个前锋拉到两个场角，使中间空隙拉大，让中锋张德多，由中间突破上篮；这一招儿出乎公安队意料。他们认为盯死一中两个前锋，阻止快攻，已扭转了战局，但没有看到中路空当太大，张德多中线得球，拍一下球就双手端球上篮，又快又远又准。突进两个球以后，公安队才调集人马阻挡中路；由于不适应张德多的过人步法，连连犯规，连罚带中，上半场结束时，已将比分拉大到42比30，一中暂时领先。

休息10分钟后，易场再战。一中采取的是第四套战术，就是用张福俊在对方防守圈外45度处中投。因为张德多上半场一再中路突破，公安队下半场必定缩小防区，不能注意张福俊这个定位中投。开球后果如所料，对方缩小防守圈，死守中路。这时张福俊在对方防守圈外45度处投中得分。进第一个球，对方没太在意，以为是偶然的；又中两个球以后，对方扩大了防守圈，张德多机会又来了，又突破对方连进两个球。对方这时忘记了两个前锋的厉害。就在他们手忙脚乱之时，一中轮番展开了左、右翼快攻，又把比分大大拉开。对方不得已连连叫停。他们感到一中4个定点投篮实在不好对付，必须改用全场盯人战术，盯死一中这4个队员，不让球过前场，变被动为主动。公安队这一计谋生效了，比分连连上升。

一中再一次叫停，确定用金宝瑞、杜承贤、张德多三人互相掩护摆脱对手，往前场乱跑消耗对方体力。因为他们年龄较大，都是名手，平时不太注意耐力训练，跑了两分钟，对方体力不支，露出破绽，一中又发起快攻，连连得分。对方不得已，换上三个生力军，和一中拼体力，初步稳住了阵脚，也稍有建树。一中队看出对方死盯4人，认为付洪谋只会防守不能进攻，放弃对付洪谋的防守。付洪谋每场球都是盯死对方最强的主力，不到关键时刻不用他这颗埋藏着的定时炸弹。现在时机已经成熟，这一场是对老牌强敌，非用他不可了。

当时的篮球规则是场外教练只能换人，不许指导。一中先要求换人，换下张德多，告诉他场上形势，我队要用第五套战术，把对方注意力引到左翼，让付洪谋右翼偷袭，打开局面以后，再伺机使用那几套战术。布置完把张德多换上去，要求暂停，以便由张德多在场内向队员讲解清楚。那时规定暂停虽是1分钟，但叫停队可以要求提前开始，不给对手布置和喘息机会。开始后，张福俊抢下篮板球传给金宝瑞，把球压着，在左翼相互传球，把对方注意力吸引到左方；这时，付洪谋悄悄溜到右翼，接张福俊从对面传来的球，突然上篮得分，或接球后突然近距离跳投得分。两次得分后，又打乱了对方的阵脚。本来4人投篮已是难防，又加上了这一手，实在使他们难以防范。公安队下半场时虽然频频换人，几易战术，拼力追赶，都无法挽回败局，最后比分102比92，以10分败北。

一中能以一个中学生队战胜东北有名的专业队，这不是偶然的。一中队是按照苏联国家篮球队总教练斯班达里杨的训练方法苦练出来的。1951年，苏联国家篮球队来到中国，在北京、上海、沈阳与我国国家队、上海队、沈阳队三个队比赛，都是全场快攻，全场紧逼盯人，都是全场5人不换，以充沛的体力，准确地投篮，以绝对压倒的优势大胜中国各队，每场差距都在百分以上，使中国篮坛大为震惊，于是都请斯氏讲课，传授训练方法。斯氏在沈阳讲课时，我这个鞍山市篮球教练（也是一中队教练）有幸参加学习，并观摩了斯氏的训练课，大开眼界。回鞍后，首先用一中男篮作了试验，收效极大。

斯班达里杨总教练的训练重点，一是大运动量。比赛40分钟，训练就有80～100分钟的运动量，比赛时连一半力量都用不了；二是训练时三分之一的时间练习各种投篮。每个队员必须有一个定点百发百中。罚篮必须全进，因为罚球没人防守。一中队就是这样苦练的，每天两次训练，每次120分钟，每次5000米的量。所以上场比赛时球到对方手中盯得对方跑不了；球在本队手中，摆脱对手非常容易。40分钟不停地奔跑攻守，不给对方喘息机会。

一中球队投得准，人力平衡，每个人都能攻能守，都有一两个绝招。例如：左锋金宝瑞，左角跳投百发百中；右锋杜承贤右翼跑投半截篮，一捅一个，出手快不易防；中锋张德多中间突破、锐不可当，防守力极强；左卫张福俊45度角中，远投篮弹无虚发，身高体大，双手可连摸篮圈7次，所以，抢篮板球能力极强，因为铅球、铁饼成绩好，长传球非常准确，是快攻发起者；后卫付洪谋专能防守，外号"膏药"，在抚顺市比赛时把高家骧（原上海学联队长，在抚顺是市队队长，又是东北区队主力）防得一筹莫展，上场三次不起作用，三次被换下。

一中队曾三胜鞍钢队，最多时相差70分。两胜东北工学院队和东北农学院队。胜辽东三省冠军海城队36分。平抚顺市队。胜抚顺市学联队78分。每场比赛都超过百分。

（写作时间：1993年9月）

莘莘学子梦想启航　桃李天下绽放芬芳

——鞍山市第一中学56·2班同学感恩母校

/ 1956届校友　常俊英 /

清华大学毕业后留校任教至今。现除担当教学外，还负责清华大学成人继续教育工作。曾出版《高等数学习题课指导书》等，译作有《开拓机器人时代——来自蓝色城堡的挑战》等。

60年前的9月，在茫茫的人海中，我们50名同学有缘汇集到鞍山市第一中学，组成了56·2班这个光荣的集体。57年前的金秋，我们高中毕业，又各奔前程，天各一方，在这三年的学习生活中，我们不仅学到了丰厚的知识，还收获了全面健康成长。值此鞍山市第一中学90周年校庆之际，我们表示衷心地祝贺，并表达浓浓的感恩之情。

90年的历史，使鞍山市第一中学积淀了丰厚的教育底蕴；90年的辛勤耕耘，鞍山市第一中学谱写出灿烂辉煌的篇章；90年来，数以万计的莘莘学子的梦想从这里扬帆启航。"桃花潭水深千尺，不及母校育我情"，高中三年的生活记录着母校对我们的重托，三年的回忆满载着老师对我们的谆谆教诲，三年的情感守候着我们与母校之间的情缘。母校是我们人生道路中重要的驿站，是我们成长的摇篮、心灵的家园。母校容纳了我们的过往和未来，虽然已经时过境迁，但我们仍然会感受到她的温暖和力量。母校极高的教学质量和优异的学术氛围，享誉省内外，名传万户家。她培育出春花烂漫，也引来了白鸟蹁跹。"良禽择木而栖"，她已经成了省内及鞍山地区中学生梦寐以求的学习圣地，也是学生家长热切向往的地方。如今，鞍山市第一中学桃李满天下，国家栋梁和精英遍布华夏大地，海角天涯。鞍山市第一中学值得我们骄傲，值得我们颂扬。我们祝福母校百年昌盛，万世承传。

生命中那些最初的感动，总是难以忘怀。鞍山市第一中学静谧、优雅、美丽的校园，使我们享受着、感动着。在忆述着她的时候，使我们对她产生了深深的眷恋。60年前，当我们刚走进一中校园时，那浓浓的文化气息，立刻就感动了我们，从心底发出了由衷地赞叹。那古朴典雅的教学楼，那刻印着岁月流逝的教室和学生宿舍，那氤氲着自然情调的草坪，那教学楼门前两侧憩静的绿廊，那流动着历史韵味的环境，都使我们情不自禁地感到无限的美好，增添了我们奋进的力量。当我们走进教学楼时，我们会发现，在教学楼走廊两侧的墙壁上和教室四周的墙壁上，挂着许多世界名人和科学家的相片和名言的条幅，给我们指明了前进的方向。在烈士山脚下的菁菁校园中，晨曦的微露，暮色黄昏，漫步在校园里，一草一木，甚至于一片落叶、一缕微风，都飘逸着浓浓的书香气息，满溢着灵动绚丽的色彩。我们就在这样良好的文化环境和浓浓的书香氛围中刻苦攻读，凝聚知识力量，在这样的沃土中生根、发芽，全面健康成长。校园中花草树木郁郁葱葱，银杏树秀美知性。在绿草刚发芽的春天，宽大操场的四周和道路两旁，高挺的树木散发出满眼的新绿，令人陶醉，心情舒畅。三年中，我们闻到了校园里花草绽放出的花香；体验到了校园里的和风细雨；观尝到了校园的春华秋实；看到了校园里老师伏案批阅、辛勤忙碌的身影；听到校园里学生们琅琅的读书声响彻碧空白云。三年中，校园的花草树木陪伴我们成长，陪伴我们走在实现梦想的路上。随着它们开了又败，绿了又黄，我们的羽翼也在时光的流淌下渐渐丰满，初步学会在蓝天上飞翔。我们感谢母校为我们营造出这么好的学习环境，能够使我们在这里尽情地张扬着生命的光彩，领略着知识的无限力量。美丽的校园是我们心中永远的记忆，因为我们的理想从这里顺利起飞，梦想从这里扬帆远航。

在美丽的校园里，我们有幸遇到了心灵美丽的老师。我们的班主任是李香多老师，任课老师有董光铋、皮杰、李世安、姜建群、吴国华、纪翰玉、贾克、张永勤、赵琦、英殿相、田展人、周大路、张子伟、杨振钦等。这些老师都是我们心中的偶像、做人的楷模。他们把"三尺讲台，小小天地"作为奋斗的舞台。他们手里的一支粉笔，让洁白的粉末组装成多种美丽的图案，点点繁华，桃李遍布五湖四海；他们手里的一本教科书，装载着一粒粒饱满的知识，在一方沃土上，培育出青翠的枝枝叶叶；他们手里的一根教杆，在我们前行的路上指指点点，指明了我们前进的方向。在这三尺讲台上，老师为我们插上一双美丽的翅膀教我们试飞，让我们的梦想都盛开成绚丽多彩的光芒。尊敬的老师，您付出的辛苦看在我们的眼里，您挥洒的心血流在我们的心上；你们辛勤的汗水化作了我们清脆的笑声，拨动了我们生命乐章里永不休止的音符；你们用生命折射出的光彩，是射入我们心灵的一道道光束，犹如冬天里的温暖阳光，射入我们的心房；你们精传道，勤授业，敬业奉献，以春蚕的品格、烛光的精神，把科学文化知识传授给我们。同学们在鞍山市第一中学既学到了知识，增长了才干，又丰富了阅历，陶冶了情操，从懵懂少年茁壮成长为有文化、有理想的阳光青年。我们真切地感受到：母校情，情重如山；老师恩，恩深似海。在此我们向老师鞠躬致意，感谢老师的培养之恩。这种恩情我们一生感激，永生不忘。

56·2班是我们最挚爱的集体，一个带给我们骄傲、欣喜、成功、感动的集体，一个镌刻在我们记忆深处的集体。她是我们同窗三年的"大家庭"，毕业前夕我们拍了个"全家福"，现在翻开泛黄的黑白老照片，亲切凝视着一张张依旧青春又熟悉的面孔，顿觉岁月之舟突然回溯，把我们重新摆渡到了57年前的青春驿站。照片上沉淀着我们的青春时光——那段难忘的激情燃烧的青春岁月，那段青春岁月里难忘的故事，那段青春岁月刻在记忆里的人让我们在对"全家福"的讲述里，寻找关于那段青春时光的美好记忆。

我们高中的梦想就是"上大学，当专家，做精英"。为此我们追逐着梦想，用刻苦攻读书写人生的美妙乐章，用拼搏的汗水浇灌着理想和希望。我们班学习成绩好，在全校也有誉名传。有唐学梁、许光焰、虞春芝等十几名同学因各科学习成绩全优秀（那时称全五分），获得了鞍山市第一中学"优秀学生"称号和"金质奖章"，上了光荣榜。在母校和老师的培育下，我们班的同学很完美地实现了第一阶段的梦想——上大学。除因身体等原因极少数同学没有上大学外，其他同学全部考上了大学。常俊英同学令人羡慕地考上了清华大学，为56·2班增誉，为母校添光，并因学习好，毕业后留校在清华大学任教至退休。其他同学分别考取了现在名为北京航空航天大学、哈尔滨工业大学、大连理工大学、东北大学等全国16所实力雄厚的高等学府。

运动拥抱青春，青春与激情在燃烧，使青春活力四射。运动场上是意志与毅力的比拼，是速度与耐力的较量。我们的梦想，浓缩在56·2班每一个奋勇拼搏、热情四溢、豪情满怀的运动员身影中；56·2班的观众凝聚激情、释放热情、锣鼓声、呐喊声、欢呼声与运动员们挥洒在跑道上的汗水和英姿互相交融，展现出最感人的绽放梦想的力量凝聚。就这样，我们56·2班在1955年全校运动大会上荣获了班级总分第一名，班级男子组总分第一名，班级女子组总分第一名三面红旗。我们还多次在全校男子篮球、男子排球单项比赛中获得三项冠军和一项亚军四面红旗。

　　体育运动成绩卓著，文娱活动也为56·2班增光添彩。1955年全校元旦联欢晚会上，我们青春无惧，敢想敢为，在我们班这个小集体里，竟敢演出孙悟空《大闹天宫》古典剧。沈翠恒同学扮演的孙悟空，手举金箍棒一根，搅乱了瑶池蟠桃大会；几个男同学扮演的众小猴，在花果山水帘洞前操练武艺，抢枪舞剑；七位女同学扮演婀娜多姿的七位仙女，头顶花篮，去蟠桃园摘取仙桃，被齐天大圣施法术定身于蟠桃园。他们都演得有板有眼，像模像样，令全校师生赞叹，欢呼声雷动，热烈掌声震天。

　　我们相逢在陌生时，分别在熟悉后；我们聚是激情燃烧的一团火，散是星光闪耀的满天星。几颗亮星星光闪烁，点点繁星星光闪闪，构成了一幅绚丽多彩的为母校争光画卷。

　　我们为母校骄傲，母校也为我们自豪。长江后浪追前浪，鞍山市第一中学莘莘学子一代会比一代强，我们望着他们追梦的身影，看到了他们飞跑着去拥抱希望。我们相信，鞍山市第一中学在弘扬中国教育精神的过程中，在教书育人的重大使命中，在奔向中国梦的跑道上，会张开美丽的翅膀更加腾飞，宏伟的蓝图会更加辉煌。

（写作时间：2013年9月）

一中这块沃土培育造就了我

/ 退休教师　周竞兰 /

1963 年我 24 岁大学毕业分到鞍山市第一中学，直到退休，在一中干了一辈子。从教 32 年，退休后留校和在分校干了 15 年，50 年从教历程，是一中这块沃土把我从一名普普通通的教师培育成高级教师、特级教师，形成了自己独特的教学风格，成为较受学生欢迎并有一定知名度的教师。

回想 50 年前刚到一中，我担任了一个高干子弟较多、思想活跃、学习成绩较好的班的班主任。这是领导对我的信任，给我锻炼的机会，但由于年轻，经验不足，学生有点瞧不起我，嘲讽和顶撞时有发生。我暗下决心，决不辜负领导的信任和期望，虚心向优秀班主任请教，努力克服缺点，慢慢得到了学生的认可，直到高三毕业和我建立起深厚感情。

开始我不太会上课，得到化学组张殿财、周益芳两位启蒙老师的热心帮助，手把手教我上课。历届领导，如侯铎、尹福臣、英铁铮、马德佩、郑汉卿、黄宝毅、姜秀兰、周世淮等，经常听我的课，课后讲评指导，使我的上课水平不断提高。多次安排我上校、市、省级公开课，锻炼我，提高我。鼓励我积极参加教改，让我到市、省、全国介绍教改经验。校领导和办公室罗桂兰主任逐字逐句帮我修改论文，使我的多篇论文获市、省级优秀论文。

经历了多年的教学改革、多次的教材变动，我始终坚持"两个为主"的教学原则，即注重教师的主导作用和学生的主体作用。

我在发挥教师的主导作用中，突出一个"导"字，重视"高效"。在组织教学过程中，时刻不忘"导"字，在学生思路紊乱时去开导，学习方向不明确时去引导，意志力薄弱时去疏导……都在"导"字上下功夫，不灌输，不包办。总之，施教之功，贵在引导，要在转化，妙在开窍，引导转化作用贯穿我从教的全过程，让学生做学习的主人，变"被动听"为"主动学"，变"要我学"为"我要学"，适时激发学生的学习积极性，保持学习积极性，从而克服掉传统的填鸭式教学法，重点培养学生思维、创新等方面的能力，开发学生智力，让学生掌握学习主动权，在教给学生知识的同时，让学生学会学习方法，提高独立获取知识的能力。因此我的"两个为主"的教改经验，在北京召开的全国教改经验交流大会上的发言受到好评。

为了使学生快速掌握知识，我采用独特的教法，把教材中费时费解的方法，加以改革创新，引导学生找到易学易记的方法。如突破记忆难关的"化学韵语教学法""有机物十二字命名法""氧化还原快速平法""推断相邻三元素的'去皮掏心'法""化学计算十字交叉法"等，师生共同把化学平衡一章用56个字概括，提纲挈领，一目了然，方便记忆。加以展开，浮现全章内容。我的《化学课堂结构、方式、方法的研究报告》获省级科研成果鉴定书。

我还在培养学生非智力因素方面下了很大功夫，使很多学生对化学产生了浓厚的兴趣，教学成果显著，每年学校都让我接二三个化学成绩后进班，经过一年努力，全都提高成先进班。

有了一中历届领导的精心培养，同行的无私帮助，可爱的学生们的大力支持和配合，我才有不断改革实践的机会，才有今天的业绩可言。是一中这块沃土培养造就了我，使我多次获得市教改先进工作者、市"三八"红旗手、市优秀教师和模范教师、全国教育系统劳动模范等荣誉称号。

我谢谢你——一中，愿一中明天更加辉煌！

（写作时间：2013年9月）

一中情怀

/ 1988届校友　张　璐 /

我在小学和初中时最大的愿望就是能考上一中。而直到到一中报到的那天，我才知道一中在哪儿，一中是什么样子。来到一中，感觉她好大，好优雅。这种感觉一直保留到大学。看到了更大、更优雅的校园，一中不好相比。可那份难舍的一中情怀却又是无法被替代的。

大学的头两年的假期，我却要回母校看看。在无人的时候，站在校园里，想象着在这里曾经发生的一切欢乐。抬头看那88·8班教室的窗户，依然打开着。还有人坐在窗边读书。一股辛酸涌上心头。

记得要到上海复旦大学的前一天傍晚，我在校园里哭了。走进一楼水房，想洗掉那泪水，可却洗不掉心头的离愁。这里有我最慈祥的老师，这里有我最可亲的朋友，这里有我最快乐的生活。是他们教我做人，教我坚强，给我机会，给我力量。这便是我一生的财富。

往事如潮，打开了，页页都血脉相连。说一声"再见"竟嘶哑了我的喉咙。挥挥手，没有"自兹去"的潇洒，却是"孤蓬万里征"的凄凉。我留恋母校，留恋在这里生活的每一刻。哪怕是痛苦，哪怕是泪水，直到今天，想起来，也依然只有——留恋。

五年来，我一直以一中为豪。无论取得什么成绩，都忘不了要告诉大家，我来自鞍山，毕业于鞍山市第一中学。刚入复旦，我报名参加"新生杯"演讲比赛。可在赛前一周，我的右腿骨折，看着伤腿，我萌了退志，可一想到母校，想到老师和同学的期待，我终于还是拄着拐杖走上讲台。那天，我讲演的第一句话便是："我来自鞍山市第一中学……"我成功了！当我把这喜讯写给我的老师、我的同学时，那种对母校的情怀油然而生，令我不能自已。

如今觉得自己长大了，习惯了分别，也能够忍受伤痛了。可想起母校那种情怀却依然未改。我还记得早自习的宁静。那时的我总爱迟到，还有每天盼望着第八节课的到来，第一个抱着足球冲出教室，一脚踢上天；在课堂上睡觉睡正香处，竟然鼾声如雷；元旦联欢会上，大家在一起载歌载舞，出尽了洋相……一切都是那么的无忧无虑，天真无邪。今年冬天，我偶尔经过一中校门，看见几个学弟、学妹，他们的穿着打扮，言谈举止，俨然我们当初。感慨之余，更多的是羡慕。比较起来，可以说我们比他们更成熟。但无论如何，都难以再如他们一样天真而无忧了。这是一个必然的过程。在这个过程中，是这种情怀始终牵系着我和母校，为我在心中圈起一块安静的地方，让我能够得到休息，得到力量！

也许每个人的心中都有那么一块圣地，在四处奔波、随波逐流中依然能够完好地保存它。有了这块圣地，有了这份情怀，才不至于遗失自我。我愿意永远拥有这份情怀。

（写作时间：1993年9月）

难诉恩师情

/校友　赵　科/

　　初春时节，草木展绿，百花盛开。有高中时代的同窗来京出差，相见寒暄之后相约同去郊游，不约而同地，大家都想起了那曾令我们留连忘返的皇家园林——颐和园。

　　出发的时候，天空中飘洒着绵绵的细雨，为早春的京城平添了几分诗情画意。我们一行五人，从前门登上专线游览车，经宽阔的二环路，上三环路，沿修葺一新的护城河，辗转近一个小时，远远地就看见了波光粼粼的昆明湖和峻秀挺拔的万寿山。

　　车抵颐和园东宫门，烟雨迷蒙中，颐和园宛如身披轻纱的少女，盈盈地同我们走来。这座举世闻名的皇家园林，经金、元、明、清四朝的兴衰，在中华人民共和国的怀抱中愈发显得妩媚动人。雨仍在悄悄地挥洒，大家却游情正浓。沿着石板铺设的甬路，不知不觉中已过仁寿殿，经玉澜堂、过宜芸馆、乐寿堂，我们徜徉于七百余米长的彩色画廊中。

　　雨淅淅沥沥地飞扬着，看着一张张熟悉的面孔，我的思绪不觉随着雨丝飘向了并不遥远的高中时代……

　　那是一个天高云淡的秋季。十六七岁的我们在阳光明媚的上午，汇聚在全市闻名的鞍山市第一中学。窗明几净的教室里，迎接我们的是全国劳动模范、五一劳动奖章获得者、全国优秀教师李传成。虽然那时候他已鬓发斑白年近半百，但他矫健的身影，略带沙哑却简洁有力的话语，机敏开阔的思维，让我们感到他的周身洋溢着年轻人一样的勃勃生机和活力。

　　在我们的想象中，高中生活就是一本本读不完的枯燥教科书，一道道解不完的晦涩试题，高考升学的压力压得我们喘不过气来。但令我们惊讶的是，李老师却在我们面前展开了另一幅图画。他在我们班推行了以自学为主，培养学生自学能力、演讲能力、抽象思维能力的讨论式教学法。

讨论式教学法是李老师通过多年的教学经验，根据时代发展及学生成才的多方面要求，独创的教学方法。旨在培养学生多方面的能力，以适应千变万化的社会环境和快节奏的现代生活。也许是大家已经习惯于填鸭式教学方式，李老师开始授课时，我们都面面相觑，竟没有人肯大胆地走上讲台，在众人面前阐明自己的观点。一次次课后的谈心、一次次夜幕中的家访、一次次课堂上的启发诱导，终于使我们豁然开朗。于是我们一次次勇敢地走上讲台，有条不紊地讲述自己的观点。我们一次次战胜自己，激发出自己以往不曾发现的潜能。李老师却为此付出巨大的心血，他的黑发在日益减少，身体也日渐消瘦。

有着一颗真正的人类灵魂工程师心灵的李老师，他不仅教书，更是育人。故乡风景秀丽的千山风光，海城马风乡生动的社会考察，大连海滨汹涌的波涛，拂面的海风，沈阳故宫的古色古香，北京故宫的金碧辉煌，北海公园的碧波风荷，八达岭、香山、卧佛寺，到脚下举世闻名的颐和园，都留下了李老师带我们走过的深深足迹。每次外出活动他总是八方求助资金，为了我们的吃、住、行他耗费心血，不知疲倦。每一次在风景旖旎的大自然面前，在巧夺天工的建筑物面前，在一群群在党的富民政策下绽开笑脸的人们面前，我们的心灵都净化了、升华了，性格坚强了。高中毕业，我们班以百分之百的升学率进入上一级学校学习，而且有三名同学光荣地加入了中国共产党。

宝剑锋从磨砺出，梅花香自苦寒来。

在我们许多人的毕业留言册上，班主任李老师为我们写下了上面这句格言。带着远比其他同龄人多得多的东西，我们背起行囊，告别故乡，奔赴各自新的学校。家乡那并不漫长的月台上，又是他那矫健的身影，略带沙哑却简洁有力的话语，再次给予了我们信心和勇气。于是我们昂起头，挥挥手，开始了新的远行。而李老师的眼中，不觉已滴落几滴热泪，那一刻，我们发现老师的头发更白了，更稀疏了，人也愈发显得苍老而孤独，也许他仍然放心不下他的这些并未长大的孩子吧……

"看！智慧海。"一声故友的呼唤把我从回忆中拉了回来。经排云殿，到佛香阁，我们已登上了智慧海。

大学毕业近两年，当初同在一个教室里的同窗学友已天各一方。热心于学业的，仍在不同的学校攻读硕士、博士，一些不甘寂寞的，已开始在商海中遨游，几位故友已远在异国他乡开拓事业，当然更多的人在各自岗位上默默地耕耘着、奉献着。高中时代李老师给予我们的多种训练，已结出了丰硕的成果。在适应环境方面，在人际关系方面，在开拓工作方面等，我们都表现出良好的素质。谈话中大家又不约而同地想到了那次颐和园之行，想起了远在家乡的李老师。说他的白发又平添几许，说他自从一年前做了胃切除手术后身体更不如从前，说他仍然在为教育事业劳苦心智，说他依然在为我们中许多人的婚姻大事而劳动，说他依然严于律己，身照他人……

如丝的细雨，不知什么时候已倏然停止。空气中弥漫着泥土的芳香——一切都显得清新而愉快。站在万寿山上，俯瞰风姿绰约的颐和园，见碧波荡漾，水榭楼台，琼楼玉宇，真人间胜境。遥望故乡的方向，我们默默地在心底里祝福着那曾为我们的一生打开瑰丽画卷的恩师——李老师……

（写作时间：1993年9月）

我走过的路

/ 鞍山市第一中学原科研室主任、物理教师　李传成 /

从教四十年来，我所走过的路，是坎坷曲折的路，是追求、探索、实践的路，是不断自我完善的路，也是无私奉献的路，更是我感到无限欣慰的路。

1936年6月28日，我出生于大连市甘井子区栾金村一个贫农家庭。1945年随父落户沈阳，当时是国民党统治时期，家庭生活十分困难。从小学开始，我就半工半读，上午上学，下午卖报纸、香烟、粘糕，卖过牲口草，也拣过煤核等。1955年全国试行高中保送生，我被沈阳十中保送到沈阳二十七中。1958年，我以优异成绩被辽宁师范学院（现辽宁师范大学）物理系录取。父母十分高兴，含辛茹苦地供我读书。在大学，我埋头学习，认真攻读，立志要做一名合格的人民教师。大学期间，我担任院学生总会文化部长和物理系学生会主席，锻炼了工作能力，为毕业参加工作打下了良好的基础。1962年7月，大学毕业，我被分配到鞍山市第一中学，如愿成为一名人民教师。当时的鞍山市第一中学领导对我非常重视，马上安排我到教学第一线，接高中二年级的课，任64·3班与64·4班的物理老师，并担任64·3班班主任。

当时，我的思想很单纯，满腔热情地投入到教学工作中，相信自己一定会胜任教学和班主任工作的。我暗下决心，不管做什么，一定要做得最好！我一方面埋头钻研业务，认真备课，一方面虚心地向老教师学习，堂堂节节都去听老教师的课。开始的每堂课，我的教案和讲稿都不知写了多少遍，课前对照镜子，自己对自己反复地讲，每堂课后，我都要征求学生的意见，虚心听取学生对我教学的反应与评价，与学生活动在一起，与学生打成一片，教学相长。功夫不负有心人，两年后，1964年，我教的首届毕业生即获得了高考的好成绩，名列全校第一名，这成为当时轰动全校的新闻，我得到了人们的认可。从那以后，我便成为学生、学生家长及老师们瞩目的教师，学校领导也认为我是可造就之才，一直坚持让我带高三毕业班。在此后的教学中，我积极鼓励学生刻苦读书。当时我们学校有一位俄语老师叫房检生，他刻苦努力，坚持自学，会三国外语。他每天早上带着俩窝窝头，到花园自读外语。我便以他为榜样，向学生说："不经一番风霜苦，哪得梅花放清香。"向学生灌输他的刻苦读书的精神，我也以房检生老师为榜样，不辞辛苦，把全部身心都投入到教学中去。

这期间，我的事业与爱情都充满阳光。1963年，我有了自己美满的家庭，爱人是我辽师的同届生物系毕业生，之后，我们有了可爱的孩子。家庭与事业双丰收。

1977年，我国恢复了高考制度。学校领导还是让我教高中三年级毕业班，当班主任。

我迎来了人生的转折，也终于迎来了事业的春天，被压抑多年的教学热情得以迸发出来。我为了让学生获得高考的好成绩，开始研究探索一种全新的教学方法，这就是讨论式教学法的雏形。在重点、难点的知识上，我设计出问题，组织学生讨论，师生间、学生间互相争论，共同完成学习任务，边探索边实践，不仅使学生得到了高考的好成绩，而且还培养了学生们的各种能力。1979年，恢复高考后我带的第一届毕业班（79·1班）又获得了惊人的好成绩。当时全班70人，升入大学的是68人，重点大学占83%，是辽宁省历史上第一次出现的高升学率，其中物理高考平均分列全省首位。

我的名字被逐渐地传开了。当一个人有了名气的时候，不可避免地会受到种种议论。有的说，"历来是教师讲学生听，搞什么讨论？"有的说，"搞名堂，搞花架子"，还有的人专门从鸡蛋里挑骨头。我想，个人的命运是由个人所掌握的，别人说得对，我坚决改，不对，我决不回头。

我不受干扰，坚持探索，大胆实践。1980年，撰写论文《谈讨论式教学法》，在《辽宁教育》上发表，正式公开提出了"讨论式教学法"一命题。

1980年，"讨论式教学法"被列为辽宁省的重点教改项目。

1983年，"讨论式教学法"被列为国家级教改项目。

1987年，"讨论式教学法"通过了国家教委委托辽宁省教改指导组组织的专家鉴定。

1990年，"讨论式教学法"被评为全国首届教育科学优秀成果二等奖。

1991年11月8日，中央电视台于《晚间新闻》节目宣布"讨论式教学法"实验成功，"讨论式教学法"终于在全国推广。

从1978年开始探索研究"讨论式教学法"至1996年，在这近二十年里，在鞍山，我举行了110余次百人以上的大型公开课，接待了来自全国各地的听课者达2万余人；先后被辽宁、吉林、北京、江西、福建、广西、广东、山西等有关单位邀请前去讲学、上示范课、做报告达90余次，听众达4万余人次；先后4次参加全国学术交流会；先后写出教育、教学、科研文章和著作达30余篇，其中有18篇在《中国物理教学》等相关刊物上发表；我的《电磁感应》等教学录像片保存在中央和辽宁的电教馆里，被许多省市转录放映。

1985年9月，我以中方代表的资格参加了"中英两国理科教育新方法讨论会"，在大会上做了《讨论式教学法及其应用》的学术报告，并被译成英文，到英国交流。

省内外有许多学校请我做名誉校长、学校顾问、名誉教师等各种职务。最远的地方是广西柳州市普教学会的顾问；近的任开原市教委顾问；身边的担任了海城教师进修学校和同泽中学的名誉校长，还担任了鞍山市学法研究会理事长、鞍山市物理教学研究会副理事长、鞍山市心理卫生协会副秘书长、市政协委员、市总工会委员；等等。

在研究探索教学改革的同时，从1984年开始，我还坚持探索班主任的工作规律。我给自己制定的课题是"面向未来，塑造人才"。以我所教班级为实验田，在教育界率先引导学生干部轮换制；每年暑假举办以"五爱"教育为中心的学物理夏令营活动；开展系列主题班会活动；引发学生做班级管理的主人。

我实验与研究的"重点高中三三式德育新模式"课题，于1992年3月17日通过了由辽宁省教育规划领导小组组织的省内专家的鉴定。

我带的实验班毕业六届，升学率都很高，其中1984、1987、1991三年都是100%，学生们上大学后一致反映："我们是受益于大学，培养于高中。"

1987年，我创立了鞍山市第一中学科研室，并任科研室主任。为提升鞍山市第一中学的社会地位，发挥我的知名度和影响力，我于1990年将鞍山市第一中学跻入由辽宁省实验中学、吉林省东北师大附中、黑龙江省哈师大附中三省三校的青年教师教学探讨活动中去。由三省三校变为三省四校，每年一次轮流集中上课表演、专家评课，是青年教师锻炼成长的极好机会。1991年，我又将东北三省十所名校，即辽宁省实验中学、大连八中、东北师大附中、长春实验中学、吉林一中、哈尔滨师大附中、牡丹江一中、大庆实验中学、佳木斯一中组织起来，成立了东北十校教育科研协作体，我任秘书长，每年按计划两次组织十校的校长、科研室主任和广大教师，开展教育、教学、科研、学校发展建设、教育论坛的交流与讨论活动，深受十校领导和广大教师欢迎。直到现在，东北十校教育科研协作体还坚持开展活动。还有不少省市的重点中学渴望申请参加这个协作体，这个协作体对东北三省高中教育起到了积极推动作用。

为了加强特级教师自身建设和发挥模范作用，我主动向市教委领导建议成立鞍山地区特级教师研究会。经市教委领导同意，市民政局批准，于1988年在全国首次成立了鞍山市特级教师研究会，我任理事长，不定期开展有益的活动。

正当事业一帆风顺的时候，噩运向我袭来。由于劳累过度，我逐渐感到身体发虚，胃部不适，常常发痛。1989年2月，经市中心医院和中国医科大学诊断为"中晚期胃癌"，要立即手术。噩讯传来，我感突然，但没有被击倒。我的一生已遭遇了太多的磨难，也历经了太多的考验，我跌落过低谷，也创造过辉煌，人生无常啊。战胜苦难，战胜病魔，战胜自己，这才是完整的人生。手术顺利地完成了，我的胃被切除了五分之四。躺在病床上，在恢复治疗时，我向学校党组织写了思想汇报，并对我的一生做了概括："我的一生是坎坷的一生，我留下的脚印虽然是歪歪扭扭的，但我却尝到了一个征服者的喜悦；当今的共产党人除了要出色地完成本职工作外，还要主动找活干；人生的价值在于无私奉献和不断探索；我的一生苦中有乐，乐中有苦，一旦成功，其乐无穷；我要克服各种困难，我要相信科学，相信大夫，积极配合，战胜疾病，让每分每秒过得有意义，我争取早日返回工作岗位，投入我所追求的事业中去。"

我没有倒下。终于，我胜利了，战胜了病魔，我是强者！

1996年6月28日，我满60岁，正式退休了。

但是，我对教育事业的热情始终没有放弃。

2005年9月中旬，我已年届70，鞍山市第一中学校领导又聘我担任一中的听评课委员。为不负众望，我认真履行职责，身体力行，不虚度一时一刻，毫无保留地将自己多年的教学经验无私地传给年轻的一代，为一生钟爱的教育事业献出我最后的一点余热。一年多来，我共听课187节，逐节反馈，交换意见，并分别在各个教研组及全校教育论坛大会上评课论教。

2007年，经鞍山市第一中学离退休老同志选择推荐，鞍山市第一中学党委批准，我又担任了鞍山市第一中学老科技工作者协会的会长。古稀之年，我希望自己还能力所能及地为鞍山教育事业发展和一中教学质量的提高，再尽一些微薄之力，做一些应有的贡献。

回顾自己从教四十年所走过的路，我付出了很多心血，也收获了很多快乐，物质上我没有多少需要，精神上我有很高的追求。我追求理想，追求完美，追求成功，我一心付出，不讲享乐，我无怨无悔。

（写作时间：2007年9月）

我和我跨世纪的同学们

/ 鞍山市第一中学00·3班校友　周春男 /

高中的学习，应该是什么样的？

是三更灯火五更鸡的拼搏，是读书不觉已春深的专注，还是锲而不舍金石可镂的坚持？

高中的知识，是什么样的？

是由实数和虚数计算出来的优美的函数曲线，是以各种初始速度和加速度抛来抛去的小球，还是那些永远也配不平的方程式？

然而，我已经完全忘记这些了。

我能记住的高中的生活，是一张张恣意欢畅的笑脸，是一段段热烈欢乐的时光。

我是2000届的，我觉得我们这届很特别。我们是迎着香港回归中考的，是跨着世纪高考的，在一中历史上只有我们这届拥有007这个酷炫狂拽的班级名字。

进入高中，第一件大事就是军训。我们那时候军训在雷训团，大概在是现在一中校园的西侧。雷训团条件有限，男生睡在桌子和椅子拼的“床”上，人到中年的我现在想起来硬桌椅都觉得腰疼，不知道他们当时是怎么挺过来的。女生的铺位是上下铺，我们是第一次睡上下铺，半夜就出现了从上铺掉下来的情况，从此那个女生获得了一个"飞行员"的称号。

高一的学习艰苦而繁重，不过我们心里有一个甜蜜的盼头。每年高一升高二的暑假，学校会带领高一学生去农村进行社会实践。我们"80后"也不是没去过农村，不过能和老师、同学们一起去农村，那快乐简直可以抵消期末考试的痛苦！我们那届去的地方是海城析木镇龙凤峪村，那地方有一个新石器晚期建的黄岗岩石板搭造的石棚，是上过历史书的。龙凤峪村的老乡亲切地接待了我们，我第一次吃到饽椤饼——一种用大绿叶子包的饼子。老乡还用绿莹莹的蚕宝宝剁成肉馅给我们包饺子，不过我没敢吃。我也不知道我为什么能一口一个地吃下圆滚滚棕黑色的茧蛹，却对它们的前身怕得要死。在龙凤峪村的日子里，一帮五谷不分的城市娃比着认田里的蔬菜苗，一帮早上起不来学习的懒蛋天还没亮就爬起来去看日出，一帮手不能挑、肩不能扛的小公主小皇帝（是的，我们那代人是独生子女，上一代人鄙视地这样称呼娇生惯养的我们）抢着帮老乡干活。时隔二十多年，我还能记得那个暑假，记得那些和同学们一起睡在农村大炕上的不眠夜晚。

盼完了高一暑假，我们就开始盼高二暑假。每个高二暑假，学校会带全体高二学生去北京社会实践。每次去北京，一中会包下一整个去北京的火车，五六百名学生浩浩荡荡地奔赴首都。我直到现在都认为，带着这么多未成年人，完成订票、订宾馆、租车等这些工作，去清华，逛北大，看故宫，爬长城，再全须全尾地把孩子们带回来，简直就是一个奇迹。一中的老师们年年都能完成这个人间奇迹，除了——我们这年。我们2000届的上届和下届都去了北京，只有我们没去过，因为我们那时候要参加全国高中的大课间比赛，每天我们在操场上苦练间操，还要表演、录像，所以我们这届没有去过北京。简直痛心疾首！我死皮赖脸地认为我没考上清北的原因之一，就是我没听过清华园的读书声，没看过未名湖的涟漪波。

到了高三，日子就乏善可陈了。然而，高考给了我们21世纪的第一批高考生一个礼物——我们那年的数学特别难，难到什么程度呢？今年我在抖音上刷到人们讨论2022年的高考数学有多难的时候，一个家长说她孩子的数学老师说即便2000年的高考数学那么难，该考上什么大学还考上什么大学。22年过去了，一个婴孩都长大成人了，人们还记得2000年的高考数学。

2000年，好远，远到好像属于上个世纪；2000年，好近，近到它就在我们这届人的心里，没有一丁点的距离。

（写作时间：2023年5月）

果，木实也。

第七章　果：教学成果选编

"讨论式教学法"教改实验报告

/ 李传成 /

　　"讨论式教学法"是我们在高中物理教学改革实验的基础上于1978年提出并开始进行实验的。1978年叫"辩论式教学"，1979年叫"讨论式教学"，1980年形成"讨论式教学法"。"讨论式教学法"的含义是：以现代教育学、心理学为理论依据，采取以问题为中心、以广泛讨论与答辩为主要形式的课堂教学方法。"讨论式教学法"教改实验，在探讨中学物理教学如何为培养人才奠定基础方面积累了一些经验，提供了初步的科学成果。目前，"讨论式教学法"已被省内外一些中学采用，评价较好。报告如下。

一、实验的思想基础与理论依据

　　近些年来，世界科学技术迅速发展，人才已成为各国经济竞争的焦点，因此，各国都在进行以培养人才为目标的教育改革。要实现中华民族的伟大复兴，也必须首先重教育，培养大批优秀人才。我们认为，无论面向世界教育的发展趋势，还是面对未来教育的挑战，都应该按邓小平同志提出的"三个面向"指示精神，把培养"四化"建设所需人才作为教育改革的出发点和归宿。

中学教育是基础教育，是培养人才的基础阶段，因此，新时期中学教育的任务就是从"人才"高度着眼，培养学生具备两种精神，即"实事求是、独立思考、勇于创造的科学精神"和"为国家富强和人民富裕而艰苦奋斗的献身精神"，也可以说，这两种精神是现代化人才的基本素质。中学物理教学，作为完成教育任务的基本途径之一，应该自觉地为提高人才素质服务。然而，长期以来，物理教学在传统教学观念束缚下所形成的教学思想和教学方法却阻碍着人才的成长，主要表现为：重视知识传授，忽视能力培养；重视课内教学，忽视课外活动；重视智力因素，忽视非智力因素，以及把占有知识的多寡作为教学评价的唯一标准；等等。为了克服这些弊端，探讨物理教学如何有利于发展学生的个性特长，如何为提高人才素质发挥作用，我们进行了"讨论式教学法"教改实验。

"讨论式教学法"教改实验的提出与完善是在教育实践中进行科学探索的结果，有一定的理论依据。

（1）现代教学理论指出，启发式教学是普遍的教学指导思想，它的基本观点是反对向学生灌输现成的理论知识，强调发挥教与学的两个积极性，这种思想既充分肯定教师的主导作用，又承认学生的主体地位；既注重调动学生的学习主动性，又注意训练学生的思维方法；既要给学生打下扎实的知识基础，又要发展学生的能力。我们认为，教学改革首先要遵循启发式教学原则，也就是说，教师要正确对待学生，充分估计学生的潜在能力。不只研究"书"，更要研究"人"，不只管"教法"，更要管"学法"。在教学过程中，教师不能单纯传授知识，更不能代替学生去获取知识，他的责任在于激发兴趣、开拓思路、点拨解惑、诱导创新，在于用教学的艺术性与创造性引导学生通过独立思考去完成认知过程。毫无疑问，启发式教学思想体现得越充分，教学效益越高。那么采用什么样的教学方法更能体现启发式教学思想呢？我们认为，用问题激发兴趣，以讨论争辩活跃思维是有效的方法之一。师生间、学生间自由广泛的讨论、争辩会使常规的单向性启发变为多向性启发，因而更能提高教学效果。

（2）教育心理学认为，学生是充满心理活动的有机个体，教学的成败取决于能否遵循学生的心理特点与发展规律，能否调动学生的全部心理因素投入获取新知识的学习过程。中学阶段学生的抽象思维能力明显发展，他们求异好奇，求知欲强，对发现问题、发表见解跃跃欲试。只有使教学活动与学生的心理要求合拍，才能真正激发并保持学生的学习积极性。根据教育心理学规律，我们认为，这种积极性得以保持的条件是：① 尊重学生，建立民主平等的师生关系，创建生动活泼、轻松有趣、富有效益的教学环境；② 为学生创设一定的问题情境，并贯彻于整个教学过程的始终；③ 要善于组织能使学生感受到自身责任感的教学活动，让学生的思维能力伴随兴趣而产生并导致对教材的深刻理解和掌握；④ 向学生提供得以表现与发展的机会，让他们去体验探索的乐趣。此外，心理学还把年龄相同的同学之间相互提出看法和意见，相互交谈，看作思维发展的良好机会，认为这种气氛有利于吸引较差学生参与学习活动并逐渐养成心理优势。

（3）物理学科是一门"物"和"理"两个方面兼顾的自然科学，它是由物理概念和物理概念之间的联系与制约形成的物理规律组成的。它要求学生通过观察思考、分析推理、实验操作等途径认识物理概念与规律间的内在联系。因此，物理教学的任务是培养学生的观察能力、实验能力、思维能力、分析和解决问题的能力。由于思维能力是各种能力的核心，因此，教师必须致力于学生思维方式和学习方法的研究，要让学生采用探讨式学习方法，去主动获取知识，让学生在探讨正确答案的过程中锻炼思维、发展思维，达到掌握知识、开发智力、培养能力的目的。

（4）物理教学与其他学科教学一样，是个完整的可控系统，也是个"输出信息—接收反馈信息—控制、调整"的综合性运动。在这一系统中，信息是个最活跃的因素，教者要在完成输出信息后，迅速而准确地掌握反馈信息，科学地调控教学程序。怎样才能使信息反馈得迅速而准确呢？我们认为，重要的是扩大信息流通渠道，保持信息通畅，而讨论争辩的教学形式必定会向教者提供这样的可能。

总之，在上述理论指导下，改革了传统物理教学的教学思想、教学方法、教学结构，进行了"讨论式教学法"教改尝试，期望通过科学实验，摸索出培养人才的有效途径。

二、课题的确立与实验过程

1978年，为了活跃课堂气氛，调动学生学习的积极性，在习题课上试用了"辩论式教学"，即组织学生争论问题，探讨解题方法。结果表明这种课堂讨论的形式能使学生学得主动，学得扎实，有利于提高教学质量，因而"辩论式教学"得到了有关领导的重视。同年11月，辽宁省教育学院召开省物理教学研究会，对"辩论式教学"进行了专门研讨，会议认为，这种教学方法确有不少优点，应该继续实验，并建议将"辩论式"改为"讨论式"，要求在实验中回答四个问题：① 如何发动学生参与讨论？② 能否完成教学进度？③ 如何发挥教师的主导作用？④ 能否有利于差生学习？

1979年，开始在高三物理课上进行"讨论式教学"实验，实验范围增加了讲授课和复习课两类课型，从而把"讨论式教学"运用到基础知识的教学之中，经过一年实验，效果是理想的，不仅教学质量有明显提高，而且上述四个问题也得到了肯定性回答。于是，对"讨论式教学"进行了全面的分析，并将其作为一种教学方法加以研究。1980年，本实验被正式列为辽宁省中学物理教学改革重点实验项目，课题确定为"讨论式教学法"教改实验。

实验目的主要有两点。

（1）根据新时期的教育任务和现代教育学、心理学理论，研究有利于学生接受知识、培养能力、发展智力，并形成良好思想品质的教学方法与教学途径，探讨物理教学如何为培养人才打好基础。

（2）在理论与实践的结合中，研究物理教学规律，为中学物理教改提供科学成果和科学依据。

1981—1987年，"讨论式教学法"先后进行由高一至高三两轮完整的实验。

第一轮实验：1981—1984年，确定鞍山市第一中学84·1班为实验班，实验内容包括课堂教学与课外活动，其中课堂教学含讲授课、习题课、复习课、实验课四类课型。这一轮实验较系统地研究了"讨论式教学法"的含义、基本模式及具体运用，认识其精神实质，力求体现培养学生能力、教会学习方法等特点。实验结果表明，"讨论式教学法"是一种深受学生欢迎的教学方法，它调动了学习的积极性与主动性，提高了课堂教学效益，减轻了学生的课后负担，同时，学生的自学能力、思维能力、实验操作能力、表达能力等都有明显提高。

1984年被定为国家部一级教育实验课题在辽宁省子项目之一，并签订了"教育科学研究项目议定书"。

第二轮实验：1984—1987年，鞍山市第一中学87·1班为实验班，实验内容增加了"教学评价"实验。这轮实验把"从实际出发，围绕教育教学目标，研究人才培养"作为立足点，相应确定了两个中心课题：① 系统研究使学生的基础知识与基本技能整体提高的理论与实践；② 积极创造条件，进行使学生的智能与素质全面和谐发展的实验研究。在三年的实验过程中，我们始终坚持"三结合"的实验原则，即打好基础与发展智能相结合，课内与课外相结合，教育与教学相结合。为了进一步完善本项实验，我们定期为学生进行智商测试，以便更全面、更科学地检验实验成果，及时修正实验中存在的问题。实验结果表明，这轮实验一方面进一步完善了课堂教学中"讨论式教学法"的理论与运用实践的研究，另一方面初步形成了对学生进行全面培养的教学思想体系，从而在物理教学的整体化改革方面取得较大的进展。

三、实验的主要内容

课堂教学是最基本、最主要的教学活动，是教学改革的核心。"讨论式教学法"实验，改革了旧有的教学模式和课堂结构，实行教学民主。通过教师对学生、学生对学生、学生对教师的多向交流、讨论答辩的形式，活跃课堂气氛。既要发挥教师的主导作用，又要确立学生的主体地位。本实验的课堂教学程序一般可分为五个环节：引导自学—师生提出问题—小组或全班讨论与答辩—教师课堂总结—学生灵活运用。

（1）"引导自学"是运用"讨论式教学法"的基础，贯穿于整个教学过程。主要指学生课上阅读教材和讨论中的再阅读（也包括难度较大的课程内容的课前预习和单元总结课的查阅资料等）。引导自学的要点是：① 要使学生学会通读、速读、精读的读书方法，会写阅读纲目和阅读笔记；② 要使学生在自学中抓住重点发现疑难，提出有一定价值和实际意义的问题，从而对新的学习产生兴趣与注意；③ 要使学生善于联系旧有知识进行独立思考，展开联想达到对知识的概念与实质有所领会；④ 要因材施教，根据教学要求，向尖子学生布置自学专题，让他们撰写论文，向学生报告并接受答辩，发展其个性特长。

（2）"师生提出问题"是运用"讨论式教学法"的关键，它是指让学生在自学的基础上，提出疑难问题，再由教师把若干问题归纳为有代表性的一个或几个问题的过程。如果学生提不出问题或提得不全，教师要自己提出或给予补充。所确定的讨论题目要密切联系教材的重点、难点和关键点，要能击中要害，激发学生兴趣，题目的难易应适度，既不能过于简单，也不能超越学生的实际水平，应以学生经过反复思考，"蹦个高"抓得到为宜；题目的大小要考虑45分钟的授课时间，以完成教学进度，达到教学目的为标准。

（3）"小组或全班讨论与答辩"是运用"讨论式教学法"的核心环节，它是以发展学生的抽象思维与形象思维为目标展开的，教师要按问题及学生的实际情况灵活掌握，有时对正面知识进行论证，有时开展正反两方面意见的辩论，有时针对错误意见进行讨论，用反面教训把正面知识衬托得更明显、更深刻。讨论的形式有个人发言或小组代表发言，也有全班讨论，允许学生走上讲台阐明观点，交流看法和争辩问题。讨论要在学生间、师生间广泛开展，对难度大的问题，教师应给予提示。讨论发言的基本要求是"大""敢""会"，即讲话声音大、敢于发表见解，会口头表达，有理有据。在这一环节中，学生的思维异常活跃，因此，教师的主导作用格外重要，他要使每个人的思维能力在"群体思维"的作用下得到最好的锻炼与发展，还要在学生讨论中关键恰当地点拨与讲解，合理地调控教学程序，有效地指导学生获得结论，系统而有条理地掌握知识。

（4）"教师课堂总结"应成为讨论的结果。对一些问题的讨论，教师要给予肯定或否定的回答，最后有条理地概括出几点，并指出应注意的问题，必要时进行详细的讲授。对敢于提出问题和辩论问题的学生，应给予鼓励和表扬。

（5）"学生灵活运用"是课堂教学的最终目的之一。它是通过练习检测手段去完成的。练习检测的题目可考虑增加难度和灵活性，使学生既能巩固所学知识，又能熟练掌握、灵活运用知识。

上述五个环节是相互联系的统一整体，而不是固定的模式，教学中通常根据教学内容和学生的实际灵活运用。

理论联系实际是进行科学研究的基本原则。从面向未来的角度说，仅仅在45分钟内讨论问题是不够的，应进一步打开学生与外界、书本知识及实际知识的联系通道，要引导学生走出课堂，接触实际，扩大视野，培养创造精神。"讨论式教学法"实验改革了单一的课堂教学形式，实行了两个课堂相结合的教学新体制，实验班成立了课外活动领导小组，制订了课外活动计划。

课外活动主要分两类，一类是学科活动，一类是社会活动。学科活动主要有：举办物理专题讲座、物理竞赛、实验操作比赛，撰写物理单元总结报告，举行物理小论文答辩会以及学物理夏令营等。社会活动有：社会调查（包括工厂、农村）、参观访问（如参观高能物理研究所）、举办演讲会等。

开展课外活动的原则是：以自学为主，以发展学生的个性特长为主，以自己动手实践为主，以培养能力为主。课外活动的目的是：① 丰富、深化、巩固、应用课内所学的知识，进一步激发学生的学习兴趣、培养创造意识和创造能力；② 面向全体学生，因材施教，使知识、性格各异的学生都获得发展，发现与培养拔尖人才；③ 发掘非智力因素，培养学生具有从事科学劳动所必备的心理素质；有理想、有抱负，有进行科学探索的信心与勇气；不保守、不自私，有团结互助的合作精神；肯学习、肯钻研，有克服困难的坚强意志等等。

四、实验成果检验

本实验时间较长，容量偏大，所以本文大都以87·1班为例阐明成果。鞍山市第一中学87年级共有七个理科班，除实验班进行物理教法改革外，七个教学班学生基础、师资水平、教学条件相同，因此，实验班与其他六个班具有可比性。

（一）基础知识检验

（1）平时物理成绩比较：1984—1987年，87·1班与其他六个平行班进行六次对照，结果如下：

表1

阶段	实验班			对照班（共六班）			z值
	人数	平均分	标准差	人数	平均数	标准差	
入学	52	87.21	6.29	216	87.56	5.65	0.367
高一下	52	58.53	11.00	363	58.40	12.71	0.0787
高二上	52	66.58	12.22	307	60.69	12.59	3.196
高二下	50	58.70	12.12	304	55.57	10.74	1.718
高三上	49	77.89	10.67	292	70.45	9.69	4.58
毕业	49	85.69	7.62	293	82.07	9.72	2.92
高考	45	49.36	11.13	289	45.38	10.55	2.25

［注］实验班入学52人，后来到文科班3人，有4名保送生，参加高考的共45人。

从表1可见，从入学到高一下，实验班与对照班考试成绩无显著性差异。说明他们的基础相同，而从高二上至高考的五次考试。经过显著性检验，四次有显著性差异，说明实验班成绩高于对照班。

（2）竞赛成绩比较。87年级七个班，在校三年中举行三次全校性物理竞赛。高一，校竞赛前10名中，实验班占6名；高二，校竞赛前10名（并列13人）中，实验班占6名；高三，校竞赛（全国中学生物理竞赛预选赛）前70名中，实验班占19名，其中一名获中国物理学会银质奖章。

（3）历届高考成绩比较。九年中，共五届实验班，在高考中物理平均分数，除1984年仅以0.1分之差名列全校第二名外，其他几届均名列全校第一名。

（二）智能检验

1984—1987年，87·1实验班每年进行一次智力测验，可以从纵横两方面比较该班学生的智能发展情况：（以下均为鞍山市心理科学测量所测验的数据）

1. 纵向比较

表2是实验班三次测验三种智商平均数、标准差及其差异F检验。

表2

次数	时间	言语智商	操作智商	全量表智商
1	1984.12	115.02 ±5.77	107.48 ±8.06	113.68 ±6.06
2	1986.03	121.00 ±6.55	122.45 ±11.37	123.53 ±8.14
3	1987.03	129.34 ±5.68	128.93 ±9.39	131.86 ±6.60
F值		61.53※※	51.53※※	7.29※※

注：$p < 0.01$（显著性）。

由表2可见，实验班三次智力测验的三种智商平均数经F检验，差异性都达到了很显著的水平，说明该班学生在三年实验中，智力水平获得显著提高，其中第二年三种智商比第一年提高一个等级，即由平常的智力水平提高到超常水平。第三年全量表智商比第二年又提高了一个等级，即由超常的智力水平提高到极超常的水平。

表3与图1分别是实验班三次智测的分测量表、平均值、标准差比较以及量表剖面图。

表3 三次智测结果

项目 次项	知识	领悟	算术	相似	数学广度	词汇	数学符号	填图	木块图	图片排列	图形拼凑
一次	12.52 ±1.79	11.95 ±1.40	12.34 ±1.51	11.18 ±2.47	16.66 ±2.07	10.52 ±1.80	14.27 ±1.66	12.55 ±1.51	12.00 ±2.24	10.45 ±2.21	10.45 ±2.46

表3（续）

项目 次项		知识	领悟	算术	相似	数学 广度	词汇	数学 符号	填图	木块 图	图片 排列	图形 拼凑
二次		14.16 ±1.46	13.14 ±2.18	12.91 ±1.79	13.91 ±1.28	14.43 ±2.44	12.59 ±1.34	16.14 ±1.79	13.34 ±1.96	12.98 ±2.36	12.52 ±2.58	13.50 ±2.36
三次		14.68 ±1.33	15.36 ±1.58	13.82 ±1.68	13.93 ±1.25	15.00 ±2.22	14.73 ±0.81	16.45 ±1.99	13.93 ±1.86	13.73 ±1.85	13.84 ±1.93	13.57 ±2.07
差异	1 2	−4.73	−3.03	−1.62	−6.25	−4.63	−6.12	−5.08	−2.14	−2.00	−4.04	−5.91
	1 3	−6.47	−10.75	−4.36	−6.59	−3.64	−14.15	−5.58	−3.85	−3.95	−7.68	−6.44
分析	2 3	−1.75	−5.49	−2.46	−0.7	−1.15	−0.07	−0.77	−1.15	−1.66	−2.72	−0.15

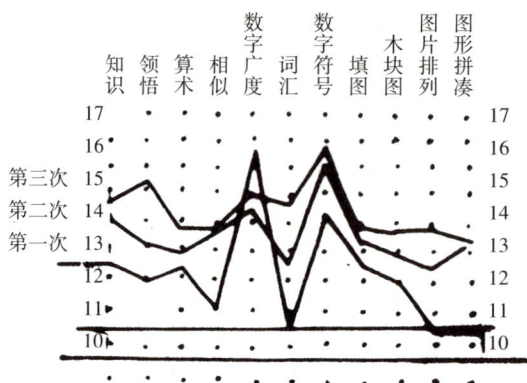

图1　量表剖面图

表3与图1反映了实验班三次各分测验成绩：第二次与第一次比较，除算术（推理解题能力、注意力）、填图（观察力）、木块图（立体感、视觉分析与综合能力、视觉与动作协调能力）三项外，其余各项均有显著或特别显著提高；第三次与第二次相比，领悟（实际知识理解与判断能力）、算术及图片排列（空间想象力）有显著性提高，说明实验班学生在三年中各种能力均获得较大发展。

此外，由图1可见，第一次测验剖面图出现两个高峰，四个低点，说明学生的智力结构不协调，第二、三次测验剖面图中。原四个低点显著上升，表明学生的智力结构得到改善。

2. 横向比较

表4是实验班与对照班总体智商比较：

表4

年级	班级	言语智商	操作智商	全量表智商
高二	实验班	121.665 ±6.55	122.45 ±11.37	123.52 ±8.14
高二	对照班	122.22 ±5.69	114.30 ±7.58	120.72 ±5.79
	t值 $af=92$	0.97	4.14	1.92
高三	实验班	129.34 ±5.68	128.93 ±9.39	131.86 ±6.60
	对照班	125.10 ±6.48	123.78 ±9.35	126.84 ±7.54
	t值 $af=92$	3.35	2.66	±3.41

注：高一时，对照班未进行测试。

由表4可见，高二时，实验班的操作智商十分明显高于对照班，说明实验班在操作能力及学习新问题的能力方面提高幅度大，高三时，实验班三种智商都显著高于对照班。

表5与图2分别是实验班与对照班高三时的分测量表、平均值、差异检验以及量表剖面图。

表5

		知识	领悟	算术	相似	数学广度	词汇	数学符号	填图	木块图	图片排列	图形拼凑
高三	实验班	14.68 ±1.33	15.36 ±1.58	13.82 ±1.68	13.93 ±1.25	15.00 ±2.22	14.73 ±0.81	16.45 ±1.99	13.93 ±1.86	13.73 ±1.85	13.84 ±1.93	13.527 ±2.07
	对照班	14.08 ±1.26	13.98 ±2.36	13.64 ±1.57	13.56 ±1.25	14.46 ±2.21	14.16 ±1.11	15.30 ±1.58	13.00 ±1.82	13.56 ±1.85	13.14 ±1.97	13.38 ±2.23
	差异检验	2.25	3.28	0.54	1.43	1.18	2.79	3.12	2.45	0.45	1.74	0.43

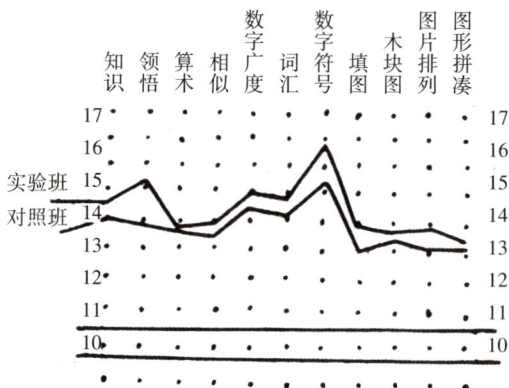

图2 量表剖面图

以上图表数据说明实验班在知识的广度与兴趣、理解判断能力、表达能力、注意力及观察力等方面都高于对照班，经过显著性检验，差异显著。

此外，各种能力还综合反映在学生的创造性学习中，如撰写单元总结报告、小论文及登台讲课等，见表6。

表6 创造性学习情况

班级	人数	单元总结报告/份	小论文				讲课人数	
			篇数	人数	其中省优秀论文		效果好	效果较好
					篇数	人数		
84.1	49	16×49	22	49			22	20
87.1	49	22×49	30	49	12	38	29	19

注：小论文已在辽宁省和北京市海淀区两次物理夏令营上进行了答辩，其中《数学在物理的应用》发表在《现代中学生》刊物上。

（三）师生反应

在实验班任课的其他各科教师认为，物理学科"讨论式教学法"的运用，不仅提高了物理学科的学习成绩，而且各种能力也迁移到其他学科之中。他们感到，实验班学生知识学得活，自学能力强、表达能力好，学生性格开朗，朝气蓬勃，乐于研究问题，团结互助，因此，其他各学科成绩也是较为突出的。87·1班高考各科总分居全校第一名，升学率达百分之百，升入重点大学的占全班总数的57.1%。

"讨论式教学法"受到了学生的普遍欢迎，84·1班学生在读大学三年时，我们以书信形式进行了跟踪调查，他们反映说，讨论式教学法不仅教会了他们学习方法，使他们很快适应了大学的学习节奏和习惯，而且锻炼了他们的社会工作能力，使他们得到了终身受益的实际本领。该班北航赴美留学生涂南说："讨论式教学法启迪了我，真可谓培养于中学，受益于大学。"87·1班在校时，我们曾对该班学生进行了问卷调查，结果表明，100%的学生对"讨论式教学法"表示"喜欢"，91%的学生认为知识可以"当堂掌握"，96%的学生认为物理"不再难学"了。目前，这个班学生全部升入大学学习，有36人担任了所在系或班级干部，占该班学生总数的74%。

五、几点体会

（一）搞好教改实验首先要更新教育观念

实验初期，搞"讨论式教学法"只是为升学服务，没有树立新的教育观念，对"人才"的理解是狭隘的，因此实验有很大的局限性，"三个面向"的指示和《中共中央关于教育体制改革的决定》发表以后，我们不断转变教育思想，更新教育观念，实验方向越来越明确，步子迈得越来越大。我们体会到，尽管传统教育思想中有某些积极作用的因素，但许多陈腐的教育观念阻碍着教学改革的前进。如果不更新教学观念，新的进步的理论和方法就站不住脚，而许多过时的东西却能得以延续，只有树立教育的开放观与未来观，才能面向21世纪，改革封闭式教育体系；只有树立教育的终身观，才能下决心为学生今后的发展搭桥铺路；只有树立新的人才观与教学观，才能对整个教学方法体系进行实质性改革。"讨论式教学法"教改实验正是这样走过来的，以新的教育观念为前提，实验才越来越自觉，越来越完善。

（二）各级领导的支持是教改实验的保证

"讨论式教学法"实验是国家和辽宁省的教育科研项目，任务很重，要担风险，能否成功，受到各方面的关注。因此，它不但需要实验者的魄力和献身精神，更需要领导者的胆量和决心。由于该项实验是在社会变革中进行的，因此新旧教育思想的转化，新旧教育的更替，给实验出了不少难题，使本实验遇到来自社会、学生家长及教育部门自身的阻力，一些同志对实验持观望怀疑态度，少数学生家长担心实验影响升学，要求给孩子转班。在这种情况下，省、市教育领导部门始终对实验给予热情的关怀和鼓励，帮助总结经验，市教委会拨给实验经费，表奖实验教师的工作成绩，学校领导多方面为实验创造条件，所有这些都是本实验能坚持下去的根本保证。

（三）只有博采众长，独立创新，坚持进行科学实验才是教学改革的正确道路

改革教学方法并不是完全否定和推翻别人的教学方法，另起炉灶。相反，无论是传统的，还是国外的，我们都要实事求是地分析，避其所短，用其所长。传统教学法有它的长处，如：讲授法、问答法以及传统教学所倡导的教学相长，因材施教等，都被本实验所继承。以讲授为例，运用"讨论式教学法"，并没有排斥讲授，只是要求讲授更适时适度，不是一味地灌，而是与学生的思维同步进行。此外，我们也借鉴了国外的先进思想和方法，如发现法、问题法等。

在实验中我们还体会到，教学改革必须坚持长期的科学实验，哪些传统的教学方法值得继承，哪些国外先进方法值得借鉴，都要通过科学实验来验证，在改革中摸索出来的东西到底是不是规律，也要通过长期的实验来认识。一切不顾实际情况、生搬硬套的做法都是不可取的。由于坚持长期科学实验，不断总结经验，吸取教训，我们基本上找到了知识与能力、教法与学法、主导与主体、课内与课外、集体学习与个人学习等多种关系的内在联系，初步发现了教书育人的一些规律。

（四）实行教学与教育相结合，发掘非智力因素，是培养人才不可忽视的课题

"讨论式教学法"是针对物理学科教学实践提出来的，但在运用过程中，我们体会到，要使教学改革达到培养人才的目的，必须突破单纯进行课堂教学改革和单纯进行智力培养的局限，要重视思想教育，重视非智力因素的作用，培养学生健康的心理素质。学生的学习活动，受智力与非智力两个因素的影响和制约，动机、情感、意志、性格等非智力因素起着激发或削弱、坚持或中断学习的作用。因此，在实验的后两个阶段，把发掘非智力因素作为本实验的基本任务之一。实验结果充分证明，发掘非智力因素等于开发学习的能源，因而是培养人才不可忽视的课题。

综上所述，九年来，我们坚持从实际出发，围绕教育教学目标，在探讨物理教学如何为提高人才素质服务方面进行了初步尝试，取得了初步成果，但

是，按照《中共中央关于教育体制改革的决定》和邓小平同志"三个面向"的要求还有较大距离。"教育科学的生命在于科学实验"。今后要在总结经验教训的基础上继续实验下去，为提高教学质量作出贡献。

（1987年辽宁省优秀科研成果）

化学课堂教学结构、方式、方法的研究报告

/ 周竞兰 /

一、总体构思

1. 课题的提出

受传统教育理论的影响，中学各科教学多数仍沿用"组织教学—复习提问—讲授新课—巩固练习—布置作业"五环节教学结构。教学方式方法基本上是灌注式。这种僵化的、"万能"的课堂教学结构存在很多弊端：① 没有把教师的主导作用和学生主体作用结合起来；② 忽视了学生能力培养和素质的提高；③ 淡化了化学是门以实验为基础的学科特点。

灌注式很大程度上限制了学生思维能力的发展。"两个为主"原则告诉我们，教师教好课的关键在于"导"，无论是指导、引导、诱导、辅导、开导、疏导……都要在"导"字上下功夫，不要灌和包。如在学生思路紊乱时去开导，在学习方向不明确去引导，在学习方法不当时去指导，在学习遇到困难时去辅导，在感情意志薄弱时去疏导……总之，"施教之功贵在引导，要在转化，妙在开窍"，引导转化作用就是教师主导作用的实质。

学生学好课的关键在于"思"。无思无获其人云亦云，只能是书本奴隶，不能成为知识的主人。要激发学生将"思"贯穿于学习的全过程，做到听要思，看要思，问要思，练要思，唯有思才能发挥其主体内在的主动作用，并在经常的训练中，使他们的思维更加敏捷、灵活，使学生的聪明才智在师生的双边活动中得到充分发展。

2. 研究的原则

（1）方向性原则。按着重点高中培养目标的要求，以现代化教学论和科学方法论为指导，改革传统的教学结构、方式、方法。新的教学结构的建立，要符合人的认识规律，体现化学学科的特点，有利于学生掌握"双基"，开发智力，提高素质。

（2）整体优化原则。新的教学结构建立，必须符合整体优化的原则。教学过程是教与学的过程，是由教材、学生、教师等要素组成的有机体，各要素之间是互相联系、互相制约的整体。教师在备课中，不仅要研究书，还要研究人；不仅要考虑教法，还要考虑学法，在教学过程中要系统安排，整体调控，及时反馈，达到课堂教学高效率，取得教学成果的最佳值。

（3）"两个为主"原则。课堂教学要实现两个转移和两个结合，即以教师为重心，转移到以学生为重心上来，努力做到教与学相结合；要由以传授知识为主要任务，转移到传授知识与培养能力并重上来，努力做到授业解惑与培养能力相结合。真正做到教师为主导，实现学生的主体地位。

3. 研究目的

设计并实施与学生素质发展相适应的化学课堂教结构，以及与其相适应的教学方式和方法。

二、研究过程

1. 准备阶段（主要是提高理论认识）

通过学习现代教育论和科学方法论，学生在接受教育过程中有两个系统同时在进行活动：一个是认知系统（智力因素）；另一个是动力系统（非智力因素）。它们在学习过程中的作用和相互关系如图1所示。

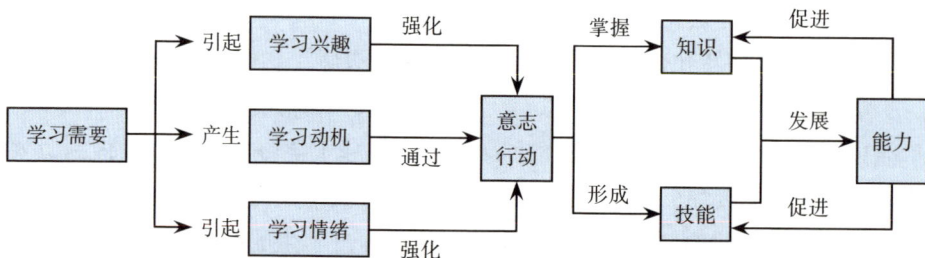

图1　认知系统与动力系统在学习过程中的作用和相互关系

由此可见，二者不可偏废，长期以来我们的注意力放在前者（智力），而忽视后者（非智力因素）。事实上一个人在学习过程中，总是伴随着一定的感情、意志、兴趣、责任心等非智力因素而发展的，并对认知过程起着激励、维持、调控作用，所以在发展学生认知能力的同时不能忽视非智力因素的作用。

关于认知系统（智力因素），学生掌握"双基"，发展智力，培养能力，提高素质和谐地开发个性，有阶段性和层次性，又是同步、协同的。因此在科学方法教育中，整体原理、有序原理和反馈原理，应以不同阶段不同层次贯彻上述教育目标，即可达到最终目标——培养学生科学态度、科学精神、自学能力和创造力。

根据科学方法论的阶段性和层次结构观点，实现从初步到高级阶段的进程（见图2、图3），这是科学方法教育的基础和改造的途径。

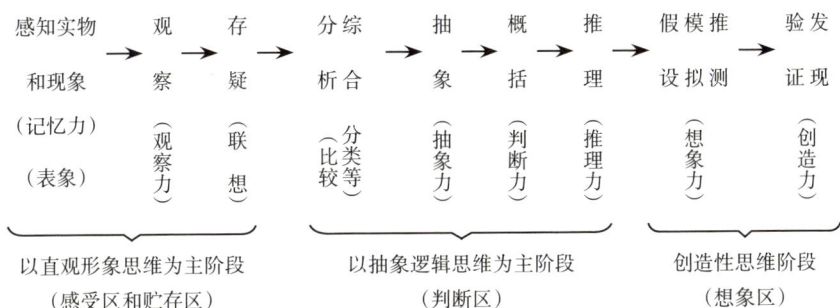

图2　发展智力和培养能力的阶段性和层次结构思维发展的一般过程

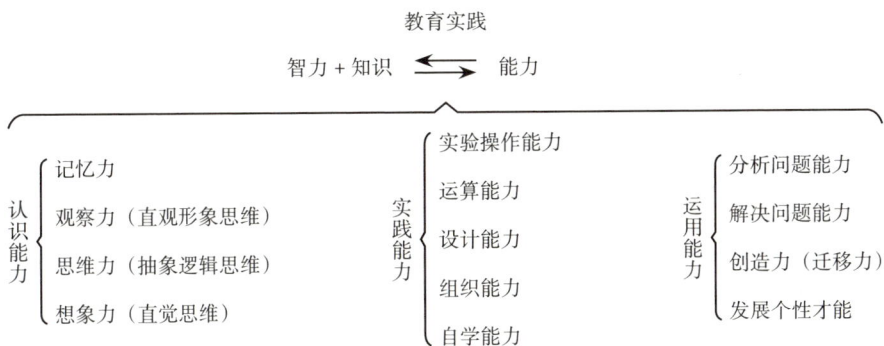

图3　智力、能力和知识的辩证关系

图3可简化为 $A = f(I \cdot K)P$，（A—能力、I—智力、K—知识、P—实践）。

以上是研究改革化学课堂结构、方式、方法，贯彻"两个为主"原则的理论根据。

2.设计化学课堂教学结构框架

打破过去呆板的、模式化的五环节教学结构，造出一个新的"万能"的课堂教学结构是不可能的，遵从知识结构、生理成长和心理发展的各阶段及化学自身的规律特点设计原则性的结构框架（见图4）。

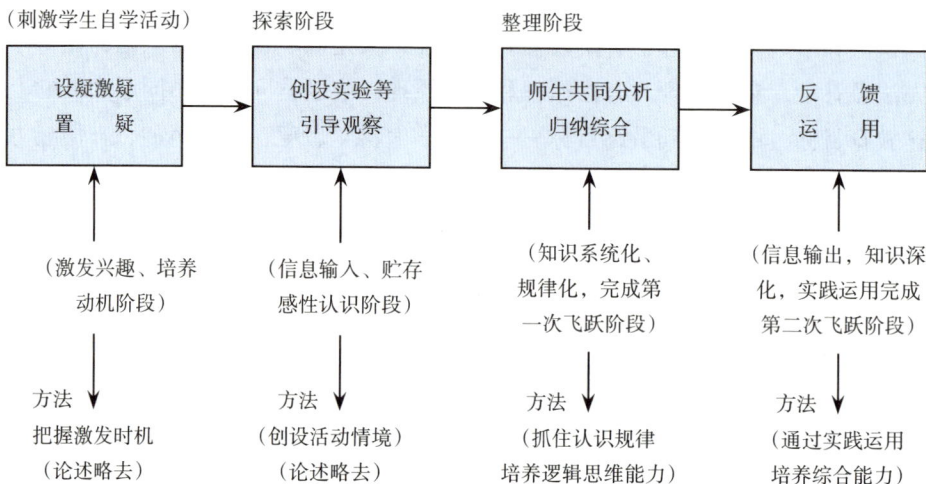

图4　化学课堂教学结构框架

3.实施阶段

前几年主要是在课堂教学中实施"两个为主"原则的教法实验，近几年把改革课堂结构与方式、方法实验结合起来进行综合实验，在高三总复习课中进行重点实验并收到明显效果。连续几年都是把接班时成绩最差的一个班，到毕业时变成成绩最优班。

三、研究成果

初步建立了各种课型结构的教学结构、方式和方法。

（一）化学课堂教学结构

1.绪言课

绪言课是把学生引入一个奇妙的化学新世界，"开宗明义"的第一课。绪言课上得好坏，将对学生学习化学的心理、学习动机、学习方法产生深远的影响。绪言课要达到目标：① 侧重对学生非智力因素的培养，激发兴趣，丰富想象力，启发求知欲，一开始就把学生引入化学乐园；② 在此基础上还应加强学习目的、态度、科学的学习方法教育，帮助学生树立学好化学的信心和决心。

结构：① 联系生产、生活实际提出课题；② 演示实验、幻灯片或录像等，激发兴趣，培养动机；③ 介绍化学史和化学成就，加深认识，进行学习目的、学习态度及爱国主义教育；④ 结合典型事例指导学习方法；⑤ 列举生产生活实例进行知识练习。

2. 概念课

概念课的教学重点，是概念的形成和运用，中学教材的绝大多数概念应在实验的基础上建立起来，教师要引导学生尽可能通过实验观察或对物质变化现象的分析，经过抽象、概括形成概念。不能通过实验得出概念的教师要用绘声绘色的描述、生动形象的比喻、深入浅出的说理得出概念，并通过练习、运用使学生深刻理解概念。概念课应侧重培养学生的思维能力、观察能力和运用知识的能力。

结构安排：① 运用实验和直观教具引出概念；② 从现象到本质探讨概念；③ 经过分析、对比形成概念（②③可采用讨论式教学法）；④ 通过练习运用深化概念。

3. 理论课

理论课具有严密的逻辑性，教师要引导学生抓住教材的内在联系，进行严密的推论论述，或充分运用实验、模型、幻灯、图片等培养学生抽象、逻辑思维能力和科学的学习方法。

结构安排：① 联系实际提出质疑（要研究的课题）；② 运用实验幻灯片或图表等进行探讨；③ 结合观察到的事实进行分析，得出结论；④ 介绍科学家发现真理的史实，培养科学的学习方法和刻苦钻研的精神；⑤ 结合新的质疑检验，运用既有结论。

4. 具体物质课

具体物质课在中学化学教材中占有重要地位，教师应创设活动情境，突出让学生观察实物和动手实验发挥其主体作用，侧重培养学生的观察、思维、独立操作能力。教师讲授时应以"性质"为线索，把物质的制取、用途及存在等知识穿成串儿，帮助学生形成良好的认知结构。

结构安排：① 联系实际提出质疑（要研究的课题）；② 带着问题观看实物

或动手实验；③阅读有关教材、讨论分析；④师生归纳总结得出结论；⑤巩固练习、反馈应用。

5. 化学用语课

化学用语是国际通用的一种工具，它属于物质及其组成、结构、性质与变化的一种特殊的思维形式，是学生学习化学知识，发展记忆力和思维能力的不可缺少的工具。

教学中教师应采取（主导）变集中为分散，变枯燥为兴趣，变死记为理解记忆或口诀记忆，进而达到熟练掌握运用的目的。目标是侧重培养学生的记忆能力和熟练运用化学用语的能力。

结构安排：①讲清目的激发学习的自觉性；②通过感官了解含义；③介绍记忆方法，师生共同总结记忆方法；④识记、多练（增强趣味性），熟练掌握。（可采用基本功表演赛方式授课）

6. 实验课

实验课是指学生的分组实验课，应体现"学生为主体"，让学生动脑、动口、动手去寻找发现真理，侧重培养学生对实验现象的观察能力、实际操作能力和严谨的实事求是的科学态度。

结构安排：①搞好实验前的预习指导；②学生口述实验操作步骤；③交代实验注意事项及实验成败的关键所在，确保实验成功；④学生边操作，边观察，边记录；⑤讨论，分析，归纳，作出结论；⑥运用实验结论研究新课题；⑦完成实验报告。

总之，教师要充分利用本学科实验课的优势，抓住实验教学中有利于强化学生各种心理活动（如动机、兴趣、注意、思维等）的机会，发挥其心理兴趣的诱发力，将其作为发挥学生主体作用的主要手段。几年来，鞍山市第一中学一直坚持单人操作，人人身临其境，亲自动手，成为实验课的主人，教师有意识地引导学生进行探索性和创造性实验，从中培养学生的各种能力。

7. 计算课

通过有关化学计算知识的讲解与练习，使学生掌握解题思路（定式思维、发散思维）和解题格式，总结出解题规律，培养学生掌握化学计算的技能技巧。

结构安排：①联系实际讲清目的；②复习公式、概念、定理、解题工具；

③提出典型例题，剖析解题思路；④讨论归纳解题规律；⑤组织练习找出病例；⑥分析病例进行新的练习。

8. 习题课

习题课分单元习题课和总复习习题课。

单元习题课要以学生练为主，辅以教题的疑难解析和规律化小结，单元习题课的目的是使所学知识、技能变成熟练的技巧，要侧重培养学生的归纳、整理运用知识的能力。

结构：①回忆知识进行归类；②组织练习，个别辅导；③"病例"会诊，总结规律；（解题思路）④针对"病例"进行新的练习；⑤自编单元测验题，自批试卷与自己分析试卷；⑥教师有针对性总结。

9. 复习课

复习课是使所学知识条理化、系统化、规律化的有效形式。应突出重点，查缺补漏，强化学生对知识的掌握程度与运用能力，侧重培养学生综合运用知识的能力。

结构：①按复习提纲做好课前预习；②质疑、释疑；③重点练习，知识归类；④教师讲评，进行拔高练习。

（二）化学课堂教学方式

由于教材内容不同，要采用不同的课型，应用"两个为主"原则做法也就不同，下面是不同教学内容所采取的具体教学方式。

1. 基本功训练课

教师把一些最基础知识，特别是工具性的知识和基本操作进行全面训练，为学生掌握活知识和发展智力打下坚实的基础。做法是课下鼓励学生自己练。课上跟上教师一块练，平素课堂练，阶段小结练，期末全班集中练，集体练的方式是通过基本功表演赛，人人动脑，动手，动口，以口答为主，比速度，比准确，人人过关为止。让全班都动起来没有死角，比比看谁的基本功过硬。充分调动学生积极性。发挥主体作用。教师的主导作用体现在教案设计时不仅是练什么题，而更重要的是怎样把学生引导到一个猎取知识和运用知识的过程中去摸、爬、滚、打，使基本知识在训练中落实，基本能力在训练中培养，思想教育也自然地渗透到训练中。笔者在每年的高考总复习中都要进行五个方面的基本功训练：① 元素原子结构，"位—构—性"关系；② 无机反应规律；③ 氧化—还原；④ 有机化合物反应类型；⑤ 摩尔溶液浓度的快速计算等。用一节课进行集中考核，全部口答。前半节主要以记忆性知识为主，培养训练顺向思维能力；后半节通过教师编写的小型综合题进行逆向思维训练。体现"三高"：高速度、高容量、高效率。为培养学生发散思维、创造性思维能力打下坚实基础。笔者每年的高考成绩在平行班比较总是最好的，不是靠题海，不是靠押题，而是靠的基本功训练和思维能力的培养。

2. 讨论课

讨论课就是采用讨论的方式上课。首先教师或学生提出问题，师生互相启发，有控制、有指导地进行讨论来解决问题。其实质是在短期内激发积极思维，培养能力。基本模式是：确定类型—制订计划—布置题目—组织讨论—总结评价。这些由教师决定，体现教师的主导作用。如学新课可采用穿插讨论，系统巩固课可采用专题讨论。讨论是以发展学生的思维能力、探索化学运动的本质规律为目标，以教材内容为依据，以问题为中心来展开的。教师运用教学艺术，抓住主要矛盾，因势利导，启发学生思维，培养学生深入研究问题的兴趣和科学方法。在分析问题和解决问题中掌握知识，发展智能，如笔者在讲完盐类水解的理论后，根据学生提出的许多问题，确定讨论题目"有盐参加的反应是否考虑水解的问题"，进行专题讨论，引导学生围绕题目去争论，争论时不要怕乱，不要用安静课堂来束缚学生，引导学生发言要有依据，要从学过的知识中找理论根据，提倡一个"争"字，落实一个"总"字。所谓"争"，即鼓励学生提出问题，从不同角度去分析比较，越是难懂的概念，越是易于混淆的问题，越要通过争论，使学生钻研教材，从而开阔思路，使学生处于问题—思考—探索—争论—解答的积极状态（主体作用）。在争论中形成强烈的外部刺激，引起学生的兴趣和注意，从而产生自主性、探索性、协同性的学习（主体）。所谓落实一个"总"字，就是在争论的基础上，引导学生总结得出结论，要求学生用规范、准确的语言来叙述结论。所以讨论式教学体现了以教师为导演，对学生的思维加以引导启迪，学生在教师的指导下进行有目的的积极思维活动。要在讨论中互相听取别人的发言，养成尊重别人意见的好习惯，把别人发言同自己发言相比较，取长补短，扩大视野。在争论中坚持自己的正确观点，使学生养成探索、研究的好学风，并促进思想感情的交流，有利于新型师生关系的建立。由于这种专题讨论提供了师生集体研究探索问题的条件和环境，训练了集体思维活动能力，有利于把教学提高到集体创造的水平。所以讨论课是发挥"两个为主"作用的很好的教学形式，但不是唯一形式，不能堂堂都搞讨论式，形式主义的讨论只会浪费时间，故而要选准时机，恰到好处。

3. 习题课

习题课在化学总复习阶段是很重要的一种课型。它的目的有三点：① 帮助学生更好地理解、掌握"双基"知识，练习应用"双基"知识解决化学问题，完成从感性到理性，从理性到实践这个认识过程的飞跃，② 考查学生对"双基"知识掌握的情况，收集反馈信息，对教学进行补救和调整，③ 培养学生的思维能力、表达能力、动手能力和解题能力。

教师的主导作用体现在，教师博览群书，广阅题型，遵循大纲选出恰当的练习题上。对选题的要求有四点：① 要覆盖绝大多数知识点；② 要达到能力要求；③ 题要有难易层次；④ 要设计解答习题所选用的主要思维方式及完成习题所需要的时间。重点放在基础题，注意引导学生弄清解答此类题目所具备的"双基"知识，所要运用的思维形式（但要防止思维定式）。引导学生摸清解题思路和掌握解题技巧。还要选择适当数量的综合题，引导学生学会分析题意和理解题意，引导学生搞清综合题和基础题的关系，应用已学过的知识技能去分析已知和未知，沟通题设条件和所求的结果、结论。培养学生解析综合题的能力，发展学生多向思维能力。

教师对范例进行讲解、分析，目的在于帮助学生通过个别例子的认识发展对同类题的认识，进而引导学生领悟、提高对习题所涉及的本质内容或规律的认识。而后通过学生自己的练习体验获得答此类习题的自觉性，形成技能。在范例的分析讲解中，运用异题同解、变式练习一题多解、错例分析等方法培养能力，常会收到事半功倍的效果。

错例分析，是指教师把平素积累的学生典型错误，编成错答题例，指导学生查找错误所在及原因，提高辨析能力和纠正错误的能力，帮助学生杜绝类似错误的发生（包括对"双基"知识理解和应用上的错误，思维方法上的错误），要求学生能应用"双基"知识对某项问题进行评价，这是在较高层次应用所学知识的训练。

最后还要加强习题课教学的"反馈—补救"环节。只有及时反馈才能及时补救，反馈要避免失真，否则补救就失去意义，至少是缺乏针对性，如不及时，时过境迁，学生淡忘，无时无力应付，效果不佳。从学生中收集到的反馈信息，常常反映出教师本身教学中的失误或薄弱点，教师要敢于并善于从反馈信息中反思，查找自己教学中的失误和薄弱点，尽快采取措施补救。同时也要求学生自己从习题作业中吸取反馈信息，自我调节，寻找补救方法。所以教师只要求学生订正作业或试卷是不够的，要让学生学会对自己的答卷进行检查、分析，从错误中找出自己"双基"知识缺陷，找出经常影响习题解答错误的主要因素，有针对性地进行补救。

综上所述，习题课教学是培养学生能力的一条重要途径，教师恰当地选题，切中要害的错例分析，一题多解的巧妙方法，会使学生的思维由低层次的单向思维向高层次的多向思维发展。

4. 总复习题

笔者采用的是"讲""练""考""评""补""拔"六个字复习法。讲：主要是讲规律，讲方法，讲思路，讲技巧，讲关键，而不是面面俱道。练：就是指该练的知识要练够、练透，但绝不是题海。考：关键是把命题关，考是手段，评是关键，提高分析问题和解决问题的能力是评的目的。补：是针对差生而言的，通过差生的知识反馈，采取及时补救措施，重点是补基本功和解题思路。拔：是拔尖子，为一些对化学感兴趣的学生开放实验室，或者搞讲座等形式把知识面加深加宽。

（三）化学课堂教学方法

巴班斯基说过："要想找到一种十全十美的教学方法几乎是办不到的。一种教育目的的实现，是多种教育方法穿插使用力争全优的结果。"

教师应根据教材和学生的特点和具体教学条件，灵活穿插使用多种教学方法，完成既传授知识又开发智力的任务。教学方法应具有多样性、综合性、发展性、可补偿性。好方法的标准应该是：教学目标的顺利实现，教学过程的高效低耗。

教师应善于采取科学的教法去引导学生的学法，这不仅能引起学生的兴趣，还能使学生快速地掌握知识和技能。笔者把教材中费时费解的方法加以改革创新，引进自己总结积累的有价值、有规律的方法教给学生，为学生所喜闻乐见。如为突破记忆难关的"化学韵语教学法""有机化合物十二字命名法"，找同分异构体的"摘接法""PH值快速计算法""氧化-还原反应的快速配平法"，推断相近三元素的"去皮掏心法"，化学计算的"十字交叉法"……由于经常训练学生总结归纳，使学生学会了将书由厚变薄，再由薄变厚的学习方法。如学生学会了把近500字的系统命名有机物的步骤，概括成十二个字，四句话。把书写离子方程式的四大步骤概括成五个字："写""保""折""删""查"。把分析判断氧化-还原步骤，概括成六个字两句话。我们师生共同把化学平衡一章的内容用五十五个字概括，提纲挈领，一目了然，然后加以展开：懂概念、会表达、论碰撞、抓活化，四因素影响它。五特点、出平衡、四关系管计算，一意义论转常，三移动归一理⋯⋯

（四）效果检验

（1）从历届高考成绩提高幅度看。从1981—1987年连续教高三化学课，在我们任课的班级先后有六名学生高考成绩突出，他们是樊晓光（98.5分）、金玉珊（98.5分）、常宏（98.5分）、孟丹（99.5分）、王治（99分）、吕丽娜（98分），有三名获全省第一。而且每年都有一个化学后进班变先进班。从表1中可以看到成绩提高幅度。

表1 历届高考成绩

年度	81·6班	82·7班	83·2班	84·3班	85·6班	85·6班	87·6班
高考化学平均分	74.40	78	83.36	84.88	76.60	77.84	82.61
全校7个班名次	第一	第一	第二	第一	第一	第一	第一
全市名次	第二	第一	第二	第一	第一	第一	第一
上升幅度	原下等班上升第一	原下等班上升第一	原下等班上升第二（三个班总平均全校第一）	原中下等班上升第一	原下等班上升第一	原下等班上升第一	最差班上升第一

（2）培养出一些化学尖子学生。在省、市举办的化学竞赛中，笔者的学生均获得过较好名次。比如：1988年全市取十名，一中学生占七名，全省取两名，一中一名；1990年全省取两名一中又占一名，并参加全国冬令营获三等奖（贾素华、祝英桂、郝素香老师在竞赛辅导中都发挥了很大作用）。

（3）近几年来，共写出经验总结和论文十六篇，在市、省、全国交流过十一篇，有七篇获市级优秀论文证书；其中有三篇获省级优秀论文证书，有两篇被推荐到全国教改会上交流。

四、问题讨论

本报告所述的各种课型的课堂结构、方式、方法是在教学改革实践中不断完善的，是按着学生的认识规律、学生的心理特点和化学学科特点构建而成的。它有利于落实"两个为主"的教学原则，经过六年多实验，证明了它的可行性、可操作性，并发挥了教学效益。它将为中学化学改革积累些经验。

本报告所介绍各种课型结构、方式和方法，在实施过程中要充分体现两个为主的原则，对教师素质要求较高，必须熟练掌握教材，充分了解学生，要系统安排，整体调控，及时反馈，才能收得教学效果的最佳值。

打破传统的"单一"课堂教学结构，再造出一个"万能"的课堂教学结构也是不可能的。本报告所述的结构、方式和方法，只是基本能体现化学科自身规律性和学生认识规律的原则性框架。由于我们的教育理论水平不高，在设计和实施中缺少有关专家论证和指导，在实施过程中又缺少实验数据统计，出现问题是难免的，在许多问题上还有待于进一步充实和完善。今后愿与有关专家和同行们共同努力，创造出与素质教育相适应的教学结构。

（1992年辽宁省优秀科研成果）

重点高中体育课"三段式"教学实验报告

／王佐德／

鞍山市第一中学是省首批办好的重点高中。由于受应试教育的影响，初中考入重点高中的学生，智力素质较好，但身体素质普遍较差。为了迅速提高学生的身体素质，增进健康水平，培养社会需要的人才，我们对重点高中体育课教学进行了改革。于1986年8月，开始实施"三段式"教学实验。

一、课题的提出

高中阶段虽属义务后教育阶段，但仍属基础教育范畴，基础教育的根本着眼点是培养并形成人的良好素质，体育素质是人的整体素质中的重要素质之一。

身体素质培养的重要途径是课堂教学，因此，应在正确的教育观念和教育思想指导下，对体育教学的实际进行认真分析、大胆改革。为学生形成良好素质而科学地设计教学结构、内容、方法和教学形式。

近几年来，我们一中体育教改实验组对体育教学进行了多种尝试。如：男女生合班分组教学，单元教学，按健康分组教学，贯彻"三基"教学，等等，均收到较好效果，学生的体质也有了一定增强。但体育教材内容节奏太慢，重复性较多，学生感到乏味，影响了学生上好体育课的积极性，身体素质的提高也受到一定限制，教学内容及教学方式已满足不了学生的需要。

我们根据一中学生的身体素质状况和掌握的基本技术、基本技能实际，根据一中现有场地、器材条件，以及学生的爱好和特长，大胆地进行了体育教学的改革尝试，提出了重点高中体育课"三段式"教学改革实验。

二、实验的构想与理论依据

体育课"三段式"教学实验的构想是：根据高中学生身心发展的特点和体育教学大纲的要求，合理组织教材，改革现有的教学形式、教学内容和教学方法。使之具有阶段性、联系性，并符合学生的个体差异性。从而实现受教育者在各个阶段内，生理心理各要素的有机组合，获得最大教学效益，切实提高身体素质。

"三段式"教学实验的理论依据如下。

（1）教育学理论告诉我们，整个教学过程是个动态发展过程，即由不平衡—平衡，不稳定—稳定的运动过程，顺利完成这一过程的关键在于如何使教育活动符合受教育者的身心发展规律，因此，教育者必须重视受教育者的主体地位，让每个学生都得到全面的、主动的、生动活泼的发展。体育教学必须研究学生的身心发展规律，应承认学生的发展差异，创造条件，使每个人都得到充分发展。应排除一切压抑学生发展的因素，用弹性代替统一，不仅可以把教学内容分段实施，而且可以在教学形式上采用分组教学，让学生在教育集体中健康成长。

（2）从心理学角度说，人的身心发展是个连续不断的过程，是由低到高、由量变到质变的过程。身心发展的阶段性、顺序性，既具有一定的独立性，又紧密相连，从而构成纵向系统，各阶段构成前有蕴伏，后有发展的体系。在各阶段时间框架内，人的生理、心理发展要素能否有机组合将决定不同教育阶段的教育效果。这就是说，只有科学规划三个年龄段，适合学生身心发展与教育需求的教育内容，使之上下衔接，才能在打好基础的前提下，促进学生的身体素质的更好发展，从而达到人的全面提高。

（3）从学科特点看，体育教学的根本任务是增强学生体质，主要是发展力量、灵敏、协调等身体素质。生理学研究结果表明：人体生理负荷量是引起人体器官机能变化的条件，由于身体负荷量对人体产生刺激，才引起人体生理机能的变化。这种生理负荷量必须适宜，主要根据学生接受负荷的现实可能和增强身体素质的需要，在教学中给予相应的负荷，以求最佳锻炼效果，这就提示我们，应在教学中体现合理的教学密度，从学生实际出发，因材施教。高二的分组教学、高三的自选项目的思考正是基于这一理论产生的。

三、实验对象及实验目标

（一）实验对象

实验对象是鞍山市第一中学1989届全体402名学生（男214名、女188名），时间从1986年8月新生入校开始到高三毕生（1989年7月）三年时间，对比年级是从1985年8月入校，1988年7月毕业的1988届全体学生（403人），他们是一中前后届的学生，身体素质、教学条件均相同，初中考入高中均未参加体育加试。

（二）实验目标

（1）培养学生具有严格的组织纪律、集体主义精神和良好的心理素质，以及顽强的意志和吃苦耐劳的品格。

（2）各项身体素质平均达到良好水平，30%达到优秀标准；3.95%的同学掌握或基本掌握所学过的技术要领，98%的同学通过达标，100%的同学达到体育合格标准。

（3）选项后，有5%的同学升学后可以进大学院队，20%的同学能够进系队，40%的同学可以进班队。

四、实验内容与操作

"三段式"教学是有机联系、步步深化的一个整体，高一打基础为高二按素质分组提供了必要的条件，高二按素质分组为高三选项教学创造良好的素质准备。

教材的内容与分布：

高一年级完成高一全年级、高二上学期大纲所规定的基本教材；高二年级完成高二下学期及高三全年级大纲中所规定的基本教材；高三年级选项教材，增设田径、篮球、排球、足球等四项内容，学生任选其一，教学难度加大，重点传授基本技术、战术和裁判法等。

（一）高一打基础

打基础是体育课教学的重要环节，它不仅能保证教学任务的完成，还能为下个阶段学习奠定必要的思想准备、组织准备和身体素质条件。

第一，打好思想基础。我们把提高思想素质贯穿教学的全过程，各项教学内容都要把培养良好的思想素质放在首位。具体做法：开学初，对高一的学生进行队列训练，把立正、稍息、各种转法、齐步、正步、跑步走等，作为着眼点，强调动作规范、整齐、有节奏。强调有令则行，有禁则止，培养严格的组织纪律。耐久跑教学培养吃苦耐劳的精神和顽强的意志；球类课培养学生集体主义精神，要求学生练习认真、错了纠正，不走过场，学后检查技评，在"严"字上下功夫。

第二，打好兴趣和爱好基础。兴趣和爱好是在教学过程中逐渐培养形成的，寓兴趣于教学之中。培养长跑的兴趣，在教法上要遵循循序渐进的原则，运动量由小到大，逐渐过渡，要了解学生的心理负担，让学生能接受得了，又要有适当的量。宣传长跑的好处，采用加速跑、变速跑、反复跑、追逐跑等多种形式，逐步启发和诱导学生自控调节练习。增强信心还必须建立必要的奖惩制度，根据学生接受能力的实际，少跑的扣分，表现好的加分，从而激发学生学习的积极性。培养学生推铅球的兴趣，首先要让学生了解推铅球的技术，给学生建立自信心。让学生相信，只要认真按照要领去做练习就一定能学会。教者在教法上采用分解动作，动作示范。学生看得清，观察细，在老师的指导下，学生练习也采用一动一动分解练习，学起来感觉非常顺手，容易学，好掌握，自然产生兴趣，练习的积极性增强，研究和体会动作的风气也会越来越浓，动作也就不难掌握了。在教学中再反复搞测验，学生看到自己的成绩在不断提高，练习的积极性就更高了。

第三，打好身体素质基础。良好的身体素质是完成各项技术动作的基本保证，也是各项运动不可缺少的基本条件。我们在教学中把身体素质练习同每个单元教学内容有机结合起来。把耐久跑作为课课练，经常出现。学习短跑及跳跃项目时，把跑的专门性练习、弹跳力练习、腿部力量练习等，作为课课练反复强化。学习投掷项目时，用大小不等重量的杠铃、哑铃进行臂力及腰腹肌练习，来提高学生的各项素质。

（二）高二按素质分组

实验前，体育课教学常常出现素质好的学生由于运动量及动作难度太小"吃不饱"，素质差的学生运动量太大，动作太难而受不了的现象，不利于调动大多数同学的积极性，对增强学生体质产生一定影响。本实验针对这种现象做过多种实验。认为还是按素质分组教学，便于区别对待和有针对性教学，既有利于中下生，也有利于素质好的学生，使之普遍受益，各有所得。

做法：① 摸清底数编组，把平均素质成绩在80分以上的学生编为一组，为提高组，素质平均成绩在79分以下的同学编为一组，为普通组；② 加强组织措施，将提高组和普通组各选一名组长，明确小组长职责；③ 教学原则是面向全体学生，重点抓好普通组，既注意提高组的难度，运动量不易过大，也要注意普通组的难度，运动量适度，不能太小。在教学中点子打在普通组上，为普通组创造良好的学习条件。器材尽量充足些，教法要过细，要有针对性，难易要适度，要多练习，多测验，以激发学生的学习兴趣，提高学习的积极性。在教学中，根据区别对待、因材施教的原则，既满足提高组在技术上要求，还必须保证普通组在技术上的精雕细刻。做到既学会了动作，又提高了素质的目的。以快速跑为例，运动量的安排为：

提高组：30米×2、30米×4/50米×2、50米×3/80米×2、100米×2；

普通组：80米×2、150米×1、100米×1。

在技术上，提高组完成了短跑的完整技术后，可转为跨栏跑的起跨动作和过栏技术练习。而普通组则应反复强化短跑的基本技术练习。可用追逐跑、变速跑、弯道跑等形式来提高学生学习的积极性。在滑步推铅球教学中，也要充分运用因材施教的原则。由徒手滑步练习过渡到持球滑步练习。球的重量、练习次数、教法的运用，都要体现这个原则。

（三）高三选项教学

在高一打基础、高二按素质分组教学基本完成大纲规定的三个年级基本教材内容和教学任务之后，进入高三年级时，为满足学生兴趣、爱好、个性发展的需要。高中毕业前掌握一项完整的运动技术。

1. 选项原则

根据因材施教的原则，开学初，按着学校的体育设施，场地条件和学生的兴趣、爱好，在田径、足球、篮球、排球四个项目中进行选择。

2. 教学计划（以足球教学为例）

教学计划包括理论和实验两大部分。理论部分主要是战术的运用、竞赛规则及裁判法等。实践部分以基本技术为主，以素质练习为辅，适当介绍和补充较难的动作技术。如铲球、踢凌空球、倒勾球等。重点放在基本技术的掌握上，让学生会比赛，能运用简单战术，会画场地，能裁判。

3. 组织形式

变过去二个班合班分组，由二名教师授课，为篮球、排球、足球加田径三个专项教学班，由三名教师授课。

4. 兼顾达标

选项后，仍然按大纲所规定的内容测验成绩。因此，选项后，还须兼顾达标标准，把选项和达标结合起来。为此，考核内容做了一系列调整：上学期为耐久跑、跳远、铅球和引体向上，下学期为短跑、体操、跳高等。

实施办法：在选项教学中，随其他两个年级进行单元项目的测验和技评，教者在每个单元中有计划、有目的地安排有关内容的素质训练，以保证测验成果。

四、实验成果

1. 身体素质

（1）达标率，未实验的1988届为86.2%，实验的1989届为98.6%，提高了12.4%。

（2）各项成绩对比（见表1）。

1989届高三实验年级同1988届未参加实验年级：

表1　对比数据

项目	性别	未实验年级平均成绩	实验年级平均成绩	提高
100米	男	14″4	13″7	0″7
	女	18″2	17″9	0″3
1500米	男	5′56″	5′43″	13″
800米	女	3′52″	3′45″	7″
铅球	男	7.80米	8.12米	0.33米
	女	4.91米	5.02米	0.11米
跳远	男	4.24米	4.47米	0.23米
	女	3.01米	3.13米	0.12米
立定跳远	男	2.29米	2.46米	0.17米
	女	1.59米	1.66米	0.07米
引体向上	男	7次	12次	5次
仰卧起坐	女	37次/1′	43次/1′	6次/1′

2. 能力

（1）近四年来，在校学生达到二级以上运动员称号的有23人，有体育专长被保送上大学的有五名，被推荐上大学的体育特招生92人。

（2）1989年以来，每年有65～70名毕业生校运动员获得高考升学加分段。

（3）1989届学生于1988年9月参加市军事队列比赛，获得第一名，超过市警察学校队0.5分。

3. 社会效益

（1）跟踪调查，鞍山市第一中学四年来在全国各大专院校被选为校级运动员82名。

（2）1986年以来，鞍山市第一中学连续多年被评为市达标先进单位；学校田径、篮球、排球、足球、乒乓球、游泳、毽球、速滑等八个代表队，四年来有22次获得市第一名，11次第二名，8次第三名。

（3）学校三次被评为市体育先进单位，三次被评为市冬季长跑先进单位，一次被评为省体育卫生先进单位和群体活动先进单位，一次被评为省教师先进集体（体育组）。

4. 两次受到国家教委表扬

（1）1990年8月，国家教委在北京几所大学对1990年入校新生进行体育合格标准的检查验收，于1991年3月在《中国教育报》上点名表扬了全国九所中学，鞍山市第一中学是被表扬的九所学校之一（东北三省仅此一所）。

（2）1991年9月，在鞍山召开的全国首届中小学体育教学效益现场观摩研讨会上，一中跨栏跑课的观摩教学，受到国家教委体育司司长、各级领导及全国体育专家们的高度评价。在会上，抽签测试一中学生身体素质后，受到各级领导及与会者的一致好评。

六、问题讨论

（1）本实验是根据高中生身心发展的特点和体育教学大纲的要求，对体育教材内容进行合理的调整，科学地设计了教学的结构、方法和教学形式，并产生了有效的影响。本实验认为，体育课"三段式"教学，将为体育教材的修改和制订教学计划提供可靠的参考，为学校体育教学改革提供一定的经验。

（2）本实验成功的主要原因有三：① 学校领导高度重视，把体育教学改革看成全面贯彻教育方针的重要组成部分，为体育教学的条件和设备提供了物质保证；② 体育组的全体同志，除了更新教育观念和教育思想外，他们的业务素质和水平是较高的；③ 体育课"三段式"教学，符合学生生理和心理发展特点，教学过程的操作措施是根据学生的身体素质实际情况设计出来的，满足了学生的需要，受到了学生的欢迎。

（3）本实验具有一定的局限性。首先，对教育理论学习得不够，方案的设计又缺乏有关专家的论证，从实践中，我们深深体会到，如果我们的教育理论水平更高一些，再有专家的指导，本实验的设计将会更科学，效果将会更大。其次，实施体育课"三段式"教学，对体育教师本身素质有较高的要求，不仅业务能力要强，全组同志还要团结合作，学校体育器材和设备也要有所保证；最后，"三段式"教学，不是体育课教学唯一的选择，更不是完整无缺的，教学有法无定法，要从实际出发。我们愿意同广大的体育工作者和体育专家们继续探索，创建与素质相适应的体育教学模式。

（1992年辽宁省优秀科研成果）

在推进素质教育进程中开展创新教育的认识和实践

——以鞍山市第一中学为例

/ 刘训湖 /

"创新是一个民族进步的灵魂，是国家兴旺发达用之不竭的动力"，"教育是知识创新，传播和应用的主要基地，也是培养创新精神和创新人才的重要摇篮"，"必须转变那种妨碍学生创新精神和创新能力发展的教育观念和教育模式"；党中央在"关于深化教育改革全面推进素质教育的决定"中规定，"实施素质教育就是贯彻党的教育方针，以提高国民素质为根本宗旨，以培养学生的创新精神和实践能力为重点"。党中央的决定和总书记的讲话，规定了新时期我们教育战线的基本任务和工作方针："在推进素质教育的进程中，开展创新教育"。

1.开展"创新教育"是时代的需要

鞍山一中是升学预备型学校，向上一级学校输送合格人才是我们必须完成的任务，怎样的人才才能适应新时代的要求呢？这是由时代的特点所决定的。

当今时代的一个基本特点是："科学技术突飞猛进，知识经济已见端倪"。

人类社会正步入一个以智力资源为主要依托的时代。如果说在过去的农业经济，工业经济时代，促进生产力的发展，主要依靠自然资源，依靠机器、设备，依靠金融资本，那么在知识经济时代，知识将成为最重要的经济因素和生产要素，推动着经济的发展。知识是怎样产生的，人的正确认识是从哪里来的？是从实践中来，是人们对实践中所得到的一切，进行由此及彼，由表及里的去粗取精，去伪存真的改造制作所得到的，人们的这一个过程，在本质上就是一个创新。因此在知识经济中，劳动者的创新意识，创新精神，创新能力，将是最宝贵的资源。

当今时代的另一个特点是：国力竞争日趋激烈。由于我国人口众多，资源不足，人均国民生产总值以及生产力的发展水平都很低下，我们要改变这种落后面貌，将沉重的人口负担转化为众多的人才资源，在激烈的国力竞争中立于不败之地，最根本地，就是要提高全民族的素质，要振奋全体人民的创新精神，培养一代又一代具有旺盛的创新意识和创新能力的接班人。美国心理学家陆哥感叹道："我们最大的悲哀不是恐怖的地震，连年的战争，甚至不是原子弹投下日本广岛，而是千千万万的人们活着，然后死去，却从未意识到存在于他们自身的人类未开发的巨大潜力。"人类这种巨大的潜力，主要是指独创能力，因此，创新能力是国家兴亡的关键所在。国家的最高经济利益不取决于我们的自然资源，而主要取决于同胞们的创造才智，所以中华民族要实现自己的伟大复兴，要自立于世界民族之林，实施"创新教育"势在必行，这是时代赋予我们的历史重任。

2. 开展"创新教育"是高中教学的需要

在重点中学全面推进素质教育的过程中，开展创新教育，不仅是一个理论问题，也是一个十分迫切的实践问题，这是由高考指挥棒的转向和学校教学的实际状况决定的。近一年以来，我国高考进行了大力度的改革，其主要内容有：大规模扩大高校招生人数，改革高考内容，和新教材的全面使用。

（1）高考指挥棒的转向。1998年起，全国各高等院校扩大招生人数，普通高校实际招生增加了51万，升学率提高了13个百分点。1999年，在之前扩大招生的基础上，各类高校继续扩招，计划比往年再增加20万人。这就从根本上缓解了高中升学竞争，减轻了重点高中的社会压力，为重点中学推行素质教育，搞好创新教育创建了有利的外部环境。

（2）高考内容的调整。高考内容是引导中小学教学重点关键。多年来，按照"稳中求进"的原则，进行了长斯的改革，逐渐增加对体现考生能力的试题的考查。以1999年的全国高考卷为例，语文试卷中作文《假如记忆可以移植》就为学生想像力的发挥提供了广阔的空间，数学卷则进一步了数学在工农业生产中的应用，考查了基本的数学素养，出现了创新思维的雏形，政、史试卷的论述题中，呈现了答案的开放性，允许不同答案出现，给发散思维的学生刀下留分。

这些高考内容的出现，是对那种"忽视对知识本质特征的教学，忽视揭示知识形成过程的教学，忽视运用知识解决问题原理的教学"的一种强烈冲击，要想在这样的高考中取得理想的成绩，用现行的"照本宣科强记忆，大量做题堵漏洞"的教学方式是难以奏效的。高考的内容已经明显地指向了创新能力，因此高中阶段实施创新教育已经迫在眉睫。

（3）新教材的全面使用。按创新教育原则进行的课程，教材改革，已经全面启动，辽宁省从2000年开始，高中全部使用新编教材，这样，在重点高中开展创新教育已经是刻不容缓了，教材是教学的主要依据，新教材贯彻了培养学生创新精神的原则，增加了现代的科学内容，为学生在学习过程中开展创造性思维训练提供了空间与时间。面对这一系列变革，如果教师的教育观念仍停留在原有的水平上，那么在具体教学过程中，就很难理解教材的内涵，把握不住教学内容的广度与深度，从而偏离了教学的正确方向。

3. 学校开展"创新教育"的初步实践

在升学任务的重压下，鞍山一中曾经受到了应试教育的巨大影响，在长期完成升学任务的过程中，形成了各科教学上的思维定势，在全面推进素质教育的过程中，各科教学上的思维定势已经和教学要求产生了极大的矛盾。所以早在1992年，学校就对此作出了深刻的反思，重新审视学校的教学传统，力求开辟一条符合现代要求的教学思路，进行了创新教育的初步实践。

（1）坚持先进的办学思想。学校的办学思想，是学校工作的灵魂，是全校师生员工积极工作，努力学习的动员令和号召书。鞍山一中的办学总目标是"两全三高创一流"，这是1992年提出的。"两全"，指全面贯彻党的教育方针，全面提高教育质量，这是学校工作的指导思想，也是学校一切工作的出发点和归宿；"三高"是指"学生群体高素质，教师队伍高层次，学校管理高效率"，这是学校的办学特色；"创一流"，即争创全国一流的重点高中，这是学校的奋斗目标。

在两全三高创一流的总目标下，学校又提出了要"追求卓越"，以此作为校训，刻写在学校的大门前，用以激励全体师生员工，以"严、高、细、实"的要求来规范学校各项工作，把先进的办学思想，转化为实际的工作作风。

（2）开展牵动全局的教学改革。在"两全，三高，创一流"总目标的指导下，学校开展了以"主动发展教育"为中心的整体改革试验，以此带动学校教育，教学的全面改革。

一是改革德育教育。在德育方面，学校提出要变看管型为培养型。学校首先提出了一中培养人才的目标——"人格高尚，能力卓越，身心健康"，以此作为学生努力的目标，激励学生奋发向上的精神；其次，以"人格建树"为主线，以校，班，团会为主要形式，以各类活动为载体，培养学生的自主意识，实现学生的自我教育，自我管理，自我评价，自我调控。

二是改革教学。在教学上，学校着力构建"主动发展"教学模式。为此，学校实行课程结构改革，改变了单一的课程结构，增加了多种选修课，开设了学科类，技能类和兴趣类等各类活动课，初步形成了学校的必修课，选修课和活动课相结合的显形课程体系。

同时，狠抓教学方法的改革，以各种教学竞赛为动力，通过集体研究，实验改进，典型推动等方法推动各科的教法改革。教法改革的中心是变"老师讲，学生听，老师告诉结论，讲出用法，学生大量模仿"的教学方法为教师设置情景，揭示过程，让学生学会观察，学会发现、学会思维的方法，加强了对学生创新精神和实践能力的培养。

在理科课堂教学中，教师鼓励学生主动参与教学过程，激发，推动，指导学生，探索知识的形成过程，揭示运用知识的思维路线。

在文科课堂教学中，增加了听、说、读、写、训练，如语文课开展课前5分钟讲演，政治课进行课前时事发布会，英语课组织课前小品表演等。这些都有效地训练了学生的口头交往能力，表达能力，培养了勇敢，自信，合作等各种心理素质。

在教学过程中，学校还提倡运用微机等现代化教学工具，占领教学改革的制高点，改变过去的黑板上做实验，在黑板上种庄稼的那种脱离实际，枯燥乏味的教学方法。以微机辅助教学，刺激学生的感官，调动学生的学习兴趣；以微机模拟知识发生的过程，促进学生学会观察、学会发展。

三是改革教学评价。学校改变了过去单一的，经验型的教学过程评价，实行由全体教育对象参加，以微机为工具的"三级三项"量化考核，并将考核结果与结构工资挂钩，发挥激励机制的功能。三级三项考核评估制是由全体学生，全体教师，全体干部参加（三级）对教师参加教学活动，开展教学过程，实际教学效果（三项）进行全面评价，由微机实现量化并综合统计，得到结果。由于在评价中，我们坚持了全员性，全面性，使得评价结果客观、公正，评价过程透明、准确，贯彻了民主、科学、规范的原则，并将结果与结构工资，全员聘任挂勾，使之成为学校推动和改进教学工作的强大动力。

（3）执行规范的管理体制。传统的教学，学校教学目标体系基本上是以知识传授为中心，按教学进度的形式进行制定的。在教学实践中，学校发现这一套目标体系，对于培养学生的创新精神，实际能力缺乏针对性、有效性。因此在实际操作中，我们改变了传统的做法，制定并不断完善了以学生能力培养为中心的学校教学工作目标体系。

这个目标体系包括两个部分，一部分是学校总的目标，另一部分是各学科的具体目标和安排。各学科的具体目标和具体安排是由各个备课组按年级制定的，他作为各年级教学计划的基本内容。

其中，一级指标是："降低难度、加强训练、增加反复、打好基础"。就知识传授来讲，我们要求降低难度，要求深入浅出：就能力培养来讲，我们要求各学科根据能力形式的规律，反复进行基本技能的训练。以此作为现阶段学校教学工作的总目标。

二级指标对各个年级提出了不同的要求。

高一年级，这是高中的起始阶段。学生们从初中进入高中，这是一生的重大转折，无论从心理上还是从智能上，他们的准备都是不充分的。因此高一学生重点是要适应高中阶段的教学，我们把高一的教学称之谓"适应性教学"。这一阶段的教学要求是：要让学生建立两个习惯，以此适应高中阶段的学习。这两个习惯是：高效的学习习惯和科学的思维习惯。

高二年级是高中学生培养创新精神，发展创造能力的黄金时期。因为这一阶段的学生熟悉了高中，养成了习惯，具备了自主发展的条件。我们称这个年级的教学为"发展性教学"，这一阶段要求学生建立完整的以学科基础知识为核心而形成的认知结构，和以学科基本技能为基础的充满活力的智能结构。

高三年级是高中的最后阶段，在教学上是一个总结、巩固，提高的阶段。因此，称谓"总结性教学"阶段，他以提高学生综合能力，提高学生运用知识解决问题能力为中心，以适应高考为具体目标。

（4）培育"创新型"的教师队伍。教师是学校之本。在创新教育中，要培

鞍山市第一中学教学目标细则

高一年级 **适应性 教学**	高效的学习 习惯	（1）课前预习，抓住重点难点 （2）上课注意，参与教学过程 （3）独立作业，总结知识规律
	科学的思维 习惯	（1）认真观察，掌握有效信息 （2）努力发现，形成正确认识 （3）准确判断，思考灵活严密
高二年级 **发展性 教学**	科学完美的 认知结构	（1）理解概念，公式，知识；掌握本质特征 （2）认识规律，联系，基本思想，形成各科基础知识网络。
	充满活力智 能结构	（1）具有"听说读写与算画想做"等各科基础能力 （2）形成人文学科与科学学科基本素质的初步框架
高三年级 **总结性 教学**	综合能力	（1）能综合运用各科基础知识 （2）熟练掌握基本技能，能探求拓宽已知结论
	运用知识解 决问题能力	（1）了解社会，正确说明热点问题 （2）联系实际，正确解释各种现象

（图左侧方框：降低难度
加强训练
增加反复
打好基础）

养具有创新精神的学生，就必须要有创新精神的教师，特别在高中阶段，教师本人创造性素质的高低，能否创造性的开展工作，对学生创造力的培养，有着直接的影响，因此，构建一支"创造型"教师队伍是开展创新教育的重中之重，是根本的根本。

搞好教师队伍的建设要抓住重点，学校将工作重点放在对骨干教师和青年教师的培养上。

学校通过"选苗子、让位子、压担子"，让骨干迅速地成长，在实践中增长才干。学校还定期组织骨干教师学习先进的教育理论，带头更新教育观念，搞好教改实践。在常规教学中，引导他们一抓课二抓题，抓出方向抓出新意。抓好青年教师的"一二三六"工程

在青年教师队伍建设的过程中，学校坚持了认真选苗、新老互助，坚持了工作上严格要求，一丝不苟；生活上热情关怀。坚持通过开展适合青年特点的活动来增长他们的才干，使他们逐渐适应学校的教学工作。

（5）营造现代化的校园环境。优美的、现代化的校园环境是校园文化氛围的反映，是学校的隐性课程。它潜移默化地熏陶着学生情感，开阔学生的视野；而先进的教育实施，更是开展创新教育的物质基础。鞍山一中目前新建了

综合楼、艺体馆、游泳馆和大礼堂，形成了现代化校园的新格局；微机室、语音室、多媒体教室，教工音像资料阅览室以及双向选择的三用网络的建成，建立了现代化教学实施的基本框架。学校的硬件设施为创新教育实践提供了有力支撑。

（1999年11月鞍山市教委教育工作研讨会发言稿）

优化德育策略　塑造健康人格

——对市场经济体制下的德育工作的探索

/ 梁士慧 /

现阶段，由于我国经济体制的重大变革导致政治法律制度及社会意识形态也发生了相应的变化。随之而来的，人们的世界观、人生观、价值观也受到了强烈地震撼，必将对学生的思想、行为带来深层次的影响。

在计划经济时代，学校教育的基本精神是服从，"服从需要""服从安排""服从领导"，学生的主观方面则是"听话"和"依附"。而在市场经济体制下，学生将要面对"不包分配""自主择业""市场竞争"的现实。"个人"作为一个个主体，被清晰地分离出来。市场经济毫无情面地把"人"抛到了同一个水平线上，社会主义市场经济的伦理精神，即社会主义伦理与市场经济伦理相结合，倡导了一个依靠实力在竞争中取胜的，普遍为社会所接受的道德原则。由于价值观念、道德品质、思维方式、能力水平、心理素质等方面的个体差异，形成了优胜劣汰的竞争局面。正如党的十四大报告所指出的那样，社会主义市场经济"有利于增强人们的自主意识、竞争意识、改革意识、民主法制意识和开拓进取精神"。这种主体意识的觉醒和竞争意识的增强，必将成为学生不断完善自我的动力，也必然强烈要求学校德育的个性化和实效性。因此，优化德育策略，势在必行。

学校优化德育策略，是从理清工作思路、优化实践过程、保障机制三个方面进行的。

一、思路——塑造人格，突出本质

德育，在本质上就是一种塑造人的教育。德育，应包含这样的内容：政治思想教育、自我意识教育和道德品质教育。德育过程，其实是一个养成过程，是对人的思想、品德、心理、行为的全面养成，也就是对人格的养成过程。

广义地说，人格不仅仅具有心理学上的意义，它包括了人的认知、情感、意志系统，是人的价值观、道德观、思维方式和心理素质的综合体现。

人格是德育的核心目标，这个核心目标将制约德育内容、途径和方法的选择，也将直接影响到工作效果。

学校在德育工作中突出人格培育工作的基本步骤如下。

1. 确定培养目标

鞍山市第一中学是以升学任务为主的重点高中，面对全国只有4%左右的同龄人能够进入大学深造的事实，我们认识到，鞍山市第一中学应该培养的是现代化、高素质的高校预备人才。因此，我们这样拟定了鞍山市第一中学的人才培养目标：

人格高尚——热爱祖国，情操高尚，举止高雅，自尊自信；

能力卓越——具有创造能力、学习能力、协作能力和自我调控能力（学生可根据个人特点，优先或着重发展某项或某几项能力）；

身心健康——身体健康、心理健康。

这是符合党的教育方针、注重学生全面素质的人才目标。这个目标突出了人格的核心位置，我们相信它将见大效于未来。

2. 典型榜样引路

为使培养目标更能形象化地为学生所理解和接受，我们十分注重用典型榜样引路。典型人物分三类：

第一类是人所共知的领袖人物，如毛泽东、周恩来、邓小平，他们卓越的历史功勋、高尚的人格魅力，成为学生心中光辉的典范。

第二类是报刊报道的典型人物，如："背着父亲上学的孩子""垃圾楼上的女孩""全国十佳少年姚欣"，他们自强不息、艰苦奋斗的人格力量对学生是一种深深的打动。

第三类是学生中间的模范人物。如："一棵小白杨"——95·6班的学生，共产党员崔旭龙，以及每年评选的"十佳学生"，他们成了同学们周围的鲜活标杆。

"十佳学生"是鞍山市第一中学学生在校内可获得的最高荣誉，被表彰的"十佳学生"披红戴花，领导颁奖，全校瞩目。其推选以培养目标为标准，要求"全面发展，学有所长"，在对每位候选人写出带有大幅照片的、统一规格的事迹介绍榜后，由全校学生投票，真正的"全民公决"，绝对依票定夺。这样的选举过程成为对"培养目标"的现身说法，又是对学生民主意识的教育和民主权利的尊重。

3. 全面开展工作

苏霍姆林斯基曾经指出："没有也不能有抽象的学生，每个孩子都是一个世界——完全特殊的、独一无二的世界。"从这一观点出发，德育工作必须尊重学生的个性。德育影响要转化为德育效果，要通过学生个体内化的过程，如果得不到教育对象的认同，任何教育都不能转化为德育效果。因此，必须加强对教育主体因素的研究，调动学生"自我教育"的积极性。

为使人格建树的教育过程成为学生主动参与的自我教育过程，鞍山市第一中学多次在学生会、家长会、主题班会、升旗仪式上多角度、多层次、多形式地宣讲与讨论这个问题。我们用理论加实际的深入浅出的方法，引导学生明确了具有健全人格的人，应该爱国，有使命感；有对社会的爱心；有团体精神；有主体意识；能保持心理平衡；能主动发展智慧；等等。它在人的发展中具有重大意义。这些教育活动，使同学们认识到，在自己身上，还存在人格缺欠或"面具人格"现象，进而强烈要求自觉地完善人格。这种要求成为我们人格塑造教育的强大动力。在这些教育活动中，我们相信学生是有独立思想和人格的，有独立判断能力的人。我们引导学生明确市场经济对人的发展的影响和要求，让学生面对强者愈强、弱者愈弱的"马太效应"。同时，我们也毫不回避地承认在学校工作存在某些形式主义及其他缺欠，提出今后共同努力的方向。四场"人格建树"、两场"自我教育能力培养"的专题报告会，无论面对高三、高二、高一，还是面对分校"新元高中"的学生都收到意想不到的教育效果。听讲者神情专注，有些同学当场落泪，深表悔恨，深表感动。三次大型的以"培养目标"的讨论、"人格建树"的讨论为主题的主题班会，全校学生积极参与，踊跃发言，班会场面热烈，场场效果显著。班会辩论中正反两方表现出的观点明朗、思维敏捷，唇枪舌剑，使人强烈地感受到学生参与的积极性和思想成熟，个性鲜明。

人格建树的教育遍及所有教育活动，深入所有教育环节。我们感到突出人格培养工作，有利于调动学生自觉参与，有利于学生个性发展，有利于所有德育工作的开展，有利于提高教育的实效，应该常抓不懈，不断深入。

二、实践——面向全体，发展个性

遵照德育的实践性特点和品德的情感、意志、行为习惯因素，鞍山市第一中学一贯重视利用各种途径，采用多种方法，进行养成教育和开展丰富多彩的课内外活动，以此为载体，使全体学生受到人格的陶冶，个性的发展。

1. 爱国情怀塑造人格

爱国是做人的基本品质。鞍山市第一中学多年来一直非常重视爱国主义教育，并将社会主义教育融入其中，将爱国主义教育作为人格塑造的主线。

每周一的升旗仪式，受到全校师生的高度重视，保证全员出席，次次都十分神圣、庄严，学生在国旗下的演讲，篇篇都凝聚着爱国家、爱集体的真挚情感。

香港回归前夕，鞍山市第一中学精心组织的大合唱《我们共有一个家》，在省中学生文艺汇演中，作为压轴节目，一举震撼全场；张延状同学自作词曲、自己伴奏、自己演唱的《香港，我为你歌唱》，也引起热烈反响。团委组织的"喜迎香港回归"手抄报展，展示了同学们爱祖国、爱香港的深情厚谊。

"人格建树"主题班会上，同学们演出的小品《尊严》，歌颂了"国格""人格"的尊严。

目前，鞍山市第一中学正在展出手抄报"爱我鞍山"，从一幅幅精心设计的画面上，可以体会到同学们对祖国、对家乡的一片爱心。

此外，鞍山市第一中学常年定期开展各种大型教育活动，如每学期两次的主题班会，每年秋季的全育节，教师节前的艺术节，五月四日的篝火晚会，每年五月的社会实践，入校新生的军训，参观飞机场和导弹基地，按部就班，井然有序，形成惯例，常年坚持。

这些活动不仅使学生受到爱国主义、集体主义教育，理想前途、艰苦奋斗教育和国防教育，活动的组织实施以及交流、讨论、思考和内化过程，更有其不可低估的教育价值，这些过程，成为培养独立能力，展示个性特长，组建优秀集体的极好机会。

几年来，鞍山市第一中学确定了马风镇作为学农基地，雷讯团、导弹团、飞机场作为学军基地，北京国际旅行社作为城市考察基地。基地的建立，使鞍山市第一中学有力地借助了社会力量的教育作用，更保证了鞍山市第一中学社会实践活动的顺利开展。

2. 行为规范养成人格

行为是人格的外在表露，习惯性的人格也会促进品格的形成。鞍山市第一中学对行为习惯的要求严格，且多年如一，常抓不懈。间操即为一例。

鞍山市第一中学间操全员出席，服装统一，排面整齐，动作划一，只要天气允许，间操天天如此。由于平时严格，形成习惯，无论何种层次的检查、参观，都不做特殊训练，学生作为操场上的一员，既受到集体主义的教育，又受到美的熏陶，更为展示真实的自我和真实的群体而自豪。

3. 课程设置完善人格

鞍山市第一中学建立了必修课、选修课、活动课三大板块相协调的课程体系。

教学工作是学校的中心工作。坚持寓教育于教学之中，是开展德育工作的主渠道。因此，在各科教学中，坚持发挥语文、外语、政、史、地等人文学科对学生健全人格的培育功能，利用教材的内容，开展教育、树立榜样；在传授数、理、化、生等自然科学知识的同时，进行辩证唯物主义教育，帮助学生养成科学的世界观。鞍山市第一中学坚持教学改革，让学生主动参与教学过程，如：课前演讲，学生讲课，都体现了学生的主体参与意识。

鞍山市第一中学心理课、音乐欣赏课、美术欣赏课都作为必修课，排入课表，坚持多年。这三门课程虽与高考无直接关联，却极受学生欢迎，一旦丢课，非补不可。

心理课尤其受到学生们的重视和欢迎。鞍山市第一中学有两名专职心理教师（其中一位是1997年刚从东北师大心理系引进的本科毕业生），一位兼职教师，自1994年以来，一直在高一、高二两个年级开课，目前，应高三学生强烈要求，又开始了对高三学生的心理健康讲座。鞍山市第一中学还开设了心理咨询室，并为心理教学专设了微机和专用心理咨询及测试统计软件，使心理课和心理咨询更加规范与科学。学生爱上心理课，盼上心理课。近两年来，心理咨询室成为学生们解决心理问题的习惯去所，虽然事先预约，心理咨询老师还是应接不暇。这个现象，从一个侧面表明了学生们自我意识的增强和对心理健康的新的认识和需求。

在趣味性、知识性、创造性、主动参与和手脑并用五大原则指导下，鞍山市第一中学还开设了知识类、技能类和艺体类三大类活动课。如：数理化竞赛、中英文打字、计算机操作、新闻采编、讲演与口才、写作、书法、绘画、摄影、合唱、舞蹈、体育训练等。这些活动课对培养特长、发展个性，以及培养竞争意识、协作意识起了很好的作用。

4. 校园文化陶冶人格

1994年5月起，鞍山市第一中学开办了每月一期的《学苑》报，去年，又开办了学生刊物《骏风》，两种报刊都由学生做主编，学生当记者，全部采用学生稿件，生动活泼，丰富多彩。

自1995年鞍山市第一中学闭路电视系统启用以来，"一中电视台"便受到学生极大的关注。学生主持人、学生英语汉语播音员，经志愿者多次竞选而出，很受学生羡慕。电视台制作的"新年节目荟萃"、"英语小品"、"辩论大赛"、学生自演的课本剧、自编的英语教材资料片"加拿大""生态平衡"等，以及专题节目"莘莘学子""校园风景线""校园写真"等都使学生喜闻乐见甚至陶醉其中。

从下周起，"一中电视台"还将开播每周一次的"名曲欣赏"，在中午班主任到班时间专题播放，以期在日积月累中，对学生进行情操的陶冶。

图书馆与语文组协调组织的假期系列读书活动，吸引了大批学生，掀起了读书、知书、爱书的热潮，形成了校园的又一道风景。

这些活动展示和培养了一批学生的特殊才能，从一个角度为他们今后的发展打下了基础。

三、保障——完善机制，强化管理

柳斌同志在题为"新时期中小学德育工作"的讲话中谈到今后中小学德育工作的目标和措施时，明确指出要建立、加强学校德育工作的机制。

德育工作的实践也使我们体会到，只有完善德育机制，才能强化德育管理，保证德育工作的有序实施，使人格塑造工作稳步发展。

完善机制主要指：全员育人机制、自主教育机制、考核评估机制

1. 全员育人机制

学校是育人场所，所有教职员工都应参与育人工作，但德育工作长期废时而又复杂多变，不能对所有教育工作都提出同一要求。

学校领导把握着学校德育工作的方向，其教育思想是否先进，将对德育工作带来根本性的影响，因此，鞍山市第一中学领导班子非常注重理论学习和向先进经验学习，注意把握教改的最新动态。每个寒假，鞍山市第一中学都举行中层以上干部培训班，学习理论，研讨工作，提高认识。同时，从领导思想和领导体制上坚持教育教学一起抓，两名教育教学副校长分管基础年级的教育教学领导工作，三名中层干部分管三个年级，每人全面负责一个年级的教育教学工作，为杜绝教学一手硬，德育一手软的现象提供了组织保障。

班主任是德育工作的主要承担者，学校对他们提出了较高的要求。

学校制定了班主任的培养目标——十条素质要求：

政治素质：忠诚党的教育事业；

职业素质：真诚地热爱学生；

品德素质：为人正直，情操高尚；

心理素质：意志果敢，情绪稳定；

思维素质：思维活跃，勇于创新；

业务素质：专业功底坚实，教学艺术高超，知识广博，兴趣广泛；

理论素质：掌握教育理论，理解学生心理；

能力素质：有敏锐观察能力和较强的组织能力；

语言素质：语言准确、生动，富有使人心悦诚服的魅力；

身体素质：有健康的体魄。

通过理论培训、工作实际培训，利用简报、德育工作研讨会、班主任经验交流会、师德报告会等多种形式培养、锻炼班主任这支德育工作骨干队伍。

经过培训和实际锻炼，班主任队伍逐渐具备了自身道德认识能力和践行能力、把握德育内容的能力、运用德育方法的能力、评价教育对象的能力、控制德育环境能力。

而一般教师和管理人员，直接从事德育工作的机会较少，对他们的要求是，明确学校的德育要求，保证个人示范的正方向，与其业务范围相适应，对学生进行适当的思想品德和行为规范要求。在这种要求之下，科任教师、图书

馆管理人员、电教工作人员、校医、实验员、门卫师傅等，都自觉立足本岗位，从正面管理和教育学生，也得到学生的广泛好评，形成了全员育人的局面。

2. 自主教育机制

鞍山市第一中学非常注重学生自我教育能力的培养，特别是经过"八五"期间"主动发展教育"的整体改革实验以后，形成了学生"自我要求，自我管理，自我评价，自我调节"的运行机制。建立了班长和学生会、团委干部竞选制，班干部轮换制、值日班长制，每年都有近百名学生参加各类竞选，当过班干部的学生占60%以上，各个班级的日常工作全部由干部承担，学校大型活动全部由学生主持。

以北京社会实践为例，去年鞍山市第一中学分别组织高二、高三两个年级去北京搞社会实践活动，每次五百多人的队伍，管理人员为每班一名班主任，两名校级干部，两名中层干部，一名校医，具体负责班级工作的仅有班主任一人。北京活动队伍庞大，地理不熟，活动紧张，人员疲劳，游人拥挤，高度分散，但整个队伍招之即来，散之能聚，十辆汽车，浩浩荡荡，说走即走，无一人误事，一切组织工作由学生干部带头，"牵一人而动全班"。固定租用的旅游汽车上，学生团结谦让，活泼礼貌，车内清洁，国旅的同志和司机对学生赞不绝口。《中国旅游报》载文，盛赞鞍山市第一中学"移动课堂"别有新意，一中学生，素质超常。整个活动充分展示了一中学生高度自觉、高度自治、高度自律的能力。

有许多学生对自己提出了更高的要求，他们靠近党组织，积极参加鞍山市第一中学专为学生开办的业余党校，从1991年以来，共有近800名学生写了入党申请书，举办了六期业余党校，共有500多名学生参加了培训，确立了重点积极分子150名，核心积极分子50名，发展学生党员4名。对已毕业的学生积极分子，鞍山市第一中学机关支部郑重将他们的有关资料寄到其考取的大学，以便大学的党组织对他们继续培养。

3. 考核评估机制

考核评估机制的建立和完善是规范德育工作的重要保障。鞍山市第一中学十分重视工作的计划与反馈。所有活动，大至社会实践，小至日常清扫，无一不是事先有布置，事后有评价。前面说到的间操，也是每学期专项评优两次，每天值周生检查评价的结果。"十佳学生"评选制、三好学生评优制、特长学生评比制、值周检查制、班级评优制、班主任考核制等考核评比制度使所有的班级和个人，事事有标准，层层有考核。

比如：班主任的奖惩制，是鞍山市第一中学全员聘任制、考核评估制的一个子项目。对班主任的评价由学校领导、政教团委、任课教师、本班学生多角度、多层次的评价相结合而得出结论。考核工作定量与定性相结合，随机与定期相结合，自评与他评相结合，考核结果与结构工资挂钩，在下一学期的结构工资中，优者分层次工资上浮，差者亮出黄牌，多次帮助无效者停止工作。考核评估机制促进了各项工作的开展，也使人人得到基本公正的评价。

在近年来的德育实践表明，学校德育应主动适应市场经济体制的变化。新时期学校的德育工作，应在"德育性质不变，培养目标不变，基本任务不变，主旋律不变"的基础上，着力培养学生的竞争意识、自主意识和创造意识。而人格建树教育，很有利于"四个不变"与上述这几种教育的有机结合。在具体工作中，进行了一些探索和实践，取得了一些成绩，但还有不少问题、不少困惑。随着日后国家经济的发展，特别是十五大、九届人大以后一系列重大变化，我们还将不断思考，不断探索，不断进取。

（本文在1998年鞍山市中小学、职业学校德育工作会议上发言交流）

整体、分项复习法在高三英语总复习中的尝试

/ 郑　东 /

目前，中学英语教学中最热门的改革莫过于课文整体教学。确实，课文整体教学以其独特的能力培养效果得到了广大英语教师的认可。但是，在高考复习这一阶段如何体现英语语言知识系统的整体性，以及如何迅速而有效地将各项知识转化为能力，把学生初、高中阶段的英语知识进行总结提高，并在此而设置科学可行的课内外复习内容及程序，目前尚无新法。我从1990年起在高三英语复习中，与周名泉、张欣艳、毕振华老师一起初步尝试了一项新的复习方法，以求解决上述问题。

一、整体、分项复习法的设想要达到的目的

自1988年以来，我国高考英语试题的类型发生了很大的变化，采用了MET标准化试题。标准化试题的特点是试题容量大、知识覆盖面广，侧重考查学生运用英语语言的能力，体现了英语的实用性。传统的高三英语复习法是：课课过关复习、单元复习、初高中教材分段复习。这些方法都是师生手不离教材，就教材复习教材，就知识复习知识点，这种传统的复习方法不能引起学生的兴趣，不利于形成系统化、条理化的知识体系，不利于因材施教，教师也无暇对高三英语复习从讲到练，从基础到能力，从课内到课外，从教材知识到大纲要求作出全面系统、整体科学的安排。

怎样才能在高三总复习的一年时间里既巩固所学过的知识，使学生带着浓厚的兴趣去复习，让不同程度的学生在各自的起点上获得最大的收益，又能使学生在各方面的能力得到进一步的提高，从而达到提高学生应试能力的目的呢？随着MET高考英语试题的出现和要求，就必须探索出一条新的途径。我们根据教育理论、系统整体原理、大纲要求、学生特点、MET标准化试题的需要，从1991届高三毕业班开始，探索改革高三英语复习方法。采用了高三英语整体、分项复习法。

二、具体做法

英语本身就是一门科学，有其自身的整体系统和结构，这个整体系统中的结构是语音、词汇和语法，这大部分是学习语言不可分割的整体。高三英语复习抓住了语音、语法、词汇这三个部分，也就抓住了高三英语复习的整体。高三英语整体复习就是打乱课本及课本编排顺序，按照知识系统及其内在联系逐项归纳，做到学生自我复习与教师的讲课相结合，练习内容与教学内容相结合，知识复习与能力培养相结合，形成一个有机的良性循环系统。高三英语整体、分项复习就是把学生学到的系统知识与考试题型有机地结合在一起，做到学有所用，学完会用，从而达到提高应试能力的目的。具体做法是：① 自学：即学生自己通览初、高中全部所学内容；② 讲课：由教师归纳语音、语法、词汇；③ 训练：基础训练加能力训练（其中包括按题型分项训练）。

```
         自学            讲课                 训练
          │              │                    │
    ┌─────┘      ┌───┬───┼───┐      ┌────┬───┴────┐
 教材通览        语音  语法  词汇    基础  能力    应试能力
    │                                          │
 综合训练                          ┌──────┬────┼────┬──────┐
    │                           语音拼写  单项  完形  阅读  写作
 解惑、答题、提高
    │
   高考
```

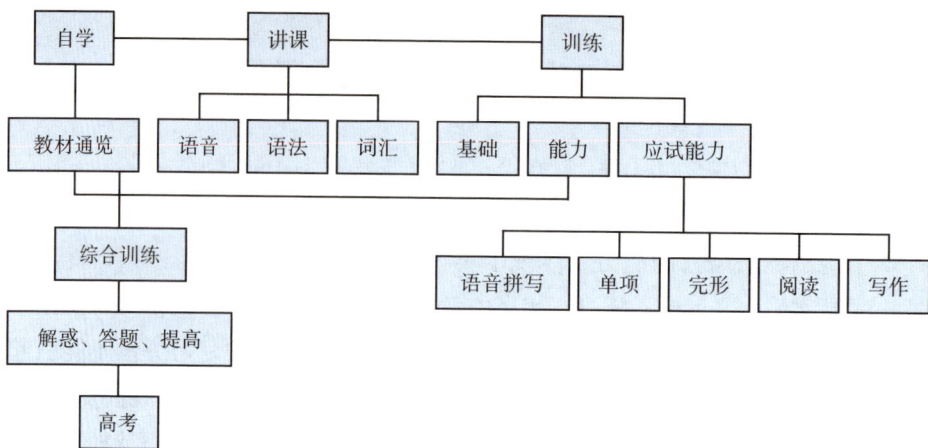

图1　整体、分项复习法具体做法

1. 自学

　　自学即自我复习，学生通览初、高中所学的全部教材内容，指导学生有目的、有计划地去复习，利用科学的方法使大脑中已中断的联系重新建立起来，从而复习旧知识，找出知识上的疑难，巩固记忆，解决知识的广度。这是复习的基础。为了让学生掌握复习的重点，教师发给同学一份含有1913字的单词表，以便他们有"章"可循，重点打在必须掌握的内容上。

　　在自学内容上遵循下列原则。

　　（1）以词汇的复习为根本。词汇是语言的最小单位，是基础的基础，学生平时词汇的遗忘率极高，复习词汇时要求突出一个"熟"字。因为MET标准化试卷的词汇量很大，如不解决词汇问题，势必影响考生的答题速度。

　　（2）以词组及固定搭配为重点，要求在熟记词汇的基础上重点复习词组及惯用法，复习时不仅要记住意义，而且要明确其用法以及相关的区别和联系，突出一个"精"字。

　　（3）语法复习为线条，要求学生对课文中出现的语法项目及语法现象进行细致的分析领会，明确基本概念及原理，并能用其指导词汇和词组的使用，使之融会贯通，突出一个"透"字。

　　（4）以课文的再阅读为提高阅读能力的手段。要求学生在自学中，必须熟读每篇课文，基本了解知识点的分布情况，并找出每篇课文的主旨和人物评价，突出"技能"二字。这种自学不能简单地理解为靠学生自己去学，完全由学生决定学什么，怎么学，这样做不仅学习的效果不佳，而且还会由于学生的个性差异，使一些懒惰者可能弃之不学，达不到自学的效果。为此，采取了以下几个方面的措施。

①明确学习的目的和任务，达到高效、省时、准确的目的。根据中学每章教材知识的分布情况、难易程度和学生知识掌握情况制定了具体的自学进度及要求。总的要求是到基础知识复习结束时，通览教材完毕。

②及时检查验收自学情况，达到进一步巩固的目的。提出要求后不检查，有效性就可能打折扣，而且学了不练，也不可能使识记的材料保持长久。因此，每阶段规定任务一到就马上下发验收题，使学生的知识得到及时巩固，在习题方面不求量大但求质高，侧重基础，针对实际。

③利用信息反馈，指导和调整学生的学习和教师的教学。通过学生对自学验收题的完成情况，学生可以从中发现自己在学习过程中的不足之处，并利用这一信息来改进自学。教师则通过了解学生的基本情况使课堂教学能够有的放矢。

通过学生对教材通鉴自学，学生初步复习了旧知识，解决了复习中的知识面问题，并通过这一环节，找出了自己的不足之处，以便进一步提高。

2. 讲课

在整个高三英语复习中，课堂教学是复习诸环节的中心。讲课是导向复习，教师的主导作用在这一环节中将得到充分体现。教师必须做到熟练掌握全部教材内容。把握教学大纲，研究 MET 的试题，了解学生的实际情况，做到针对性强。教师要做到具有高度的责任感和事业心，在备课这一环节上要狠下工夫，全力以赴去钻研教学内容及教学对象，课堂复习一般为语音知识复习、语法复习和语言点的复习。

（1）语音知识复习。语音知识复习的目的是进一步提高学生英语语音的能力。复习的内容主要是48个国际音标的读法，特别是辅音音素的读法、元音字母读音规则、辅音字母读音规则、非重读音节中元音字母的读音规则、字母组合的读音规则、句子的读法及语调的规则、连读规则等。如ear字母组合的读音，不仅要复习归纳，hear near clear fear［iə］和 learn earth early search［ə：］，还要归纳 wear tear［e］和 heart［a：］的特殊发音形式。复习方法是：以讲带练，或边讲边练，或以练促讲，或先练后讲，通过讲与练、练与讲来总结归纳其规则。

（2）语法复习。词汇的用法无不与语法相连。语法复习是一项系统的工程，语法复习的目的是让学生在了解掌握知识的能力和语法知识的内在联系上，从最基本的方面入手，由浅入深，从简到繁，从普遍到特殊，从一般到个别。既考虑到每个语法项目的完整性，又要顾及各项目间的关联性。例如在复习动词的时态时，既要讲清每种时态的用法，又要侧重于各种时态间在表达时间概念上的异同，使学生有一个较系统的完整认识。可以用一个时间轴概括了中学阶段需要掌握的九种常用时态间的时间点的关系及它们的基本形式，见图2。并重点阐述现在完成时、一般过去时、过去完成时之间的关系，在此基础上，复习动词的语态，使学生懂得时态和语态虽为两个语法项目，但二者的关系是如此紧密，以至无时无刻不相伴而存在。并要求熟练掌握二者在各种情况下的使用方法。

动词常用时态变化轴及 do（be）的九种变化形式

过去过去点 过去完成时	过去点	过去将来点 过去将来时	现在点	将来点 一般将来时
I you he she had done it（been） we you they	一般过去时 过去进行时	I we should he she would do it（be） you they	一般现在时 现在进行时 现在完成时 现在完成进行时	I we shall he she will do it（be） you they
I he was she it did we you were they	I am we do you are they he she is it	I we have done（have been） you they he she has done（has been） it		
I he was she it we doing you were they	I am he she is it doing you we are they	I we have been doing you they he she has been doing it		

图2　常用时态间的时间点的关系及其基本形式

语法复习课基本原则是：把握大纲，紧扣高考，讲清要点，熟练要点，形成能力。语法复习必须以大纲规定的范围为依据，即不能低于大纲的规定，也不能超出大纲，同时教师要分析研究近几年内语法点在高考中的分布情况，占多少分，以及试题的设置形式，从中找出一般的出题规律，以确立复习的重点，切忌蜻蜓点水，更不能无限延伸。复习的方法是：系统归纳，注重比较，以练为主，以讲为辅，讲服务于练。在复习过程中要充分发挥学生的主体作用和教师的导向作用，决不能搞一言堂式的讲解复习，选择例句时要注意尽量选学过的教材，编例句时要尽量与教材内容相一致，切忌编造偏、怪、难的句子。更要准确确立语法复习的重点、难点，绝不能在本来不是重难点的问题上浪费大量时间，使学生产生厌烦情绪。处理易混易错的语法现象时，可通过练习题的形式来解决，以求达到理清头绪，准确运用。

（3）语言点复习。语言点知识是英语知识的归纳点，与语言的语音、阅读、写作有着不可分割的关系，能否熟练掌握丰富、系统、准确的语言点是能否形成语言能力的基础，从考试的角度来看，也是能否取得好成绩的关键。在基础教学中，教师已较为详细地及时解释了各种语言点的作用方法，但是很零散，不成系统。不仅不利于记忆，还很容易混淆。高三总复习就是要将语言点知识系统归纳总结，给学生理出一条记忆的线索，同类知识间总有某种相同或不同之处，同时呈现，会使学生更加清楚地了解各知识点之间的关系，在运用时便可做到举一反三，触类旁通。

如：lie（说谎）lying   lied   lied

lie（躺，位于）lying   lay   lain

lay（放置，产蛋）laying   laid   laid

这组词的关键点是词性、词义、词形，这三点掌握好了，使用起来，也就得心应手了。

又如：sb. used to do sth.

sb. be used to doing sth.

sb. used sth. to do sth.

I used to work for family that lived here.（SBI P295）

I was used to driving all kinds of weather.（SB P49）

Bamboo is so strong that people use it to build houses.（SB P20）

延伸比较：

He used to be praised when he was a pupil. Coal is used to produce electricify.

Tom is used to being regarded as a foolish man.

归纳总结时把易混易错的归纳辨析、相互关联的同类组合，有特殊搭配的，从搭配角度归纳。这样做，重点突出，高效省时，使知识系统化，便于学生系统掌握，语言点知识归纳要以大纲词汇表为根据。课堂形式以归纳为主，讲练结合，课后要及时下发适量的习题以检查知识掌握情况。

3. 训练

整体复习的原则是讲练结合，以练为主，练是实践的过程，即知识转化为能力的过程。学生能否掌握知识，形成能力主要取决于练这一环节。为了既不增加学生的负担，又能达到复习巩固、提高能力的目的，采取了多层次、多角度的训练方法，即自学内容的训练、讲课内容的训练和培养能力的训练。

（1）自学内容的训练。这是针对学生按教材顺序和教师事先安排的自学进度而设置的练习，设题的原则是以包括语音、词的拼写在内的基础知识为主，在知识点上突出"全面"二字，题型以多项选择为主，配合句型转换，单词释义，正误判断等形式。这样，既可以复习巩固旧知识，又可以了解学生各自不同的薄弱环节，以便及时补救。

（2）讲课内容的训练。这是根据教师课堂上讲的内容而设置的练习题。教师在课堂上所讲的一般来说都是难点、重点，是应试价值较高的知识点，因此，在习题上要突出"重点"二字，对于学生在自学中产生的疑惑、易混问题，要重点练习。习题难度应大些，题型要灵活些，以体现多点考查的原则。这类习题一般每周发两次，通过练习使学生进一步抓住重点、难点和易混易错的地方，并逐步达到准确熟练的目的。

（3）培养能力的训练

能力的培养及形式绝非朝夕之功，学生虽已具备了一定的英语运用的能力，但距离高考的要求尚有很大的差距。因此，根据MET标准化试题三个方面的能力测试要求，采取了周期考试的形式，定时、定量的方法，培养学生的能力。在训练中，突出"能力"二字，坚持长期不懈，耐心批改，全面分析总结学生出现错误的原因，并提出克服的办法，训练的内容重点放在完形填空、阅读理解和书面表达三个方面，坚持每周训练一项，周而复始，循环往复。

具体做法如下。

① 完形填空。完形填空试题是考查学生英语知识的综合运用能力，题型本身具有很高的难度，它包括词义辨析、词语使用，又包括句义理解、情节趋向等方面。学生做题时往往顾此失彼，达不到预期的目的，为此，以高考题为标准，训练完形填空题，限制学生20分钟做完，然后全批全改，有时讲评。

帮助学生分析产生错误的原因，同时讲解答题技巧。

② 阅读理解。阅读理解在高考试题中，比分最大，是考生能否取得好成绩的关键。因此在训练时，我们根据高考的题量，按不同的题材内容设四篇文章，每篇文章各配五道理解题，内容多样化，既有直接解答、词语释义，也有逻辑推理、总结评价等。要求学生在四十五分钟做完，全批全改及时讲评，以提高阅读速度和理解的准确度。

③ 书面训练。书面表达是多数学生感到棘手的一类题型，主要问题是病句多。为尽可能减少错误，让学生了解各种书面表达的格式和要求，本研究依据近几年的高考内容，练习书信、通知、日记、介绍、看图作文等书面表达形式。限定学生在30分钟内写完，然后认真批改，挑选最佳答卷为学生阅读，或选出几篇用小黑板挂在教室，供学生互相学习之用，每次可选4～6篇。以鼓励学生积极进取，同时把各种错误分类整理，课堂上讲评，帮助学生分析产生错误的原因，提出纠正的办法。最后由师生共同讨论，写出一份最现实、最普遍、学生最易接受的答案，要求学生对照答案修改自己的错误和不足之处。

在答题技巧上，要求学生务必做到两点：一是遇到表达障碍时，要采取迂回的办法，另辟蹊径，达到殊途同归的目的；二是要求书法工整，卷面整洁，否则，再好的文章也很难受到他人的青睐。

能力的三个方面的训练，必须针对学生的实际，既做到各有侧重，又不能放弃任何一方，这种训练一直坚持下来，学生的应试能力必将大大提高。

总之，在整体复习中自学是基础，讲课是中心，训练是方法，三者的关系是相辅相成、缺一不可的，实际上也是实践，认识，再实践，再认识的循环往复的过程。通过这种系统的、多层次的复习，学生的潜力可以得到充分挖掘，获得最佳学习效果。

三、高三英语整体、分项复习法的尝试结果

本研究是在1991届首次运用这种复习法，通过一年的尝试收到令人的满意的效果，1991届学生高考中，英语成绩列入辽宁省重点中学协作体的第五名。

高三英语整体、分项复习法仍处在起步阶段，肯定存在一定的缺陷，我们将继续在实践中探索，使之进一步完善。

（鞍山市"八五"优秀教育成果奖）

素质教育视域下普通高中学校管理实践研究

——以鞍山市第一中学为例

/ 姜秀岚 /

一种教育思想的产生往往要求着另一种教育管理思想和模式与之相对应。随着素质教育的开展，它也要求着教育管理思想作一场深刻的变更，并构建新的管理模式，以有效地导引素质教育的理论变为实践。本篇在国家大力提倡素质教育的背景下，对鞍山一中的学校管理实践进行梳理，为进一步推进素质教育提供参考案例。

1. 坚持党的领导

推荐素质教育不能改变育人初衷，要坚持在党的政策、方针的引领下全面推进教育教学改革，不能偏离正确的育人方向。

1.1　认真学习理论，深化教育改革

鞍山一中党委每年都认真举办中层以上干部、党支部书记、教研组长等培训班。认真学习党的大政方针，学习邓小平理论，学习国内外先进的教改经验。在学习中，学校深刻地认识到邓小平同志提出的"三个面向"是当前中国教育改革和发展的指导思想，尤其为我国的基础教育改革实施素质教育指明了方向。在研讨中，学校加深了对素质教育的理解：全面发展不等于平均发展，素质教育不等于特长教育，反对"应试教育"不是不要考试，减轻过重的课业负担不是放任自流，摆脱"应试教育"的影响不是否定过去的教育成果。

学校遵照《中国教育改革和发展纲要》精神，依据《示范高中的评估标准》，制定了鞍山一中"九五"规划及2010年远景规划，形成了具有一中特色的教改方案。制定"两全、三高、创一流"的办学总目标。"两全"是全面贯彻教育方针、全面提高教育质量；"三高"是学生素质高层次，教师队伍高水平，学校管理高效益；"创一流"是争创高质量、有特色、现代化的全国示范性高中。根据办学总目标,我们确立了"规范加特色"的办学标准,"教书育人"的职责标准,"合格加特长"的人才标准。实施了课程结构改革工程、学科素质教育工程和整体改革工程。建立了以科研为先导,以学校管理体制改革为支柱,以师资队伍建设为关键,以现代化设施设备及教学手段为保证的保障系统。经过三年实践,学校在既减轻学生负担,又提高教育质量方面有所突破;在既强化基础,又提高能力方面有所突破;在既全面提高素质,又发展个性特长等方面有所突破。

1.2 坚持从严治党,发挥模范作用

多年来,鞍山一中党委成员始终遵照"团结稳定、勤奋务实、精通业务、开拓进取、廉洁高效"的班子建设目标来鞭策自己。在学籍管理、收自费生、推荐保送、引进教师、职称评聘、奖励晋级、住房分配等重大问题上认真执行纪委制定的"四不准、三遵守、七公开"的廉政制度,充分体现民主集中制的原则,以公正求稳定以廉洁求权威。在教育、教学、科研、管理工作中,干部认真执行"三深人"、"五必访"制度,及时掌握情况,认真搞好调控。本学期开学两个月来,班子成员能排除一切干扰,人均听课40多节。每年年终班子成员都要向全校教职工进行述职报告,接受党内外的监督、检查和评议。

在加强班子建设的同时,党委十分重视对党员的教育和管理。认真组织党员开展"双学"活动,通过"三会一课"、"演讲报告、学习参观、知识竞赛等形式对党员进行党性、党风、党纪教育,建立了以目标管理为激励方式,以民主评议为约束形式的党员管理机制。每学期党员都要向党组织汇报自己的思想及工作情况,接受党内外的评议,开展争创"三先二优"活动。对于违纪或不达标的党员给予黄牌警告,通过各种形式和手段对其进行批评、教育并限期改正。

2. 加强文明建设,优化育人环境

学校作为培养"四有人才"的基地,同时也是精神文明建设的主阵地。如何搞好学校的精神文明建设是一中党委多年探索的一个重要课题。几年来,我校建立了在党委领导下,党、政、工、青、妇及民主党派、离退休老干部齐抓共管的领导体制。建立了一套严格、高效、有序的工作机制和保障机制。

2.1 强化思想教育,注重舆论导向

过去的三年是不平凡的三年,党的十五大的胜利召开,香港的平稳回归,抗洪抢险的斗争,亚洲的金融风暴,国有企业改革的艰难在师生的心灵深处产生了巨大的反响，表现出种种矛盾心理。一中党委、行政、工会、共青团、民主党派及关心下一代协会能从不同的角度，采取多种形式对全校师生进行形势政策教育，进行爱国主义、集体主义、社会主义和革命英雄主义教育。在舆论导向上，既讲复杂的国内外经济环境，又讲"一个确保、三个到位、五项改革"的大政方针，既讲抗洪救灾的英雄事迹，又讲灾区人民的艰难困苦，使师生做到国事、家事、事事关心，以健康的心态面对社会，以更多的爱心支援灾区。在教育改革中，既讲邓小平的教育思想，又介绍国内外教改的最新动态。在工作中，既提出高标准的奋斗目标，又强调基本的岗位职责；既宣传那些高风亮节的知名教师，又宣传师生中那些可亲、可敬、可学的感人事迹。在教师中举办"树三观汇报演讲"，开展"师德杯"竞赛和争创"文明教师"等活动。在学生中开展"人格建树大讨论"和争创"十佳学生"等活动。通过共青团的"推优"工程，发展学生党员。将精神鼓励和物质鼓励有机地结合起来，努力缩小利益导向与价值导向的反差，创设一个既肯定个人正当利益又弘扬敬业精神，抵制拜金主义、享乐主义及个人主义的舆论氛围。

2.2 严格管理制度，强化法纪意识

教育是引导人们自觉去做，制度、纪律是约束人们必须去做。多年来，我校实施了全员聘任制、岗位责任制、考核评估制和结构工资制"四制"结合的学校内部管理体制。根据教职工的道德修养、专业水平、工作能力进行评聘，由党办、行政、工会等各有关部门跟踪考核、定期评估，发放结构工资。不胜任的教职工予以黄牌警告直至解聘。在评优、晋级、职称评聘中，凡是违反道德、纪律行为者均予一票否决，在教职工中引起了强烈的震撼。九六年，市教委公布实施素质教育20条决定后，党委立即组织全校教工进行学习、讨论，充分发动群众，加大监督力度，发现问题及时查处。在制度和舆论的威慑下，个别同志立即停止了办班、补课，谢绝了家长们的高薪聘请。在教师中基本形成了敬业奉献光荣，追逐铜臭可耻的良好风气。

2.3 加大资金投入，改善办学条件

积极改善办学条件，加速学校物质文明建设是搞好学校精神文明的基础和保障。九六年一月,鞍山市第十一届人民代表大会常委会第二十七次会议通过《关于鞍山一中争创全国百强学校》的决议后，市财政、市教委为鞍山一中总计投入1573万元，一中自筹资金1,520万元，建成了综合教学楼，基本完成了艺术体育馆的土建工程。本着勤俭办学的精神，校长及主管校长，详细考察、反复测算精心设计装备了电教室、微机室、语音室、实验室、图书馆、校园电视台、心理咨询室及教工健身室等，促进了学校的两个文明建设。

3. 今后的主要任务

建议新一届党委在今后的三年中，要进一步加强党的基层组织建设，坚持校长全面负责、工会民主管理、党委保证监督的领导体制，更好地发挥党组织的政治核心作用和党员的先锋模范作用；与行政一道协同群团组织和民主党派搞好两个文明建设。

3.1　瞄准"三个面向"，迎接知识经济

21世纪，知识经济将在国际经济中占主导地位。知识经济不是以资源的消耗为特征，而是以知识的传播、知识的增值、知识的应用为特征。知识的传播、创新和运用的最有效方式是教育，教育将成为经济发展的基石，教育的竞争也必将是十分激烈的。新一届党委要认真组织党员、干部深入学习邓小平的教育思想，研究我们的教育如同向现代化、面向世界、面向未来，积极探索适应知识经济的教育模式，开拓鞍山一中新的发展动力和源泉。

3.2　把握教育主题，实施"质量"战略

在知识经济的时代，人们随时地置于数字化、网络化、智能化的环境。人类生存方式的改变，首先是教育的在改变。原来的教育特别注重吸收知识，将知识记在大脑里作为真正学到东西的标志。然而，这种"知识库"型人才难以应付知识经济时代瞬息万变的知识创新局面。在信息时代，我们的教育应该使学生在掌握一定的现成的知识之外，懂得怎样去找适合的工具获取新的知识，特别是获取自己所需的知识，同时懂得把获取的知识加以分解、合成、提取、加工，使得日益膨胀的知识和稍纵即逝的信息能够得到合理的应用。所以，江泽民主席在九届人大一次会议上提出："科技、教育、文化工作的根本任务是提高全民族的思想道德素质、科学文化素质和创新能力。"在全国科技大会上又指出："创新是一个民族进步的灵魂，是国家兴旺发达的不竭动力。"新一届党委班子具备这种大的"质量观"，与行政一道制定和实施适应知识经济时代的"质量"战略，培养出更多具有创新意识、创业精神的接班人和建设者。

3.3　狠抓队伍建设，适应教育发展

新一届党委班子，是跨世纪的一届班子，必须站在21世纪的高度确立学校的发展目标，决定学校的发展策略，定位我们的具体工作。为此，党委要进一步加强班子建设，始终保持团结稳定的形象、勤奋务实的精神、精通业务的能力、开拓进取的意识、廉洁高效的作风，跨世纪的历史使命。同时,我们还要看到现在一中班子成员平均年龄偏大，按干部"四化"标准培养中青年干部，选拔后备干部已迫在眉睫。鞍山一中师资雄厚、人才济济，经过三年的努力，一定会涌现出一支德才兼备,具有革命化、年轻化、知识化、专业化的干部队伍。

面对高速发展的信息时代，教师的知识结构不仅是适应传统的单传传授知识的模式，而且要适应以学生探究、交互学习、多学科交叉解决问题的教学模式。这种变化要求我们党员同志必须在知识的广度、深度和综合程度上不断提高，尽快地掌握现代的教育思想、教育观念、教学技术，以适应新的教育发展的需要。目前，我校一线教师中有68%是青年教师，他们思想观念较新、知识面较宽,接受现代教学技术较快。然而，他们由学生到教师的角色转化还需要一个艰苦锤炼的过程。希望各党支部进一步落实党员责任区制度，扶持他们的工作，关心他们的成长，使他们具有崇高的敬业精神和良好的师德修养，形成正确的教育观念和教育方法。特别需要强调的是，当前我们处于社会转型、经济转制、教育转轨的变革时期，各种思想意识都产生了激烈的碰撞。党委要及时教育党员调整好个人利益与教育事业的关系，防止和抵御"以教谋私"的不良倾向，引导他们崇尚先进、淡泊名利、敬业奉献，以优良的党风带动教风。塑造出更多的创业型、科研型、学者型、专家型教师，尽快完成一中教师队伍的新老更替。

3.4　加大开放力度，提高办学效益

党委要与行政一道积极在学校搞好内涵发展的同时，搞好外延的发展。

向社会开放。充分利用社区资源，发挥教育功能；通过各种渠道，接受家长及社会的监督，促进教育、教学、管理。

向国内外友好学校开放。学习外校的先进经验和技术，互派教师和学生，开展夏令营、冬令营、旅学团等文化交流活动、开拓视野、增长知识、培养能力。

实现校际间的联合办学。采取多种形式,实现校际间的联合办学，达到资源分享、优势互补，吸引更多的人力、物力、财力资源投入办学。尽快建成"校园高速公路"，实现全校联网、与海外联网、与学生家庭联网；逐步将学校的教育、教学、辅导、管理、通讯、阅览进入电子计算机，实现交互式的学习与交流，人机对话，共享技术与信息等资源，把东方教育的优良传统与发达的教育手段结合起来，创造出更好的教学模式。

创"全面发展"之优，示"素质教育"之范

——重点中学全面实施素质教育的实践及体会

/ 周世淮 /

　　普通高中教育是不定向的高层次的基础教育。它是联系九年义务教育与高等教育的纽带，是培养高层次专门人才的奠基工程；它与中专、中技、职高共同构成一个十分重要的人才资源库。因此，面对世纪之交的教育改革与发展的新的机遇和挑战，普通高中，特别是争创示范性高中的重点高中必须责无旁贷地肩负起创"全面发展"之优，示"素质教育"之范的历史重任。

　　以往几十年基础教育存在着种种弊端，将其概括统称为应试教育。应试教育是以考试为手段，以单纯学科分数为标准，以选拔少数人上大学为目的的一种"千人一面，万人一书"的垄断式教育。在应试教育的模式下，建立了一个单纯为升学服务的，只培养应试能力，而忽略全面素质提高的片面的课程结构体系。它是一种对学生整体素质发展的片面性、强制性、掠夺式的开发，往往造成片面畸形发展的后果。它与沸腾的社会生活脱节，与知识更新的速度脱节。

　　一种教育，当其价值取向反映出人与社会的发展需要时，这样的教育具有真正的价值，才能发挥其教育的功能。综上所述，应试教育完全失去了人本身的价值取向，也完全失去了社会本身的价值取向，造成了严重的教育价值的失落和教育功能的弱化。严重违背了基础教育的性质和任务，危害中学生的身心健康，危及国家和民族的前途。

　　即将到来的21世纪，将是一个以"三机联网""两脑开发"为载体，以信息高速公路为主要传播媒介的信息经济的时代，是一个世界范围内以和平、合作和发展为主流的全球生产一体化的时代，最终决定一个国家的经济和社会发展速度的不是物质资本和物质资源，而是掌握现代科学知识的巨大的人力资

源。"人之寿夭在元气，国之兴衰在民魂。"一个国家可以有资源和宝藏，但素质不高，民气不振，终难有所作为；反之，一个资源不足的国家，若具备素质优良的国民，仍可自立于世界民族之林，纵看历史，横比诸国，莫不如此。因此，21世纪，各国在政治、经济、科技等领域的竞争，焦点是人才的竞争，而实质是教育的竞争。谁掌握面向21世纪的教育规律，谁就能在21世纪的国际竞争中处于战略主动地位。有一种说法：如果把工业看成"昨天"，把科技看成"今天"，那么，教育就是决定未来发展的"明天"。李鹏总理在全国教育工作会上讲话指出："适应建立社会主义市场经济体制的需要，面向21世纪的发展与挑战，必须进一步深化教育改革，加快教育事业的发展，提高全民族的素质，为实现我国国民经济和社会发展战略目标培养跨世纪人才，这是摆在我们面前的一项紧迫的任务。

显然，我国几十年基础教育的种种弊端，完全不能适应经济腾飞、知识爆炸、现代化建设飞速发展的新时代。彻底打破旧的传统的应试教育的模式，全面实施素质教育对于作为培养适应未来21世纪的高科技人才的奠基工程——基础教育，特别是普通高中的教育来说，势在必行，迫在眉睫。

"应试教育"作为一种教育思想、观念形态，深深地潜藏在人们的思想意识中，根深蒂固。它有着深刻的历史根源和现实基础，在当前经济发展不平衡、城乡差异客观存在的社会现实中，片面追求升学率在学校外部颇有市场，追求升学率的背后，其实是追求好的职业，因此，人们对"应试教育"情有独钟。特别是重点中学，一贯有很高的升学率，以此在社会上享有盛誉，如果实施素质教育，导致升学率的大幅度下降，将不被社会认可，甚至会引至严厉地谴责。得不到社会的支持，将严重影响学校的建设和发展。这是有些人在"教育转轨"的新形势下，犹豫不决、畏缩不前的根本原因。其实不然，实施素质教育与提高教学质量是不矛盾的，与高考的要求也不矛盾。当前，我们不能摆脱高考指挥棒，这是一个现实，那么怎样对待高考这根指挥棒呢？这里有两条路可走，一条是题海战术，高考考一个点，就要围着这个点用一个半径相当大的圆去覆盖它；第二条道路是从根本上培养学生的思维能力、思想方法，以学科素质提高的不变去应万变。要做到第二条就必须要实施学科素质教育。事实上，近几年高考考查能力的力度是很大的，特点是很突出的。因此，实施学科素质教育，即在课堂教学领域内，推进素质教育才是提高教学质量的必由之路，从这样的观点出发，重点中学实施素质教育不仅可行，而且势在必行。

另外，要全面实施素质教育，必须要以教育观念的转变为基底，以教育科研为先导，以管理体制改革为支柱，以师资队伍建设为关键。而在基础教育系统中，具备上述优越条件者非重点中学莫属，因此，创"全面发展"之优，示"素质教育"之范的历史重任责无旁贷，只能由重点中学承担。

鞍山市第一中学是建校于1923年的一所老学校，是一所独立高中，是辽宁省首批办好的重点中学。自1994年国家教委正式提出"减轻中小学生过重的课业负担，全面贯彻教育方针，全面提高教育质量，实施由应试教育向素质教育的转轨"以后，学校发动全体中层以上干部，全体教工，学生干部进行了深入、认真地学习、研讨、回顾、反思几十年应试教育的深刻教训，面对目前我国"社会转型，经济转制，教育转轨"的大好形势，展望未来21世纪即将出现的知识爆炸、经济腾飞、现代化建设飞速发展而带来的世界范围内的人力资源的激烈竞争。我们清醒地认识到：我国基础教育由应试教育向素质教育的转轨是关系到民族兴衰、国家命运的刻不容缓、势在必行的全局性改革。我们重点中学必须积极发挥"改革、实验、示范"的作用，走在改革的前列。共识坚定了起步的决心，信心预示着成功的一半。我们经过反复学习、研讨，制定了鞍山市第一中学全面实施素质教育的"一三四三"方案，即一个目标，三项工程，四个保障，三个突破。

一、一个目标

办学总目标——"两全三高创一流"

"两全"：全面贯彻教育方针，全面提高教育质量。"三高"：学生素质高层次，教师队伍高水平、学校管理高效益。"创一流"：打造全国一流学校，即全国示范性重点中学。根据总目标确立三个标准："规范+特色"的办学标准，"教书育人"的职责标准，"合格+特长"的人才标准。

二、三项工程

1. 课程结构改革工程

课程结构改革工程是全面实施素质教育的基础。

课程是实现学校教育目标的主要手段，课程体系是目标体系的逻辑延伸，它是一个时期教育思想与培养目标的具体体现。课程是学校教育有目的、有计划实施的主要途径，它决定教育的类型、方式、方法。因此，形成一个结构合理、功能健全的课程结构体系是学校实施应试教育向素质教育转轨，真正减轻学生过重课业负担，全面贯彻教育方针的极其关键的举措。

素质教育的宗旨是全面提高素质，发展个性特长。一方面要提出"全面发展"，另一方面要突出"发展个性"，注重对学生兴趣、爱好、特长的培养，让学生学有所得，学有所长，要坚信"天生其人必有才，天生其才必有用"，人无全才，要扬长避短。

著名教育家苏霍姆林斯基说过："如果学校把功课表排得满满的，把学生的时间都填满了必修课，那么，学生的天赋、才能、特长、兴趣就会在尚未意识到的时候被扼杀了。"因此，应试教育模式下单一针对升学为目的旧的课程体系必须打破，必须克服唯升学能成长、唯升学是人才的人才观，真正建立与素质教育相适应的新的课程结构体系。

（1）必修课。鞍山市第一中学坚决贯彻执行国家教委、省教委颁布的中学课程设置计划，开全、开足、开准计划规定的全部必修课，坚决杜绝随意砍掉非高考的必修课的课程，尤其加强对只列入会考不列入高考的必修课程及劳技课的教学过程的管理，教学效果的检测、评估、考核。

（2）选修课。按照国家教委、省教委颁布的课程设置计划，开全、开足、开准计划规定的高三年级的各科应试必选课。开足、开好音乐、美术等艺术必选课，受到全校同学的普遍欢迎。继续加强坚持多年的计算机必选课，使全校同学在中学阶段都能掌握计算机基本的操作技术及1～3种计算机语言。同时，鞍山市第一中学又增设了心理健康教育必选课。成立了心理健康教育备课组，纳入课表上课已达四年，参加了国家级、省级心理健康教育改革实验，在培养学生良好的心理素质方面取得明显效果。

（3）活动课。活动课程是大课程体系的重要组成部分。活动课程是指由学校有目的、有计划、有组织地通过多种活动项目和活动形式，综合运用所学知识，开展以学生为主体，以实践性、自我性、创造性、趣味性为主要特征的多种活动内容的课程。它对于学生扩大视野，增长才干，陶冶情操，强健体魄，发展个性，全面提高素质发挥着极其重要的作用。因此，开设并规范活动课程是实施素质教育的重要渠道。

鞍山市第一中学在课程结构改革中十分重视活动课的开设和规范，为了把握活动课的正确方向，取得素质教育的真正效果，我们提出活动课的几个原则：① 趣味性原则；② 知识性原则；③ 主动参与原则；④ 手脑并用原则；

⑤ 创造性原则。

在活动课五大原则指导下，鞍山市第一中学开设了3大类13门40几个小组600多人参加的活动课。其中侧重知识性、创造性为主的活动课有：学科竞赛活动课、英语口语活动课、计算机活动课、新闻采编活动课、演讲与口才活动课。侧重兴趣性的活动课有：美术活动课、书法活动课、摄影艺术活动课、学生乐团、学生合唱团、体育专项竞赛活动课。侧重手脑并用、应用性的活动课有：中文、外文打字活动课，缝纫裁剪活动课。

每周二下午开设三节课为全校活动课时间，部分活动课也放在周六上午进行。鞍山市第一中学行政副校长赵钧章同志带头兼任美术活动课的指导教师。教务副科长、政教科长、团委书记及部分有特长的一线教师被聘兼任活动课任课教师。同时，我们聘任部分社会各界有突出专长和较高声望的专家、学者为鞍山市第一中学活动课客座教师。例如：聘市歌舞团男高音歌唱家、合唱指挥谷东平老师为鞍山市第一中学合唱团指导教师，聘市歌舞团乐队指挥陈西湖老师为鞍山市第一中学学生乐团指导教师，聘市话剧团著名演员李玉环老师为鞍山市第一中学演讲与口才活动课指导教师，聘市教研中心教育信息主编毛丕志老师，为鞍山市第一中学新闻采编活动课指导教师，聘鞍山钢院计算机系教授佟税德老师为鞍山市第一中学计算机活动课指导教师。在开设活动课的实践中不断建立健全了包括课程设置、师资、教材、设备、场地、基地、管理、考核在内的活动课教学体系，使活动课进入正常、规范发展的轨道。

2. 学科素质教育工程

学科素质教育工程是全面实施素质教育的关键。

所谓学科素质教育，就是在课堂教学领域内，挖掘各学科教学的功能，推进素质教育，即实现素质教育目标课程化和课程内容素质教育化。

课堂教学是实现学校教育目标的主要手段，是学校教育有目的、有计划实施的主要途径。一个学生在校内的大部分时间是在课堂上，教学是不接受教育的一个主要形式，因此，实施素质教育的核心部位应是课堂教学。把素质教育深入到学科领域，深入到课堂教学中去，通过课堂教学这个载体，优化教学目标，优化教学结构，优化教学方法和手段，全面发展学生的基本素质，充分发展学生的优良个性是学校全面实施素质教育的实质性内容和关键所在。

对实施学科素质教育的必要性取得共识以后，我们组织全校教师进一步对教育转轨、素质教育及学科素质教育等理论和外校的实践经验展开了认真的学习和讨论，学习中几次请专家来校辅导，明显提高了广大教师实施学科素质教育的理论水平。在此基础上真正明确了学科素质教育的性质，并且制定了学科素质教育的课堂教学的指导思想和教学原则。

（1）学科素质教育的性质。

①学科素质教育不是精英主义教育，而是大众主义教育。所谓"大众主义教育"就是面向全体学生的教育。②学科素质教育不是选拔性教育，而是发展性教育，是旨在学生"个性发展"的教育。③学科素质教育不是竞争性教育，而是合作性教育，是一种以学生为主体，以师生合作为基础的不断优化教育环境的民主型教育。

（2）学科素质教育与传统的旧的课堂教学相比要实现三个转化：

①从单纯知识传授向全面育人转化；

②从单向传递模式（师对生）向多元交流模式（师对生、生对生、生对机）的转化；

③从以教材或以课堂为中心向以学生为主体并重视学生个性发展的方向转化。

（3）学科素质教育的课堂教学指导思想。以教师为主导，以学生为主体；以训练为主线，以思维为核心；以能力为目标，以育人为目的。

（4）学科素质教育的课堂教学原则。

①主体性教学原则。主体性是人作为活动的主体所具有的根本的共同属性，即人的能动性、创造性和自主性。

在传统的教学中，学生的头脑被看作被动地接受知识的"容器"和"仓库"，仅仅起着一种接收器和记忆器的作用。传统教学对教学过程中学生主体地位的漠视和忽略，导致了教学活动的种种弊端。把学生从被动苦学的束缚中解脱出来并成为学习的主体，是学科素质教育首先要解决的问题。教师的主导作用，归根到底就是为了激发、引导和提高学生的主体性，为了使学生的主体作用得到最大限度的发挥，教师要重视研究补偿的余地，使高层次的学生有独立思考、发散思维的空间，使每一个学生在他天赋允许的范围内充分发展，并由此获取成功的体验和自信。

②发展性原则。素质教育尤其重视人的全面发展。在教学中，要十分重视学生的"自主意识"和自我发展能力的培养，课堂上，要有意识地培养学生的注意力、思考力、理解力、表达力、自制力、自信力等心理素质，并逐步养成学生的认知能力、发现能力、学习能力、生活能力、发展能力和创造能力

等。实践证明，学生在学习知识、掌握技能的过程中，潜移默化养成的种种良好素质及能力，才是其终生享用不尽的精神财富。同时，要注意运用多样化的教学手段和方法，有效调动学生的视觉、听觉、触觉等多种器官协同参与教学过程，使学生有充分地动眼、动耳、动手、动口、动脑的机会，在亲自感知、操作、实践和思考的过程中，获得知识技能并发展智力、能力，进而学会学习。

③ 差异性原则。传统的教学往往认为基础教育阶段主要是打基础，而基础是共性的，无视学生差异的存在，无视学生个体显露的某些优势素质。而素质教育就是要承认差异，尊重差异。在课堂教学中，要根据学生学习基础、心理素质、智力和非智力因素所存在的差异，设计和安排教学。使低层次学生有反馈机会，为未来社会的发展奠定了良好的基础。

④ 创造性原则。创造性是人的主体性的最高体现。21世纪社会所需要的正是具有创造精神、创造能力、创造品质的创造型人才。创造性教学原则要求教师在致力于奠定学生综合素质的基础上，发展学生的创造思维。最终目的在于为学生未来的创造性劳动奠定基础。坚持创造性教学原则，必须首先加强对学生问题意识的培养。增强学习的问题意识，突破思维惰性和定式局限，发展求异思维和创造思维。教师在教学中，要有意识地培养学生质疑问题的勇气，启发诱导学生积极思维，发表独立见解，鼓励标新立异、异想天开，创造性地分析和解决问题。

⑤ 渗透性原则。当代科学的发展，呈现出既高度分化又高度综合且以综合为主的大趋势。各学科互相渗透，并以此作为向学生实施德、智、体、美、劳五育的最基本途径。可挖掘教材中的最佳结合点，不失时机地向学生进行辩证唯物主义、历史唯物主义、爱国主义等思想品德教育，陶冶其崇高的情操，培养其健康的审美情感，使知识转化为学生的观念、信念、情感乃至行为，从而真正实现既教书又育人的根本目的。

理论是实践的先导，又在实践中得到修正、完善和发展。明确了学科素质教育的性质、指导思想及教学原则以后，我们在全校范围内举行了一次长达一个多月的学科素质教育探讨课观摩活动。各学科全员参与，以"五项教学原则"为指导，精心设计每一堂观摩课，以"三个转化"为目标全面优化教学内容、教学结构、教学方法、教学手段，使展示在全校教师面前的几节探讨课尽力体现出素质教育的"三要义"，为全校教师实施学科素质教育指明了方向，将鞍山市第一中学素质教育改革实验向课堂教学领域内深层次地推进了一大步。

3. 整体改革工程

整体改革是全面实施素质教育的必由之路。

全面实施素质教育必须坚持整体性施教原则。因为素质教育强调对人的本质施加教育。人的本质即人的全面素质，是一个整体性范畴，因此，素质教育必须把人的发展视为一个整体，它是由若干个相互区别、相互联系又相互作用的要素所组成，这就决定了素质教育必然是全方位的教育、整体性的教育，即素质教育必须坚持整体性施教原则。

整体改革是从宏观上把教育对象看作一个系统，因为每一个学生都是由自身的德、智、体、美、劳等多方面素质所构成的发展着的整体。而影响学生多方面素质成长与发展的来自校内、校外的多方面的环境与教育的要素，也构成一个系统（整体）。因此，只有用整体的观点，有计划，有目的地调整各要素之间的关系，使系统中各要素之间协调一致，构成最佳的教育结构，发挥多种要素的整体功能，才能促使学生的全面素质得到提高和发展。所以，整体改革是全面实施素质教育的必由之路。

六年来，鞍山市第一中学坚持实施"主动发展教育"整体改革实验，以"主动发展教育"整体改革指导思想，构建了德、智、体等全面发展的育人模式，即构成育人模式的五大体系——目标体系、课程体系、方法体系、管理体系、评价体系中都要统一地、突出地体现"主动发展教育"的主题思想。所谓主动发展教育，即在学校中影响学生成长与发展的多种教育要素，在实施教育行为和采取教育方法的过程中都要坚持"学生既是教育的对象，又是教育活动的主体"的主体性原则，都要强化学生在各项教育活动中"自我教育、自我管理、自我评价、自我调控"的自我意识，从而在教师的引导下，促进学生主动地取得发展。在这种"主动发展教育"整体改革的教育思想的指导下，鞍山市第一中学的德育工作建立了以学生为主体，充分体现"自我教育、自我管理、自我评价、自我调控"的运行机制，以达到德育自律。鞍山市第一中学的教学工作建立了以实现"主动发展教育"为宗旨的"以教师为主导、以学生为主体、以训练为主线、以思维为核心、以能力为目标、以育人为目的"的"六以"教学指导思想，全面开展了课堂教学改革。鞍山市第一中学的体育工作全面推广了以实现"主动发展教育"为宗旨的"三段式教学法"，即"高一打基础，高二按能力分组，高三选项教学"。大幅度提高了全体学生的体育基本素质。

鞍山市第一中学建立的这种以"主动发展教育"整体改革为指导思想的教育模式有力地强化了全面实施素质教育的教育功能，其根源在于：充分的"主动"必然取得高效的"内化"，并且只有充分的"主动"才能取得高效的"内化"。大力度地促进学生的"内化"，才更有利于培养学生全面发展的基本素质和充分发展的优良个性。所以说，整体改革是全面实施素质教育的必由之路。

三、四个保障

要全面实施三项工程，不断深化素质教育，必须用整体的观点，调动学校各教育要素，建立一个目标统一、协调一致的强有力的保障系统。

① 以科研兴校为先导。

② 以学校管理体制改革为支柱。

③ 以师资队伍建设为关键。

④ 以现代化设施设备及教学手段为保证。

具体内容在本文中从略。

四、三个突破

经过几年的"教育转轨"的实践，鞍山市第一中学在充分体现素质教育特点的三个方面有所突破。

1. 在既减轻学生负担，又提高质量方面有所突破

1994年全面实施素质教育以来，鞍山市第一中学坚决贯彻国家教委、省教委颁布的课程设置计划，建立了新的适应素质教育的课程结构模式，大量减少了必修课的课时，杜绝了以往随意增加课时，无限延长补课时间的无政府状态，杜绝了无限增加教学内容，实施疲劳战术的超负荷教学。大力度地强化学科素质教育，以"传授知识、培养能力、发展个性、学会学习"为目标深化课堂教学方法的改革，不断提高课堂教学效率，使鞍山市第一中学几年来教学效果不但没有下降，反而大有提高。

2. 在既加强基础，又提高能力方面有所突破

众所周知，近几年来，我国高考试题的一个明显的特点就是考查能力的功能十分突出，因此，各校升学率中含金量的大小也雄辩地说明了课堂教学方法

改革中能力培养的力度及效果。

另外，实施素质教育以来，由于十分重视学生在各项教育活动中的主体地位，不断强化个性教育，因此，近几年来，学生在其他方面的能力也有明显的提高。其中，学生干部的工作能力的提高就是突出的一例：1995年鞍山市第一中学升入清华大学的12名学生中，有1名任系的团委书记，有3名任清华大学教学班的班长，3名任班团支书，1名任系体育部长，相对1994年以前有明显的变化。在大学中任干部的学生数不胜数。

3. 在提高全面素质，发展个性特长方面有所突破

全国中学生数、理、化竞赛是鞍山市第一中学传统的特长，实施素质教育以来又有大幅度的提高。

在体育、艺术人才的培养方面更有长足的发展，打破了多年来体育、艺术院校基本无人问津的局面。几年来，北京体育学院、北京广播电视大学播音系、沈阳鲁迅美术学院，沈阳音乐学院等已开始榜上有名，且逐年增加。

在省、市举办的体育、艺术大赛中鞍山市第一中学获得多项殊荣，一直名列前茅。

全面实施素质教育以来，由于建立了新的课程结构体系，广泛开展了丰富多彩的活动课教育，又实施了"主动发展教育"整体改革方案，致使治学严谨、苦学成风的一中校园萌发了新的生机和活力，在以学为主的原则下，校内体育节、艺术节、歌舞大赛、爱国主义知识竞赛、画展、书法展、摄影展，此起彼伏：校外深入工厂、农村、部队、社会，按计划、分层次实施社会实践活动，井然有序。今日高考报捷，明日物理竞赛、化学竞赛夺魁，今日歌咏大赛金牌，明日演讲比赛夺冠，等等，捷报频传，誉满校园。一种生动活泼、主动学习、培养个性、发展特长的教育氛围孕育着一中学子，使他们沿着素质教育的正确轨道成人成才。

几年来，鞍山市第一中学作为重点中学带头实施素质教育，初见成效。但是作为我国基础教育的历史性变革——"教育转轨"绝非一朝一夕、急功近利之举。它是一项复杂、艰巨而又长期的工程。

路是人走出来的，新的路也只能由人再走出来。

20世纪即将过去，21世纪被西方人看成太平洋沿岸的世纪，甚至是中国的世纪。西方世界预言：中国在未来世纪中是真正强大的巨人。可以说，我们将面临各种挑战和机遇，但机遇从不偏爱没有准备的头脑，谁忽视未来，谁就

将有丧失未来的风险。而未来学理论与面向未来的教育思想能帮助我们点燃一堆照亮未来的篝火。

（本文在1997年3月10日的辽宁省、市、县、区教委主任培训班上作大会发言交流）

转变教学观念，提高历史教学质量

/ 侯桂云 /

20世纪70年代以来，一些教育家、心理学家认为教学的着眼点应该在学生身上，80年代邓小平提出的教育要三个面向，更把教育工作提高到一个战略高度，直至90年代不断深化改革的今天，教育教学改革旨在培养能力，提高素质也不再是新的课题，因为它早已为每个教育工作者所共识。

记得鲁迅先生曾说过："治学先要治史，无论学文学的、学科学的，都应该看一部关于历史的简单而可靠的书，读史文可以知今，治史有助于研究现状，……历史上都写着中国的灵魂，指示将来的命运。"学习了历史能理解现在，预测未来，因此作为一门重要的基础学科，它对青少年的情感、智能、意志及个性品质的发展，对其人生观、世界观的确立，影响是极为深远的，由此可见，历史学科的社会功能之大，历史课堂教学改革任务之重。

随着高考历史命题改革步伐的加大，现在中学历史教师普遍反映不知道历史该怎样教。这个问题来自两个方面：一个是教学观念、教学方法的转变问题，一个是高考历史命题改革的步伐问题。近几年，历史科命题难度越来越超过其他学科，这一改革对教学提出了符合素质教育的较高要求，所以历史教学中强调能力培养不是权宜之计，是新时期造就创造型人才的需要，这就要求我们从根本上转变教学观念，改革历史教学的内容和方法。人们公认的是教学有法，教无定法，贵在得法，无论是哪一种着眼点都是研究教师如何教转向研究学生如何学，把以教师教为中心，改变为以学生学为中心，以培养学生的自学能力为宗旨，教给学生学习方法，使学生不仅学会，而且乐学、会学。充分调动学生学习的积极性，使之自觉地探索、参与、发现，培养开拓型、创造型人才，适应21世纪全面竞争的需要。十多年来的教学改革实验，可以说体会不少，收获甚多，下面就把自己怎样进行历史教学改革的一些不成熟的做法总结汇报如下，以便求教于领导、同志们，使自己今后的教学改革步子迈得更大。

一、贯彻启发式教学原则，注意创设情境

提及启发式教学，并不始于今天，我国春秋时期伟大的思想家、教育家孔子就曾说过："不愤不启，不悱不发。举一隅不以三隅反，则不复也。"孔子在教学中强调要创造一个愤悱的心理态势，就是要求学生进入"想知而未知，想说而说不出"的境界，并且要求学生能由此及彼，举一反三。人类在进步，科学在发展，孔子的启发式不仅内容有了巨变，而且在方法上也从现代心理学和现代教育学中汲取了丰富的营养。正如叶圣陶先生所说："教师之为教，不在全盘授予，而在相机诱导"，即教师变教为诱，学生变学为思，教学中我注意随时贯彻启发式教学思想，精心创设问题情境，捕捉学生的创造性思维活动。因为只有精心设问，才能把启发式引向高层次，学生的思维闸门就会敞开，这是培养学生创造思维的最基本形式。创造能力的培养，首先是创造性思维能力的培养。创造性思维能力，是高级的思维能力，它的本质在于创新，向往未来，刻意求新，勇于探索，去发现规律，运用原理使学生的知识能迁移，能有所创造。如：我在讲艺术宝库敦煌莫高窟这一内容时，我设计的问题是壁画描绘了各个民族首领的形象，可以说明"哪些"问题。我没有问说明"什么"问题，目的在于引导学生思维扩散，去寻求多样性的答案。学生的回答是这样的，"说明我国古代画师技艺高超"，"说明西域佛教盛行，说明敦煌是丝绸之路的交流中心"，"说明唐朝是一个统一的多民族的中央集权的封建国家"，"说明唐的经济繁荣和民族关系的发展"，等等。学生从艺术、宗教、交通、政治、经济、民族关系等不同方面思考这一问题体现了创造性思维的横向扩散。

培养创造性思维能力，除了启发学生的想象外，还可通过创造性实践进行。如我在完成唐前期经济政治一章的教学后，启发学生将西汉与唐两朝的历史及汉唐建立之前的历史作一比较，让学生展开讨论，并把可比性的知识归类整理，学生惊奇地发现历史上的春秋战国到"文景之治"和从东晋十六国到"开元盛世"有何等相似之处，学生从知识的对比分析中得知历史发展是有规

律的，暴政是不会长久的，经过农民战争打击后建立的新王朝，开国之君都能调整统治政策，使之"长治久安"，统一是中国历史发展的大趋势，是中华民族发展的主流。有的学生还从历史事件和历史人物联想到今天的社会现实；有的能用批判的观点看待历史上争论的问题，并提出自己的见解；有的能从某一历史现象中悟出产生这一现象的原因；有的则能提出与教材论断不同的见解，且不无道理；等等。这种以探索和创造的精神对待学习，以探索和创造的方法进行学习，对未知史事进行有创见的思索，就是创造性思维。

另外，启发式教学，可以从课堂四十五分钟教学一开始的开场白到课堂内容的每一知识点再到课堂最后两分钟的小结，时时可提出一些具有启发特征的问题，或是引人入胜，激起求知欲，或是层层递进，使人欲罢不能，或是留下悬念，使人余兴未消。所以说，启发式教学，一能培养学生在普通事物中发现问题的思维方法，二能引发学生创造性思维，产生独立见解，三能调动学生学习历史的积极性，对于完成知识教学有促进作用。

二、注意情感教学，加强思想教育

作为一名教师，人人希望有高的教学质量，教育的竞争，说到底就是教师水平的竞争。人们常常提到的讲课艺术，是增强教学效果、提高教学质量的关键所在。历史教学并非"为史而史"，无论时代多么远，无论历史进程多么曲折，无论历史人物的社会活动多么复杂，历史教学始终是指向现实，指向青年学生的心灵和思想境界的。只有饱含丰富的历史情感，"寓理于情"，与历史同悲观，共进程，才能真正打动学生的心，激发强烈的历史使命感，才能认识历史发展规律，了解人物的活动和高尚的品德，总结历史的经验教训，进而形成爱国主义、共产主义理想、辩证唯物主义、历史唯物主义等理性上认识。历史虽然是过去的，但却是活生生的、有血有肉的、充满情感的。只要注意挖掘，深入角色，育人者，首先自己受教育，就会把可歌可泣的乐章、波澜壮阔的战争、充满传奇色彩的人物、耐人寻味的典故、启迪人生的名言哲理等讲得趣味横生，展示出历史教学的无穷魅力和最大的德育社会功能。如我在"西安事变"一课教学中，从张学良现状引入1928年底东北易帜的少帅，到1931年九一八事变的不抵抗将军，讲到1936年发动西安事变的爱国功臣。当我把张学良逼蒋抗日，从力谏、哭谏到兵谏全过程生动形象讲述之后，学生从张学良的义正词严的话语、慷慨激昂的陈词中受到了深刻的感染，引起了共鸣，使他们在激动不已中学到知识，受到教育。

学生的情感从丰富生动的历史的感知内容中产生的，又被教师的富有感情色彩的讲述或描述所激发，然而这种建立在直观的感性认识的基础上的情感是不稳定的，必须通过升华，使其在理性认识中得到稳固，进而培养意志和理智。教学中我注意问题情境的设置，给学生思考、分析、研究问题的余地。如我在讲楚汉战争一目时，从历史人物性格的角度提出问题，问"为何实力强大的项羽最后败于实力薄弱的刘邦呢？"引导学生讨论、思考最后得出的结论是：只有具备谦虚谨慎、善于用人、艰苦创业的意志品质，才能成功，反之，刚愎自用，沽名钓誉，缺少理智的人必然导致事业的失败。这个问题情境的设置，学生从历史的借鉴和启迪中发现了自我意识，培养了良好的人性思想品质。

三、教会学习方法，培养自学能力

教学改革的发展趋势，除研究教师如何教之外，更要注意研究学生如何学，教师退到咨询地位，自学将成为主要的教育形式，这就是通常人们所说的把自学能力的培养赞誉为是给学生的"一把金钥匙"，让学生自己去打开知识宝库的大门，因此说教改立足研究学生学法是时代的要求。

1986年我开始制定"点、线、画、综合教学法"的教改方案。这项实验的理论依据是"三论"中的系统论和控制论，它符合历史学科的过去性、具体性、系统性特点，经过三年实验，1989年经省、市专家论证，被认定为科学教改实验项目，1991年被省历史教研会评定为优秀科研成果。

根据历史学科系统性的特点，我采用抓点、串线、带面综合教学方法，指导学生感知教材，教材的章、节、子目是主要的知识点，抓住子目，领会中心内容，发现问题，抓住问题，存疑、解疑，把一个个知识点串联起来，分析把握它们之间的内在本质的联系，再纵横扩散点和线，使每一章、节内容自成一个子系统，构成一个整体知识结构。如我在"法国资产阶级革命一章的教学中，就是让学生首先通览本章前三节的标题，抓住各子目，即"封建专制制度的危机""资产阶级启蒙思想""资产阶级革命爆发""大资产阶级当权""革命战争爆发和王倾覆""吉伦特派的统治""雅各宾派专政、热月政变"共七个知识点。掌握这些感性知识后再理线，逐个分析理清法国大革命这一纵的发展线索，从中把握抽象规律性知识，再和这一时期的英、美资产阶级革命做比较，即带面，通过比较得出结论："法国资产阶级革命是早期资产阶级革命时代最大最彻底的革命。"运用"点、线、面综合教学法"，更适合高三的总复习教学，学生在感知教材后，自己设计题型，独自发现问题、研究问题，学生主体作用得到充分发挥，人人有参与意识，有自我表现的体会。尤其是我让学生自主命题，进行自我调控反馈，自我评价，自我教育。

学生自编试题的过程从某种意义上说是一个对知识的再学习和再巩固的过程，学生要对照目标内容进行主动积极的思考，提出要解决的问题和设想，通过分析对单元教材进行加工、改组，在这种寻找题目和解答过程中，既掌握了知识，又培养了其独立思维力和创造力。在每一单元和一册书讲完后，我都指导学生自己编拟单元自测题、目标系列题来自我反馈，相互反馈，有时在课堂限定时间内出题，有时在课后作为作业完成，题型要具体，模拟高考。然后互相抽签答卷或同座交叉答卷，互相批改。教师再筛选一些精粹试题用来统一考试，由学生讨论作出标准答案，轮流作中心讲评，这是对学生向更高层次发展的要求，这种建立在对学生充分肯定和信任基础上相互反馈，互为导体的双项、多项交流，有效地培养了学生自主意识，有利于完善学生的独立人格，促进青少年身心发展，学生尝试了成功的喜悦，把教与学结合在一个最佳程序中。过去说的要当好先生，首先要当好学生，今天还要说，要当好学生也要学当先生。这种尝试的确可说是培养开拓型、创造型人才的有效途径。

四、开展第二课堂活动，培养非智力因素

中学历史教学开展第二课堂教育活动，这是一个新的课题，它赋予教学活动以新的时代感和现实意义。它更能按三个面向需要，培养和发展学生的兴趣、爱好、特长和才能，它对课堂教学起了深化、强化和活化的作用，它可以培养和激发学生历史学习的内驱力和兴趣，是对丰富知识、扩大视野、启发思维、发展智力，尤其是创造性能力的一种全新的教学活动。

兴趣属于非智力因素，与智力发展有着密切的联系，兴趣有天赋的成分，但更重要的是后天的培养，45分钟的课堂教学是有限的，为扩大学生知识面，使学生更多地了解祖国的历史、文化，陶冶爱国情操，我组织全体学生或二课堂活动小组同学，结合课堂教学内容，参观历史文物，举办专题讲座、历史知识百题竞赛，举办"文史园地""史海拾零"手抄报，历史遗址一日游，参观纪念馆等多种多样的第二课堂活动。学生在兴趣盎然的情况下受到革命英雄主义、爱国主义、革命传统、共产主义理想教育。如我在完成中国近代史教学

后，结合鸦片战争150周年的纪念活动，召开学生"学史一得"演讲会，先是征集小论文，然后参加班级、校、市演讲比赛，这些小论文题目是《为中华而奋起》《让历史告诉未来》《自省，需要自信》等，演讲会上，同学们各个登台慷慨陈词，抒发情怀，用他们的话说："只有懂得昨天，才能更好地建设今天，创造明天，90年代的青年要做无愧于后代的先人，无愧于先人的后代，应该站起来，扶起祖国的母亲，用自己的汗水为母亲擦去污垢，用智慧的双手为母亲编织新衣，他们感情奔放，说史论理，在思想共鸣、入情临境中进行了一次次的思想教育，使历史学科的德育功能收到了最大的效应。

总结多年来历史教学的实践，从教师启发式的教和学生独立地学，我不断地转变教学观念，进行了一个个有益的尝试，我已深刻地体会到教学改革有着强大的生命力，改与不改，教学效果截然不同，十多年我连续送走的十届高三毕业班，高考成绩都已证实了这一点，1995年高考成绩平均96.3分，一跃成为辽宁省第一。课堂教学改革的同时，我不断学习他人经验，努力钻研教育教学理论，总结教学实验的经验，撰写论文二十余篇，上观摩课二十余次，因而取得很多荣誉。我愿在此基础上再增改革意识，不断求实进取，为历史教学质量的再提高，开辟一条面对21世纪历史教学发展的新思路。

（辽宁省"八五"优秀教育论文）

强化英语学科素质教育，全面提高教学质量

│ 李　洁 │

实施学科素质教育既是全面深入实施素质教育的关键，也是一条根本的有效途径。学科素质教育是素质教育的重要组成部分，符合教学大纲的总体要求，促进教育质量全面提高。正因为如此，学科素质教育自20世纪80年代中期提出后，在教育界便产生了广泛的影响，为广大教师关注、研究和实践，不断总结深化发展，在近几年的工作实践中，我努力实施英语学科素质教育，突出注重培养学生能力，促进学生个性得到充分地发展，使学生适应未来21世

纪建设的需要。经过几年的努力，教学质量不断提高。1996年我所担任的教学班英语高考成绩平均分为118分，全市第一名。在省协作体中，鞍山市第一中学英语高考成绩名列第二名，英语成绩前四名学生全部是鞍山市第一中学学生。

围绕实施英语学科素质教育，我的做法和体会主要有以下四个方面。

一、改变教学方法，努力探讨英语学科素质教育的教学模式

素质教育的重要原则之一是主体性原则，它强调确认和尊重学生的主体地位，启迪和引导学生的主体意识，帮助他们充分发挥主动性和创造性、变外在的教育要求转化为自身的内在要求，从而提高自身素质。传统的教学方法恰恰忽视这一原则。忽视了学生的主体地位，强调灌输，偏重记忆，最终适应考试，这显然与未来发展不相适应。把学生从被动的状态中解脱出来，并成为学习主体，充分发挥其主动性和创造性，这必然要求教学方法的改革。几年来，我在教学方法改革上注重体现以下三个方面。一是引导强调学生树立自信心，积极参与教学活动。在教学工作中，根据不同学年确立不同教学目标，使学生认识到经过努力完全有能力实现这个目标，激发学生内在的学习欲望和要求，激励学生的学习热情、责任感和成就欲，变"我不会"为"我能会""我一定会"，从消极被动变积极主动，使学生的主体作用得到最大限度的发挥。二是教给学生学习方法，增强获取知识的能力。现代社会是信息社会，学生在校期间不可能掌握全部知识，关键在于教给学习方法，适应未来发展的需要。我在教学过程中，力求改变传统的教师"包办"、进行简单正面说教的方法，突出学生的主体地位。如高三上英语复习课时，我没有采取单纯就例论题的方法，而是采取"诱导—讨论—归纳—拓展"的方法，指导学生进行知识迁移，在单词拼写、单项选择、完形填空、阅读理解和书面表达等方面都强调体现这一方法。词汇教学是一大难题，我在进行单词拼写训练时，注重指导学生在词汇规律性上下功夫，对词汇进行归纳、分类、分析、综合，如表示月份、星期、国家、海洋、大洲等容易拼错的专有名词，训练学生在句、文中猜测词义，培养学生的英汉比较、自鞍山市第一中学正、判断正误、快速感知等基本技能，注重发挥学生的智力作用，减少对教师的依赖。三是培养学生创新精神，增强问题意识。教学过程实际上是师生双方不断发现问题、提出问题和解决问题的过程。培养学生创新精神，实质上是学生的主体性的最高表现，为学生未来的创

造性劳动奠定基础。我在教学改革中注重对学生问题意识的培养，增强学生质疑问题的勇气和兴趣，敢于发表独立见解，敢于标新立异，逐步改变学生总是满足于教师、教材和安于现状的惰性，使学生养成独立思考、善于思考、勇于创新的学习习惯。如在讲解单项选择时，针对四个不同选项，选出正确答案后，鼓励学生对问题质疑，并如何改正其他三个错误的选项，或者是不改答案，及时来改正所给的问题，对学生进行逆向思维的训练。在教学改革过程中，力图实行"自信—会学—创新"的教学模式，以学生为本，促进学生主体作用的真正发挥。

二、面向全体学生，促进各层次学生共同提高

由于不同学生的先天禀赋不同，以及所处的环境影响和接受教育水平条件不同，造成了不同学生个性发展的差异性。素质教育与应试教育的最大不同点，正是承认这种差异，并把它作为素质教育的依据。在实践过程中，我力求做到从学生的实际出发，根据学生的学习基础、心理素质、智力和非智力因素方面存在的差异，设计教学，因人施教，使每个学生依照各自的条件都得到最佳发展。一是根据不同层次的学生确立不同的教学目标。教学工作正是通过实现不同阶段不同目标来完成的，针对这一点，我在高中不同学年，针对不同层次的学生确立不同的目标，特别是在高三复习阶段，这种方法比较容易见效。低层次的学生目标确定为重点掌握基本知识和基本技能，扎实准确。高层次学生目标确定为具有较强的解决问题的能力。使低层次学生有反馈机会，有补偿的余地，高层次学生有独立思考、发展思维的空间，不论低层次学生，还是高层次学生，共同点是都必须使其能力得到增强。二是因人施教，狠抓"两头"。针对不同层次学生的实际特点，我采取分类指导，因材施教，一方面培养尖子学生，培养他们的思维方式和应变能力，强调综合能力，注重发挥学科带头人的作用，使大多数学生学有方向，追有目标，高三每次模拟考试后，都对尖子生的试卷进行试卷分析，找出问题的所在，有针对性地给予指导。另一方面尊重偏爱差生。注重发挥差生的闪光点，启发思考、开拓思路、培养能力，按照差生的教学目标，加以施教，创设差生所能接受的问题，给予他们回答问题、解决问题的机会，肯定他们的成绩，并给差生集中、有针对性地补课，从字、词、句入手，一个一个过"筛子"，以此推动中间生，达到每一层次学生都上台阶。三是注重运用反馈原理，调节教学过程的各个环节。在针对不同层次学

生实施不同教育过程中，注重反馈调节，随时掌握不同层次学生的个性和心理特征，根据反馈信息，有针对性地改变和完善教学方法，从而使全体学生都在原有的基础上有所提高，有所发展。

三、强化学生能力培养，注重学生个性发展

英语教学大纲指出"英语教学要发展学生的思维能力、自学能力"。现代高中学生具备了一定的知识积累，掌握了一定的分析问题和解决问题的能力，为加快学生能力培养，注重学生个性发展，围绕强化学生能力培养，我主要从以下三个方面入手。一是培养学生良好的学习习惯。要求学生必须能够通过运用一本汉词典或一本语法书，进行大量的课外阅读，经常让学生自己动手查找相似词的区别；要求学生养成记笔记的习惯，不仅要将课堂上教师讲解的重点难点记录下来，而且要求学生把课后学习中遇到的重点难点摘录下来，将每次考试错误的题改正记录下来，这样每个学生都有一本重点难点解析册，提高学生自学能力；要求学生养成快速反应的习惯，做到勤看、勤想、勤写。二是侧重培养学生的听、说、读、写能力。鞍山市第一中学在高一学年时，组织了英语课外小组。高二学年时，开设了听力课。在教学中，围绕提高学生听、说能力，着重从培养学生的猜测词义能力、推理能力、识别不同语系国家文化背景差异能力，以及发音是否准确等方面进行训练。围绕提高学生的读、写能力，要求学生牢记五个"W"，一个"H"，增强学生瞬间记忆能力，提高阅读速度。采取逆向阅读法，即先浏览文章后的题目，再带着问题去读，这样做到有的放矢，重点突出，收到事半功倍的效果，在课堂教学中注重用英语解释生词、词组，帮助学生更好地理解文章，限制学生在单位时间内进行慢读、速读，也就是进行精读和泛读，提高阅读量，进而提高阅读能力。在培养学生书面表达能力上，首先，我就文章的题材进行分步写作训练，先让学生根据文章列出要点，可用单词、短语表示。其次扩句，把词和词组连成句子。第三是扩句成文，并注重事件发生的顺序，合理安排好句子之间的关系，并注意检查人称、数、动词时态、词组搭配、标点等，消灭错误，使文章更加完美。在课堂上每处理一种体裁作文时，我都当堂作文，让学生在黑板上按"三步走"方式进行训练，这样既练习了写作，又练习了改错，一举两得。三是注重培养学生的交际能力。在教学中，我注重改变在教师控制下的各种明知故问的句型操练，以及背诵式的对话的传统式方法，创设符合高中学生年龄特征的情境，如

运用英语展开讨论、即兴发言、表演短剧等，促使学生克服汉语语言的思维定式，排除"母语"的干扰，自由地创造性地运用英语进行交际性练习与表达，提高英语的交际能力。

四、更新观念，树立现代科学的英语教学思想

在近几年的教学实践中，我体会到，要实施好教学素质教育，首先，教师要牢固树立与素质教育相适应的教育观、学生观、人才观和质量观。要做到"四钻"，即钻研教学大纲、钻研教材、钻研教法、钻研学生，系统扎实地掌握学科的基础知识，了解该学科的最新研究成果和发展趋势，了解其他学科的知识，掌握教育学、心理学、文化学等方面的知识，以及社会文化知识和日常生活知识。其次，学科素质教育离不开学校素质教育的大环境。鞍山市第一中学较早进行素质教育，并确定了面向全体学生，全面提高教学质量的总目标，从课时安排入手，减轻学生课业负担，高一实行5课时，高二4课时，高三6课时，而且周六、周日不上课，营造了进行素质教育的良好环境和氛围，为各学科进行素质教育创造了良好条件，使学科素质教育在学校素质教育总体安排下有序进行。最后，学科素质教育离不开学校领导的支持和各学科教师的配合，只有这样，才能形成合力，使学科素质教育深入进行，并收到良好效果。

（辽宁省"九五"优秀教育论文）

非常规思维训练的尝试

/ 张玉馥 /

非常规思维，顾名思义，是指那些常规逻辑思维方法以外的思考方法，与常规思维方法不同，非常规思维方法一般不具抽象的推导、严密的规则和必然的结论，而明显具有灵活性、创造性和或然性的特点。第二次世界大战中英、法登录诺曼底军队成功便是运用了突破定式思考法的结果。高中语文课在进行

了一系列逻辑思维训练后，在语文课中引进非常规思维训练，可增强思维的灵活性，使学生在将来的考场、商场、战场上不仅具备常规思维，更能灵活地运用非常规思维取得出奇制胜的效果。

一、非常规思维训练的必要性

语文课既要学习知识，又要发掘能力，这些能力包括观察力、思维力、想象力、记忆力、注意力等，在语文课中这些能力表现为听、说、读、写的能力，听、说、读、写是相互区别又相互联系的，其核心是思维能力，因为理解与表达都离不开语言，而语言又是和思维紧密联系在一起的。思维是语言的内涵，语言是思维的外壳。人区别于其他动物的本质特点之一，就在于能进行以语言为表现形式的高级思维活动，而语文课便是学习理解和使用语言文字的一门基础工具课，常规的逻辑思维方法在高中语文课和其他学科中经常运用，但作为一个具有优秀思维品质的人才，不光要具备常规的逻辑思维能力，还应具备非常规的逻辑思维能力，而高中语文课则可以通过听、说、读、写能力的训练补充非常规思维训练的内容，使学生逐渐化非常规思维为常规思维，使思维具有全面性、辩证性、批判性、求异性的特点，更加适应未来世界对人才的高标准，严要求。

二、非常规思维训练的过程

任何事物都有规律可循，非常规思维只要训练得法，抓住高中学生逻辑思维能力逐渐增强的特点，持之以恒进行训练，便可收到显著的效果，在教学中，我的初步做法是以培养兴趣为前提，以扩大知识面、生活面为基础，以严格的训练为途径，以形成思维习惯为目标。

1. 培养兴趣是知识转化为能力的重要前提

兴趣是推动学生求知的一种内在力量，一个有经验的教师，必须根据高中生求知欲强、好奇心盛的特点，启迪他们去打开思维宝库的大门，让他们始终处于积极主动的思维状态中，产生强烈的学习动力，有了兴趣，从内心深处认识到思维能力的重要性，就会有强烈的求知欲，并且将其化为自觉的行动，甚至到了入迷的程度，反之，如果对非常规思维训练缺乏兴趣，那就不会有积极性，更谈不上举一反三的能力了。

兴趣是可以培养的，学生的兴趣除社会、家庭的影响外，非常规思维训练的内容起着主导作用。事实证明，那种模式化的教学，从字义到例子的讲解，空洞的理论，都可以磨掉学生学习的兴趣；而内容新颖、思维奇特、循循善诱，热心启迪则可以提高学生的学习兴趣，在教学中我首先从内容新颖入手，从"听"的能力中理解非常规思维，感受到其思维的奇特，进而循循善诱，热心启迪，从而达到深层次的理解，每一思维方法的训练，我都从故事入手，比如，在训练"捕捉机遇"思考法时，我先讲了两个故事：

古代，昏庸的国王听信奸臣的谗言要治某臣的死罪，用抓阄来决定，阄分"生"与"死"，奸臣让人把两阄都写"死"，众大臣告诉了某臣并认为其没有生的希望了，而聪明的大臣灵机一动抓阄放在嘴里了，灵巧的思维救了自己。

肥皂的发明者原是一位厨师，一次慌忙中打翻一盆油，炭灰与羊油混在一起，他怕受罚急忙用手捧走，后来洗手竟洗掉了积年的油污，他反复实验，发明了肥皂。

这两个故事马上引起了学生浓厚的兴趣，下一步是思维，围绕"忠臣的得救和肥皂的产生靠的是什么"这个问题展开讨论，结果发现两者的共性是能及时抓住或发现某种意外的变化所带来的新情况，变不利为有利，巧妙地加以利用，使情况发生逆转，这种思维便可归纳为"捕捉机遇"思考法。

思维特点总结出来了，大家感到：忠臣和厨师都不是按常规进行思考的，他们面对恶化的现实不是手足无措，或等死受罚，而是从非常规的思维角度，取得出奇制胜的效果，那么怎样才能具备"非常规思维"抓住机遇呢？其实，机遇虽不能人为地创造，也不以人的意志为转移，但人们只要善于捕捉，深入思考，利用非常规思维，那么，新生和新的发明就在其中。

讲故事，想原理后，大家总结出，要具备这种思维能力，首先要敏锐地观察现实，抓住意料之外的机遇，如果对周围发生的情况习以为常或听天由命，则一事无成。

其次要不满于现状，平时就要有非常规的思维习惯，勇于探索，这是捕捉和利用机遇的关键，正如生物学家巴斯德所说"机遇只偏爱那种有准备的头脑"，头脑只有不囿于旧理论、旧思维，敢于突破，敢于创新才能对机遇有准备。

最后是"兵贵神速"，一旦发现机遇或情况突变，要迅速思索，放胆思维，这是忠臣免于死、厨师免于罚的原因。

兴趣是最好的老师，在学生认识到了非常规思维的重大意义，并且尝到了这种特殊思维的甜头后，我便经常设置情境，使学生处于"愤悱"的意境中，跃跃欲试，使思维的小鸟展翅于积极的状态中，在不断思考中产生越来越强的求知欲。

兴趣的持久性和稳定性，是在传授知识与发展能力的过程中培养起来的，使学生产生兴趣并不难，难的是兴趣的持久发展，而这又离不开一系列非常规思维知识的传授和对其不同思考法的特点的深入挖掘，而深入挖掘离不开知识面和生活面的扩大。

2. 扩大知识面、生活面是理解非常规思维的基础

忠臣、厨师在生死与受罚的当口转危为安，利用"捕捉机遇"法进行非常规思维绝不是偶然的，这来源于思维的全面性与灵活性，而思维品质与一个人的知识结构、生活积累密不可分，很难想象一个孤陋寡闻的人会有奇谋上策，而学生，尤其是高中生，迫于升学压力不得不奔波于家和学校之间，忙碌于书本-考试，而生活是思维取之不尽的源泉，为了开阔视野，扩大学生的知识面，从高一起，我就规定了课外阅读的书目，包括文学类、军事类、思维类、历史类的经典名篇，创办班级流动图书馆，征集家中优秀藏书，不断购买最新优秀书籍，使学生像练气功创设极强的"磁场"一样，集体创设"读书场"互相切磋，思维能力提高很快。

另外，开辟第二课堂，三年来从城市到农村，从工厂到军营，台安、海城、机场、辽沈战役纪念馆、千山，都是学生定期参观、研究的地方，研究党的新政策，研究著名战役，在实践中逐渐扩大了知识面，学会了非常规思维的方法。

经过日积月累的努力，学生的知识面扩展了，分析问题的能力增强了，知识和能力同时有了飞跃发展，在教学实践中我感到：如果先传授知识再培养思维能力，往往容易养成学生死读书的习惯，非常规思维习惯难以形成；反之，如果只强调非常规思维，对其产生的背景、原因理解不透，思维则成为无根之木，很难形成与发展，在同一过程中既传授知识又发展能力，才能收到良好的思维训练的效果，也才符合认识过程的辩证法。

3. 严格的训练是非常规思维形成的途径

兴趣仅仅是前提，有了兴趣，掌握了非常规思维的特点，并且有了一定的知识积累和生活积累，仍不一定具备非常规思维的能力，要转变为一种思维能力还必须进行实践，训练便是教学过程中一种特殊的实践形式，是实现将知识转化为思维能力的主要手段。长期以来形成的"教师讲，学生听"，学生不动

脑，不思维是难以提高思维能力的。

思维训练必须严格进行"严师出高思"，练，要明确要求，严格要木匠教徒弟，首先要练基本功，锯要直，刨要平，凿眼有方，榫头有准；非常规思维训练也同样要有扎实的基本功，100多种思维方法一个个分析，规则一个个摸，原因一个个找，反复练习，持之以恒，学会将这些思维方法用于作文材料和课文分析中，渐渐得心应手，灵活运用，思维便具备了全面性和批判性。

如1995年高考作文材料"鸟的对话"，许多同学先由果想起，倒过来看：如果人人都把眼光盯住别人的缺点，对社会无疑尽看阴暗面，思维长期偏颇，那他只能成为社会的对立面，由果析因，得出结论：要用二分法，不能以偏概全，要全面辩证地看人、看事、看一切。

训练必须循序渐进，由易到难，按学生认识的规律进行教学；训练还必须教给方法，教，是为了不教，教学生非常规的思维方法常常要用发散性思维，一句话根据功能、结构、语调、声音可以有100种说法。如"请喝水"（如图1）

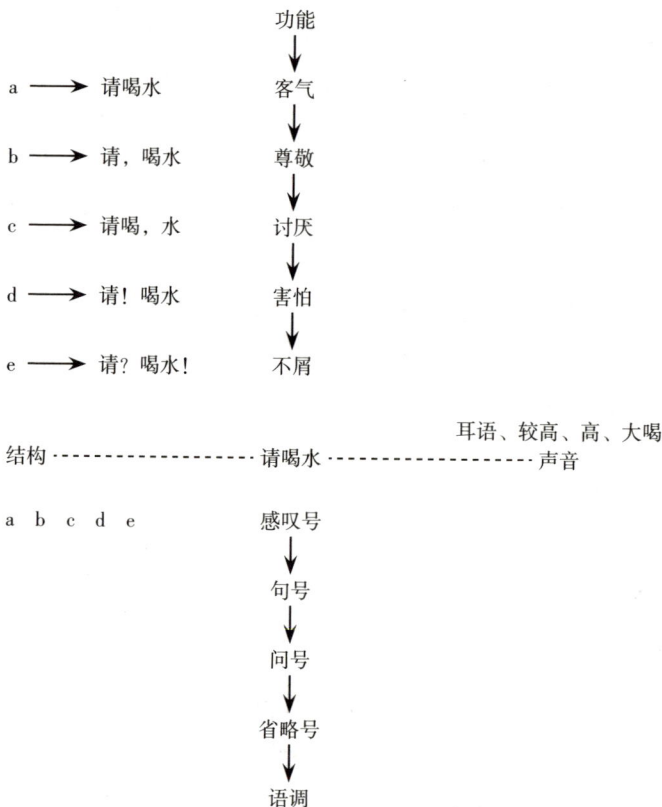

图1　发散性思维示例

用发散思维运用这种信息交合法，持之以恒，将常规思维方法与非常规思维方法进行比较，找出共性，挖掘个性，逐渐使狭窄、简单的思维复杂化、立体化。

4. 形成习惯是训练的目标

思维，是开启学生智力的钥匙，语文课听、说、读、写的核心是思维，离开思维，任何知识都不能转化为能力，教师教给学生知识，教给学生思维方法，却不能代替学生思考，开启了非常规思维的门扉，将各种非常规思维方法融会贯通，才能变成自己的思维，不断运用这些思维方法，化非常规思维为常规思维，才能形成优秀的思维品质。

形成习惯首先要使学生"见疑"，学生的思维应该是不断"有疑—无疑—有疑"的过程，是不断见疑、质疑、解疑的过程，"思贵有疑""于不疑处有疑，方是进矣"。思维越深广，问题越深刻，非常规思维运用越灵活。

使学生"见疑"，教师首先要"激疑"，用足以启发非常规思维的问题，激起学生思维的波浪。在思维训练中使学生敢问、乐问、善问，在不断的"为什么"中得到提高，形成良好的思维习惯，是知识的积累与深化的过程，以常规思维"已知"为起点，才能突破、创新，形成非常规思维。

"习惯成自然"将非常规思维不断纳入常规思维的轨道，才能开阔思维视野，良好的思维品质见效于一切科目，如今年高考数学最后一题，常规思维用解析几何设点，非常复杂，而非常规思维用参数方程或极坐标则非常方便。

（辽宁省"八五"优秀教育论文）

明目标　提方法　常反思　重反馈

——提高数学复习效果的四个环节

/ 邢艳洁 /

高考复习年复一年的进行，广大教师和学生又都在日复一日寻求着减负增效的复习方法，似乎成功的学习策略总是在被寻找中。其实多年的高考已经使多数学校有了适合本学校的复习策略，关键是如何落实和寻找更加高效的方式。我认为广大师生可以通过对复习中的明目标、提方法、常反思、重反馈的四个环节加以重视，提高复习的效果。

一、明确学习目标

学习目标是学习活动的目的，也是学习结果检测的标准，是学习过程的出发点和归宿。作为学习的主体的学生必须明确各轮复习目标的不同要求；明确复习过程中的复习课、习题课、讲评课的不同目标；明确每节课的重点、难点、易混点等学习目标。只有清晰的学习目标才能使学生把握复习的方向，将有助于复习效果的提高。在一轮复习过程中，学生要想充分掌握高中数学的基本知识、基本技能和基本方法，就必须注重数学知识的文字语言、符号语言、图形语言的相互转化，以促进数学知识理解能力的提高，最终才能使数学知识真正的理解和掌握。因为中学生的思维正处于形象思维向抽象思维过渡的阶段，对于某些抽象概念的学习，离不开具体事物的支持，借助于图形语言可以使抽象的知识变得更加直观和具体，从而帮助学生真正的理解和掌握知识。正是因为有些学生在学习过程中忽视了图形语言的学习和使用，由文字语言学习直接到符号语言练习，重复练习重于理解掌握，导致学习结果是学而不会、会而不精。

比如复习椭圆的定义的时候可以分为三个过程，首先我们可以将椭圆的三种语言的表述统一在一起，将它们进行比较，明确定义中的内容和关键字词。

	文字语言	符号语言	图形语言
椭圆定义	平面内与两个定点的距离的和等于常数（大于）的点的轨迹叫做椭圆。	平面内，$PF_1 + PF_2 = 2a$ $(2a > F_1F_2)$	

其次，通过椭圆标准方程的推导，增加对椭圆定义的符号化的认识。
再通过实例进一步进行三种语言转化的练习，达到懂、会、熟、通。
例1.（1）已知动圆P过点A（-3，0），并且在定圆B：$(x-3)^2+y^2=64$的内

部与圆相切，求动圆圆心 P 的轨迹方程；

（2）P 是椭圆 $\dfrac{x^2}{a^2} + \dfrac{y^2}{b^2} = 1$（$a > b > 0$）上的动点，$F_1$，$F_2$ 是椭圆的焦点，$\angle F_1PF_2$ 的外角平分线是 PM，过 F_2 做 PM 的垂线段 F_2N，垂足点为 N，求动点 N 的轨迹。

我们可以从上述的例子文字语言中提炼出相关的图形语言，深化对问题的理解，进而使用符号语言表示问题的实质。通过对问题特征结构与头脑中已知的相关结构进行联系和对接、对比和联想，使用数学推理和数学运算解决数学问题。

二、提炼思想方法

数学思想是人们对数学知识的本质，是从某些具体的数学内容和对数学认识过程中提炼和上升的数学观点。数学方法是在数学思想的指导下，为数学思维活动提供具体的实施手段，是数学地提出问题、解决问题过程中所用的各种方式、手段、途径等。学生在基础知识的掌握后，要有意识加强对数学思想方法的提炼和积累。我们可以通过以下三个方面来进行：第一是重视概念的形成过程和定理、公式的探索、发现、推导的过程；第二是例题和解题学习中，可以加强基本数学思想、方法的提炼、归纳和总结；第三是重视教师在课堂小结和单元复习的教学过程中，揭示、提炼概括数学思想方法的积累。

例2.（1）人教 B 版 2-1 第 43 页作业：已知 B（6，0）与 C（-6，0），过点 B 的直线 l 与过点 C 的直线 m 相交于点 A，设直线 l 的斜率为 k_1，直线 m 的斜率为 k_2，如果 $k_1 \cdot k_2 = -\dfrac{4}{9}$，求点 A 的轨迹方程，并说明此轨迹是何种曲线。

（2）人教 B 版 2-1 第 58 页的作业：已知 B（60）与 C（-60），过点 B 的直线 l 与过点 C 的直线 m 相交于点 A，设直线 l 的斜率为 k_1，直线 m 的斜率为 k_2，

（1）如果 $k_1 \cdot k_2 = -\dfrac{4}{9}$，求点 A 的轨迹方程，并说明此轨迹是何种曲线；

（2）如果 $k_1 \cdot k_2 = a$（$a \neq 0$），求点 A 的轨迹方程，并说明此轨迹是何种曲线。

这是引导学生由特殊到一般的典型问题，也可以引导思维进一步的发散，进行适当地推广：

（1）已知 B（a，0）与 C（-a，0），过点 B 的直线 l 与过点 C 的直线 m 相交

于点A，设直线l的斜率为k_1，直线m的斜率为k_2，如果$k_1 \cdot k_2 = m$（$m \neq 0$）。当$m > 0$时，点A的轨迹是除去（$\pm a$，0）的双曲线；当$m < 0$时，且$m \neq -1$时，点A的轨迹是除去（$\pm a$，0）的椭圆，当$m = -1$时，点A的轨迹是除去（$\pm a$，0）的圆。

（2）椭圆$\dfrac{x^2}{a^2} + \dfrac{y^2}{b^2} = 1$上关于原点对称的$M$，$N$两点，$P$是异于$M$，$N$两点的点，求证：直线$PM$，$PN$的斜率之积是定值$-\dfrac{b^2}{a^2}$；双曲线$\dfrac{x^2}{a^2} - \dfrac{y^2}{b^2} = 1$上关于原点对称的$M$，$N$两点，$P$是异于$M$，$N$两点的点，求证：直线$PM$，$PN$的斜率之积是定值$\dfrac{b^2}{a^2}$。

例3. 双曲线$\dfrac{x^2}{a^2} - \dfrac{y^2}{b^2} = 1$上关于原点对称的$M$，$N$两点，$P$是异于$M$，$N$两点的点，直线$PM$，$PN$的斜率分别是$k_1$，$k_2$；并且$|k_1| + |k_2|$的最小值是1，求双曲线的离心率。

解：设$A(x_0, y_0)$，$M(m, n)$，$N(-m, -n)$，

$$|k_1| + |k_2| \geq 2\sqrt{|k_1 k_2|} = 2\sqrt{\dfrac{y_0 - n}{x_0 - m} \cdot \dfrac{y_0 + n}{x_0 + m}} = 2\sqrt{\dfrac{{y_0}^2 - n^2}{{x_0}^2 - m^2}} = 2\dfrac{a}{b}$$

$$\Rightarrow 2\dfrac{a}{b} = 1 \Rightarrow a^2 = 4(c^2 - a^2) \Rightarrow e = \dfrac{\sqrt{5}}{2}$$

上述问题和例题的解决都说明了解决平面解析几何问题的基本方法是坐标法，并归纳出坐标法的基本解题步骤：首先在平面上建立坐标系，把已知点的轨迹的几何条件"翻译"成代数方程；然后运用代数工具对方程进行研究；最后把代数方程的性质用几何语言叙述，从而得到原先的几何问题的答案。

三、经常归纳反思

反思是对学习的思维过程、思维结果进行再认识的检验过程，它是学习中不可缺少的重要环节。有很多同学解题后的反思一般是停留在问题表面的重新整理，或简单的再做一遍。肤浅的反思使很多同学失去了解题正确性和完整性的思考；失去了知识的迁移和应用系统性的探究；失去了是否可以通过变式巩固基本方法、基本技能的机会，导致许多学生学习效率不高。

例4. 已知函数$f(x) = \sqrt{x}$，若存在常数K，使得对任意的x_1，$x_2 \in [1, +\infty)$，

均有 $\left|f\left(x_2\right)-f\left(x_1\right)\right| \leqslant k\left|x_1-x_2\right|$ 成立，则常数的最小值为（　　　）

解一、$\dfrac{\left|f\left(x_2\right)-f\left(x_1\right)\right|}{\left|x_1-x_2\right|} \leqslant K \Rightarrow \left|f'(x)\right|_{\min} \leqslant K, \because f'(x)=\dfrac{1}{2\sqrt{x}} \leqslant \dfrac{1}{2},$

$\therefore K \geqslant \dfrac{1}{2}$

解二、$\dfrac{\left|f\left(x_2\right)-f\left(x_1\right)\right|}{\left|x_1-x_2\right|}=\dfrac{\left|\sqrt{x_1}-\sqrt{x_2}\right|}{\left|x_1-x_2\right|}=\dfrac{1}{\sqrt{x_1}+\sqrt{x_2}}<\dfrac{1}{2}, \quad \therefore K \geqslant \dfrac{1}{2}$

表面上问题解答的结果都是相同的，但是它们却在问题解答的依据上有本质的不同。因为曲线上两点连线的斜率和过曲线上一点的切线的斜率不是一个概念。有些学生看到两点的斜率公式就和函数的导数的值域等价，这是对概念掌握的不准确。实际上它们二者之间有这样的关系：设 $f(x)$ 是定义在开区间 $A(A \subseteq R)$ 上的二阶可导函数，其对应曲线 C 上的任意两点连线斜率的取值集合为P，曲线上任意一点处的切线的斜率的取值集合为 Q，则有（1）$P \subseteq Q$；（2）当曲线 C 不存在拐点时，$P=Q$；（3）$P \subsetneq Q$ 的充要条件是曲线 C 存在这样的拐点，使得平行于该拐点处切线的任意直线与曲线 C 至多有一个交点；（4）在（3）的前提下，设所有这样的拐点处的切线的斜率组成的集合 S，则 $C_Q S=P$。但是教材中对导数内容不完整，学生也不可能知道这些。我们可以通过一些实例的对比学习可以对曲线上两点连线的斜率和过曲线上一点的切线的斜率有更加深刻的理解。比如2010年辽宁高考数学试题21题：已知函数 $f(x)=(a+1)1nx+ax^2+1$

（1）讨论函数 $f(x)$ 的单调性；

（2）设 $a<-1$，如果对任意任意的 x_1, $x_2 \in (0,+\infty)$，$\left|f\left(x_2\right)-f\left(x_1\right)\right| \geqslant 4\left|x_1-x_2\right|$，求 a 的取值范围。

反思也可以体现在复习课中复习过程。比如在椭圆的学习过程中，我们可以通过以下的问题

（1）若将 FF 所在直线作 y 轴，方程如何？（目的是给出标准方程的定义并强化标准何在）

（2）化简过程除了配对偶式外，还有另外的处理方式吗？（可以通过移项平方处理）

（3）化简过程中是否还蕴涵有价值的内容让我们淡化了呢？请再次审视化简过程。（由此引出第二定义对学优生进行知识性扩充）

四、注重学习反馈

心理学借助反馈的概念来说明学习者对自己学习结果的了解，而这种对结果的了解又起到了强化作用，促进了学习者更加努力学习，从而提高了学习效率。这一心理现象称为"反馈效应"。心理学家布朗的实验表示，反馈方式不同对学习的促进作用也不同。一般来说，学生自己进行的主动反馈更优于教师的反馈。在高三复习过程中学生针对复习课、习题课、讲评课三种课型和自学过程中，正确对待反馈的作用和价值，并采用积极的反馈方式会使复习起到事半功倍的效果。具体做法是学生在学习过程中，一是要及时地进行自我反馈，避免毫无目的的学习和不知道自己的学习结果的学习方式；二是重视别人所作的评价，认真总结自己的优缺点，从而明确自己努力的方向。

例5. 已知函数 $f(x) = a - \dfrac{1}{2^x + 1}$

（1）求证：a 不论为何实数，$f(x)$ 总是增函数；

（2）确定实数 a 的值，使 $f(x)$ 为奇函数。

通过对学生作业的检查发现不严谨的解法出现的频率较高。

学生甲解：$2^x + 1$ 是增函数，$\dfrac{1}{2^x + 1}$ 是减函数，$f(x) = a - \dfrac{1}{2^x + 1}$ 是增函数。

也有些同学是这样解答的

学生乙解：$y = 2^x + 1$ 是增函数，$y = \dfrac{1}{2^x + 1}$ 是减函数，$f(x) = a - \dfrac{1}{2^x + 1}$ 是增函数。

还有些同学是这样解答的：学生丙解：

$y = 2^x + 1$ 是增函数且 $y > 0$，$y = \dfrac{1}{2^x + 1}$ 是减函数，$f(x) = a - \dfrac{1}{2^x + 1}$ 是增函数。

学生甲的解答过程有三处不正确的地方：混淆了函数和整式的概念；不等式运算性质使用不正确；单调性的证明也不规范。学生乙的解答过程有两处不正确的地方：不等式运算性质使用不正确；单调性的证明也不规范。学生丙的解答过程有单调性的证明也不规范。通过学习使学生明确正确的书写。

解一：设 $x_1 < x_2$

$$f(x_1) - f(x_2) = \left(a - \frac{1}{2^{x_1} + 1}\right) - \left(a - \frac{1}{2^{x_2} + 1}\right) = \frac{2^{x_1} - 2^{x_2}}{(2^{x_1} + 1)(2^{x_2} + 1)} < 0$$

所以不论 a 为何实数，$f(x) = a - \dfrac{1}{2^x + 1}$ 总是增函数。

解二：设 $x_1 > x_2$

$\therefore\ 0 < 2^{x_1} < 2^{x_2} \Rightarrow 1 < 2^{x_1} + 1 < 2^{x_2} + 1 \Rightarrow \dfrac{1}{2^{x_1} + 1} > \dfrac{1}{2^{x_2} + 1}$

$\Rightarrow a - \dfrac{1}{2^{x_1} + 1} < a - \dfrac{1}{2^{x_2} + 1} \Rightarrow f(x_1) < f(x_2)$

所以不论 a 为何实数，$f(x) = a - \dfrac{1}{2^x + 1}$ 总是增函数。

同学丁第二问的解答过程是这样的：

解：因为函数 $f(x) = a - \dfrac{1}{2^x + 1}$ 为奇函数。

所以，$f(0) = 0 \Rightarrow a = \dfrac{1}{2}$

这个问题解答的反馈可以使学生明确：定义在 R 上的奇函数 $f(x) \Rightarrow$ $f(0) = 0$，而不是等价的。要使上述解答正确必须增加：当 $a = \dfrac{1}{2}$，$f(x) = \dfrac{1}{2} - \dfrac{1}{2^x + 1}$ 是奇函数的证明过程。

学生的复习过程，除了有正确的学习策略还需要具有积极进取的心态。积极乐观的心态面对每一项学习任务，那么学生的学习兴趣会随提高，学习效果也会随之提高。

（2015年发表于《鞍山教育》）

Moodle 平台在新课程教学与评价中的实践探索

／周惠欣／

Moodle 是目前世界上最流行的课程管理系统（CMS）之一。具有网站管理、学习管理和课程管理三大功能，其中课程管理具有强大的课程开发功能，如教学资源设计、教学活动设计、教学测验设计、教学评价设计等。其丰富的课程活动功能如论坛、测验、资源、投票、问卷调查、作业、聊天室、Blog、WiKi等。其模块化的动态学习环境可以轻轻松松让教师成为信息化课程设计者，其开放的理念也使得教师可以参与到Moodle的系统开发设计中。

一年来，鞍山市第一中学在建立Moodle平台并推广应用到新课程教学管理中进行了初步的实践探索。

一、Moodle（魔灯）是落实新课程理念的理想平台

1999年，教育部部长陈至立在全国中小学信息技术教育工作会议上代表中国政府第一次明确提出信息技术与学科教学整合思想，拉开了深化21世纪中国基础教育改革的序幕。鞍山市第一中学在多媒体辅助教学研究的基础上开展信息技术与课程整合的研究与实践，探索信息技术与网络环境下新型教与学的模式，获得了丰富的实践经验。建构主义所强调的"以学生为中心"、让学生自主建构知识意义的教育思想和教学观念，对于传统的教学结构与教学模式是极大的冲击；建构主义理论对信息技术环境下的教学提供最强有力的支持。

但我们也注意到在经过六年的探索之后，出现了"高原现象"，许多深层次、系统性、结构性的问题开始出现，教师们困惑、迷茫情绪加剧，都没有取得突破性进展，这与没有一个合适的平台有很大关系。

2005年，鞍山市第一中学建立鞍山市第一中学教师Blog，为教师提供了教学反思的平台。利用Blog的信息技术不仅可以随时写作和发表自己的教育叙事，而且可以在线得到来自全国的同行和专家的帮助。更为重要的是，基于Blog的教育叙事研究可以带动学校的大多数教师主动参与，促进教师专业发展。

2006年8月，在鞍山市第一中学信息时代研究型教师高级研修班上，上海师范大学黎加厚教授为我们带来了一个全新的教学平台——Moodle，从而开始了全国中小学范围内首家魔灯平台的应用培训，在鞍山市第一中学建立了第一个Moodel信息化课程——"鞍山市第一中学Moodel网络课程"。从而在全国中小学范围内率先点燃魔灯之火。

魔灯为我们提供了推动课程整合进一步发展的理想平台，在魔灯教学环境中，教师要转变教学观念，从给学生呈现教学内容转变为给学生提供学习资源，设计教学活动，提供给学生学习路线图。教师角色转变为指导学生利用资源进行探究学习的导师。可以说，教师利用魔灯平台进行课程设计的过程，就

是深入体验新课程改革"以人为本"教育理念的过程。

学习方式变革是我国新课程改革的重要领域和突破口，新课程的核心理念是"以人为本"，即教育要关注学生的生活实际，课程体系具有开放性，教材资源具有多样性、趣味性、科学实用性，教学过程体现学习者的参与性，教学呈现方式的多样性，评价体系的发展性等。毫无疑问，新课程改革凸显了教师专业发展的紧迫性，也为教师专业发展提供了一个重要的平台和机会。因此，新课程改革下的教师专业发展自然成为大家关注的热点问题。

但是对于一线教师来说，要把新课程理念转化为实践行为，还面临着操作性差、缺乏有效抓手的困难，也可以说教师们需要的是能够将新的教育教学理念与课堂教学实践紧密结合的、真正能够提高教学质量的、可供教师们借鉴和迁移的、具体可操作的方法、技术、策略和工具。而魔灯平台的应用便是解决这一困境的钥匙。

二、Moodle（魔灯）网络课程教学方式探索

由于魔灯平台具有强大的课程管理和学习管理功能，教师通过魔灯平台可以轻松创建自己的信息化课程，鞍山市第一中学在建立魔灯平台后，积极探索魔灯平台在有效整合教学方面的应用，力图探索在新课程中开展信息化教学的方法。为此，我们制定了"专家引领、网上培训，特色教师打先锋，典型课例作示范"的推广方式，组织科研骨干教师、学科特色教师积极利用魔灯平台开展教学设计，领会魔灯平台教学活动的设计理念，探索魔灯平台课程设计的框架流程，开展观摩教学，让全体教师切身体验魔灯平台教学的魅力。

在黎教授的切身指导下，我们探索实践了三种魔灯课程教学方式：即网络教室教学方式、多媒体教室学习方式和远程网络学习方式。

（1）网络教室教学方式，即课程整合研究时期的网络教学方式，主要在网络教室开展教学。但由于师生教学的课程平台发生了变化，尤其是魔灯平台形式新颖的资源呈现方式和自主协作学习为理念的教学活动设计，无不令人耳目一新：过去想到做不到或难做到的教学活动，如讨论区、在线测验、网上作业、投票、词汇表、学习心得等，现在鼠标点击之间便可完成；或者过去没想到的教学方式，如WiKi写作、互动评价、程序教学、数据库等，在魔灯课程平台中也都能轻松实现。根据信息化课程设计模型要求，教师只要设计组织好学习的路线和资源，并加以引导，学生就能根据自己的认知需要和能力水平完

成资源建设、教学活动和网上测评等学习任务。可以说魔灯平台的引入成为我们新一轮课程整合研究的突破口，为我们打开了信息化学习的开端。

例如：鞍山市第一中学周卫峰老师的《谈吃》一课就是基于 Moodle 教学平台设计的，设置课前训练营、小测验以及生词词汇表等，解决了学生阅读文章的生僻词汇问题；设置相关问题充分应用全局、群组论坛开展教学讨论，并大胆采用 WiKi 共笔系统建立学习探究小组进行网上探究，发挥每个成员的智慧共同完成本组任务。使学生真正体会到网络协作学习的乐趣，很好地体现新课程的要求，即教学资源活动设计的多样性和学生学习的积极参与性，使课堂教学获得成功。

同样采用网络教学方式，张达莉老师的《个性标志设计》美术课也应用魔灯平台进行教学设计。首先利用魔灯平台的数据库功能建立个性标志数据库，设定数据库标准：如标志名称、标志图片、图片来源、标志说明等项目。教师和学生通过网络共同搜索查找建立标志数据库。同时设置网上作业，要求学生上传自己设计的个性标志，并开展自评与互评，最后由教师评分。整节课学生积极参与搜索、设计、制作和评价等，教师通过网络进行指导，真正体现了学生的积极参与性。魔灯数据库和作业功能的应用使全体学生都感到荣誉感十足，因为这节课的教学资源有自己的一分贡献。魔灯平台使学生获得了学习的成就感。

（2）多媒体教室学习方式，即教室讲授教学，课前师生共同创建学习资源，教师预设问题，学生参与交流发表见解。

教师开展针对性教学，在教室登录魔灯平台投影授课，完成教学任务。如使用幻灯片教学课件一样简单。学生课后登录魔灯课程进行拓展学习与复习，完成检测与反馈。从而拓展 40 分钟有限课堂空间为开放学习空间，并逐步积累，形成学校系列信息化课程资源。

例如：在学校青年教师研讨课上，王赫男老师《陈情表》一课的课程设计中，设置了课前问题讨论区：抛出"你认为李密为何上表成功？""如果你是李密，你选孝还是忠？""李密为何屡被征召而累举不应？"等问题，引导学生在课前进行了讨论和发表见解，提出自己的疑问与困惑，使教师较全面地把握学生的学习状况和思维动态，为课堂的有效教学起到了很好的铺垫与承接作用。课后还有很多同学意犹未尽，继续上网登录魔灯平台学习此课程，继续课堂上的讨论话题发表自己的看法。同样在《杨烈妇传》《金属的化学性质》等课中，我们在网络教学的基础上也采用了相同的方法开展教学，取得了非常好的效果。

我们看到，以前学生如何理解一节课我们不可能事先了解很清楚，但有了Moodle课程，学生可以事先学习并发表意见和提出问题，这让教师在授课前便充分了解了学生的想法，真正实现了"备学生"。这在以往的传统教学中是不可能实现的。教师的上课内容因为学生的认知发展而不断改变，这使得课堂效率得到提高，针对性加强，容量拓宽，网络实实在在地改变了课堂教学。

（3）远程网络学习方式。即数字化学习，学生通过校内外网络登录魔灯平台学习相关课程，根据学习路线自主学习或者根据个人知识水平选择学习；同时参与教师设计的学习活动和资源建设，如讨论区、WiKi、投票、词汇表、数据库等；可以参加网上课程测验和网上作业；学习者之间还可以开展基于作品与学习成果的互动评价；并且可以得到课程教师的在线评价与辅导。

经过探索，我们感到远程网络学习方式比较适合于经过精心整理、脉络清晰、系列化的教学内容，可供学习者自学或辅导复习等。如鞍山市第一中学高三化学组曹书楷老师和杨丹老师利用魔灯平台建立的高中化学系列总复习课程，就成为许多学生复习化学的网上资源和网上老师，受到高三学生的一致欢迎。

通过专家引领，以及在骨干教师的示范和带动下，魔灯平台在教学中的精彩表现以及灵活的教学方式，促进了整合研究的有效开展，让教师们身临其境体验到了魔灯的魅力。

第一，Moodle平台给师生的教与学提供了超越课堂的广阔空间，实现了课堂的前拓后展，提高了课堂教学质量和教学效率，网络改变了课堂。

第二，和传统课堂教学的单兵作战不同，Moodle体现了"同伴合作"的教学氛围，教师可以网上共同设计建立课程，分别授课。

第三，Moodle简单易学，每个教师都可以轻松成为信息化学习环境的创建者，教师真正成为课程设计的主人。

第四，Moodle课程的设计留给学生选择的权利，教师针对不同层次学生的不同需求提供学习菜单，供学生选择。任何学生都可以在Moodle课程中满足学习的成就感。

第五，Moodle平台记录学生在网络上的活动报告，让教师们能更深入地分析学生的学习历程，加强调控和指导。

三、Moodle（魔灯）支持的学生发展性评价研究

高中课程改革目标之一是改革评价机制——建立发展性评价体系，改进校

内评价，推行学生学业成绩与成长记录相结合的综合素质评价方式。

1. 问题的提出

综合素质评价的目的：建立注重过程性评价与终结性评价统一的学生成长记录评价机制。关注学生的成长历程，提供学生学习和发展的证据。贯穿于日常的教育教学过程中，使学生成长记录真正成为动态的过程评价。发挥成长记录评价的自我教育、导向、激励功能，促进学生全面发展，从而建立科学的高中学生发展性评价体系。

为了使学生成长记录评价与新课程改革同步实施，我们借鉴前期进入高中课改省（区）的做法，制作了以记录学生自己学习成长历程的《学生成长记录册》。其中包括学生基本信息、学生作品、活动记录、反思与评价等几部分内容。

但这种文本式的《学生成长记录册》在使用中却遭遇到许多学校都曾有过的烦恼和困惑：首先是集中填写教师工作量较大；其次是记录册集体存放班级或学生个人处，不方便任课教师和家长的参与，尤其是无法及时反馈交流；最后是记录册格式统一、版面有限，图片及动态视频内容难以填写，缺乏个性与活力，且容易损坏。因此，它终究还只是一本以记录学生学期末各项评价结果为主的记录册，而真正的发展性评价是绝非一本记录册所能涵盖和完成的。

怎样解决《学生成长记录册》遇到的困惑呢？怎样使用好这本记录册，使发展性评价真正起到记录学生成长、促进学生发展的作用，是摆在我们面前的一个重要课题。

我们想到魔灯（Moodle）平台。魔灯平台具有网站管理、学习管理和课程管理三大功能，既然我们可以建立魔灯课程平台，同样我们是否可以利用Moodle平台的网站管理和学习管理功能建立学生成长记录系统，使类似命题作文的《学生成长记录册》变身为学生自我设计的成长在线个人网站。从而构建新课程发展性评价方式——"鞍山市第一中学学生成长记录系统"。

2. 魔灯版成长记录的特点

基于魔灯平台构建的"鞍山市第一中学学生成长记录系统"是集展示性、交互性以及评价相结合的网络化成长记录评价系统，学生可以在其中建立自己的个人成长记录网站，与《学生成长记录册》相比较，基于魔灯平台构建的网络化成长记录评价系统具有明显的优势。

① 网络化成长记录系统方便学生即时收集成长的关键资料，如文字、图

片、音视频文件等，应用 Moodle 平台建立个性十足的个人网站，全面、真实地记录成长历程。

② 网络化成长记录系统充分利用网络技术使教师评价学生不受时间和空间的限制，随时将各种评价有效地整合，大大加强了评价的可操作性。

③ 网络化成长记录系统可以使信息资料的收集达到最大化，从而使教师的评价更加准确，言之有据、言之有物。

④ 网络化成长记录系统能经常地、即时地将评价结果反馈给学生和家长，学生家长的意见建议也可以通过网络及时反馈给学生本人，发挥评价的激励功能和促进作用，共同关注学生的成长。而《学生成长记录册》是不可能做到的。

3. 设计方案与内容

根据新课改对学生成长记录评价的要求，成长记录评价包括学生基本信息、学生作品、活动记录、反思与评价等部分。其中学生作品包括各种文字材料如模块修习记录、学分认定结果、实验成果、小论文及各学科拓展学习材料等，还有相关音像材料、照片、光盘资料等；学生活动记录包括学生的健康成长记录、诚信记录、课题研究、社会实践、社区公益活动记录、体育活动记录、艺术活动记录等各项内容；反思与评价包括学生自评互评、教师评价、家长参评等内容。主要为网上描述性评价、在线投票和等级评定。

根据魔灯平台的主题格式设定，结合学生成长记录内容要求。我们规划了8个规定主题和2个自主设计主题，对于规定主题，学校详细制定了各主题建立的形式和内容。同时根据各主题呈现要求，认真对魔灯平台的各项功能以及资源、活动模块进行认真研究，体会其设计理念。以便为每个主题确定最佳的资源表现形式或活动的设计方案，使每个学生成长记录更加生动有趣。以下是鞍山市第一中学应用魔灯（Moodle）平台的"学生成长记录评价系统"设计方案。

表1　"学生成长记录评价系统"设计方案

序号	主题名称	具体内容	魔灯平台设计思路
0	主题概要	以散文诗、独白动画或者图片等简要抒写自己对成长记录的理解与认识；网站制作打分及投票系统；个人新闻发布	以"主题概要""标签""投票""讨论区"形式制作。
1	我的资料	学生个人照片、学生姓名、出生年月、就读学校、所在班级、家庭住址、家长姓名、联系电话、兴趣及特长等信息	以"标签"形式发布个人基本信息

表1（续）

序号	主题名称	具体内容	魔灯平台设计思路
2	我的文章	最优实验成果、小论文、作文范文，平日所写，发在校刊上的文字及各学科课程标准中要求的材料等	以"网页"或"链接文件"形式制作，投票评价
3	我的作品	以网站或软件作品为主，体现个人主要兴趣和创作的为佳。比如：我制作的网站，PS的图片，制作的FLASH、PPT	以"网页"形式或"链接文件或站点"形式制作投票评价
4	我的课题	自己所参加的研究性学习课题，所取得的课题研究成果或搜集的资料	以"网页"或"连接文件"形式记录，投票评价
5	我的成绩	新课程各学科模块修习记录、学分认定结果等	以"链接"方式，链接到"鞍山市第一中学新课程成绩管理系统"
6	我的荣誉	积累个人所获得的各种奖励、表彰、荣誉等/配合奖杯证书图片等	标签或网页形式
7	我的日记	学生网络日志空间，有时间来就写一篇的地方，包括个人的个人总结、反思文章、健康成长记录、诚信记录、社会实践、社区公益活动记录、体育活动记录、艺术活动记录等各项内容 也可以发布活动的音像材料、照片、光盘资料等	建议以"博客"或"讨论区"形式制作，只是就自己"发帖子（发日记）"。反思与评价也可以回复留言、评价或评分 以"网页"制作图片及音视频资源
8	我的论坛	设计一个论坛与同学交流等	"讨论区"形式制作
9	自由主题	内容自定	形式自我设计
10	自由主题	内容自定	形式自我设计

4.点亮魔灯，共同创造成长奇迹

为使学生顺利掌握魔灯技术应用，尽快建立起学生成长记录系统，我们把魔灯课程作为信息技术课必修内容进行讲授，从而使高一高二的学生迅速学会如何在魔灯成长记录系统中登录注册、规划界面、添加作品、建立论坛和评价投票等。通过魔灯成长记录系统，学生们充分施展自己的才华和创意，完成一个个个性十足的成长记录网站。形成集声、像、文学性、艺术性为一体的有声有色、妙趣横生的个性创作展示大舞台。

学校的这一创新举措，不仅得到学生的欢迎，而且很快吸引了家长的关注和拥护，教师们也摆脱了《学生成长记录册》带来的烦恼，愉悦地走进评价改革的网络世界。

0902班高依云同学在博客中记下这样一段文字：

我们带着好奇点燃了"魔灯"，然后像童话里一样，"魔灯"将我们的心声、愿望一同照亮。高一的信息技术课上，首次接触了 Moodle 平台。那时点开 Moodle 所怀有的心情大多是新奇，全没想到在未来的日子里，这个看似简单的技术会给生活打开一扇通向外面世界的窗。

一样的模式，因不同人的性格和际遇被写意成了迥异的风格。用键盘的敲打传递自己的心意，用无边的网络链接我们之间交流的通路。在这里我们舒发我们所想，写下我们感言，文字、图片、视频记录下的是我们成长的足迹，那曾经的点滴在日后回味时总能让我们再有所获。点亮魔灯，让我们一同完成我们的奇迹。

姜长虹老师在学校博客中写到：Moodle 学生成长记录系统，给学生间搭起了相互了解和学习的桥梁，让学生能在身边找到榜样，增加了见识和学习的动力。同时，我也能够通过 Moodle 学生成长记录系统，更靠近学生，读出他们更多的心声，记住每个孩子的精彩瞬间，让我的教育工作变得轻松而且高效。

学生家长邹玉颖在给学校网站的留言中写到：作为家长，学生在校的学习、生活和心理状态时刻牵挂在心；学校也需要家长的协助配合，才能达到最佳的教育效果。过去这种学生、家长、学校互动交流只能通过家长会、教师和家长互访等方式进行，然而在现实中，许多客观因素让这种交流不顺畅，遇到诸多困难。自从鞍山市第一中学在学生和老师中开展 Moodle 成长记录和教学平台，顺应了教育的现实需要和发展趋向，成为老师和家长、学生联系的纽带、学校与家庭沟通的桥梁和平台。让教学走出了校园，让家长走进了校园。

魔灯成长记录的建立，成功地搭建起了老师与学生、家长与学校、家长与孩子互动的平台，完整地记录了学生在高中阶段的成长经历，并注重对学生自我监控、自我反思、自主发展能力的培养，也为教师、家长能够客观认识、评价学生提供相对完整和真实的信息资料。实现了学生自评互评、家长参评和教师评价的即时结合，即评价主体的多元化。让学生重拾自信，让家长充分了解学生的内心，同时教师的评价也让学生有了奋斗目标。

教育要让受教育者感到成功——不仅在学业上，而且在个性的发展上，在生命意义的发现上，在人生价值的实现上。这是不是魔灯成长记录的意义所在呢?

四、Moodle（魔灯）平台应用的初步成果

一分耕耘一分收获，从接触 Moodle 到全国首届基于 Moodle 的信息化课程设计与应用研讨会上交流发言，鞍山市第一中学已经在基于 Moodle 平台的应用中取得些许可喜成绩。

2006 年 12 月，鞍山市第一中学周卫峰老师基于 Moodle 平台设计的夏丏尊《谈吃》一课获得全国第四届高中整合优质课大赛一等奖，并作大会示范观摩，这是 Moodle 教学平台在全国大赛中首次亮相，引来与会专家教师们的异常关注。

2007 年 6 月，鞍山市第一中学张达莉老师的魔灯美术课《个性标志设计》获得辽宁省新课程视频教学案例一等奖。

2007 年 10 月，东北三省四校青年教师教学大赛，鞍山市第一中学语文组王赫男老师的《陈情表》一课，应用魔灯平台建立网络课程开展前拓后展模式教学，取得成功，获得一等奖。

2008 年 1 月，顾红军老师的《杨烈妇传》应用魔灯平台教学获得全国第五届整合课大赛一等奖，曹书楷老师的《多种多样的电池》和王琳老师的《北美大陆上的新体制》两节魔灯教学课荣获二等奖。

2007 年 10 月中国教育技术学会年度评奖大赛，鞍山市第一中学 Moodle 信息化课程平台被评为优秀教育主题网站，齐次、曹书楷、刘羽佳等老师的魔灯课程《再别康桥》《盐类的水解》《三峡大坝》获得全国首届信息化课程包评比优秀奖；2008 年选送的 5 件课程分别获得一等奖 1 名、二等奖 2 名、三等奖 2 名。

2007 年 11 月，教育部核心刊物《信息技术教育》刊登了介绍鞍山市第一中学开展魔灯平台应用研究的报道文章《魔灯平台推广应用策略研究之鞍山市第一中学案例》。2008 年 5、6 月，《信息技术教育》又开辟魔灯应用专栏，刊登鞍山市第一中学教师 5 篇文章介绍鞍山市第一中学研究情况。

2007 年 12 月，鞍山市第一中学参与了由上海师范大学黎加厚教授主编的《Moodle 信息化课程设计》一书，出版了由鞍山市第一中学冯君老师制作的 Moodle 平台视频教程配套教学光盘。

2008 年 3 月，由中国教育技术协会主办的全国首届基于 Moodle 的信息化课

程设计与应用研讨会在上海市闵行区召开。鞍山市第一中学周惠欣校长获邀在大会上作《Moodle在新课程教学与管理评价中的应用探索》经验交流发言，上海师范大学黎加厚教授为周校长的发言作了精彩点评。另外鞍山市第一中学5名教师选送的论文和课程包获得大会评比一等奖和三等奖。

2008年4月鞍山市第一中学信息中心冯君主任在辽宁省电教馆十一五教育技术课题交流会和2008年10月辽宁省高中信息技术新课程教学现场会上作了魔灯专题教学讲座，为我省推进新课程信息化建设作出了贡献。

目前，在黎加厚教授指导下，鞍山市第一中学的Moodle信息化课程平台已经从1.5版本升级到1.7版本，开设了8大门类17个科目，建立信息化课程52节，开课教师19位，注册学生用户1500余人。同时应用Moodle平台还建立了"学生成长记录评价系统"和"教师继续教育网络培训平台"，也取得了令人欣喜的应用成果。

回顾这一年多来"Moodle信息化课程平台"与"学生成长记录系统"在鞍山市第一中学新课程教学与学生评价管理中的探索应用过程，我们深切地认识到：信息化时代，新课程改革和学校管理更多需要信息技术解决发展中的困难，虽然我们关于Moodle的认识与运用还只是处于初级阶段，然而"魔灯"蕴含着"教师是教育教学的真正魔法师，而Moodle则是他手中的那盏阿拉丁神灯"的意义，让我们高举这盏神灯努力去创造属于我们自己的神话。

愿Moodle照亮鞍山市第一中学信息化的未来！愿Moodle照亮鞍山教育的未来！

因为，我们探索教育的信息化，也在探索教育的现代化。我们设计信息化进程，也在设计着民族的未来。

实施信息技术与化学学科整合的探索

/ 邹海彬 /

21世纪，以计算机和网络通信为核心的信息技术在社会各个领域得到广泛应用，信息化的社会对人才的要求也有了重新的定位，信息的获取、分析、处理、发布和应用能力将成为衡量现代人才的重要标志。为了适应这个发展趋势，我国的中小学教育要加强信息技术与其他课程的整合，为学生主体性、创造性的发挥创设良好的基础，使学校教育朝着自主的、有特色的课程教学方向发展。培养现代人才就是要培养学生的信息素养，提高学生处理和运用信息的能力。在信息化的学习环境中，将信息技术与化学教学相整合，对于深化化学学科教学改革、提高教学效率以及培养学生的创新精神和实践能力具有重要意义。

一、相关概念的界定

整合就是指一个系统内各要素的整体协调、相互渗透，使系统各要素发挥最大效益。课程整合是使分化了的教学系统中的各要素及其各成分形成有机联系并成为整体的过程。信息技术与化学学科相整合，就是以化学学科知识的学习作为载体，把信息技术作为工具和手段渗透到化学学科的教学中去，使学生在学习化学学科知识的同时，学会解决其他学科问题的综合能力。因此，教师在具体教学过程中，一方面，要注意从其他学科或者现实生活中的问题引入，借助这些有实际背景的问题，激发学生学习信息技术的兴趣，加深对信息技术的理解和认识；另一方面，还应安排一些实践性的教学活动，让学生通过网络和其他信息手段获取信息，学会使用信息工具和信息手段来分析、处理信息，并且在活动中学会与人交流、合作完成任务，以培养他们的创新意识和创新能力。

二、信息技术与化学学科整合的原则

1. 层次性原则

在同一个教学班中存在各种层次的学生，针对不同的教育对象，确立不同的创新教育目标，设置不同的学习目标和要求，使所有的学生都能得到充分发展。信息技术高度发展的今天使这一思想真正得到实现。

2. 主体、主导性原则

在课程整合的教学模式中，要强调学生的主体性，充分发挥学生在学习过程中的主动性、积极性和创造性。学生是知识建构过程的积极参与者，是完成学习目标和任务的主体。教师是教学过程的组织者、指导者、促进者和咨询者，处于主导地位。

3. 探索性原则

课程整合的教学强调学生在学习过程中充分发挥主动性，自主地探求对客观事物的认识和解决实际问题的方法。通常是通过一个或几个任务，把相关的学科知识和能力要求作为一个整体，有机地结合在一起，让学生利用信息技术在探索过程中完成学习任务。学生解决问题的过程就是一个充满想象、不断创新的过程，同时又是一个科学严谨、有计划的动手实践过程，它有助于培养学生的创新精神和实践能力。

4. 实践性原则

江泽民同志指出："教育是知识创新、传播和应用的主要基地，也是培育创新精神和创新人才的重要摇篮。无论在培养高素质的劳动者和专业人才方面，还是在提高创新能力和提供知识、技术的创新成果方面，教育都具有独特的重要意义。"课程整合教学强调发展学生的实践能力，为学有余力的学生营造宽松的教育环境，给予相应的特殊政策，提高学生的求知欲和创造欲。利用信息技术完成学习任务的过程就是学生动手实践的过程，也是学生的创造过程。开展信息技术与化学学科整合教学，是培养学生的创新精神和实践能力的一个极好的途径。

三、信息技术与化学学科整合的实践

1. 通过信息技术的应用，培养学生的自主学习能力和团结协作精神

信息技术与化学学科课程整合的一个很重要的教学目标就是培养学生的自主学习能力以及与他人协同作业的合作精神。例如在新教材第一册有关环境保护的教学时，笔者进行了以下操作：

（1）将课题和学生均分成若干小组，使每一个小组都有一个有关环境问题的分课题；

（2）各小组自由选出负责人，并商讨研究课题的步骤和方法，进行人员分工；

（3）各成员按各自分工，进行网上查询，搜索相关资料；

（4）小组进行资料整理、再加工，确定本小组讲授内容的中心和方式；

（5）完成小组演示课件，并在课堂上进行演示、评比。

在整个学习过程中，完全是按照任务驱动式探索过程进行，教师指导学生如何通过校园网或Internet进行有关环境问题的信息资料的搜集、加工、处理，及如何将本组讲授内容制作成演示课件。这样的安排使不同层次的学生都参与到学习过程中，并在自己力所能及的范围内完成任务，充分体现了学生的主体性，发挥了学生的创造力，激发学生学习兴趣的同时使学生的信息技术应用水平得到进一步的提高。在操作过程中，个别信息技术应用水平更高的同学甚至借助于网上公告寻求帮助，以获得相关资料并利用电子邮件进行更大规模的协作学习等。这样，学生在使用各种信息手段进行学习的同时，也提高了自主学习与合作学习的能力。

信息技术为化学教学提供了强有力的学习工具和方法，给化学教学带来了新的生机和活力。随着信息技术与化学学科整合教学的深入，我们要改变原先那种过分强调学科体系的课程组织形式，生成以信息技术为认知工具，以优化学科知识的学习过程为目标的新型教学模式，以此来培养学生的自主学习能力和团结协作精神，并促进他们综合素质的发展。

2. 通过信息技术的运用，激发学生学习动机，促进创新精神的形成

在学习过程中，学习动机是推动学生学习的内部动力。学习兴趣是促成学习动机形成的内驱力。在以往课堂教学中，教师为了激发学生的学习兴趣，尽管想了不少的办法，但都难免因容量小、手段单一而不能取得很好的效果。而用多媒体计算机情况就不一样，它图文声像并茂，可多角度调动学生的情绪、注意力和兴趣，有很强的交互性，使学生有更多的参与机会，让学习变得更为主动，有利于学生形成新的认知结构。下面以《苯》一课为例，谈谈如何利用信息技术激发学生学习动机促进创新精神的形成。

（1）创设情境，激发学生感知兴趣和探究兴趣。上课之前，教师先将本节课所需要的资料（图片、文字资料）输入校园网资料库中，并为其专门建立一个网页，上课开始时学生打开本网页，便会出现如下信息：

19世纪初，英国等欧洲国家城市照明已经普遍使用煤气，煤气生产时剩余一种油状、臭味、黏稠液体长期无人问津。油状物的大量废弃造成了严重的环境污染。英国科学家法拉第是第一位对这种油状物产生兴趣的科学家。通过5年的研究，1825年他从这种液体中分离出一种新的碳氢化合物。法拉第称之

为"氢的重碳化合物"。1834年，德国化学家米希尔里希将它命名为苯。假如苯是你发现的，请根据你所获得的苯的样品，完成下列问题：

① 苯的颜色是　○A. 无色　　○B. 红色　　○C. 黄色　　○D. 蓝色
② 苯的状态是　○A. 固态　　○B. 液态　　○C. 气态
③ 苯的溶解性　○A. 溶于水　○B. 不溶于水　○C. 溶于酒精
　　　　　　　○D. 不溶于酒精

在这时，学生通过观察苯的样品，选中且选全选项时，微机将播出一段欢快的音乐，以资鼓励并告之继续进行，此时屏幕出现"继续"按钮；否则，将告之错误或不完全的信息，并要求重复操作，当重复四次时给出正确答案。这样的设计使不同层次的学生可以根据自己的能力水平在不同的时间内完成相应的教学内容，并能引起学生的探究兴趣，有利于学生观察能力的培养和提高。

（2）再现科学家探索过程，培养学生的创新精神，磨砺创新意志。在学生完成物理性质的探索之后，微机将给出以下信息：

法拉第发现苯以后，法国化学家日拉尔对苯的组成进行测定发现：苯仅由碳、氢两种元素构成，其中碳元素质量分数为92.3%，苯蒸气的密度是同温同压下乙炔的3倍，请确定苯的分子式为_____。

学生通过计算，得出苯的分子式后，通过键盘输入"C_6H_6"后，微机将继续给出如下信息：

19世纪，有机化学刚刚发展起来，当时比较成熟的理论只有"碳四价学说"和"碳链学说"。苯会是怎样一种结构呢？请同学们根据"碳四价学说"和"碳链学说"设计出苯可能具有的分子结构。

此时，学生的兴致一般都非常浓厚，当迫不及待地输入自己的所设计的苯的结构后，微机提示学生通过设计实验验证假说。一般而言，学生会设计出以下实验，并得出结论：

① 往盛有1mL的苯的试管中滴加酸性$KMnO_4$溶液5～6滴，震荡；
② 往盛有1mL的苯的试管中滴加溴水5～6滴，震荡。

实验事实：苯不能使酸性$KMnO_4$溶液和溴水褪色。

这个结论恰恰推翻了学生所有的设计方案，学生的创新精神和创新意志遇到了空前的挑战，失败了。接下来，微机将播出一段配音动画：

那么苯到底是怎样的结构呢？这成了19世纪最大的化学之谜。许多科学家为探索苯的结构，付出了艰辛的劳动。德国有机化学家凯库勒也同样长期被苯分子的结构所困惑。1865年的一天夜晚，他在书房中打起瞌睡，眼前又出现了旋转的碳原子。碳原子的长链像蛇一样盘绕卷曲，忽见一条蛇咬住了自己的尾巴，并旋转不停。他像触电般地猛然醒来，终于提出了苯分子的结构，如

图 简写为 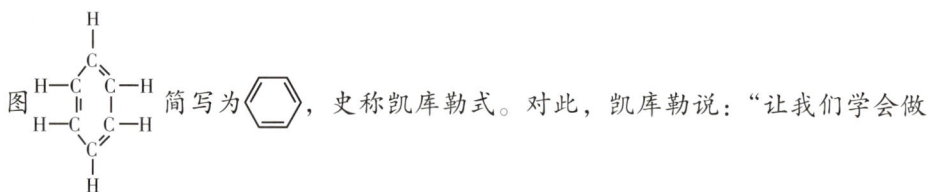，史称凯库勒式。对此，凯库勒说："让我们学会做梦吧！那么，我们就可以发现真理。"

这样的设计，使学生通过倾听、观看、体验科学探索的艰辛，知道科学研究需要恒心和毅力，使学生的创新精神进一步得到提升，使创新意志更加坚定。增加了学生的学习兴趣及主体意识，培养了学生的抗挫折能力。

（3）创设情境，大胆质疑，培养学生的批判意识。在得出苯的凯库勒式后，微机屏幕随即给出如下信息：

对于凯库勒式，你是否有不同意见？ ○ 是　　○ 否

此时，如果学生选择"否"，则微机提示：

如何解释"苯不能使酸性 $KMnO_4$ 溶液和溴水褪色"并转到"是"选项的提示。

如果学生选择"是"，则微机提示：

若要确定苯的真实结构，你还需要知道　○ 苯的碳—碳键长　　○ 苯的键角　○ 苯分子的大小　　○ 苯分子的化学性质

微机将根据学生提出的要求给出相应信息，并要求学生完成对苯的结构描述性报告，发送到教师的信箱之中。学生完成上述操作后，微机给出苯的真实结构图形。

这样的课堂安排活跃了课堂气氛，使不同层次的学生可以根据自己的接受能力安排不同的教学进度，教师在学生的学习过程中充分体现了主导性，增加了学生的主体性的发挥，有利于学生创新精神的形成。

我们要充分利用信息技术的优势，通过各种形式使学生将信息的获取、分析、加工、利用等能力内化为自身的思维习惯和行为方式，从而形成可以影响人一生的优秀品质。根据课程整合的理念，将信息技术与化学学科进行整合，拓宽学生解决问题的思路和方法，培养学生使用信息技术的意识和兴趣，培养学生的创造精神和实践能力，真正发挥信息技术对教育的变革性推动作用。

四、对信息技术与化学学科整合的思考

以计算机为核心的信息技术与化学学科的课程整合，可以通过以下几方面为新型教学结构的创建提供最理想的教学环境。

1. 多媒体计算机的交互性有利于激发学生的学习兴趣和充分体现学习主体作用

人机交互是计算机的显著特点。图文并茂、丰富多彩的人机交互方式，可以使教学反馈更加及时快速。这种交互方式能有效地激发学生的学习兴趣，使学生产生强烈的学习欲望，从而形成学习动机；在这样的交互式学习环境中学生则可以按照自己的学习基础、学习兴趣来选择所要学习的内容和适合自己水平的练习，有利于发挥学生的主体作用；在教学过程中学生才是学习的主体，必须发挥学生的主动性、积极性，才能获得有效的认知，多媒体计算机的交互性提供的多种主动参与的活动就为学生的主动性、积极性的发挥创造了良好条件，从而使学生能真正体现出学习主体作用。

2. 信息技术提供外部刺激的多样性有利于知识的获取与保持

信息技术提供的外部刺激不是单一的刺激，而是多种感官的综合刺激。这对于知识的获取和保持，都是非常重要的。实验心理学家赤瑞特拉做过两个著名的心理实验。一个是关于人类获取信息的主要途径。他证实：人类获取的信息83%来自视觉，11%来自听觉，3.5%来自嗅觉，1.5%来自触觉，1%来自味觉。信息技术能做到既能看，又能听，还能用手操作。这样通过多种感官的刺激所获取的信息量，比单一地听老师讲课强得多。获取大量的信息就可以掌握更多的知识。另一个实验是关于记忆持久性的实验。实验结果表明：一个人能记住自己阅读内容的10%，听到内容的20%，在交流过程中自己所说内容的70%。这就是说，通过信息技术使学生既能听到又能看到，再通过讨论、交流用自己的语言表达出来，知识的保持将大大优于传统教学的效果，既信息技术应用于教学过程不仅非常有利于知识的获取，而且非常有利于知识的保持。

3. 信息技术与化学学科课程整合有利于学生创新能力的形成

以计算机为核心的信息技术具有优化教育、教学过程的特性，能充分发挥学生的主动性与创造性，从而为学生创新能力和信息能力的培养营造最理想的

教学环境。信息技术与化学学科课程整合能有效地改进课堂教学，实现下面的目标：

①增强学生的批判性思维、合作技能和解决问题的能力；

②使信息技术的运用成为学习过程的有机组成部分，从而便于学生掌握信息的收集、检索、分析、评价、转发和利用的技能；

③不仅促进了班级内学生的合作交流，通过互联网还可以促进本校学生与全球性学习社区的合作交流，从而开阔学生的视野。

总之，信息技术与化学学科整合不是简单的技术手段的运用，而是一种全新的教育观念和教育手段的综合运用，它的产生必将为培养学生创新精神和实践能力探索出一条新路。

（2008年辽宁省教育学会优秀论文）

实施同伴互助　构建和谐课堂

/ 齐　次 /

新课程的核心理念是"以人为本"。"语文教师应积极开发利用教学资源，掌握和运用现代教育技术，创造性地开展教学活动，努力提高教学质量和效率。"（《语文课程标准》）但是对于一线教师来说，要把新课程理念转化为实践行为，还面临着操作性差、缺乏有效抓手的困难。Moodle平台的出现成为我们解决这一困境的钥匙。这是学校推进新课程改革和课程整合的理想平台，也是构建语文和谐课堂的一条捷径。

教师利用Moodle平台进行课程设计的过程，就是深入体验新课改教育理念的过程。首先，和传统课堂教学的单兵作战不同，Moodle平台体现了"同伴合作"的教学氛围。"Moodle在教学中应用的本质体现就是'同伴互助'。"（上海师范大学黎加厚语，2007.11）老师可以在网上共同设计和建立课程，分别授课；利用Moodle，可以调动备课组和教研组集体的力量，运用集体的智慧，更有效地发挥"1+1>2"的教学力量。

其次，Moodle平台给师生的教与学提供了超越课堂的广阔空间，网络改变了课堂。

另外，Moodle简单易学，每个老师都可以轻松成为信息化学习环境的创建者，老师真正成为课程设计的主人。

一、教师在Moodle平台教学实践中"同伴互助"，构建和谐课堂

一个合格的教师，如果没能帮助别人，想要获得帮助就有相当难度；一个熟练的教师，如果没能给别人大量的帮助，是很难获得真正有助于自身发展的一丝意见的。教师们应结伴同行，在助人中感受成功的快乐，在被助中体验能力提高的喜悦。

相对而言，专业引领是纵向的，而同伴互助是横向的。同伴互助作为专业的教师之间的对话、互动与合作，是民主、平等、自愿的帮助。互助的教师之间的关系是一种伙伴关系，它对教师的专业成长能起到帮助和促进作用，它与教师的发展终生相伴。

（一）同伴互助是教师之间的诊断、指导与经验共享，互助的双方是伙伴关系

从人数上看，互助双方可以是一个人与另一个人，也可以是一个人与其他多个人；从职务级别上看，互助双方可以是相同的，也可以是有高有低的；从活动范围看，可以是本校的，也可以是异校的。

（二）同伴的确认形式主要有三种

其一是指定的，由学校或教研组用行政命令的方式为某一教师指定帮助者，这种指定一般目标明确而且有时间限制，多为高级别帮助低级别，在新教师培养中最为常见，且效果显著。其二是随机的，这是教师最喜欢的形式，它可以宽松平和地达到帮助的目的，但是它太随意，缺乏必要的计划，难以促进和检验教师的发展。其三是稳定的，它是一些情趣相投的教师自主合作的互助搭档，它能促进教师长期的发展，但也可能因为某些个搭档的视野狭窄而导致发展的阻滞。

（三）Moodle平台让几个志同道合的同志或一个备课组甚至整个教研组都可以实现同伴互助

笔者在设计《再别康桥》《杨烈妇传》《动物游戏之谜》三个课程时，利用Moodle课程里的"分配角色"功能将信息中心的冯军老师、本教研组的其他三位老师拉过来作为"有编辑权的老师"参与课程设计、制作，在此之前我们教研组的另一位老师讲授《陈情表》一课时，笔者与几位老师也成为她的课程的"有修改权的老师"，这里有学校指定的"师傅"，也有不是一个备课组的老师。这几堂课凝聚着多位老师的心血，信息技术老师为我们提供了很好的技术支持，答疑解惑、美化页面；同组老师共同规划设计课程主题构想及内容，授课者搜集资料，建立Moodle课程资源、课程框架、讨论区，设计教学活动，修改美化课程界面，理顺教学流程，最后上课。几位老师（包括信息中心的老师）都在论坛发言，编辑学生发言帖子，指导调控课堂教学。从而一堂课上下来，老师们都很有成就感，而最有收获的是学生，他们真正地享受了一次集体劳动的成果，Moodle的魅力——"同伴互助"得到了充分体现，一个课程完整教授下来确实让上课老师"着魔"。而且，一个基于Moodle设计的课程可以让几位老师同时上课，甚至其他地区的老师也可以通过网络应用此课程异地授课，以后下一届任课老师也可以继续利用并修改。资源完全共享，其中的"魔力"可谓"魅力无穷"，而且教师之间的"同伴互助"为和谐课堂的构建提供了很好的人力资源支持。

二、Moodle平台为和谐教学提供了非常广阔的平台，创设了非常好的教学情境

（一）Moodle在教育中应用的三个层次

① 支持我们已经做的；② 补充我们已经做的；③ 改变我们已经做的—（George Thomas Scharffenberger，2005）。在以前的实践中，我们应用Dreamware、Frontpage等网络课件只是"支持我们已经做的"，现在"补充我们已经做的"已经实现，通过"同伴互助"将我们以前课堂上不能实现的一些工作（比如充分了解学生对课程学习的问题、认识，也就是"备学生"。还有课后反思、延伸工作）充分实现在Moodle课程中。

黎加厚教授在《信息化课程设计教程》（2007版）中提出"根据学习科学，对课程的各个要素作出规划和安排，形成一定的课程结构和信息化学习环境，促进学习者获得一定水平的知识、技能和经验，达到国家课程标准预期的教育结果。"，意在指导我们课程设计不仅要关注教学内容，更要重视设计教学情境。

（二）Moodle课堂的交互性极强，能够完整记录学习者的学习历程

学生可以在任何可以上网的时间同老师交流，系统直接记录每个人何时访问了哪些课程、留言多少等详细内容，而且系统还会自动通知老师有同学留言，提醒老师及时回复。第一次上Moodle课时有的学生的留言系统记录是在午夜时分，还有在凌晨一点多钟，能让学生深更半夜学习语文这也让我们找到了兴奋点，还有的同学调动家长帮助发言，上午8时30分，学生第一节课时也有人发言，所以系统记录的时间跨度很大，达到17小时。这让笔者找到了提高学习兴趣的一把钥匙，让学生"着魔"，主动学习、主动交流应该是我们上网络课中最兴奋的事，也应该是网络本身应用教学的终极目的。这种情境的创设直接促使学生由"要我学"变成"我要学"。

（三）在具体的课程中利用Moodle创设情境，构建和谐课堂

在《杨烈妇传》这个课程里，我们为学生提供了几部分内容：课文及译文、作者介绍、课文赏析、讨论题、拓展资源、当堂测验、课后反馈。尤其是拓展资源里，收集了大量与课文相关的"中国古代烈女"的资料，为学生的阅读提供了丰富的素材，学生无需四处搜寻就可以获得丰富的信息，笔者感叹，从前想让学生做一些扩展阅读，只能打印几篇文章，剩下的只能提供网站或书籍名称，而很多学生由于各种条件限制，很难达到预期的效果。而在这次教学中，学生了解了文意后，阅读了相关资料，发了很多帖子，阐述他们的看法，其中不乏令人耳目一新的见解，闪烁着睿智的火花，种子的萌发让人欣喜，学生思想的萌芽更令人充满希望。由于充分了解了学生的情况，做好了调动的工作，学生对于网络课程的支持程度是极高的，学生参与热情高涨，上课时发言十分踊跃，发帖率节节攀高，学生的个性在Moodle课程环境里得以充分展现，这让我们充分了解了学生情况，直接促进了课堂教学的效率提高，课堂气氛十分融洽。师促生、生促师，各种思想在课堂上交融，海量的信息在课堂中穿梭，教学效率大大提升，每个人面对电脑都是平等交流，课堂不再是"一言

堂"而是"百家讲坛"。

以前对于一篇课文乃至课程学生如何理解我们不可能事先清楚了解,有了Moodle课程,学生事先预习并发表看法,这让老师在授课前充分了解了学生的想法,真正实现了"备学生"。而且"测验""问卷调查""课后反馈""WiKi共笔"等环节的设计还可以更好地把握学生学过之后的问题、想法,增强了教学效果。这在以往的传统教学中是不可能实现的。老师的上课内容因为学生的认知而不断改变,这使得课堂效率大大提高,针对性大大加强,容量大大拓宽,网络实实在在地改变了课堂教学。还有,交互性的提高使得老师可以同很多学生对话,以往课堂教学中是不可能实现师生的多渠道对话的,只能是单对单的形式,现在,老师参与论坛交流可以直接面对学生的各种思想逐一对话、反馈。在《动物游戏之谜》这一课程里笔者还设计了"WiKi共笔"环节,师生共同阐述自己对动物的心里话,学生的很多话语都是我们不曾想到的,这种参与让学生个体的创造性、主体性都得到很好发挥,语文课堂的和谐氛围由此可见一斑。

新课程改革倡导学生主动参与、乐于探究、勤于动手,自主学习、合作学习、探究学习走进课堂生根开花,这些旨在充分调动学生学习自主性、激发学生创造性、培养学生实践能力的学习方式取得了积极的效果,尤其对革除传统课堂积弊更是效果明显。但我们同时也注意到,由于对新课改理念缺乏本质上的认识,许多课堂只是在形式上发生了变化,并未真正触到实质,课堂教学效率低下。因此,广大教师应树立效率意识,进行有效教学,只有这样,和谐课堂才有了实际意义。

最后引用一句美国学者的话结束:

新型学校教师应该首先倾听与观察,然后定目标,建议,支持,欢呼,促进,鼓动,问问题(而不是给予答案),打开新的视野,循循善诱,给予激励,教师是教练、良师益友、指导者、榜样……

【In this kind of school teachers should listen and watch first, and then orient, advise, support, cheer, facilitate, instigate, ask questions (rather than give answers), open new horizons, gently provoke, give incentive, be coaches, mentors, role models ...】

(2009年2月发表于《语文教学与研究》)

探索学校特色化教育　促进学生多元化成长

/ 周兴国 /

鞍山市第一中学始建于1923年，是辽宁省首批示范性高中。学校现有教职员工262人，64人具有硕士学位。在校学生近2800名，60个教学班。学校占地面积13.11万平方米，建筑面积7.37万平方米，拥有教学楼、科技馆、体育馆等教学设施，功能齐全、设备先进。

多年来，鞍山市第一中学秉承"礼健智诚"校训，坚持"以学生发展为本，为学生可持续发展和终生幸福奠定基础，努力把学生培养成为求实、创新、自强不息、文明高尚的未来人"的办学理念，以建设"省内领先、国内一流、国际知名的现代化中学，我国卓越后备人才的培养基地，全面实施素质教育、创新教育的示范性特色学校"为办学目标。创新人才培养模式，注重学生多元化培养。积极开展科技创新教育、艺体教育、学科特长教育和心理健康教育等特色教育十余年。逐步探索出一条以科技教育为主的示范性高中办学新路。形成了"课程优势互补、程序优化设计、资源优化组合"的科技教育模式，积累了丰富的办学经验，取得了优秀的办学业绩。

学校先后被评为全国教育系统先进集体、教育部"中小学课外文体活动工程"示范校、全国现代教育技术实验校、全国心理健康教育示范校、辽宁省科研兴校百强校、辽宁省高中课程改革先进集体、辽宁省青少年科技教育示范校、鞍山市科技创新先进集体和鞍山市科普教育基地等荣誉称号。

一、特色定位，明确科技教育发展思路

学校发展，硬件是基础、软件是关键、特色是灵魂，综观古今中外名校，都是由于办学特色鲜明而闻名于世的。2010年，《国家教育改革和发展规划纲要》（以下简称《纲要》）更是明确提出：要"推动普通高中多样化发展。促进

办学体制多样化，扩大优质资源。推进培养模式多样化，满足不同潜质学生的发展需要。探索发现和培养创新人才的途径。鼓励普通高中办出特色。"因此，普通高中办出特色是《纲要》赋予新时期学校建设的一项任务，是当前教育改革的重要趋势，它对于全面推进素质教育，深化教育教学改革有着重要意义。同时，特色建设不仅是解决当前普遍存在的"千校一面"问题的有效办法，更是培养创新人才的根本要求，是普通高中内涵发展的核心内容。鞍山市第一中学着眼学校的长远发展和未来社会对人才培养的需要，坚持走以科技教育为特色的内涵式发展道路，以明晰的学校发展定位，彰显自己的办学优势，提高教育品质，打造学校品牌。

如何推动学校的特色发展？在多年的实践探索中，我们坚持"以学生发展为本，为学生可持续发展和终生幸福奠定基础，努力把学生培养成为求实、创新、自强不息、文明高尚的未来人"的办学理念来统领特色创建工作，广大教师积极配合，全体学生主动参与。使学校的办学理念演绎成一种精神力量、一种文化氛围、一种目标追求，贯穿于学校的各项工作中，浸润到一中人的头脑里，并内化成共同的价值取向和发展愿景。力求通过科技教育的全面实施，实现学校"办学有特色、教师教学有特点、学生发展有特长"的特色定位。从而使鞍山市第一中学科技教育屡创佳绩，科技特色日益明显。

二、特色打造，全面推进科技教育发展

1. 依托课堂主阵地，探索科技教育新路

根据我国现阶段学生的大部分时间仍是在学校课堂中学习的现状，学科课程是学校教育教学活动的主阵地，也是科技教育的重要载体。科技教育不可能另起炉灶，不可能孤立地开展，因此，中学科技教育仍要以课堂教学为主渠道。但是传统教育的教条式、封闭式、填鸭式的教育模式，限制、磨损乃至扼杀了学生的创造性思维。要全方位地开展科技教育，培养学生科技创新精神和能力，打好学生的基础，就必须建立科技教育与学科课程融合模式。

首先，抓学科课堂教育模式的改革。学科教学是学校教育的主阵地，是实施科技教育的肥沃土壤，是提高学生科技素养的主途径。在落实科技教育学科化、课堂化的过程中，强调用科技教育思想改革课堂教学模式，突出探索过程，强化活动体验，重视问题讨论，让学生动手动脑。备课中，要求教师认真设计教学过程，将培养学生的创造性思维放在首位。教学过程中，从高效课堂

出发，做到课堂教学的"三优化"，即优化教学目标，优化教学方法，优化教学手段，在如何提高课堂教学效果上做文章，把课余时间还给学生；从学科特点出发，潜移默化地培养学生科学的思维方法，爱科学、学科学、用科学的观念，培养学生的观察能力、想象能力、逻辑推理能力、归纳总结能力、动手操作能力及其他各种能力，促进学生形成科学的人生观、价值观和创造才能，并巧妙地向学生移植创造智慧之光，引导学生进行积极的创造性思维，通过各种手段的运用，让学生进行发散思维、形象思维、遥远联想等训练，着力培养学生吸收新知识的能力，主动摄取新知识，创造性运用新知识的才干。教会学生捕捉有用信息，有效地处理信息，独立地作出正确决策。从而改变了过去以传授、灌输为主的教学模式，走上了创造型教育之路。

例1：把课堂变成学堂，让学生成为学习的主人。

化学组《影响化学反应速率的因素》一课教师一改传统的讲授方式，而是通过四组化学实验，让学生观察实验结果，然后由学生小组讨论四组实验的结论和注意事项，分别整理出浓度、压强、温度、催化剂对反应速率的影响。课后作业也带有实验性质，温度对加酶洗衣粉的洗涤效果的影响。

其次，紧扣教学内容，进行科技教育渗透。根据不同的学科，我们分别明确了不同的科技教育的渗透点，有针对性地加强对学生的科技教育。理科课程本身就是科技教育的主要内容，文科教学也是培养学生科学素养不可缺少的。因此，对于文史类学科，我们要求教师通过教学向学生介绍科技史和科技发明在国防、工农业和日常生活中的运用，以及对科技发明有杰出贡献的科学家，培养学生从小爱科学、学科学的兴趣和强烈的爱国热情，学习科学家不畏劳苦、独立思考、勇于创造甚至以身殉业的精神。对于数、理、化等学科，我们要求教师突破现有教材框架，尽可能把前人探索真理的过程介绍给学生，让学生体验前人探索真理的艰辛，以培养学生的创新意识和不屈不挠的创造精神。

经过近年的实践与研究，鞍山市第一中学探索和总结出多种类型的科技教育课堂教学模式，如创造技法课、价值规范课、科学方法课、技能训练课、观察课、实验课、思维课等，激发学生创新意识和创新思维，培养学生自主协作探究能力，取得了非常好的教学效果。

2011—2014年鞍山市第一中学连续四年举行主题为"探究课堂教学新策略，实践有效课堂新理念"的教学开放周活动。活动分"名师观摩课""特色教师研讨课""青年教师展示课"三个层面同时展开。而且三个年级的课堂全部对外开放。每次都吸引了来自鞍山市内外的近700位领导、专家和教学同人的参与。活动的开展不仅全方位地展示了鞍山市第一中学不同层面教师的风采，也集中展示了鞍山市第一中学在新课程教育教学、科技教育和教师专业发展工作中的新思考、新探索和新成果。

例2：科技教育渗透，探讨科技教育课堂教学模式。

物理组《神九与物理》一课结合神九飞船的成功发射，探讨力的相互作用、能量转换、内能转化成动能等相关的物理知识，形成一堂知识专题课。

2. 开发科技校本课程，学生自主选修

学校办学特色的凸显，需要与之相适应的课程的设置。按照国家三级课程建设的要求，结合学校"以学生发展为本，为学生可持续发展奠定基础"的发展理念和科技教育办学特色，学校完善以校为本的凸显科技教育特色的课程体系，实现科技教育特色发展与课程建设的有机统一。

一是增加国家选修课程内容和数量。国家课程中设置的选修课程规定有具体数量和学分，从为学生终身发展负责的角度，鞍山市第一中学增加了选修课程数量，尤其是与科技类相关的选修课程，同时增加部分课程内容。以期让学生在高中阶段能学到更多的拓展类学科知识。

二是开发校本课程推进校本活动课。2012年开始，学校再次组织教师编写和修改校本教材，实施校本课程选修课教学。内容涵盖自然科学、社会科学、学科拓展、人文艺术4大类40余本，如"中学生天文""动感数学""现代生物技术""用几何画板学物理""生活中的化学材料""文献信息检索""网页制作"等，这是构建科技教育课程体系框架的重要举措。同时鞍山市第一中学开设了魔灯网络教学、云计算辅助教学、发明创造、无线电测向、航模、电脑制作、机器人等一系列科技含量很高的活动课，开发网络资源和网络学习课程60余节，培养学生网络化学习能力。同时建立课程与教学评价体系，对课程目标、计划、准备、实施过程和实施效果进行全程评价。并将以上校本课程和活动课程列入课表，通过鞍山市第一中学选课平台，向学生网上公示授课教师、教室地点和选修人数，学生根据爱好特长自主选修。每学期学生全员参加选修课程学习，其中选修科技类课程人数达到近千人。通过校本课程的开发和选修课程的实施与评价，保证了学校科技活动课的教学时间，做到管理严格、规范，使学校的科技教育走上了规范化之路。

例3：拓展选修课内容，开发校本课程。

地理组的《中学生天文》编写天文知识普及读物，专题讲解天文知识；并

带领兴趣小组利用学校天文观测仪观测星象，生动形象，深受学生欢迎。

3. 开展课外活动，扩大科技教育载体途径

科技活动是学生科技兴趣、爱好、特长的生成机制和源泉，是实施科技教育的有效载体和重要途径。

科技教育的课外活动包括校内课外科技活动和校外科技活动。我们认为，在整个科技活动的运行中，学生是最主要的主体。科技活动中的学生不是少数爱好者，而是广大学生。实现科技教育活动化，首先需要增加活动的分量，如组织参观科普展览，观看科教片，参观驻鞍空一师、导弹部队、鞍钢工厂、辽宁科大工程技术中心和森远、荣信等高新企业，到北京和海城九龙川自然保护区开展实践体验等活动，参加科技论文比赛、科幻画比赛、科技竞赛活动及清华北大和复旦大学科技夏令营等活动，为学生创造更多的参与活动、实践操作的机会。其次组织学生参加各类科技竞赛项目，如生物和环境科学实践、发明创造和科学论文撰写、创新方案设计和信息科技活动等赛事。通过比赛活动让学生动脑、动口、动手，亲自获取知识、经验、方法和感悟，把学习活动与学生对科学技术的情感、兴趣、需要等心理因素有机地结合起来。第三是组建各种科技兴趣小组和学生科技社团，为学生间的合作学习、探究性学习创造条件。如机器人小组、BETA推理社、信息技术联盟和摄影社等。都是学校成员人数多、关注度高、成绩出色的优秀社团。学校机器人小组曾获得2011年机器人世界杯舞蹈比赛金奖，BETA推理社的《CS》报纸和"科技探索之寻宝"活动深受学生欢迎，吸引众多学生阅读和参与，充分体现了学校社团建设的成效。第四是学校开展科普宣传周活动，组织班级网页大赛、环保小制作和科技小论文评比等，同时开放历史地理专用教室、生态馆、古生物馆和互动科技馆等为学生提供观摩体验和参加各类活动的机会，搭建展示自我、发展自我的平台。

例4：组织鞍山市第一中学科技节。

以"提升科学素养，发展创新潜能；建设科技特色，丰富校园生活"为主题，历时近两周的鞍山市第一中学首届科技节活动落下帷幕，科技节期间，各位老师精心搭建了培养学生创新精神和实践能力的舞台，安排了丰富多彩的科技活动：从校外专家进校园的科普讲座，到鞍山市第一中学同学科技创新作品的精彩展示；从木质桥梁模型动手制作的挑战，到我爱数学头脑风暴式的训练；从绿色蔬菜每天的精心呵护，到水果电池奇思妙想的比拼；从主题海报的"创意"思维，到联动装置的"机关"爆发；从"钢铁侠"的自动操控到"飞

行器"的自由飞行。一场场激烈的竞争，一项项智慧的发明，一次次精彩的展示，同学的无尽创意和卓越才华在科技节上得到了充分的展示。同学们在各项活动中展示出来的拼搏精神、协作意识和创新智慧更是让本次科技节精彩纷呈、绚丽夺目。

4. 科技教育与研究性学习整合，培养科学探究能力

研究性学习是科技教育最具特色的学习方式，开展科技活动，离不开研究性学习。把科技教育与研究性学习进行整合，可以充分激发学生善于质疑、乐于探究、勤于动手、努力求知的积极态度，帮助学生揭开科学研究的神秘感，激发他们对科学技术的积极情感和不断探索创新的欲望，实现培养学生创新精神和实践能力的目标。

鞍山市第一中学开展研究性学习已经10余年，教师学生全员参与，一直坚持不懈，成果丰富。学校每学年安排固定的课时开展研究性学习，注重全体学生的参与，在普及的基础上教给学生科学研究的基本方法。在学校的组织和促进下，学生自选课题，自由组合，自选指导教师，通过集体讨论和切磋，建立假设，设计解决问题的方案，收集、分析和利用信息，展开调查研究，进行实践验证，得出结论并进行成果交流展示。同学们在研究性学习的选题中涉及面很广，社会科学、历史、文学、艺术、社会等，尤其对科技类研究性学习的课题兴趣十分浓郁。学校每年开展研究性学习活动的优秀成果展示活动，为学生搭建研究性学习成果展示交流的平台。学校将教师的研究性学习指导情况进行考核并纳入工作绩效之中，将学生的研究过程和研究成果进行学分制评定并纳入学生的学业成绩之中。通过学校各部门的共同努力，学生的研究型学习成果也得到了专家的普遍好评，很多学生的研究型学习成果被选送参加科技创新大赛和申请科技发明专利并获奖。如2013级刘腾骄《物联网在鞍山兰温室控制中的应用技术研究报告》、2012届崔高辰同学的《煤气和电烧水的煤耗计算方法与节能减排的研究》获辽宁省学生科技创新项目一等奖、全国三等奖。

通过研究性学习，同学们不仅做了大量的课题研究，更重要的是从中学到了严谨的科学态度和科学方法，提升了创新精神和实践能力。

例5：科技教育与研究性学习整合。

2013届研究性学习成果汇报会暨表彰大会，先后有5班王诗佳小组《东北方言的产生发展及现状》、15班黄钰琳小组《典型农户的变化情况》、18班李奕帅小组《农村能源利用情况分析》等三个优秀研究课题代表2013届所有研究成果公开展示。成果展示之后，举行了隆重的颁奖典礼。5班王诗佳小组的《东北方言的产生发展及现状》、18班李弈帅小组的《农村能源利用情况分析》获得一等奖；2班黄科然小组的《研究霍尔效应和导体导电性能》、15班黄钰林小组的《典型农户的变化情况》、17班王瑶小组的《手心的阳光与心灵的阳光》获得二等奖；1班张曜千小组的《都市环境中的光污染》、4班王子威小组的《献爱心实践活动》、6班李禹霖小组的《红楼美食》、7班洪雨小组的《生活垃圾的回收利用与处理》、13班孟凯煦小组的《新文学时代的探究》、14班习博文小组的《直击青少年犯罪心理》获得三等奖。

5. 校内校外结合，优化整合科技教育资源

学校特色的形成需要一定的物质载体，需要相对稳定的活动场所。科技教育是动手性、实践性很强的教育，其特色创建更离不开相对固化的科技教育基地的建设。另外，科技教育本身就是不分校内校外而存在的一种教育形式。学校教育与校外教育相辅相成，相互补充，不可相互替代。校外阵地是中学科技教育的重要阵地，是科技教育的重要组成部分。作为发展科技特色的学校，鞍山市第一中学把科技创新活动作为学校持久的可持续发展特色，十分重视科技创新活动阵地建设，建立了校内外许多教育基地。

一是校内科普教育基地日臻完善。为了使科技教育真正"特"起来，学校于2005年搬入新校区起重点打造以学校科技馆为核心的科普教育基地。经过多年建设发展，科技馆现建筑面积达1.3万平方米，设备总投资1000多万元，内设生态馆、古生物馆、理化生实验室、学科拓展创新实验室、机器人实验室、电子阅览室、天文台、互动科技展厅和校史展室等，规划待建生态园、万能车床室、陶艺制作室、汽车驾驶室、通用技术创新实验室等。其中四楼的互动式科技展厅内容涉及地理学、热力学、空气动力学、声学、光学、电学、电磁学、数学、计算机技术、生物学、化学等各学科，集探究性、科学性、娱乐性、知识性、互动性为一体，是学生最喜欢去参观、互动与探索的地方。学校科技馆除供全校师生参观、实习、实践、探索外，还接待了各种参观考察，收到了很好的教育效果和社会效应，充分发挥了鞍山市第一中学科普教育的示范辐射作用。被鞍山市科协命名为"科普教育基地"。

二是校外科普基地初成网络。为了有效整合和利用地域优势和社会资源，走科技教育联动道路，与大学、科研院所、社区和高新企业等建立友好合作关系，开辟可供学生参观、考察、见习、调查、实践研究的校外科普教育基地。

辽宁科技大学——科技创新实验基地；空一师、机械化师、导弹团——军事科技知识学习基地；海城市析木镇——农业科技教育基地；鞍山钢铁集团——工业科技教育基地；鞍山市科技馆——科技社区共建单位。

校外科普教育基地的建设，开阔了学生的视野，拓展了学生的活动场所，激发了学生对科学的兴趣，丰富了科技教育的形式，共同促进学校科技教育工作的开展。

例6：校内外科普教育基地网络初具规模。

学校组织参观空一师。每年秋季，组织高二年级学生参观空一师，参观空军官兵内务，参观空一师荣誉室，观看空一师成长影片，听官兵讲解空军主战装备，参观战机等。让学生深受震撼。

三、夯实基础，保障科技教育工作有效开展

1. 建立科技教育制度，健全管理机制

科技教育活动的开展离不开教师和学生的共同努力，保护和激励师生的积极性，一定要有配套的制度措施，让每个师生的价值得到体现。为确保科技创新教育和学生科技创新活动健康有序地深入开展，学校成立科技创新教育指导小组，科技创新教育工作由学校领导直接指挥，加强对科技工作的整体把握，在全市率先成立教育科研室和建立科技教研组，落实专人分组负责具体工作。建立科技创新教育管理制度和科技表彰工作机制，表彰是一种强有力的激励措施，为此鞍山市第一中学修改、完善了绩效工资考核制度和科技竞赛奖励条例，制定了鼓励教师担任科学、科技活动课或科技兴趣小组辅导工作的相应措施，将辅导工作成果纳入绩效考核实绩。鞍山市第一中学开展的每个活动都设置奖项，对获奖的学生、教师、班级给予大会表扬并颁发奖状，激励学生奋发向上，同时也尽可能地让更多学生闪耀自己的"亮点"，体验成功的快乐，每学期评选优秀学生也倾向于科技特长类学生，并为他们提供专用活动室和设施等，有力地激励了学生广泛参与科技活动的兴趣。如吕廷博同学由于在学科特长发展上的突出贡献，学校给予他5000元的奖学金。

实行科技创新活动进课程，负责对学生科技活动的专项指导，明确目标、制订计划、落实措施，安排辅导老师，保证活动经费到位，同时负责各项活动的组织发动、过程安排、检查指导及总结奖励。

2.建设科技教师队伍和科普志愿者队伍

（1）科技教育管理队伍。学校建立科技教育领导管理网络，校长亲自负责科技教育工作，领导小组成员明确职责和目标，教务科、政教科、团委、信息中心、总务等部门制订计划分工协作，保证科技教育在鞍山市第一中学顺利开展，带动学校工作整体上层次。

（2）科技教育教师队伍。科技教育办学特色的打造离不开与之相适应的教师团队，离不开对教师科技教育的专业化引领。为有效提高教师的科技素养和科技教育专业化水平，造就一支会研究、有作为、有贡献、有特色、有声誉的骨干教师队伍，学校实施了名师工程、青蓝工作室青年教师培养工程，采用"分层培养"和"分步实施"相结合的方案，开展校内外的"师徒结对"活动。提高教师科技素养，树立科学的态度和科学研究的精神，丰富科学技术基本知识和实践创新能力；做到特色发展的思想扎根于广大教师的心中，成为自觉的、一以贯之的教育教学行为；我们先后聘请中国科学院院士周炳琨、水立方设计者之一白智平、神舟飞船副总设计师胡军、航天测控系统总师孙翔等专家学者为鞍山市第一中学客座教师，邀请他们来校为教师做学术报告，并与从事科技创新教育工作的教师结成帮教对子，以便进行更深层次的指导。

提升教师科技教育意识，落实科技教育行动，把科技教育带入课堂，带入学科活动。学校鼓励学科教师至少能开设一门选修课，至少能参与一项课外活动或研究性学习的辅导，参与各类学科竞赛、科技活动比赛、机器人小组、科技兴趣小组、创造发明小组的辅导；鼓励教师参与科技教育校本教材的编写，参与科技教育实施与学校特色创建相关课题的研究。

经过多年建设，学校逐步形成了一支数量适当、结构优化、富有活力的高素质、专业化的科技创新教育教师队伍。现拥有李强盛、杨勇威国际金牌教练2名，谷建军、陈立和孙宁国家金牌教练3人，省内知名指导教师赵宏伟、陈旭、邹海滨等10人，国家级骨干教师2人、辽宁省学科带头人4人，辽宁省骨干教师8名等一批优秀骨干教师，他们成为学校特色发展的坚实后盾。

（3）形成一支稳定的辅导员队伍和志愿者队伍。在工作中，我们深深感到，仅有学校老师的积极参与是不能完全适应新型教育的需求的，因此，学校邀请一批专家学者担任科技辅导员，定期开展讲座和辅导活动，使科技工作不仅局限于学校层面，更多的把视角打开，使同学们能放眼社会，提高科技活动的层次。如市青少年机器人协会王宝钢秘书长、辽宁科技大学王之深教授等。

除了建立了一支专家队伍外，我们也积极建设学生的志愿者队伍，通过科技活动的志愿服务，让学生不仅得到知识，更多的是要从中学会真正的做人道理，更好地实现鞍山市第一中学的办学宗旨。

3. 加强硬件建设，保证科技经费，优化科技教育环境

环境有着"春风化雨"、潜移默化的育人的功能。营造独特的、浓郁的科技教育环境为学校特色发展提供生长的条件，对特色创建具有导向、教育、凝聚和规范作用。

学校加强硬件环境创建，积极营造良好的科技教育物化环境。加强学校科技馆的建设，在已有各项设施基础上，学校根据科技教育五年规划，逐步改善、更新学校科技教育的设施、设备、器材，加强学科创新实验室的建设，满足物理、化学、生物等学科教学和学生实验探索的需要。同时加大科技教育经费的投入，投资200余万为所有班级配备班班通交互式电子白板，为学生自主、协作、探究课堂教学的发展需求提供充足的硬件条件。

加强人文环境建设，营造良好的科技教育心理环境。通过公布学校科技教育发展规划、专家讲座、师生论坛、课前演讲、升旗讲话、校园广播等途径来强化宣传力度，使广大师生明确了科技教育的重要性、必要性，形成了科技教育特色发展的普遍共识。通过校园科普标语，教学楼内科技发展史和科技与文明雕塑墙、科学家雕像，团委组织社团出版科技报刊和参与科技创新发明活动，同时学校规划建设4块LED文化宣传大屏幕，声像并茂地向学生传播现代科技信息。让学生深切地感受到科技就在我们的身边，让学子一进校园就会感受到浓浓的科技教育文化气息，就能被科技教育的"磁场"所磁化。

4. 加强科研工作，指导科技教育运作

学校在近几年的科技教育工作开展中深深感到，特色创建是一项长期而艰巨的工程，同时也是一项有着规律性、创造性、系统性的工程。要解决特色创建的重点、难点、困惑点，就必须以教育科研为指导，以课题研究促进特色发展，做到工作科研化、科研工作化，才能使科技教育和科技活动上一新的层次。

因此，我们对于科技教育的理论研究和现代教学中科技工作如何适应等都作为新的课题进行尝试。"十五"期间我们开展的"信息技术与学科课程整合的理论与实践研究""教师创造性教学研究""高中校本课程的开发与实践研究"等课题获得国家、省十五优秀教改成果一等奖。"十一五"期间鞍山市第一中学开展了"信息技术环境下的教师职业发展策略研究"获得辽宁省基础教

育50项优秀成果奖。"十二五"期间，鞍山市第一中学共承担了全国课题"高中生学业水平评价标准研究""基于云服务的数字化校园建设与应用研究"和省市级课题8项，力求从理论的角度来审视学校特色创建的出发点、立足点，从实践探索的角度来优化学校的课程改革、资源整合和环境建设。以此探索科技教育特色创建的新规律，寻找新方法，总结新经验，保证学校科技教育工作向系统化、标准化、课程化发展。同时，教师指导学生进行研究性课题研究也获得了一定的成效，共开展各类研究性课题数百余项。

5. 抓强化交流合作，为特色创建开阔新视野

特色创建需要立足学校脚踏实地地实践与探索，也需要加强校际、学校与社区、友好学校间的交流与合作，以开阔特色创建的视野，丰富特色教育的内容。

鞍山市第一中学争取政府帮助，获得政策和物质的支持，市政府投资200余万建设交互电子白板班班通教室并指定学校为市创新人才培养基地；引进外智，聘请校外科技辅导员；加强与企业合作，开辟校外科普基地；与大学、科研院所牵手，获得高屋建瓴的指导和帮助；加强社区联动，提高学生理论联系实际的能力；加强校际联动，在交流中取长补短等。这些有效举措，较好地解决了鞍山市第一中学科技教育资源不足的难题，充实了科技教育的内容，丰富了科技教育的形式，激发了学生对科技教育的浓厚兴趣，增强了科技教育的实效性。

四、特色成果，科技教育工作捷报频传

多年来，鞍山市第一中学大力弘扬"追求卓越，再创辉煌"的学校精神，创新科技特色教育活动闻名省内外，取得了优异成绩和丰硕成果。

2010年至今，鞍山市第一中学被北京大学确定为"中学校长实名推荐制"学校，被清华大学确定为自主选拔"新百年领军计划"推荐资质和优质生源基地，被中国人民大学、复旦大学、同济大学、天津大学等十几所高校确定为"中学校长直荐（或推荐）学生资格中学"。同时还被清华大学、北京大学等16所知名大学确定为"优质生源基地"。

鞍山市第一中学先后培养出优秀科技人才数百人，有中国科学院院士、水立方设计者、神舟飞船副总设计师、航天测控系统总师等。

　　近年以来，鞍山市第一中学共获得物理化学竞赛国际金牌1块、国家金牌5块、银牌9块，省一等奖近百人；省信息学竞赛获得一等奖35人；机器人比赛获得全国亚军1人、省一等奖8人、二等奖20余人，且承办了辽宁省首届机器人大赛并获得高中团体第一名；参加科技创新大赛获全国三等奖3人、省一等奖5人、二等奖4人、市一等奖60余人；获得专利发明奖项百余人。先后有127名学生通过学科奥赛和科技竞赛被保送至国内名校就读。2011年5月，鞍山市第一中学吕廷博同学入选中国代表队参加国际物理奥赛并以优异成绩摘得金牌。2011年7月，鞍山市第一中学机器人小组首次出战伊斯坦布尔2011年机器人世界杯赛就获得舞蹈程序设计最高奖项。

　　在科技创新教育活动中，鞍山市第一中学涌现出李强胜、杨勇威、陈立、谷建军、孙宁、陈旭、赵宏伟等一大批金牌教练和优秀指导教师。

　　在取得成绩的同时，学校也清醒地认识到，在围绕创新人才培养推进科技教育的发展过程中，还有更多的工作需要去做。一是局限于传统思维和学校发展惯性，创新教育意识、创新教育发展的理念和思路还不完善。二是学校的科技创新教育设施需要不断地更新才能跟上时代和教育形势对科技教育工作的需求。三是专业化教师队伍建设还需要进行规范化、系统化地思考。当然学校的办学特色形成不是一蹴而就的，真正教育特色的凸显，需要点面结合，整体优化，不懈追求。要真正地形成科技教育的强"磁场"效应，还有很长的路要走。

　　　　　　　　　　　　　　　　　　（2012年东北三省十二校科研协作校长论坛）

浅谈新课程改革下的中学英语教学

/ 叶晓春 /

一、新课改对中学英语教学的基本要求

1. 教学目标

新课程改革以后，中学英语教学的目标发生巨大变化，提高了学生对语言综合使用能力的要求。这就需要教师改变思想和态度，创新课程教学方法，努力丰富课堂的教学形式，将教学内容落实到实践中去，增强学生的表达能力和语言使用能力。

2. 教学内容

传统英语教学讲解的大多是课本的知识，要求学生注重单词、语法和语句的使用，这样的教学形式单一乏味，无法吸引学生的兴趣和注意力。新课程改革下，要求英语教学的内容丰富多样，更加注重实用性和科学性，提高学生的学习兴趣。新课程改革下，不仅要求提高英语教学的实用性，还要教授学生学习的策略和方法，培养学生创新的思维和积极的情感态度，促进中学英语教学的有序发展。

3. 教学方法

教学方法是提高教学质量的重要部分。新课程改革下，教师要更加注重师生互动，增加课堂的探索性和开放性，增加自由学习和活动时间，促进师生、学生间更好地交流沟通，使学生从被动学习逐步转变为主动学习，激发学生的学习兴趣，促使学生积极参与到课堂教学中来。

二、我国中学英语教学基本现状

1. 教学方式没有变化

受传统教育的深刻影响，中学教师在英语教学的过程中仍使用枯燥的讲课—听课模式，这和新改下的中学英语教学要求相背离。与此同时，现今的高考制度是按照分数选择学生的，对教师的考核也是学生的成绩。所以，教师会以考为本，以提高成绩为目的，而不重视学生语言表达和语言运用能力的培养，对学生提高英语素养十分不利。

2. 课堂小组学习较少

小组学习能够加强学生的协作意识和集体精神，使学生能够在交流的过程中积累知识、升华思想，但是，目前的中学英语教学对小组学习的重视程度不够。学生在课堂上用英语交流的机会较少。

3. 课堂上的英语对话较少

英语学习需要多练、多说、多听，但是在课堂上我们很多教师都使用汉语教学，与学生的英语对话交流很少。这样对学生英语知识的学习和英语口语的练习十分不利，使学生无法提高自己的英语表达和沟通能力。

4. 对听力重视不足

尽管现在有些省份英语听力还没有纳入高考总分，但是在学习语言的过程中第一输入环节就是听力，听得懂才能答得出，这样才能形成语言的交际性。所以英语语言教学更应该注重实用性和交际性，听力至关重要。

三、如何提高英语课堂的教学效果

1. 转变教学思想，让学生成为课堂的主体

教师要认识到转变传统枯燥的教学思想的重要意义，将以往的单向交流方式转变为互动交际方式。在教学的过程中要通过不同的方法激发学生对英语的学习兴趣，调动学生的积极性，这样才能充分发挥课堂中学生学习知识的主体作用。

2. 提高教师的素质，提高课堂的教学水平

教师的能力、思想和学识水平对课堂的教学效果起着直接的作用。因此，教师要努力提高自己的教学水平和知识水平，这需要教师充分了解自己课程的历史、现状、发展前景以及所授学科的基本知识，不断提高专业素养，完善知识结构，树立终生学习的思想，接受知识的更迭，与时俱进，这样才能更好地培养学生的英语能力素养。可以这么说，只有教师的素养提高了，课堂的教学水平和教学效果才会提高。

3. 创新教学方法，努力提高课堂的教学效率

中学英语教学过程中，教师要使用创新化的教学形式，让课堂的教学活泼生动。具体要注意以下几点。其一，尽量使用英语教学。英语教学不仅有利于学生的听力练习，还为学生提供了有效的英语示范，更有助于学生学英语、说英语欲望的激发。其二，培养学生的兴趣。学生刚开始学习英语时难免会出现一些错误，这时要注意保护学生的自尊心和英语学习的主动性。其三，运用现代化教学方式。为了有效增强教学的活力和趣味性，教师要充分应用各种现代化的教学手段，这样才能充分调动学生的积极性，从而得到更好的课堂教学效果。

四、结论

随着科技的发展和社会的进步，教师需要不断提高和深化自己的教学水平，努力适应新课改对中学英语课堂提出的要求。中学英语教师要充分发挥聪明才智，加强自身能力和专业的培训，不断促进自己教学技能和专业能力的提高。

（2015年发表于《教学理论与实践》）

高中音乐鉴赏课中的审美教育研究

/ 王洪娜 /

素质教育提倡人的全面发展，新课程背景下的高中音乐课分音乐鉴赏、歌唱、演奏、音乐与戏剧表演、音乐与舞蹈、创作六个模块，音乐鉴赏共有36个学时，占3个必修学分，是高中音乐课中的重要组成部分。新课标指出，高中音乐鉴赏课的主要目的在于学习音乐美学的一般常识，让学生通过对音乐的欣赏领悟不同形式的音乐美感，从而培养学生的审美情趣。在高中音乐鉴赏课中实施审美教育，既是素质教育的要求，也是音乐鉴赏课本身的主要内容。

一、审美教育是高中音乐鉴赏课的三维目标之一

《普通高中音乐课程标准》指出，高中音乐课程的理念是以音乐审美为核心，在音乐教学中实行音乐审美，潜移默化地培育学生的美好情操和健全人格。音乐作为一种艺术形式，具有愉悦身心、净化心灵、陶冶情操等多重功能，音乐形式也是多种多样的，具有不同风格、不同气质的美感。无论是义务教育阶段的音乐课、艺术课，还是高中音乐中的音乐鉴赏课，都是基础教育的一部分，教育的目标都不是培养突出的艺术家，而是提高学生的整体素质。新课程标准将高中音乐课的音乐欣赏改成了"音乐鉴赏"，在名称、教学目的和教学内容上已经有别于传统的音乐欣赏课，它与义务教育阶段音乐教材中的"感受与鉴赏"相衔接，在内容上进行了拓展和深化，成为一个独立的教学模块。在内容上加入了中国现代音乐、西方音乐、民族音乐、计算机音乐等内容，同时涉及到很多音乐专业的知识，既注重音乐的专业性，又具有一定的人文性，但是其审美属性没有变化，以音乐审美为核心的基本理念没有动摇，其教育目标中的审美教育目标也没有改变。

二、通过审美教育，提升学生音乐审美能力

高中生经过义务教育阶段音乐课的学习，已经有了一定的音乐鉴赏基础，但是其审美心理和分析鉴别能力还没有成熟，音乐文化知识的积淀仍需继续进行，在高中音乐鉴赏课中，依然需要通过审美教育提升学生以下几个方面的音乐审美能力。

1. 对音乐美的感受能力

音乐鉴赏是通过听觉器官对音乐作品进行感知体验，并进行音乐审美的过程，感受音乐美的能力是音乐审美中的基本要求，也是进行更高层次的音乐审美的基础。培养学生对音乐的感知能力，教师应在教学中以学生为主体，让学生对不同地域、不同时代、不同风格的音乐进行自由地欣赏，并对相关的音乐知识进行讲解提示，让学生把握住不同的风格的音乐美感。在教学中，教师要为学生提供大量音乐欣赏的机会，有计划、有目的循序渐进地对学生进行音乐美感知能力的训练，提高其感受音乐美的能力。例如，人教版教材中的第一单元"学会聆听"，三维目标中的情感目标就在于引导学生通过聆听体验，感悟音乐中的美感，利用聆听、讲授、对比、讨论等教学方法，结合对节奏、力度、速度、旋律等音乐形式要素及其表现能力的讲解，让学生结合《草原放牧》《第六悲怆交响曲》《长江之歌》等音乐作品，体会不同的音乐形式所展示的不同美感。

2. 对音乐美的判断能力

对于音乐美的判断能力是通过对音乐作品进行初步的感受之后，对其蕴含的特性进行鉴别和概括，并进行一定的判断和分析。对于音乐美的审美判断，不是简单地以"美"或者"丑"加以界定，而是结合相关的理论进行论证分析。在高中音乐鉴赏课中，培养学生对音乐的审美判断能力，应该将相关的音乐理论学习与学生的主观感受结合起来，将课堂教学与日常生活结合起来，帮助学生建立合理、客观的审美判断能力。高中生大多已经是青年，思想活跃，对新事物的接受能力强，在当今活跃而繁杂无味的音乐文化市场中，往往缺乏分辨音乐中的真善美与假恶丑的能力。为此，音乐鉴赏课的教学中，教师要注意激发学生的学习兴趣，让学生对国内外经典名曲及各地的优秀民歌进行审美感受，提高个人音乐文化修养，在高尚、优美的音乐熏陶下健康成长。

3.对音乐美的理解能力

对音乐美的理解能力，也是音乐审美教育中的主要内容。对音乐作品的理解建立在聆听和感受的基础之上，也是审美活动由直观感受走向理性欣赏的标志，还是审美活动的进一步升华。高中生具有了一定的文化知识基础和社会生活经验，理性思维得到了长足的发展，在音乐鉴赏课中对于音乐的感受也应该从感性认识走向理性认识，不仅"知其然"，更应该"知其所以然"，能够从理性层面上对音乐进行分析和理解。高中音乐新课标和几个版本的高中音乐教材，都是根据一定理论体系进行编排的，能够在教学中系统化、层次化地提高学生对音乐美的理解能力。例如，人教版高中音乐欣赏教材的"文人情致"单元，分别安排了《广陵散》《流水》与《阳关三叠》《扬州慢》对中国古代的古琴音乐和古代歌曲进行介绍，以系统的形式提高学生对中国古代文人音乐的认识和理解。

4.对音乐美的评价能力

音乐中的审美评价是审美主体根据自己的审美价值观对音乐作品的审美属性进行的价值判断，包括对其艺术特色、表现手段、思想内容等方面的特点与成败的认识，审美评价是对音乐作品的理性表述，是最高层次的审美活动。高中音乐鉴赏课的教学，应根据相应的教学内容，通过对相关音乐作品的欣赏评价，结合相关的理论知识和自我感受，利用语言或者文字进行创造性的表述。例如，教学中"巴赫""贝多芬"章节，教师应鼓励学生对巴赫和贝多芬的代表作品《马太受难曲》《第二十三钢琴奏鸣曲》《第九交响曲》的聆听，了解其不同的音乐风格，并结合相关的理论知识和个人独特的审美体验，对自己的独特音乐感受和个性理解进行大胆表达。

三、结语

综上所述，高中阶段的音乐教育旨在提升学生的音乐素质，促进学生的全面协调发展。教师应在音乐鉴赏课的教学中注重学生对音乐作品的欣赏体验，结合对音乐知识的综合学习，全面提高学生的音乐欣赏水平和文化艺术修养，完成审美教育的教学目标。

（2013年发表于《中国科教创新导刊》）

以生为本、学为中心，创建智慧课堂

/ 刘子军 /

对于高中教育而言，我们研究课堂，必须重点关注课堂与新课程和新高考改革的密切关系。

随着修订后普通高中课程标准的颁布，我国基础教育课程改革政策进入了一个新的历史阶段，目前，我国已经提出了学生发展核心素养体系，并正在以学生发展核心素养为纲着力建设和完善基础教育课程体系。体系的建设和完善，需要以核心素养为指引提炼各学科的大概念，也就是要发掘各学科在培育学生核心素养中可能和应该作出的贡献；需要以核心素养为指引和依据来选择学习内容；需要设计保证核心素养目标得到落实的教学过程和教学方法；需要设计与核心素养培育的教学目标和方式相适应的评价标准和评价方法。总体来看，新课程改革以核心素养作为核心理念，主要注重课程价值、结构和内容方面的创新，以及学生综合素养的培养。

高考改革和高中新课程改革始终互为关联，高中新课程改革为高考改革奠定了基础，高考改革又会促进高中新课程改革的深入。两项改革的基本目标是一致的，都明确彰显出以学生为本的价值取向，逐步培育学生适应个人终身发展和社会发展需要的核心素养。

为此，2017年9月，鞍山市第一中学制定了高层次学术型优质高中三年工作策略，即2017—2018学年度为调整优化年，2018—2019学年度为质量创优年，2019—2020学年度为内涵提优年。通过开展课堂再造行动和新师重塑行动递进、深入推动课堂转型，提升办学品质，实现"立德树人，育人为本；学为中心，以生为本；守正创新，发展为本"的三维追求。

课堂再造的原动力来自教师教育理念的更新，课堂再造的成果又会促进教师教育理念的转变，所以，新师重塑行动与课堂再造行动二者实为一体，彼此制约。自2017年起，鞍山市第一中学持续开展"公开教研""公开集备"

"'学为中心'大讨论"系列活动，调动全校教师聚焦学校教学真实存在问题进行查找，最后总结出 15 个突出问题，如：教师讲得多，学生学得少；教师问得多，学生问得少；教师领做试题多，学生研习教材少；进度推进多，复习强化少；教学随意性多，环节严谨性少；教师作业布置多，学生融会完成少；单向传授多，情感交流少；等等。

这些现象反映出，有相当一部分老师桎梏于传统的教学模式——在传统的高中课程中，书本知识起到了支配性的作用，而传统高考内容也主要以书本上的知识点为主，侧重考查学生对知识的认知与理解，对学生的知识利用能力考查得不够全面，教师的教学也相应基本侧重于知识传授，往往虽忽视了对学生能力的培养，但在高考选拔中弊端却不会显现。然而，这种聚焦于灌输式的教学模式在新课改、新高考的背景下显然无法带来高质量的课堂。

这种灌输式教学意味着教师只关注讲授、推进学习进度而很少顾及学生是否理解，若过多采用这种基于既往经验的教学方式，课堂教学则会缺少引导性的智力目标和清晰的优先次序，以及以核心素养为指引提炼出学科的大概念来架构学习体验。它所带来的学习结果往往只是"知道"，而非"理解"；是停留在浅层表象的，而非深入核心本质的；是零散琐碎的，而非整体系统的；是个体的偶然的，而非类型的稳定的。这种抑制学生迁移尝试的教学方式往往会使学生呈现健忘、臆想和呆滞的学习状态，对教师已讲过的知识很快忘记，或存在误解，或不会运用所学知识，难以获得真实的学习力。

综上所述，要想实现学生的综合全面发展的目标，以学为中心，基于新课程进行课堂再造，是一种必要，也是一种必然。

为此，鞍山市第一中学从管理、教学研究突破，进行教学方式、学习方式改革。

一、以教研组为立足点，开展新师重塑行动，提升校本研究质量

教研组全称是教学研究组，顾名思义它应是一个既研"教"又研"学"的组织。但目前的教研组基本都将"教什么、如何教"放在非常重要的地位。"讨论和制定学科教学进度、研究教学内容""研究教学大纲、教材""组织有经验的教师帮助水平低、经验较少的教师提高教学质量"，这些通常对教研组工作职能的规定往往也误导教研组将"教学"行为视为"教"的行为，更多的

关注"教"的活动，混淆了"教学"与"教"的内涵，教学研究活动呈现了只"研教"的特点。

美国学者古德莱德曾提出课程发展的五阶段理论，认为课程从其理想状态到最后成为学生经验，要经历理想的课程（课程理念与目的）、正式的课程（课程标准、教科书）、领悟的课程（教师理解的课程）、实行的课程（教师实际的课程教学）和经验的课程（学生在师生交往过程中的实际经验）五个层次。由于教师和学生在生活经验、知识积累、认知方式等方面存在差异，当教师根据自己对课程材料的理解而设计与实施教学时，教师的设计或实施未必能被学生理解和接受，甚至会产生误解或偏差。因此，教师如果只关注自己教什么、如何教，而忽视学生从中得到的理解与体验，这种教师的教与学生的学就会产生脱节。所以，教学研究要研"教"，更要研"学"，并且要加强对学生的研究，把教学的出发点和着力点从教师如何教转变为学生如何学，以学生学习为中心来组织教学。

对现有的教研组来说，将"研"的重点从"教"转变为"学"，既是一种教育观念的改变，也是一种教研习惯的改变。我们以教研组为立足点开展的新师重塑行动就是要通过改变教研习惯，使各学科教师达到教育观念的共识。

第一，课堂理念共识——以学生为中心。教学要从学生的知识基础出发，向学生的学科体系建构发力；从学生的认知心理出发，向学生的深度真实学习发力；从学生的已有经验出发，向学生的最近发展区发力；从学生的思维能力出发，向学生发展的核心素养发力；从学生的教育背景出发，向学生的充分最优发展发力。

第二，课堂教学方式共识。教学要有基于学的教学设计（教师角色的转变），要创设适于学的教学情境（学生地位的转变），要组织用于学的教学活动（教学方式的转变），要营造利于学的教学氛围（师生关系的转变），要确定为了学的教学评价（学习方式的转变）。

第三，常态课堂标志共识。常态课堂要呈现三种"向度"，即厚基础、宽视野、强思辨。要懂得三项"赋权"，即把探究和习得的过程留给学生，让学生真正享有学习的自主权；把质疑和评价的权利交给学生，让学生真正享有知识的建构权；把课堂的时间和空间还给学生，让学生真正享有发展的主动权。要明确三个"指征"，即注重学生的思维品质和核心素养，注重学生的深度参与和有效合作，注重学生的充分展示和规范表达。

二、以课堂为发力点，开展课堂再造行动，提升课堂教学质量

依据核心素养—课程标准—教学设计—学业评价这一链条，各学科合理整合逻辑联系点，区别相异点，开展纵向深入、横向关照的教学探索。基本思路是统筹关注课前、课中、课后三环节，从课前、课后切入，重心落在课堂教学，焕发课堂活力，落实学科核心素养，点燃学生学习热情，激发学生学习动力。力求用有效教学促进深度学习，切实转变学生的学习方式，培养学生的创新精神和实践能力，提升学生的学习素养。在形成学校整体的教学流程的基础上，各个学科构建具有本学科特色的教学流程。

（一）强调问题解决，深化落实"课改十五条"

针对总结出的教学问题，各教研组进一步细化典型表现，并依据学科特点制定改进措施，通过问题解决，促进教学研究与教学实践相结合，深化落实"课改十五条"。

改进措施基本标准如下。

（1）遵守基本教育规律，尊重基本认知规律。立足于是否有利于学生学习提升和是否有利于学生卓越成长，按"可执行，可观察，可塑成"的标准落实教学常规，强化不同年级的教学重点，进一步夯实根基，提高教学质量，做有活力的教育，做有质感的教育。

（2）强调教学立足"两精"、做到"四分两全"。即精确发力，精准落地；分层备课、分层教学、分层作业、分层辅导；全批全改、全员全面。同时，特别注重课堂教学要达到"三清"，即教师自身不仅教学目标要清、问题设计要清、流程优化要清，而且教师对学生的知识基础要清、认知心理要清、最近发展区也要清。

（3）强调课堂教学以知识为载体，以思维能力培养为核心，建构以学为主的教学方式和教学流程，充分体现生活性、发展性、生命性三性合一的新课堂特征。生活性要求体现对学生的现实关怀，使课堂教学充满生活气息；发展性要体现对学生的未来关怀，让课堂教学以人的发展为本；生命性要体现对学生的终极关怀，使课堂教学充满生命气息。

（二）教学管理改革，推进课堂内涵提优

常规教学管理中，以教案、听课笔记改革作为突破口，抓住课前准备与课后评价两阶段，促进课堂教学转型。

在传统教案体例中，教师教学设计侧重于对知识内容和流程的呈现，教学目标空泛，教学方法与目标达成缺少合理解释，缺少对是否达到目标的检测手段，同时，在课堂、单元以及整个课程学习中缺乏重点以及知识点之间的联系，没有强调对大概念的深入理解，没有培养完成核心表现性任务所需的能力，而只是陷入成千上万的零散知识和技能之中。

因此，我们将借鉴 UbD（Uderstanding by Design）设计理念，采用逆向设计思路，倡导将习惯的做法进行"翻转"，将教案设计分为三阶段。

第一阶段，确定预期结果。学生应该知道什么，理解什么，能够做什么？什么内容值得理解？什么是期望的持久理解？在第一阶段中，要求思考教学目标，查看新课程标准，检验课程预期结果，在第一阶段重点明确学习内容的优先次序。

第二阶段，确定合适的评估证据。如何知道学生是否已经达到了预期结果？哪些证据能够证明学生的理解和掌握程度？在逆向设计理念下，要根据收集的评估证据（用于证实预期学习是否已完成）来思考单元或课程，而不是简单地根据要讲的内容或是一系列学习活动来思考单元或课程。证据一般要包括传统的测验和测试与表现性任务和项目。

第三阶段，设计学习体验和教学。如果学生要有效地开展学习并获得预期结果，他们需要哪些知识（事实、概念、原理）和技能（过程、步骤、策略）？哪些活动可以使学生获得所需知识和技能？根据表现性目标，需要教哪些内容，指导学生做什么，以及如何用最恰当的方式开展教学？要完成这些目标，哪些材料和资源是最合适的？第三阶段强调认真设计教学活动。

史蒂芬·R. 柯维曾说："一开始就在头脑中想好结果和目标，这意味着你对自己的目的地有清晰的了解，意味着你知道要去哪里，从而能够更好地知道你现在的位置以及如何走才能保证你一直朝着正确的方向前进。"对教案体例的改革，就是要促进教师在教案设计之时能够更加认真思考教学的核心，并且能够基于学生的"学"组织教学活动。

在传统的听课笔记体例中，教师听课侧重于记录教学流程及内容，听课目标不够明确，同时，听课教师之间缺少分工合作，无法达到相互促进的效果，

评课往往是基于一般性的教学情况回忆，凭经验、凭感觉，缺证据。这样的教学反馈并不利于授课教师形成有效的教学反思。

有效的教学反思应该以探究和解决教学问题为基本点，深究教学目标、教学方法、教学决策等方面存在的问题；要以追求教学实践合理性为动力，从而实现更好的教学。教学反思使教师处于教学实践合理性的过程中，使教学不断优化，是全面发展教师的过程，在有效的教学反思中，不仅学生获得学习成长，教师自身也获得成长和完善。

教师教学反思的来源是多方面的，教师自身的教学经历、学生的学习效果反馈以及同事、学校、家长外部评价等均是教师进行教学反思的重要依据。但是，直接来源于教学活动的证据会使教师更具有强烈的切身体验和感悟。在新的听课笔记体例中，要求听课教师确定观察点，分解核心概念，寻找关键行为，设计观察工具；要体现出很强的目标意识、比较强的设计与目标相匹配的任务的意识和较强的获取目标达成信息的意识。通过听课笔记体例的改变，促进教师课堂理念的转变——当在他人的课堂中，能够站在学生立场上体验课堂进程并感受到课堂真正的目的；再次回到自己课堂时，会让自己的课堂教学离学生更近，让自己的课堂教学更为真实有效、更有深度。

（三）教学评价再造，实现课堂增值

新的教学流程，代表着新的教育教学理念，自然需要与之相适应的新的评价机制。既注重师生学习效果的评价，也注重师生学习行为的评价。力求通过课堂增值评价，实现与新课程、新教学更加适应的更加科学有效的教学评价的再造。

一方面，以学生学业进步为核心，通过相关的统计分析技术，追踪学生在一段时间内学业上的变化，测量一定时间内学生的进步幅度，考察教师对学生学业成绩影响的"净效应"。

另一方面，采用综合评价、专项评价与发展性评价等综合性评价方法，结合鞍山市第一中学原有的三级三项评价，实现内部评价与外部评价相结合，形成学校评价特色。

总之，新课程改革为教学流程、教学方式和教学评价的再造提供了新的可能性，而核心素养的界定则为课程发展明确了重心。我们再以思考面对，以改革践行，以反思修正，不断调控优化，形成基于学科本质、基于课程标准、基于教材的教学；形成注重知识理解、注重能力养成、注重价值观融人的教学，

从而实现目标内容化、内容问题化、问题活动化、活动序列化的教学方式。坚持以生为本，学为中心，创建智慧课堂。

（2019年东北三省十二校教育科学研讨会发言稿）

数学史融入高中数学解题教学的价值及方法

/ 刘一俊 /

有这么一句话：得数学者得天下，数学是一个明显的使分数差距加大的学科，由此可见数学的重要性。高中数学内容具有广泛性，能为今后的学习之路铺垫更坚实的基础。高中阶段正是学生学习能力极强的时期，教师将数学史巧妙地融入到教学中去，让学生理解数学背后蕴藏的文化，能够逐渐培养学生在学习过程中不断深化的数学修养，进一步提升学生的理解能力，且达到使解题思维更加灵活的目的。

一、将数学史融入高中数学解题教学的重要性

数学史是研究数学发展进程和规律的一项极其重要的文化，它经历了且一直在经历着岁月的演变。而高中教学课堂主要是为了提升学生成绩，采用一些硬性教育的方法，但这些教育方法容易让学生失去学习的兴趣，也使数学丧失了其本身的价值。正所谓"学而思其之"，在学习数学过程中首先要了解数学这门学科的发展进程，然后反复地思考最终掌握其本质规律，从而便于更好地学习和探究数学中的奥秘。高中数学是促进学生思维发展和逻辑连贯的一大学科，带领学生了解数学的发展史，让学生掌握数学本质思路不仅能够提高学生数学单科的成绩，还能使学生将数学的逻辑思维能力运用到其他科目中，学会从不同的角度看待问题，拓展做题时的思路。因此，教师应该充分运用数学史带来的优势作为辅助教学手段，在无形中拓展学生的知识面，提升学生的数学综合能力。

二、将数学史融入高中数学解题教学的途径

1. 通过数学解题，延伸题目内在含义

高中数学教学内容具有一定的抽象性，对于认知水平和情感思维还未发育成熟的高中生来说理解起来会存在一些阻碍，教师可以通过一些具体的数学典型例题的分析教学，将数学教学生动具体化，帮助学生加深理解。从本质上来讲，数学素养是学生在学习数学知识的过程中，形成的一种学习能力。教师在实施例题教学的过程中，融入与之相关的数学历史故事，带领学生一起追溯数学的根本，站在历史的角度看待数学问题，打开学生学习数学的视角，拓展解题思路。

例如，在遇到求球的体积时，教师可以先由例题引出后面的学习内容，例题如下。求一个已知半径为 R 的球的体积。教师在解答时则自然而然地将话题带入到古人在此领域作出的贡献：我国著名数学家刘徽曾刻苦钻研过球的体积公式，并在《九章算术》中提出了计算球的体积公式为 $V = \dfrac{9}{16}D^3$，但经过后来的推算证明这个公式是错误的；刘徽后又提出"牟合方盖"思想，指的是球的两个外切圆柱互相垂直且相交，其公共部分就称为"牟合方盖"，可惜刘徽并未算出牟合方盖的体积；到了南北朝时期，祖暅之提出了一条新的理论"幂势既同，则积不容异"，利用这一原理结合了前人刘徽的思想算出了牟合方盖的体积，最终解决了球的体积这一问题。通过教师中途插入的历史小故事，不仅能适当地活跃课堂氛围，还能使学生对"球的体积"这一章节内容有更加深刻的认识。学生知其由来之后，才算是具备了学习数学的入门资格。因此，教师在教学过程中，要将知识点完美融入在数学教学过程当中，强化学生的逻辑思维，巩固学生的知识学习。

2. 建立小组学习，巧妙融入数学文化

学生互动在高中数学教学中有着重要作用，由于数学课本内容比较枯燥且具有抽象性，因此在数学教育过程中教师结合书本的特点，利用小组间成员情景互动的教学方式可以有效地融入数学史，帮助学生理解学习内容。在授课的过程中，教师应该创造教学情境，通过让学生自学、小组之间、师生之间的交流互动的方式，共同推动学习数学文化的进度，在学习数学知识的过程中逐渐形成数学素养。

例如，在学习函数的过程中，教师可以先创设一个教学情境：某种放射性物质每过一年后所剩留的质量是原来的84%，请写出该物质的剩留量与时间的函数关系式；假设该物质原本的质量为1，则经过x年后，该物质的剩留量为$y = 0.84^x$。问题一：经过四年后，该物质的剩留量是多少？问题二：反过来思考，经过多少年该物质的剩留量才是0.5……让不同的小组去解答相应的问题，通过一个个问题引出"底数和幂"的相关内容。紧接着教师引出数学家对于此类问题的解决策略，首先是阿基米德对数的基本思想，但是这个研究过程并未持续多长时间就终止了；随后是法国数学家许凯在其著作《算法三部》中给出了双数列之间的对应关系。这时教师可以让小组间讨论关于这两位数学家给出的两组数当中，到底有什么样的规律。教师通过创设情境，层层推进，不断增强学生对函数的认知程度，也帮助学生消化理解知识点。当教师在数学教学中对学生进行培养时，适当地融入数学史上的理论结果，能引导学生产生数学素养，在领略数学文化魅力的同时能够更好地进行数学知识的学习。

3. 转换教学地位，激发学生学习兴趣

由于学生的思维正处在发展的阶段，教师在对学生进行数学逻辑培养的过程中适当地融入数学史相关内容，可以起到帮助学生树立正确的世界观、人生观、价值观的作用。教师在教育活动中需要尊重每个学生的主体地位，通过数学语言的互动，引导学生学习，帮助学生理解知识，从而调动学生的主体性。让学生能够在潜移默化的环境下，能够积极自主地参与到学习当中，从而使班级同学都能够得到知识的积累。例如在学习对数的一堂课前，教师可以先请几个学生提前下去预习并准备好与对数相关的历史资料，于下节课上台为大家进行一个解说。

例如，发明对数的英国数学家纳皮尔，然后是笛卡儿发明了幂的记号，以及由此而被发明出的指数，之后便是欧拉发现了对数和指数之间的联系，$\log_a N$的表达式就是这样来的。当学生在台上进行讲解时，教师坐在台下可以提出几个简单的问题引导学生的讲述方向，让学生明白这次的不足，例如纳皮尔发明的对数是如何演变的。学生讲完之后，教师需要对此作出肯定的评价和一些进步性的建议。最后，教师可以通过习题的方式帮助学生熟悉和掌握课堂中涉及的知识点，例如指数和对数表达式之间的转化练习题：$3^a = 24$，$5^4 = 625$，$\log_2 128 = 7$……将练习题和数学史演讲融合在一起，不仅能够激发出学生的内在学习动力，使学生主动去探究数学知识所涉及的内容，还能够增强学

生数学文化底蕴。通过转换教学角色以及学生之间的实践和交流，增强学生的课堂参与感，从而大幅提升教学效率，达到事半功倍的效果。

三、结语

教师通过多种教学方式在高中数学教学过程中融入数学史，让学生通过前人的历史经验和基础，正确制定自己的学习方法，端正自身的学习态度，在数学道路上坚持珍贵的数学精神，永不放弃。

并且在学习数学的过程中需要通过教师引导、组织等方式带领学生进行数学学习，帮助学生理解数学的知识，掌握数学的教学内容，从而有效地达到数学能力的提高。

（2020年10月发表于《中学课程辅导》）

问渠那得清如许，为有源头活水来

——传统文化走进语文课堂

/ 张　辉 /

2014年，习近平主席在巴黎联合国教科文组织总部发表演讲时明确指出："没有文明的继承和发展，没有文化的弘扬和繁荣，就没有中国梦的实现。"实现中国梦必须努力实现中华优秀传统文化的创造性转化、创新性发展。当前，我们正处于"两个一百年"奋斗目标历史交汇的关键节点，中华优秀传统文化不仅是历史上中华民族战胜种种艰难险阻而薪火相传的伟大精神瑰宝，也是实现中华民族伟大复兴中国梦的重要精神支撑。

传统文化是语文教材内容的有机部分，传承优秀传统文化是语文教师的神圣使命，融入传统文化是课堂上一道亮丽风景线。让传统文化之光照进现代课堂，笔者朝花夕拾，撷取几个教学细节，以资同人共享。

开学第一课——"给我一双筷子，让我撬动语文世界"

什么才是真正的中国筷子？首先，筷子必须一头圆、一头方，圆象征天，方象征地，对应天圆地方，这是中国人对世界基本原则的理解——告诉我们敬天畏地；中间正直，意味着为人正直，表里如一；三者，为天地人合一，中国哲学精髓；嘴吃圆，寓意"民以食为天"；另一方为地，寓意"凡事留有余地"；另外，方头和圆头，寓意"方正做人，圆活处世"。中国人讲究"阴阳两和""合二为一"，意求圆满；这种暗含"灵与肉""理想与现实"相结合的观念，在筷子上得以显现，才有了"一双筷子"的说法。中国筷子形状近似长方体或圆柱体，较长且厚重，标准长度是七寸六分，象征人的"七情六欲"。为什么明明是两根筷子，却叫一双筷子呢？这里面有太极和阴阳的理念。太极是一，阴阳是二，一就是二，二就是一；一中含二，合二为一，这是中国人的哲学。在使用的时候，讲究配合和协调。一根动，一根不动，才能夹得稳。两根都动，或者两根都不动，就夹不住。这是中国的阴阳原理，也有西方力学的杠杆原理……一双筷子就有这么多的意义，可见中国的历史博大精深，中华文化无处不在。

小筷子，大学问。从日常生活中发掘，学语文就是学生活，语文的世界就是生活的世界，生活中处处有学问，有文化，林黛玉进贾府时"时时在意，处处留心"，这也应该是我们一起走进语文世界的姿态。开学第一讲，"小筷子"就勾起了学生们大大的学习兴趣，学生们张大了探索的眼睛。

字里乾坤——汉字的神奇力量

汉字是华夏文明的瑰宝，它最初为被刻在龟甲兽骨上的简单符号，在千百年来的发展中，融入了中国人的智慧、丰富的想象力以及心血，触动着每个人的心弦。

有人说，汉字是语言与视觉的复合艺术，这种艺术的威力直接震动感官。汉字里，有着难离远去的情谊，带着淡淡的忧伤，蔓延在一字一句里。就如戴望舒的《雨巷》："撑着油纸伞，独自彷徨在悠长、悠长，又寂寥的雨巷，我希望逢着，一个丁香一样的，结着愁怨的姑娘……"读着这首诗，心中也感受到了诗人的迷惘而又有着朦胧的希望，触碰着我们心灵深处最柔软的地方，让我们不由自主地一同追寻那位撑着油纸伞、在雨巷中像梦一样飘过的姑娘的足迹……看似简单的文字，却让人陶醉、让人着迷，真挚、隽永的情感牵绊着多少人的灵魂。

每一个汉字，如诗、如画。如"月"，"一川烟草，满城风絮"。独在异乡的游子，在看尽了异域的姹紫嫣红之后，在放飞了所有的梦想之后，在充满朝气的脸庞蒙灰尘之后，一丝丝失落感也在心底漫延、滋长。于是，需要找一个安静的地方休憩疲惫的身心。面对一轮孤月，想那明月另一端的故乡，酒入愁肠，化作相思泪。也有人"举头望明月，低头思故乡"。如"柳"，"道旁杨柳依依，千丝万缕，抵不住、一分愁绪"。折一枝柳赠别即将离去的友人，只是"执手相看泪眼，竟无语凝噎"。漫天飞舞的柳絮也成了缠绵的离别之泪。只有杨柳岸的晓风穿梭在杨柳之间，回头一望，只知如钩残月在天……

从古至今，虽然汉字的形态、音调和内涵都发生了变化，但在那独特的笔画字形中，仍然蕴含着中国人丰富的想象和内涵。字里有人生，字里有乾坤。"夯"字激励学子因人而异，踏实巩固；"劣"字警戒学生不骄不躁，不遗余力；"赢"者令多少人仰视，字里就已经解密了"赢"家秘籍。语文的世界一定离不开文字，借着文字的力量思想起航。

古代人物名字——名字里面的文化

名跟随人的一生，所以取名是一件值得重视的事情。关于古人取名的原则，《左传·桓公六年》写道："名有五，有信、有义、有象、有假、有类。"按照中国传统，每个人有名、字、号，个中讲究，十分复杂。稍有不慎，便会使用不当，造成大错。古本《颜氏家训》有言："名以正体，字以表德。"

名字是人一生的符号。从古人的这种态度中，我们可以看出古人对名字的重视程度，更不用说古人的名字是否好听了。名字可以看成人一生中不可缺少的代词，有规律，有章法的一种符号。古人分名与字，还有号。以宋朝伟大诗人苏轼为例。他的号叫铁冠道人或者东坡居士，所以大家也叫他苏东坡和苏仙。不仅如此，他的字又为子瞻。从这个角度来看，在命名态度上，古人的态度比现代人的态度要重视得多。传统中国人的名、字、号讲究颇多，既体现了泱泱大国的文明礼仪，也展示了古人生活多彩丰富的一面。

中华优秀传统文化是中华民族的精神命脉。"人生自古谁无死，留取丹心照汗青。"多少仁人志士名垂青史，多少古圣先贤永载史册。让每个学生解读自己的名字，领悟名字中寄寓的深意，激发学生树威名、立大志的宏愿，书写出新时代"少年中国说"。

礼俗走进课堂——礼俗文化彰显文化之邦

古时官场座次尊卑有别，十分严格。官高为尊居上位，官低为卑处下位。古人尚右，以右为尊，"左迁"即表示贬官。《廉颇蔺相如列传》："以相如功大，拜为上卿，位在廉颇之右。"古代建筑通常是堂室结构，前堂后室。在堂上举行的礼节活动是南向为尊。皇帝聚会群臣，他的座位一定是坐北向南的。因此，古人常把称王称帝叫作"南面"，称臣叫作"北面"。室东西长而南北窄，因此室内最尊的座次是坐西面东，其次是坐北向南，再次是坐南面北，最卑是坐东面西。《鸿门宴》中有这样几句："项王、项伯东向坐，亚父南向坐，……沛公北向坐，张良西向侍。"项王座次最尊，张良座次最卑。司马迁之所以不惜笔墨一一写出每个人的座次，就是通过项羽对座次的安排，突出表现项羽藐视刘邦，以尊者自居的骄傲心理，由此细节，可见项羽骄矜专横、唯我独尊的性格，也可见刘邦忍辱屈从、顾全大局的雄心。所以，我们说司马迁对"鸿门宴"上座次的描述绝非寻常之笔。

林黛玉进贾府在观察了贾母、邢夫人、王夫人、王熙凤之后，迎来了她进贾府后的第一顿饭。曹氏只用了两百个字写这顿饭，却蕴藏着深厚的文化底蕴和封建贵族家庭的章法，平庸作家两万字都写不出写不透。如何开场，怎么入座，什么叫诗书礼乐之家的礼数，什么叫宗法社会宝塔尖的气派，贾母这一顿饭，写得活灵活现。贾母这一顿饭，并不是简单的饭，而是林黛玉进府后上的人生重要一课。贾母地位至高无上，贾府的晨昏定省、人情往来、大宴小宴、饮酒赏花、看戏打牌，都得围绕着这位"老祖宗"进行。而这一顿饭，也吃出了宗法家庭的规矩。

中华优秀传统文化凝聚着中华民族共同经历的奋斗历程，蕴含着中华民族共同培育的民族精神，塑造了中华民族自强不息、厚德载物的"最深沉"的精神追求，赋予了中华民族生生不息的生命力，贯穿着中华民族共同坚守的理想信念，是中华民族共同创造的精神家园。

小小的现代语文课堂里，闪耀着中华优秀传统文化之光。回望传统，鉴往知今，照亮未来；增强当代青年学生的底气、志气、骨气。

（2018年中国教育学会优秀论文）

高中英语阅读教学改进策略的思考

/ 刘　兵 /

高中阶段的主要科目就是英语，英语也是高中课程体系的主要组成部分。高中英语教学过程中阅读作为主要内容，直接影响到英语课堂教学效率。新课改背景下高中英语阅读教学，教师要根据实际情况选择合适的教学方法，培养与提升学生英语阅读能力。

一、高中英语阅读教学的情况及存在的问题

长期以来，阅读理解都是高中英语教学的重要构成板块之一，教师和学生也都是非常重视。但是，许多学生认为提高英语阅读能力很难，对英语阅读望而生畏。长此以往，他们对英语阅读的兴趣就会不断降低。从英语学习长久的角度来看，这种情况非常不利于学生英语素养的提高。而在教学实际中又存在比较典型的一个问题，就是教师并不重视对学生的学习兴趣的激发。俗话说得好，兴趣是最好的老师。如果学生缺乏一定的学习兴趣与动力，英语阅读的教学就难免会事倍功半。学生在英语阅读理解上得分不高，导致其对英语阅读的兴趣进一步降低，从而产生了一个恶性循环。

二、高中英语阅读教学有效策略

（一）借助支架式教学理论，转变教育观念

支架式教学是建构主义教学理论的教学方式之一。支架式教学为我们今天的英语教学改革提供了理论借鉴。"支架"原本是指建筑行业用的脚手架，被用来比喻教学过程中教师为学生提供的帮助和支持。在积极主动搭建知识大厦的过程中，教师只是提供必要的"脚手架"进行帮助，协助学生激发新的潜

能，学生才是学习的主体。支架式教学为学习者对知识的理解提供一种概念框架，并事先把复杂的学习任务加以分解，以便于学生学习和理解。支架式教学的首要问题是应该在哪里搭建支架。实际上最佳的支架搭建位置应该在学生的最近发展区。第二个问题便是如何搭建支架。教师要围绕学习主题以及教学目标大致确定学生的最近发展区，从而初步判断在不同阶段可能采用的支架形式；之后便是在整体的概念框架下确定提问的具体情境；再就是鼓励学生采用独立探索和协作学习的方式寻求答案；最后对学生的学习成果进行以鼓励为主的评价。

（二）应用导学案为学生实施自主阅读提供保障

"导"强调指导，"学案"是学生的学习材料，导学案搭建起来的是教师和学生沟通的桥梁。教师通过课前设计导学案可以有效地理清课堂思路，审查课堂活动和教学目标的匹配程度以及检查活动难度是否按照学生的语言能力、学习能力和知识获取能力等层层递进。在上课过程中，教师可以根据导学案控制整节课的节奏，把握每个课堂活动的时间，从而做到有的放矢。应用导学案对学生而言更是必不可少。其一，学生可以根据导学案上的活动说明明晰每一步教学步骤，即使遇到指令没听清的情况，也不至于掉队。其二，学生还可以通过在导学案上完成相关任务加深对某一特定知识的掌握程度。其三，导学案在一定程度上补足了教学幻灯片的不足。可以说，导学案就是缩减版的纸质课堂，而一个优秀的导学案就等于课堂成功了一半。

（三）教师需要具备充分的随机应变能力

为了顺利实施阅读教学，笔者前后在几个班级进行过磨课，活动设计不断被推翻，反复被修改，最后才形成了五个课堂活动的版本。不管是磨课还是最后的汇报课，笔者在行课过程中都遇到了突发情况，给笔者的随机应变能力带来了一定的挑战。在磨课过程中，课堂的最后一个活动是让学生们以小组讨论的形式想出更多保护环境的措施，为了前后两个活动的衔接，笔者提问："Would you like to come up with more approaches to protect our mother earth?"笔者本以为学生们会顺着老师的思路给予肯定的回答，然而班里有两个男生特别大声地回答说："No!"笔者当时并未对这两个男生的回答给予任何回应，而是按照计划继续引导学生参与小组讨论。然而不可否认，这两个男生的回答在班里迅速产生了消极影响，不少学生对这一个活动报以不屑一顾的态度，其实已经严重阻碍了课堂的顺利进行。笔者认为，课堂出现这样的情况，原因一是情境代入感太差，学生的情绪调动不到位；二是学习还是停留在学习语言的层面，而没有引导学生感悟到用语言去做事情的真谛；三是"支架"搭建得太过生硬，过于强调单方面地传授知识，并未搭建起适合学生讨论的环境。既然出现了这样的情况，笔者当时应该在时间允许的情况下予以适当的回应，简单地过渡扭转学生对保护环境这一严肃主题的态度。

（四）阅读课堂需体现"留白"的艺术

所有类型的课程都需要给学生留有空间和余地，即艺术上的"留白"也同样适用于教学课堂。"既可以是语言上的、思维上的、情感上的，也可以是行为上的，可以指空间也可以指时间。"教师不必占用课堂的所有时间，让学生有自我独立思考的空间和时间十分必要。在学生阅读文本的过程中，教师的讲话会打断学生们的思路，影响他们的阅读速度。短暂的沉默并不会让课堂陷入一种"尴尬"的情境，反而会让课堂松弛有度。如果教师担心学生可能没有把指令理解到位，那么最佳的办法应该是在下达指令的时候放慢语速，突出重点，适当举例，最后确认学生已理解清楚指令，而不是靠不断地重复。

总的来说，高中英语阅读教学要充分体现以学生为主体，满足学生自身的英语学习情感需求，引导学生在进行英语语言学习时充分感知、比较、合作，对学生的英语语言运用能力及文化意识等方面进行培养，从而提升学生的英语核心素养。

（2022年发表于《教研周刊》）

例说从学生解题需求看教学形成性评价的着眼点

/ 王中华 /

一、问题提出

随着我国新课程改革的深入，课堂教学被广泛关注，而课堂教学的核心应该是学生的学。如何激励学生有效地学习，一直是广大教师思索的问题。教学评价是教学过程中的一个重要环节，教师需要借助教学评价获得学生学习效果的反馈信息，调整教学策略，改进教学方法。统计数据显示，教师持续使用评价来指导和引领教学，发挥形成性评价的功能，对学生学习有非常显著的提高。

1998年，Paul Black 和 Dylan Wiliam 发现，大家最关心的问题正是课堂教学中运用形成性评价策略对于学生的促进作用。"以学定教"是一个很好的课堂教学效果评价的切入点，但是如何评估学生学习的情况，更需要教师准确地就学生表现的问题进行具体地分析和评价。教学评价不仅包括以标准化考试为代表的终结性评价，也包括以学习为目的、注重学习过程的形成性评价。当前关于高中生数学学习形成性评价的相关研究还处于发展和探索阶段。数学学科具有逻辑严谨性和逐级抽象性等特点，高中生的数学学习具有内部思维发展和外部行为动作成熟的过程性，学生的解题过程是在数学概念、命题等内容学习之后，进一步地巩固概念等知识的理解程度，反馈学习效果等信息的重要环节，所以从学生的解题过程讨论形成性评价具有重要意义。

二、教学形成性评价的着眼点

从学生解题过程分析看，教学形成性评价的着眼点有一条明线和一条暗线，明线包括师生共同对问题转化、学生的学习习惯、科学精神的培养的评价；暗线包括教师对学生智慧性思考的引导和对教学过程、思维过程的监控。

（一）教学形成性评价的明线着眼点

知识是学生核心素养等方面发展的基本载体，数学问题解决是学生学习的基本形式，通过问题解决不但可以将相关的知识内容、方法等呈现给学生，更重要的是，教师可以通过教学中的问题解决，引导学生思考问题、转化问题，培养学生的学习习惯和科学精神等，这可以认为是数学教学中形成性评价在明线方面的表现。下面以一个例题的教学为线索，谈谈学生的解题需求，并以此为出发点，讨论教学形成性评价的着眼点。

例1 已知椭圆 $\dfrac{x^2}{a^2}+\dfrac{y^2}{b^2}=1$ $(a>b>0)$，点 $A(2,0)$ 是椭圆长轴的一个端点，弦 MN 过原点 O 交椭圆于 M，N 两点，且 $\overrightarrow{AN}\cdot\overrightarrow{MN}=0$，$|\overrightarrow{ON}-\overrightarrow{OM}|=2|\overrightarrow{MN}-\overrightarrow{MA}|$。

（1）求此椭圆方程；

（2）若 AM 上的一点 T 满足 $\overrightarrow{MO}-2\overrightarrow{OA}+3\overrightarrow{OT}=\vec{0}$，求证：$NT$ 平分 $\angle MNA$；

（3）对于椭圆上的两点 P，Q，当 $\angle PNQ$ 的角平分线总与 x 轴垂直时，是否存在实数 λ，使得 $\overrightarrow{PQ}=\lambda\overrightarrow{AM}$

本题是在知识上考查平面向量的相关概念及运算、直线与椭圆的概念、椭圆的标准方程和几何性质，还考查了直线与椭圆的位置关系。在方法上考查利用坐标法和解析法解决与椭圆相关的问题的能力。在数学核心素养上考查学生的数学抽象、逻辑推理、直观想象、数学运算等素养，侧重考查对数学基本思想方法的理解和应用。

1. 对学生问题转化能力的评价

通过学生的解答过程可以看出，坐标法是解决解析几何的基本方法，大多数学生具有较为清楚的认识。对于例1中的问题（1），学生会按照条件所给顺序化简求解，思维量较少，通常选用下面的解法1。

解法1：由题设知，直线 MN 的斜率存在且不为0，$a=2$。

设直线 MN 方程为：$y=kx(k>0)$。

由 $\begin{cases} y=kx, \\ \dfrac{x^2}{4^2}+\dfrac{y^2}{b^2}=1, \end{cases}$ 可得交点坐标 $N\left(\dfrac{2b}{\sqrt{b^2+4k^2}},\dfrac{2bk}{\sqrt{b^2+4k^2}}\right)$。因为 $k_{MN}\cdot k_{NA}=-1$，因此有

$$k \cdot \dfrac{\dfrac{2bk}{\sqrt{b^2 + 4k^2}}}{\dfrac{2b}{\sqrt{b^2 + 4k^2}} - 2} = -1 \qquad\qquad ①$$

又因为 $|MN| = 2|NA|$，$|OA| = 2$，$MN \perp NA$，所以有 $|ON| = \sqrt{2}$，从而有

$$\dfrac{4b^2}{b^2 + 4k^2}(k^2 + 1) = 2 \qquad\qquad ②$$

由①②可知：$k = 1$，$b^2 = \dfrac{4}{3}$。所以，椭圆方程是 $\dfrac{x^2}{4} + \dfrac{3y^2}{4} = 1$。

还有一些学生没有发现 $|ON| = \sqrt{2}$，而是通过点 M，N，A 的坐标代入计算。由于该问题有一定的运算量，造成部分基础薄弱的学生不能完整解决。

也有的学生考虑到问题的条件是以向量形式给出，在直角坐标系下，向量的运算可以坐标化，从而使曲线图象上的点和一个有序实数对一一对应，进而利用代数方法解决几何问题，很容易想到下面的解法 2。

解法 2：设 $M\left(x_0, y_0\right)$，$N\left(-x_0, -y_0\right)\left(x_0 < 0, y_0 < 0\right)$，则

$\overrightarrow{AN} = \left(-x_0 - 2, -y_0\right)$，$\overrightarrow{MN} = \left(-2x_0, -2y_0\right)$，$\overrightarrow{AM} = \left(x_0 - 2, y_0\right)$。因为

$$\begin{cases} \overrightarrow{AM} \cdot \overrightarrow{MN} = 0 \Rightarrow x_0\left(x_0 + 2\right) + y_0^2 = 0, \\ \left|\overrightarrow{ON} - \overrightarrow{OM}\right| = 2\left|\overrightarrow{MN} - \overrightarrow{MA}\right| \Rightarrow 2\sqrt{x_0^2 + y_0^2} = 2\sqrt{\left(x_0 + 2\right)^2 + y_0^2}, \end{cases} \Rightarrow \begin{cases} x_0 = -1, \\ y_0 = -1 \end{cases}$$

$$\Rightarrow \begin{cases} \dfrac{1}{a^2} + \dfrac{1}{b^2} = 1, \\ \dfrac{4}{a^2} + \dfrac{0}{b^2} = 1, \end{cases} \Rightarrow \begin{cases} a^2 = 4, \\ b^2 = \dfrac{4}{3}, \end{cases}$$

所以，椭圆方程是 $\dfrac{x^2}{4} + \dfrac{3y^2}{4} = 1$。

对于基础知识牢固且有一定的分析问题能力的同学能够根据考虑到向量的模的几何意义，从而可以将条件中的"$\overrightarrow{AN} \cdot \overrightarrow{MN} = 0$，$\left|\overrightarrow{ON} - \overrightarrow{OM}\right| = 2\left|\overrightarrow{MN} - \overrightarrow{MA}\right|$"转化为"$AN \perp MN$，$|MN| = 2|AN|$"，利用等腰直角三角形的性质得到解法 3。

解法 3：

$$\begin{cases} \left|\overrightarrow{ON} - \overrightarrow{OM}\right| = 2\left|\overrightarrow{MN} - \overrightarrow{MA}\right| \Rightarrow \left|\overrightarrow{MN}\right| = 2\left|\overrightarrow{AN}\right|, \\ \overrightarrow{AN} \cdot \overrightarrow{MN} = 0 \Rightarrow \overrightarrow{AN} \perp \overrightarrow{MN}, \end{cases} \Rightarrow \begin{cases} \left|\overrightarrow{AN}\right| = \left|\overrightarrow{ON}\right| = \sqrt{2}, \\ \left|\overrightarrow{OA}\right| = 2, \\ \angle ANO = \dfrac{\pi}{2}, \end{cases} \Rightarrow N(1, 1)$$

后续解答过程与解法2相同，此处不再赘述。

由于例1的第一问思路较为简单，教师可以针对不同学生给出的解法1、解法2和解法3这三种思路，采用学生自评、学生相互评价、教师点评的多种评价方式进行。评价学生从什么角度分析能够得到方法？哪种是基本方法？哪种是简便方法？具体来说在解法1、解法2中，直接使用坐标法尝试解决的学生，对于问题的理解停留在符号表面的含义，缺乏知识间的联系的深入思考，反映他们相应的数学知识掌握能力较为一般，知识之间的连接能力较弱，这些学生的学习处于一个较低的层次。在解法3中，这部分学生能够将问题中涉及的相关知识进行灵活地应用，这就是我们所希望的，学生在学习中学会解决问题，并且能够辨析方法的优劣，这样的学习是处于学习的较高层次。这种问题转化能力是建立在学生"听懂""会做""熟练"的基础上的进一步提高，是学生在知识学习过程中实现"贯通性"的一个基本体现。如果把教学评价与引导学生反思应该从哪些方面分析问题联系起来，这种师生相互分析交流的过程，有利于提高学生对知识的掌握和灵活应用。

2. 对学生学习习惯的评价

通过学生的解题过程，还可以评价解题习惯，促进学习规范，帮助学生养成良好的学习习惯。通过学生的解题过程可以发现，一些学生只找出题干明确给出的已知条件和结论，不深入思考文字语言、符号语言、图形语言的转换，更不会揭示隐含条件，导致解题半途而废。部分学生简单浏览完题目就动笔，一般是先化简之后再考虑如何处理，这是先入为主的想法会使学生在几个平行条件的环境中迷失方向。教师可以借助波利亚的《怎样解题》的解题步骤，培养学生的良好解题习惯。

教学过程中，教师通过评价学生对问题的条件、目标进行不同表征的表现水平，选择解题策略的合理性。通过师生合作设计并完成问题条件、结论的三种语言表征表，提升学生学习兴趣，促使学生的对不同的表象背后所隐藏的知识实质有更加清晰的认识，使得学生能够主动参与，大胆实践；改变思维方式，变换学习方式，促使学习兴趣不断提高。为此，教学中可以引导学生按照下列表格整理相关内容。

表1　引导学生整理相关内容的方式

项目	符号语言	文字语言	图形语言
条件	$\overrightarrow{AN} \cdot \overrightarrow{MN} = 0$	线段 AN，MN 垂直	
	$\lvert \overrightarrow{ON} - \overrightarrow{OM} \rvert = 2\lvert \overrightarrow{MN} - \overrightarrow{MA} \rvert$，可得 $\lvert \overrightarrow{MN} \rvert = 2\lvert \overrightarrow{AN} \rvert$	三角形一条直角边长是另一条边长的二倍	
	$\lvert MN \rvert : \lvert NA \rvert = \lvert MT \rvert : \lvert TA \rvert$ $x_N = x_T$	$\angle PNQ$ 的角平分线总与 x 轴垂直	
条件	$\overrightarrow{MO} - 2\overrightarrow{OA} + 3\overrightarrow{OT} = \vec{0}$ 可得 $\overrightarrow{MA} = 3\overrightarrow{TA}$	M，A，T 三点共线，T 是线段 MA 的三等分点，且距离 A 近	
	$\overrightarrow{PQ} = \lambda \overrightarrow{AM}$	PQ，AM 平行或共线	

经过这样对例题条件、结论和解题过程的评价的引导，促进了学生的积极讨论，最终学生对于例1的问题（2）的解答会呈现出如下三种解法：

解法1：因为 $M(-1, -1)$，$N(1, 1)$，$A(2, 0)$，$T(x_0, y_0)$，又 $\overrightarrow{MO} - 2\overrightarrow{OA} + 3\overrightarrow{OT} = \vec{0} \Rightarrow x_0 = 1$，$y_0 = -\dfrac{1}{3}$，

所以，$\triangle OAN$ 为等腰三角形，因此，NT 平分 $\angle MNA$。

解法2：只需证明 T 到直线 MN 与 NA 的距离相等即可。

因为 $\overrightarrow{MO} - 2\overrightarrow{OA} + 3\overrightarrow{OT} = \vec{0} \Rightarrow \overrightarrow{MO} + \overrightarrow{OA} = 3(\overrightarrow{OA} - \overrightarrow{OT}) \Rightarrow \overrightarrow{MA} = 3\overrightarrow{TA}$，只需证明 $\dfrac{|AT|}{|TM|} = \dfrac{|NA|}{|MA|}$ 即可。

解法3：利用向量的相关知识，只需求证 $\dfrac{\overrightarrow{NM}}{|\overrightarrow{NM}|} + \dfrac{\overrightarrow{NA}}{|\overrightarrow{NA}|}$ 与 $\overrightarrow{NT}$ 共线。

3. 对学生科学精神培养的评价

科学精神的培养是学生发展的基本方面，是高中数学核心素养在高中数学方面的基本要求。教师教学过程中也需要引导学生以认真、求真的态度进行学习。我们通过对例题1审题分析，使学生弄清其中的逻辑关系，即 $\overrightarrow{PQ} = \lambda \overrightarrow{AM}$ 不是条件，而是问题的结论。从而获得例1的问题（3）的正确解法：

解法1：

因为 $\angle PNQ$ 的角平分线总与 x 轴垂直，所以直线 PN 与直线 NQ 的斜率互为相反数。设 NP 直线方程为：$y - 1 = k(x - 1)$。

$$\begin{cases} y - 1 = k(x - 1), \\ x^2 + 3y^2 = 4, \end{cases} \Rightarrow (1 + 3k^2)x^2 - 6k(k - 1)x + 3k^2 - 6k - 1 = 0$$

$$\Rightarrow x_P = \frac{3k^2 - 6k - 1}{1 + 3k^2}$$

同理可求 $x_Q = \dfrac{3k^2 + 6k - 1}{1 + 3k^2}$，从而有 $k_{PQ} = \dfrac{y_P - y_Q}{x_P - x_Q} = \dfrac{1}{3}$，

因为 $k_{AM} = \dfrac{0 - (-1)}{2 - (-1)} = \dfrac{1}{3}$，所以 $PQ /\!/ AM$。因此，存在实数 l，使得 $\overrightarrow{PQ} = \lambda \overrightarrow{AM}$。

解法2：

根据生8的做法，可以求出 $\overrightarrow{PQ}$ 与 $\overrightarrow{AM}$ 的坐标表示，得到 $\overrightarrow{PQ} = \dfrac{4k}{1 + 3k^2} \overrightarrow{AM}$，

所以 $l = \dfrac{4k}{1 + 3k^2}$。

（二）教学形成性评价的暗线着眼点

相对于知识、方法、学习习惯、科学精神等方面的明线，教师对学生智慧性思考的引导和对教学过程、思维过程的监控，则构成了教学形成性评价的暗线，这些方面的引导和监控对学生的知识学习和成长来说，将具有重要的影响。

1. 注重对学生深度思考的引导

教师通过认真备课，预设原理相似的问题，引导学生主动地用同一思维方式思考，达到知识内化及迁移目的的同时，教师通过创新试题形式、加强情境设计、注重联系社会生活实际，提升学生学习的主动性和参与性，通过探求问题的源头、分析问题的思路，研究问题的内涵和外延，并且不断发展学生的求异思维，增强思维的广阔性和深刻性。比如针对例1中的问题（2）的解法，再举一个例题，如下面的例2。

例2　已知 $A(-1, 0)$，过抛物线 $y = 4x^2$ 的焦点 F 做一条不与对称轴垂直的直线与抛物线交于两点 P，Q，则（　　　）

A. $\angle PAF = \angle QAF$　　　　　　　B. $\angle PAF > \angle QAF$

C. $\angle PAF < \angle QAF$　　　　　　　D. $\angle PAF$，$\angle QAF$ 大小不定

在这个问题中，要解决 $\angle PAF$，$\angle QAF$ 的关系，需要考虑 $\angle PAF$，$\angle QAF$ 的正切值的关系，即直线 PA，QA 的斜率之间的关系。讨论直线 PQ 方程的设法的不同解题过程也略有不同，从而引导学生对问题转化、学习习惯的深入理解。

通过一题多解研究后，教师应指导学生思考该题所得出的结论，能否进行一般化？能否以不同方式来推导这个结论？能否从其他角度重新审视题目，将问题的结论进行推广？这样的反思有助于提高学生数学学科的深度思考。比如在例2的问题解决后，我们可以提出这样的问题：（1）条件中仅仅变换 A 的坐标是否可以得到同样的结论？（2）条件中过焦点的直线变为不通过焦点的直线，是否能够得到同样的结论？引导学生对问题的一般化进行思考，可以得到如下结论：

结论 $A\left(-\dfrac{p}{2}, 0\right)$，过抛物线 $y^2 = 2px$ 的焦点 F 做一条直线交 P，Q 两点，则

$\angle PAF = \angle QAF$。

如果改变问题的背景：$A\left(\dfrac{a^2}{c}, 0\right)$，过椭圆 $\dfrac{x^2}{a^2} + \dfrac{y^2}{b^2} = 1$ 的右焦点 F 做一条直线交 P，Q 两点，是否能得出同样的结论：$\angle PAF = \angle QAF$？

2. 注重对教学过程与学生的思维过程的监控

教师对学生进行形成性评价的过程中，师生教学活动中会产生很多智慧性火花，有无深入挖掘的必要性，需要教师能够针对不同教学情境，选用最佳的教学策略，以达到最佳的教学效果。这要求教师不但要有扎实的教学功底和充分的备课，还要与课堂教学的目标进行结合，充分考虑问题的深度、宽度，从不同角度进行理解和认识，目的是有利于知识的掌握和迁移。

现在课堂上普遍存在重视知识方法传授，而忽视学生学习的特性和个性的现象，通过课堂教学的形成性评价可以正确评价个人教学效果，以及学生的学习知识基础、非智力因素对学习的影响，这是教师教学自我监控的基础，它可以决定教师的教学策略。

三、教师在形成性评价中发展学生学科核心素养

教师应当立足于学生学科核心素养提升的角度实施过程性评价。教师通过过程性评价关注学生的学，有意识地引导学生数学学科核心素养的形成和发展，这是一个长期的过程。教师进行形成性评价时，应当了解学生的学习现状和个人需求，根据学生的个体差异，调整教学内容及方法，选择学生感兴趣的学习材料和学习活动，达到激发学生学习动机的目的，教师在教学过程中可以采用观察、日常记录、学生自评、学生互评、学生展示等，建构对学生的学习进展进行的持续评价，同时也可以帮助教师改进教学，提高教学质量。比如例1中通过对已知条件的文字语言、符号语言和图形语言的三种语言的转化，可以展示学生的思维路径、思维水平及其发展程度，经常性的练习可以发展学生的数学抽象、直观想象等素养；通过一题多解和变式训练，在把控学科知识的基础上，从多个角度出发，寻求新的解题路径，进而提高学生的学习兴趣，帮助学生认识自我、增强自信，最终实现学生逻辑推理、数学运算等素养的提升。

无论是学生的解题需求，还是教学的形成性评价，都存在差异性和动态性

的特点，顺应学生的需求，使用适当的教学形成性评价有利于促进学生的全面发展和综合素质的提高，它是一个值得广大一线教师认真研究和不断实践的课题，无论对教师的教学与个人能力发展，还是在提高课堂教学效果、提升学生的学习效果等方面，均具有重要意义和价值。建议教师在教学实践中关注教学形成性评价，不但要关注知识、方法等直接与解题相关的内容教学等外部形成性评价内容，也要关注学生解题过程中所表现出来的内部思维过程、学生的科学精神等内部形成性评价内容。

（2021年发表于《中学数学教学参考》）

新时代创新性教学方法指导高中思政课教学实践

/ 洪 洋 /

思政课教学的重点，主要是为了培养学生正确的价值观、法治观以及道德观，使学生具有辨别是非和分析解决问题的能力，能够在纷繁复杂的社会中作出正确的价值选择和价值判断。所以，高中阶段的思政课教学要从单纯的理论教学发展成走进学生心里以及实际生活的教学，这对于学生的全面健康发展具有十分重要的意义。因此，如何上好思政课，激发学生对思政课的学习热情？如何为学生心灵"埋下真善美的种子"，引导学生"扣好人生第一粒扣子"？我认为，教学方法至关重要。

一、高中思政课创新性教学方法研究的必要性

（一）高中思政课教学存在的问题

伴随我国新课改和素质教育的全面实施，传统的高中思政课发生了巨大的变化，无论是在教学理念、教学模式还是教学手段上都需要进行改革创新。但是从目前我国高中思政课教学的实际情况来看，仍然存在诸多问题。第一，宏

观政策重视与现实边缘化之间的矛盾。受传统观念和现实因素的影响，思政课一直处在高中所有学科的第二梯队，学生对思政课的重视程度明显不够。第二，教师教学方法单一与学生多层次需求之间的矛盾。传统思政课教学方法单一，甚至出现"一言堂""满堂灌"的情况，师生互动、生生互动少之又少，没有充分考虑学生的心理特征和学习需求等因素。第三，教师的主导性与学生的主体性之间的矛盾。在教学实践中，教师常常会忽视学生的主体地位，将教学变成了独角戏，如此这样，就无法使学生"亲其师，信其道"，教师所讲的内容无法让学生入耳入脑入心。

（二）新时代高中思政课创新性教学方法的研究意义

进入新时代，对于高中思政课教学方法的创新性研究具有非常重要的意义。首先，有助于推进高中思政课教学方法的改革创新实践，不断发展和完善高中思政课教学方法的相关理论体系；其次，有助于提升高中思政课教师的教学技能与水平，促进教师队伍向专业化发展，充分发挥教师在推动高中思政课改革创新实践中的主导作用；第三，有助于实现高中思政课价值性和知识性的统一，给学生心灵埋下真善美的种子，引导学生扣好人生第一粒扣子；最后，有助于实现教师主导性和学生主体性的统一，切实提高高中思政课的教育教学质量。

二、新时代创新性教学方法指导高中思政课教学实践的实施策略

（一）坚定理想信念，深入落实立德树人根本任务

思政课是落实立德树人根本任务的关键课程，是我国学校教育的一大特色和优势。党和国家将思政课提到了"关键课程"的战略地位，并且高中阶段的学生正处于世界观、人生观、价值观形成和思想意识渐趋成熟的关键时期。因此，高中思政课教学要始终围绕立德树人这一根本任务，立足学生、服务学生。通过思政课课堂教学方法的创新，可以有效提高思政课教学的针对性、实效性；通过构建长效培养机制，激发思政课教师的积极性和创造性，让学生深刻理解"德"与"才"之间的辩证关系，真正落实思政课立德树人的根本任务。

教师首先要明确一个理念，高中思想政治课堂不仅仅是传授给学生知识的地方，其更是培养学生各种能力和理性思维的地方。在新课程改革的背景下，教师一定要坚定理想信念，更新教学理念，深入落实立德树人的根本任务。教育质量提升的关键是教师在课堂中的教育智慧。习近平总书记强调，思政课堂是落实立德树人根本任务的关键课程。由此可见，高中思政课堂发挥着重要的育人作用。无论是近年来高考试题的侧重点，还是思想政治学科的育人作用，都在引导着学生们关注社会热点问题，培养学生的理性思维，开阔学生的眼界，使学生能够以理论联系实际。这就要求教师在新时代的背景下开展创新性教学，树立科学先进的教学理念。

（二）立足社会实践，实现思政小课堂和社会大课堂的有机统一

教育家纽曼认为，为了使学生真正具有道德，就应该使学生广泛参与社会行动。因此，思政课不能单纯地定义为思想政治理论课，实践性也是它的显著特征。上好高中思政课，要坚持理论性和实践性相统一的原则，将实践教学应用于思政课课堂教学中，使教育源于生活，再回归到生活中去。只有将理论教学与实践经验相结合，才能达到最大的效能。

思政课实践教学活动基本可以通过两种形式实现。一是课堂实践，如举办知识竞赛、辩论比赛、主题演讲和红色经典影视作品赏析等。通过课堂实践，在师生和生生双向互动中实现教学相长、育人育己。二是课外实践，如参加社会调研、研学、勤工俭学和志愿者服务等一系列社会实践活动。通过课外实践，实现知行合一、学以致用，提升能力、锻炼本领。只有立足于社会实践，通过丰富多彩的实践内容和实践形式，才能实现思政小课堂和社会大课堂的有机统一。

高中阶段的教育对于学生至关重要，而高中的思政课堂，又是能够提升学生思想道德水平和价值理念的关键。在新课程改革的背景之下，家长和教师越来越注重对于学生综合素养的培养，高中思政课堂不光要注重对于学生政治知识的教授，同时也要联系社会实践，培养学生的核心素养。因此，高中政治教学理念发生了许多转变，以培养学生的核心素养为教学的基本目的，深入贯彻落实高中思政课堂对于学生的教育价值。这种教学理念的转变，也是高中政治学科最终的教学目标，在新时代的教育背景下，高中思想政治教育由育人教育逐渐转变为素质教育。高中思想政治教学内容与社会现状联系得越来越紧密。基于此，高中思想政治课的教学任务越来越繁重，思政教师要在课堂上立足于

社会实际，并且将思政小课堂与社会大课堂实现有机统一。

（三）立足教学课堂，开展趣味性教学

在新时代的教育背景下，教师要做到立足于课堂，抓好对于学生基础知识的把握，并且设计趣味性的教学模式，培养学生的理性思维。首先，高中思政课堂的教学要落到实处，高中思政课堂的教材是当今宏观政策的体现，也是学生学习思政课程的基础。教师要运用多种思路解读教材，面对一个知识点时，教师要让学生们想清楚"是什么""为什么""怎么做"，在这个过程中，重视学生逻辑思维的培养，让学生们将零碎的知识点系统化地进行归纳和整理，全面保障课堂教学的质量和效率。其次，教师还要保证课堂的趣味性，要充分利用好每一章节后面的综合探究习题，并且将思政课堂与社会环境相结合，比如在《正确对待金钱》这一章节的探究课上，教师首先要调研学生们的消费能力以及消费理念，然后组织学生辩论"金钱是否是万恶之源"，之后再引入各种生活中的案例，最后组织学生们一起分析，如何形成正确的消费理念。又如《公民的政治参与》这节课的探究上，教师首先指导学生们利用互联网查找相关的资料，在课堂上举办一个小规模的听证会，并且围绕着"夏季居民用电是否应该涨价"这一议题展开小组讨论，并且模拟听证会，让学生们体验到参与政治的乐趣与责任。这样高中思政课堂才会有深度，并且教师倡导学生收听《新闻联播》，在上课前了解时事政治，然后在课堂上教师带领学生们运用所学的知识分析时事热点，学生结合自己的观察和思考，提出自己的观点，这样的思政课堂才能够活跃起来。最后教师还要重视课下，让学生们能够感受到生活中处处充满着真善美，并且让学生们感受到生活中的法治精神。比如教师可以组织学生们在班级上模拟法庭，可以让学生们对法律的认识进一步加强。

（四）紧跟时代步伐，实现线上线下教学的交叉融合发展

当前社会是一个信息化的社会，以网络为代表的信息技术深刻改变了人们的思维方式、行为方式和生活方式。高中校园通过网络构建了一种全新的教学方式，使教师、学生、网络技术和课程内容形成了一个稳定的教学结构。它结合了传统课堂和网络传播的优点，不仅可以实现思政课教育教学的目标，还能激发学生的学习热情。

因此，高中思政课教师在课堂教学中应注重采用多种教学方法，实现线上线下教学交叉融合，以更加简便高效和新颖立体的方式呈现出更具感染力和吸

引力的教学场景，使学生体验到身临其境的感觉，从而增强课堂教学的灵活性、感染性和说服力。与此同时，为了促进学生更好地学习，在校园网站中搭建教育平台，支持名师、模范人物、学术专家在线教学，开展大规模线上教学活动，使师生在网站平台上实时交流互动，实现教育渠道多元化，体现出高中思政课教学方法的创新性实践。

教师要紧密地结合社会背景，逐渐将高中思政课堂由以往的"单一教学"向"联系教学"转变。高中思政教材涉及的内容与我们日常生活紧密相连，因此，许多学生在学习的时候常常感觉到知识点繁多又琐碎，那么教师就要根据实际情况开展多样化的高中思政课堂教学，实现线上线下教学交叉融合发展。教师在教学的过程中要抓住思政课堂与生活相关联的特点，利用互联网来搜集相关的教学内容，然后在课堂上向学生们进行展示，让学生们能够感受到政治与实际生活的关联性，以此来激发学生对于高中思想政治课程的学习兴趣。

例如，在《文化与生活》相关的课程教学中，教师在开展正式课堂教学之前，就让学生们利用互联网去了解我国上下五千年的悠久文化，然后教师在线上向学生们介绍流传至今的传统文化与民风民俗，并且分析我国的文化内涵。教师利用互联网搜集与文化相关的教学视频和幻灯片，在课堂上向学生们展示，然后在课堂教学阶段和学生们一起分享关于传统文化的典故。通过线上和线下相结合的教学实践，丰富了相关教学内容的同时，又能够帮助学生树立正确的价值观念，更加有利于培养学生的学科素养。这种线上线下相结合的教学方式提高了学生的学习主动性，加强了学生对于教学内容的掌握和理解。

三、结束语

站在新的历史起点上，探索新时代高中思政课教学方法改革创新实践的新路径，讲出更有亲和力、感染力、针对性和实效性的思政课，培养担当民族复兴大任的时代新人。高中思政课教师肩负着重要的社会责任和历史使命，这就需要我们时常仰望星空、脚踏实地，不懈努力、锐意进取。

（2021年辽宁省教育学会优秀教育论文）

核心素养视角下的高中信息技术课程教学策略

/ 冯 君 /

当前，深化教育改革的关键、新课标的源头、高考评价的核心，无疑是"核心素养"。新一轮课改将我国基础教育的总目标落实到"学生发展核心素养"，核心素养是指学生应具备的、能够适应终身发展和社会发展需要的必备品格和关键能力，具体到各个学科，又细化为学科核心素养。目前，高中新教材已经全部修订下发，新教材不仅加强了基础性和选择性，更体现了高中阶段教育的定位和兴趣，为高中阶段的学生提供必要空间，加大学生的选择性。更重要的是把学科核心素养纳入教材，并增加学业质量标准，为每个学科的考试评价提供了翔实科学的依据，以便与新高考方案全面对接，相互适应。

那么新一轮课改后，作为一名信息技术学科教师应该如何应对呢？笔者认为，第一，需要充分把握好学科必须培养的核心素养是哪些，高中信息技术的学科核心素养包括"信息意识""计算思维""数字化学习""信息责任"四个方面；第二，需要转变教学方法，推动PBL项目式教学，关注学生积极参与、合作互启的学习态度，关注学生探究创新、形成方案的学习能力，重视过程性评价，将培养学生信息技术学科核心素养落到实处；第三，教师更要在关注学生知识与技能的基础上，关注学生良好的社会公德素养和责任感的形成。从而使学生具备适应终身发展和社会发展需要的必备品格和关键能力。

信息意识从何而来？计算思维能力和数字化学习与创新能力如何培养？怎样提高学生的信息社会责任层次？答案是将核心素养的培养落实到课堂教学中的三个关键问题。作为一门新学科，需要与之相适应的教学策略，我们常说"教学有法，教无定法，贵在得法"，特别是对于信息技术这样一门课程来说，教学策略和教学方法的研究尤为重要。教师应该正视学生的差异，因材施教；依据信息技术学科的特点规律和课程目标，量体裁衣，灵活地选择教学策略和方法，探究出一套符合本学科的教学方法，笔者建议在课堂教学中通过以下途径来培养学生的信息技术核心素养。

一、注重知识与技能的学习，让学生体验学科的魅力和价值

培养学生信息技术核心素养，首先要培养学生的学科学习兴趣，教师要为学生充分展示信息技术学科的魅力，包括科学家发现的信息科学原理、信息技术发明等，让学生感受到信息技术学科的价值，从而激发学生对信息及信息技术的兴趣和学习热情，提升信息意识。

教师在教学中要用通俗易懂的语言讲述信息技术学科的科学原理，如使用动画呈现关系数据库数据组织原理、因特网TCP/IP协议、音频压缩编码技术、图像数字化存储技术等；如讲授搜索引擎，让学生了解看似简单的搜索工作背后蕴藏着的复杂原理，并不像使用起来那样简单，只有计算机才能在很短的时间内完成如此复杂的任务。进入信息化时代，人类的进步发展都与信息技术密不可分。当学生真正感受到学科的价值时，会发自内心地去爱这门学科，会对这门学科投入更多的精力。

二、以解决实际问题为教学主线，锻炼计算思维能力

课堂教学培养学生信息素养要以"解决实际问题为教学主线，整体设计课程"。充分挖掘信息技术在实际生活中的应用，创设贴近学生生活的教学情境，将教学内容设计在每个真实问题中。同时在保证教学目标的前提下，适当调整教学内容顺序或对一些内容进行增删。这样，学生每次课都能利用所学信息技术知识技能解决实际问题，信息意识就会逐渐增强，信息能力就会不断提升。如以《算法和程序设计》单元教学为例，其中"运用Python编程解决华氏温度转换为摄氏温度问题过程中产生的一系列思维活动"就是计算思维。这里面包括数据整理、算法设计、流程图绘制、代码编写、调试操作等诸多思维活动，当然所有思维都是围绕如何利用程序设计解决温度转换问题。

三、以自主创作为课堂核心任务，提高数字化学习与创新能力

课堂教学还要以"学生应用所学内容进行自主创作"作为核心任务，给学

生独立思考、充分创意的空间。教师课堂上通过范例重点讲方法、讲原理，学生实践时思考所学内容能够应用到什么地方，可以用来解决身边的什么问题，并构思作业内容，确定目标，然后再应用所学去实现既定目标。作业不提供统一样式，没有模仿的样例，只有具体要求。每个学生的作业内容都需要自己创意，挑战学生的想象力、创造力和信息意识，锤炼学生的信息能力和解决问题的能力，丰富学生利用信息技术解决实际问题的经历。长期经历这样的课堂，学生的信息意识和信息能力自然会得到大幅度提高。

四、创设课堂教学情境，培养学生信息意识

课堂教学中要积极创设情境，培养学生在遇到信息处理问题时头脑中对该问题的处理过程、使用工具、具体方法的快速反应能力和对信息的敏感度。例如《数据处理与应用》单元学生面对"采集分析气象数据"这个主题任务在头脑中所形成的一系列思维活动，这里不仅涉及信息技术学科，其构思规划会涉及天文、地理、人类、科学、艺术等诸多方面，作为信息技术学科更多的是为其搭建平台，然后用技术去实现综合各科知识所形成的问题解决方案。同时培养学生对信息真伪性、权威性、时效性、适用性、表现性等方面的判断能力。真伪性和时效性是指学生要能从众多材料中挑选出真实的实时的权威数据作为素材。表现性是属于判断自己专题作品是否利于表达出自己的观点的思考维度，要从阅读者和观看者的角度思考问题，是信息技术课上该着重培养的能力。

五、关注课堂活动细节，规范并提升学生信息社会责任

能否在利用信息能力解决实际问题的过程中既具有积极的学习态度，又有理性判断和负责行动的能力，体现了一个人信息道德水平的高低。这就要求我们在实际教学中要认真严肃地对待这部分内容，关注学生信息活动的每个细节。首先，教师设计教学情境及作业内容时精心策划，让学生在信息活动中自然地遭遇信息伦理问题。如网上下载信息的版权问题、肖像使用权问题、自编程序攻击电脑系统等信息伦理问题。其次，对可能出现的信息伦理问题给出明确的要求和正确的指向。最后，及时对学生的信息行为进行检测和跟踪反馈。

新一轮的课改，作为一线教师我们要坚持以立德树人为根本任务，厘清本

学科教育对学生成长和终身发展的独特贡献，坚持以核心素养为统领，精选课程内容，科学合理地落实核心素养。通过基于核心素养的教学，帮助学生形成必备品格和关键能力。

（2020年9月发表于《中国教师》杂志第26期）

形体教学法在英语教学中的应用

/ 吕　鑫 /

　　一直以来，在我们的教学活动中，教师往往只注重课堂语言在教学过程中的运用，而忽略了形体语言作为无声语言，给课堂带来的效果。在英语教学过程中，形体语言的运用，能为教学活动带来很多益处，降低了语言输入时不必要的麻烦和理解上的失误，为教学活动起到很好的辅助作用，使课堂教学达到事半功倍的作用。目前的中小学学生的英语课堂教学中，普遍存在着被动性强，缺乏主动性的问题，而形体教学法就是以前卫的教学方式来让学生主动吸收知识。笔者在调研的过程中认为形体教学是帮助英语教师提高课堂效率的一个重要手段，应该在教学活动中越来越普及和被运用。因此，将形体教学法广泛推广到中小学教学中让中小学教师认识到形体教学法的先进性和优越性是当务之急。

1. 形体教学法在词汇教学上的运用

　　词汇不仅是教师们在课堂教学中最容易陷入传统教学的模块，更是学生们在学习英语时视为猛虎野兽的内容。很多英语教师在教授词汇时，往往就是带着学生重复地进行读音和拼读训练。这种简单的教学方式让许多学生们把记忆词汇当成了一种枯燥无味的学习过程，久而久之产生厌烦的心理。而我们的教师如果在教学中，有针对性地将一些词汇用形体表现的方式给学生展现出来，不仅让学生能够直观地理解词汇的意思。也让整个英语课堂变得活泼有趣起来。例如在讲授关于体育运动的单词时，如何让学生们辨识记忆词汇，教师们不妨将词汇变成肢体动作，遇到复杂的还可以邀请学生们一起上台配合教师完成，或者请学生们自己上来结合词汇进行表演，这样一堂寓教于乐的英语课堂就给学生们带来了快乐，更留下了深刻的印象。

2. 形体教学法在听力教学上的运用

听力教学是英语学习中的一个重要环节，它直接影响着学生的发音是否正确影响词汇的识记影响着读、说、写等技能的发展。然而在实际的课堂中，听力能力是高中学生的一个弱项，这是由很多因素造成的。虽然高考听力还未计入总分，但当学生进入大学后参加四六级英语考试，听力就成为了分值较重的项目，很多学生在听力这个项目上失分较多。所以在中小学阶段，尤其是学生在幼小时期这个听音塑形的阶段，听力教学应该引起我们英语教师的足够重视。

传统教学中，教师多是让学生直接进行听的练习，或者结合试题完成听力训练。这样的教学方式比较单一，尤其是语音掌握不太好的学生会产生消极学习的心理。这时如果我们能够配合一部分形体动作的引导，也许会有事半功倍的效果。例如，当我们听到There is a very big room。时，教师可以略夸张地伸开双臂，当我们说She is a beautiful lady。时，教师可以把自己比成一朵花。这样在初期听力教学中，就让学生产生了听的乐趣，不再害怕听，才能在不断练习中掌握听的技巧。

3. 形体教学法在口语教学上的运用

表达是学习语言的目的，是基础英语教学的主要目标。"说"作为基础外语教学的目标，是读写的向导，是听的归宿，是听的质量和效果的检验手段。然而我们很多学生却是哑巴英语，善于做题却羞于开口，这时英语教师的积极引导就显得异常重要。引导是需要方法的，形体教学就给英语教师提供了一个便于操作而且使学生乐于参与期间的教学方法。

形体教学应该发展成为英语教学中一种常见的形式，它的使用有利于中小学校英语教学课的改革与发展，因为它能够适应当今中小学生的身心特点，对培养学生积极的学习兴趣、良好的学习态度以及学生的综合素质有积极影响。对树立学生学习英语的信念有积极的促进作用。现代英语教学已经提倡使用直观教具，一些先进的科学技术作为直观教具的组成部分也进入课堂为教学服务。而形体语言作为一种直观教学的方法，不受场地、携带等因素的限制，可以随时随地使用，成为英语教师教学的最有效的手段之一。因此，形体语言的使用应该贯穿在整个教学活动过程中。在英语课堂教学中，为了提高和锻炼学生的英语思维能力，教师应尽量少用汉语。这样，形体语言便成了帮助师生之间或学生之间的交流理解的必要手段。正确理解形体语言在英语教学中的意义，掌握形体语言的一些特点，并善于运用它，不仅更大程度地调动学生们的积极性。活跃课堂气氛，还能沟通师生间的感情，最终达到提高课堂教学效果的目的。同时，可以使教师在英语课堂教学中更加充分地表达自己，更加完美地展现语言的内涵，使学生更加深刻地掌握语言的魅力，师生共同完成一节更加完美的英语课。

（发表在2016年第22期《中学生英语》杂志上）

后 记

梳理学校史料的过程，亦是荡涤心灵、汲取智慧的过程。一百年来，鞍山一中几代教育者行走在育人路上，在学校发展的艰难时刻、在教育发展的关键时期，他们秉持赤诚之心，不畏困难、勇于开拓，汇聚众人之力，使学校不断发展——正如一棵树，扎根、生长、华枝春满，硕果累累。

当然，悠悠百年，其辉煌历程岂是几十人可为？但限于篇幅，我们只能暂且将个别校友回忆录以及正高级教师、特级教师和省骨干教师的成果撷取入册。在此，对所有在鞍山一中百年历程中留下足迹的教师、学生以及其他社会人士表示诚挚的敬意与感谢。"积力之所举，则无不胜也；众智之所为，则无不成也。"鞍山一中的辉煌是众人齐力所创，鞍山一中的再出发，需要我们携手努力，并肩前行。

摘选文料时，青年教师王立冉、李金娜、李仕琪、曲冠姝、高远参与其中，他们深为前辈锐意进取的精神气质而叹服，希望不久的将来，他们也能成长为鞍山一中教师队伍的中坚力量，赓续一中精神，传承一中品质。

百年壮阔波澜，非几百页文字能够涵盖，没有查阅到、访谈到的资料，暂且留有歉意与遗憾，待我们继续追忆、访寻……

编 者

2023 年 7 月